YSTOIRE

DE

LI NORMANT

YSTOIRE
DE
LI·NORMANT

Par AIMÉ

ÉVÊQUE ET MOINE AU MONT-CASSIN

Publiée avec une Introduction et des Notes

Par l'Abbé O. DELARC

ROUEN

A. LESTRINGANT

Libraire de la Société de l'Histoire de Normandie

11, rue Jeanne-Darc, 11

—

1892

EXTRAIT DU RÈGLEMENT

Art. 16. — Aucun volume ou fascicule ne peut être livré à l'impression qu'en vertu d'une délibération du Conseil, prise au vu de la déclaration du Commissaire délégué, et, lorsqu'il y a lieu, de l'avis du Comité intéressé portant que le travail *est digne d'être publié*. Cette déclaration est imprimée au verso de la feuille du titre du premier volume de chaque ouvrage.

Le Conseil, vu la déclaration de M. A. Héron, *Commissaire-délégué, portant que l'édition de l'*Ystoire de Li Normant, *préparée par M. l'abbé* O. Delarc, *lui a paru digne d'être publiée par la* Société de l'Histoire de Normandie, *après en avoir délibéré, décide que cet ouvrage sera livré à l'impression.*

Fait à Rouen, le 4 janvier 1892.

Le Secrétaire de la Société,
P. LE VERDIER.

INTRODUCTION.

Champollion-Figeac a publié en 1835, sous les auspices de la *Société de l'histoire de France*, une vieille traduction française de l'*Historia Normannorum* d'Aimé, évêque et moine au Mont-Cassin en Italie (1). Cette publication fut accueillie avec d'autant plus d'intérêt que le texte original de l'ouvrage d'Aimé est perdu et qu'il reste bien peu d'espoir de le retrouver. Plus de cinquante ans se sont écoulés depuis que cette traduction a vu le jour; l'édition de Champollion-Figeac est épuisée depuis longtemps et le progrès des études historiques n'a pas respecté plusieurs des hypothèses que l'éditeur avait développées dans une longue introduction, placée en tête de son livre (2). Aussi

---

(1) *L'Ystoire de li Normant et la Chronique de Robert Viscart* par Aimé, moine de Mont-Cassin, publiées pour la première fois, d'après un manuscrit françois inédit du xiiie siècle, appartenant à la bibliothèque royale, pour la Société de l'Histoire de France, par M. Champollion-Figeac. In-8° de cvii-370 p. Paris, Renouard, 1835. C'est, je crois, le premier volume publié par la Société de l'Histoire de France. Nous verrons que Champollion-Figeac a tort d'attribuer à Aimé la *Chronique de Robert Viscart*.

(2) Cette introduction n'a pas moins de 107 pages in-8°.

la *Société de l'histoire de Normandie* ayant décidé de donner une nouvelle édition de la traduction de l'*Historia Normannorum* et ayant bien voulu me confier ce travail, j'ai dû, dans l'introduction qui suit, exposer sur Aimé et sur son œuvre, telle quelle est arrivée jusqu'à nous, l'état actuel de nos connaissances.

I.

AIMÉ, ÉVÊQUE ET MOINE AU MONT-CASSIN.

Dans la seconde moitié du XIe siècle vivait au monastère du Mont-Cassin, en Italie, un moine nommé Amatus; voici les quelques renseignements que nous avons sur lui.

Pierre Diacre, continuateur de la *Chronique du Mont-Cassin* de Leo de' Marsi, écrit l. III, c. 35 : « Amatus quoque episcopus et hujus monasterii monachus, his diebus, scripsit versus de gestis Apostolorum Petri et Pauli et hos in quattuor libros divisit. Ystoriam quoque Normannorum componens, nomini ejusdem abbatis dicavit » (1). Le « his diebus » désigne l'époque où Didier fut abbé du Mont-Cassin, 1058-1086; c'est donc à lui qu'Amatus dédia son histoire des Normands.

Dans un autre de ses ouvrages, le *De viris illustribus Casinensibus*, le même Pierre Diacre parle encore d'Amatus, il écrit : « Amatus episcopus et Casinensis monachus

(1) *Monumenta Germaniæ historica*, in-folio, t. VII, p. 728.

in scripturis disertissimus et versificator admirabilis. Scripsit ad Gregorium papam versus de gestis Apostolorum Petri et Pauli et hos in quatuor libros divisit : fecit et de laude ejusdem pontificis, de duodecim lapidibus et civitate cœlesti Hierusalem. Historiam quoque Normannorum edidit, eandem que in libros octo divisit. Fuit autem temporibus supradictorum imperatorum » (1).

L'ouvrage dont nous publions la traduction étant une histoire des Normands, divisée en huit livres, composée par un moine du Mont-Cassin et dédiée à l'abbé Didier, il est évident qu'il a pour auteur cet Amatus dont parle Pierre Diacre. Malheureusement cette traduction ne nous enseigne à peu près rien sur l'auteur de l'*Historia Normannorum*. Le VIIIe livre débute par cette phrase : « Puiz, par ordene de lo ystoire devons dire la prise de la cité de Salerne dont fu cestui moine » (2). Est-ce là une glose du traducteur, car il s'en permet assez souvent, ou est-ce la traduction du texte d'Aimé? Dans le premier cas, comme le traducteur vivait environ deux cents ans après Aimé et qu'il pouvait être plus ou moins mal informé, sa supposition n'aurait qu'une valeur relative; Hirsch croit au contraire que cette donnée vient d'Aimé lui-même, par la raison que le traducteur, lorsqu'il ajoute un commentaire de ce genre, laisse voir que le commentaire est de lui, ce qu'il ne fait pas dans le passage en question (3) et Hirsch cite à l'appui de sa remarque le

(1) C. XXX; Muratori : *Rerum Italicarum Scriptores*. T. VI, col. 36.
(2) Cf. infra, livre VIII, c. 1.
(3) *Amatus von Monte-Cassino und seine Geschichte der Normannem, eine kritische Untersuchung von* F. Hirsch dans les *Forschungen zur d. Geschichte*, T. VIII, p. 206, sqq. 1868.

commentaire du livre IIIe c. 49 : « Et par ceste parole se mostre que cestui moine translateor de ceste ystoire fu à lo temps de cestui abbé Désidère » (1). Le traducteur d'Aimé a parfois, comme nous le verrons, de telles distractions, il a une orthographe et des procédés de traduction si peu uniformes que l'observation de Hirsch ne saurait me convaincre. Toutefois les détails qu'Aimé donne sur Salerne, précisément dans le VIIIe livre et en d'autres endroits de son histoire, la connaissance approfondie des lieux que trahissent ces détails, la chaleur avec laquelle il parle des iniquités de Gisulfe, prince de Salerne, contre ses sujets, m'inclineraient à penser, mais non pas pour la raison alléguée par Hirsch, que cette phrase du début du VIIIe livre est en effet une donnée fournie par Aimé et que très probablement il était de Salerne. C'est là du reste le seul renseignement que la traduction d'Aimé nous fournisse sur sa biographie; voici deux autres indications qui nous viennent d'ailleurs.

Gattola a publié une charte par laquelle Didier, abbé du Mont-Cassin, accorde, en juin 1060, divers privilèges à la ville de Traetto; cette charte est signée de cette manière :

† Ego Desiderius Dei gratia abbas ss.

† Ego Amatus monachus ss.

† Ego Landulfus sacerdos et monachus.

† Ego Geraldus indignus presbyter et monachus interfui et subscripsi (2).

---

(1) Cf. infra, livre III, c. 49.

(2) GATTOLA : *Ad historiam abbatiæ Cassinensis Accessiones.* T. I, col. 158-159.

Si, comme il est bien probable, il s'agit ici de notre Amatus, il faut en conclure qu'en juin 1060 il était moine au Mont-Cassin, mais qu'à cette époque il n'avait pas encore reçu la prêtrise ; sans cela, il aurait certainement écrit comme les autres : Sacerdos et monachus.

Le *Necrologium Casinense*, édité par Muratori, porte à la date du 1er mars — Kalendis Martii — « Amatus episcopus et monachus » (1). Aimé est donc mort un premier mars ; ce *Necrologium* n'indique pas ordinairement l'année du décès qu'il mentionne, il ne donne que la formule nécessaire pour le *Memento* de la messe de l'anniversaire.

Pierre Diacre ayant à deux reprises donné à Aimé le titre d'episcopus et le *Necrologium Casinense* agissant de même, on s'est demandé de quel diocèse Aimé avait été évêque, et cette question n'a pas encore reçu de réponse concluante.

Dans la courte préface de son second volume des *Miscellanea* (2), Baluze soutint le premier qu'Aimé, moine du Mont-Cassin, l'auteur de l'histoire des Normands, était le même qu'Aimé, évêque d'Oleron, plus tard archevêque de Bordeaux et qui fut plusieurs fois, en France et en Espagne, légat des papes Grégoire VII et Urbain II. L'hypothèse de Baluze a été ensuite reproduite par Mabillon (3), par les auteurs de l'*Histoire littéraire de la*

(1) MURATORI. R. I. SS. T. VII, p. 939 sqq.
(2) Edition in-8° de 1679.
(3) *Annales ordinis S. Benedicti*, t. V. p. 239, n° 28. Champollion-Figeac écrit que Mabillon donna à l'hypothèse de Baluze son adhésion formelle (Introduction, p. XL); il n'en est rien ; Mabillon se borne à énoncer le sentiment de Baluze, il dit : Baluzius suspicatur...

France (1) et par le *Gallia Christiana* (2). Marca n'avance rien de semblable ; dans son *Histoire de Béarn*, publiée en 1640, par conséquent près de quarante ans avant les mélanges de Baluze, il se contente d'affirmer, sans le démontrer, qu'Aimé, évêque d'Oleron, ensuite archevêque de Bordeaux, était originaire du Béarn : « le païs de Béarn qui a produit un personnage de si grande considération » (3).

Les documents que nous possédons aujourd'hui permettent d'affirmer que le sentiment de Baluze est inadmissible ; Aimé du Mont-Cassin et Aimé, évêque d'Oleron, sont deux personnages contemporains, il est vrai, mais qu'on ne saurait identifier.

Il est plusieurs fois question de cet évêque d'Oleron dans la correspondance de S. Grégoire VII ; la première mention se trouve dans une lettre de ce pape, écrite en septembre 1074 et adressée à Isembert, évêque de Poitiers (4). Elle nous apprend qu'à cette date Aimé était évêque d'Oleron, légat du pape et investi de la confiance du Saint-Siège qu'il représentait. L'année où l'évêque d'Oleron prit possession de son siège, n'étant pas connue d'une manière précise, nous nous contenterons de cette date de 1074 ; elle suffit à notre but, car il est certain qu'en 1074, Aimé du Mont-Cassin, l'auteur de l'histoire des Normands, n'était pas évêque d'Oleron. Cette histoire des Normands va — nous le verrons plus tard —

(1) T. IX, p. 226, sqq.
(2) T. II, p. 806.
(3) *Histoire du Béarn*, p. 328.
(4) Gregorii VII. *Regist*. II, 2, p. 109 sq. des *Monumenta Gregoriana* de Jaffé. Berlin, in-8°, 1865.

jusqu'en 1078, et, lorsqu'il la composa, Aimé était religieux au Mont-Cassin et sous la juridiction de l'abbé Didier. Ainsi, en dédiant son ouvrage à Didier, Aimé lui écrit : « O la licence et benediction vostre et o tout l'aide de la grace de Dieu, ai-je comencié secont ce que je avoie en cuer ; et li fait de li Normant, liquel sont digne de notre memoire, ai-je en VIII volume de livre distincté. Et a ce que non soit fatigue de chercier a ceuz qui volissent alcune chose lire de l'ystoire, chascun volume ai-je noté o cert capitule ; en toute ceste choze plus voille estre a vostre jugement, Père, que de moi escriptor » (1). L'histoire des Normands en VIII livres était donc terminée lorsque Aimé la dédiait à Didier ; il n'a pu par conséquent écrire cette dédicace avant 1078 et, à cette date, il n'est que simple moine (dans cette même dédicace, un peu avant le passage cité, il va au devant de l'objection qui pourrait lui être faite que « non convient a un moine escrive les batailles de li seculer » (2) et moine au Mont-Cassin. Tout son désir est de rester jusqu'à la fin de ses jours dans sa studieuse retraite et d'avoir l'abbé Didier pour lui fermer les yeux ; ainsi il écrit dans l'histoire des Normands, livre IIIe, c. 49 : « Je desirre de morir a lo temps de cestui saint abbé (Didier), et voil qu'il vive après ma mort. Et que cestui à l'ultime jor de ma vie me face l'absolution de mes pechiez » (3).

Il est, je crois, inutile d'insister sur cette démonstration devenue facile depuis que nous avons la traduction de

---

(1) Cf. infra la dédicace de l'ouvrage à Didier, abbé du Mont-Cassin.
(2) Cf. infra la dédicace de l'ouvrage.
(3) Cf. infra, livre III, c. 52.

l'ouvrage d'Aimé. Si Baluze et ceux qui ont partagé son sentiment avaient eu cette traduction entre les mains, à défaut du texte original, ils n'auraient jamais cherché à identifier un moine du Mont-Cassin, né certainement dans l'Italie du sud, s'y trouvant encore en 1078, avec un Béarnais, évêque d'Oleron en 1074, et absorbé, dès cette époque, par le gouvernement de son diocèse et la gestion des affaires ecclésiastiques du sud-ouest de la France.

Champollion-Figeac admet qu'Aimé, l'auteur de l'histoire des Normands, n'est pas le même qu'Aimé, évêque d'Oleron et plus tard archevêque de Bordeaux (1), mais il veut prouver que l'Aimé du Mont-Cassin est devenu évêque de Nusco (Nuscum Hirpinorum), évêché suffragant de l'archevêché de Salerne, et cette hypothèse n'est pas plus admissible que l'était celle de Baluze. Il y a bien eu au XIe siècle un Aimé, évêque de Nusco, mais sa biographie, comme nous allons le voir, ne permet pas de reconnaître en lui l'auteur de l'histoire des Normands.

On comprend l'embarras des Bollandistes lorsqu'ils ont eu à écrire la vie et à élucider les actes de saint Aimé, premier évêque de Nusco; ils n'avaient guère à leur disposition que des documents apocryphes ou d'une autorité très contestable et en outre devenus, dans l'Italie du sud, l'objet d'une polémique d'autant plus interminable que les combattants visaient surtout, au lieu de chercher la vérité, à rehausser les origines de telle église ou de tel couvent. De là, dans la dissertation des Bollandistes, des

(1) *Prolégomènes*, p. XLIV.

hésitations, des tâtonnements et finalement des conclusions que Di Meo a quelque peu bousculées (1).

Sur saint Aimé, premier évêque de Nusco, dans l'ancien royaume de Naples, nous avons les documents suivants : 1° un testament du saint, daté du mois de septembre 1093 (2); 2° des hymnes, des antiennes, des leçons et des répons faisant partie de l'office de saint Aimé célébré, tous les ans, dans le diocèse de Nusco et à la célèbre abbaye de Monte-Virgine (3); 3° une vie du saint, composée par François de Ponte, prêtre de Nusco; cette vie rédigée, dit-on, en 1461, a été imprimée en 1543, elle a été faite surtout avec les leçons, antiennes, hymnes et répons de l'office du saint (4); 4° une seconde vie de saint Aimé, composée en 1581 par Félix Renda, moine et prieur à Monte-Virgine (5).

De ces quatre documents, nous pouvons dès maintenant en éliminer deux, le premier et le dernier: Le premier, parce qu'il est apocryphe, les Bollandistes l'ont déclaré explicitement et leur sentiment paraît fondé (6); le quatrième, parce que le but de F. Renda est de prouver qu'Aimé a vécu, non pas au XIe, mais au XIIe siècle, qu'il a été moine à Monte-Virgine (abbaye fondée seulement

(1) Voyez l'étude des BOLLANDISTES : *Acta Sanctorum Augusti*, t. VI, 701-728. — DI MEO : *Annali del regno di Napoli*, t. VIII, p. 153 sqq.
(2) BOLLANDISTES, *l. c.*, p. 704.
(3) BOLLANDISTES, *l. c.*, p. 702.
(4) BOLLANDISTES, *Acta SS. Augusti*, t. VI, p. 844-847.
(5) *S. Amati vita*, auctore FELICI RENDA; BOLLANDISTES, *l. c.*, p. 723-728.
(6) « Scriptum istud tale esse ut vir prudens ei fidem adhibere nec possit nec debeat ». BOLLANDISTES, *l. c.*, p. 706.

au xiie siècle), puis évêque de Nusco, de 1156 à 1193, année de sa mort (1). Évidemment, si le sentiment émis par F. Renda était l'expression de la vérité, la question que nous étudions ici serait par là même résolue; Aimé, premier évêque de Nusco et mort en 1193, ne pourrait, en aucune façon, être identifié avec Aimé écrivant au Mont-Cassin, vers 1078, une histoire des Normands. Mais Di Meo a prouvé, depuis la publication de la dissertation des Bollandistes, que la vie de saint Aimé, par Renda, n'avait aucune valeur historique; cette vie prétend qu'Aimé a été évêque de Nusco de 1156 à 1193; or Di Meo a établi, à l'aide de deux documents provenant des archives de la Cava, qu'en 1164, l'évêché de Nusco était occupé par un évêque du nom de Guillaume, lequel avait eu pour prédécesseur en 1147 un autre évêque du nom de Roger (2).

Il nous reste donc pour savoir quelle a été la vie d'Aimé, premier évêque de Nusco, au xie siècle, les répons, antiennes, hymnes et leçons de son office, ce qu'on a appelé l'*Octavarium* (parce qu'on les lisait ou qu'on les chantait durant les huit jours de l'octave de la fête du saint) et qui forment la trame de la vie du saint par François de Ponte. Mais ici encore il faut faire une dernière distinction; l'office de S. Aimé était célébré non pas seulement dans l'église de Nusco, mais aussi à l'abbaye de Monte-

---

(1) Félix Renda termine par cette phrase le second chapitre de sa biographie : « Orando spiritum commendavit suæ ætatis anno 89, incarnationis 1193, Cælestino III, pontif. max. existente. » BOLLANDISTES, *l. c.*, p. 726.

(2) DI MEO : *Annali del regno di Napoli*, t. VIII, p. 368 sqq.

Virgine et le texte de cet office, c'est-à-dire les documents liturgiques, offre des variantes assez notables suivant qu'il est en usage à Nusco ou à Monte-Virgine. Voici, par exemple, deux variantes d'un hymne :

Office de Nusco :	Office de Monte-Virgine :
Deo servire studuit	Deo servire studuit
Sub *caritatis* regula.	Sub regula *monastica*.
Carnem afflixit jugiter	Carnem afflixit jugiter
Cum labore multiplici	Cum labore multiplici
Viam sequens humiliter	Viam sequens humiliter
Patrisque sui *Stephani*.	Patrisque *Guilelmi* (1).

L'office de Nusco étant le plus ancien, les variantes ont été introduites par les moines de Monte-Virgine pour faire d'Aimé un moine de leur abbaye au XIIe siècle, avant qu'il ne devint évêque de Nusco. D'un autre côté, Di Meo ayant montré ce qu'il y avait d'inadmissible dans cette hypothèse, il faut se borner, pour reconnaître la biographie du saint, aux monuments liturgiques, tels qu'ils ont été conservés dans l'église de Nusco. Voici les données qu'ils nous fournissent :

Dès son enfance, Aimé se fit remarquer à Nusco par sa piété et sa charité pour les pauvres; le respect et la vénération dont il était entouré augmentèrent encore lorsqu'il fut devenu prêtre, aussi la ville de Nusco le voulut pour archiprêtre et il exerça ces fonctions à la satisfaction de tous. L'éclat des vertus de l'archiprêtre brillant davantage de jour en jour, les notables de Nusco

---

(1) Hymne des secondes vêpres de la fête du saint donné par les BOLLANDISTES, *l. c.*, p. 703, d'après l'office de Monte-Virgine, et p. 843, d'après celui de l'église de Nusco; voyez aussi F. HIRSCH, l. c., p. 210.

songèrent à le faire élever à l'épiscopat; ils obtinrent du pouvoir civil que leur ville devint un siège épiscopal et qu'Aimé fut le premier à s'y asseoir. Il illustra son épiscopat par de nombreux miracles, par la fondation ou la restauration de plusieurs églises, et mourut en 1093, le 30 septembre suivant une tradition, le 31 août suivant une autre.

Un tel évêque de Nusco ne saurait être identifié avec l'auteur de l'*Historia Normannorum*. Les raisons suivantes s'y opposent :

1° Aimé du Mont-Cassin est mort un 1er mars; tandis que l'évêque de Nusco est mort un 30 septembre ou un 31 août (1);

2° L'évêque de Nusco a été, disent les Bollandistes, honoré comme saint; il était à peine mort depuis trente ans, que son culte commençait à se répandre (2); or Pierre Diacre, qui écrivait à cette même époque et qui nous parle à deux reprises d'Aimé du Mont-Cassin, n'aurait certainement pas manqué de mentionner ce culte si les deux Aimé avaient été une seule et même personne. On sait combien, à travers tout le moyen âge, les églises ont été soucieuses de la mémoire de leurs saints, combien elles sont empressées de les revendiquer lorsqu'ils leur appartiennent par quelque circonstance de leur vie ; or,

---

(1) La seconde édition de la vie de saint Aimé par Félix Renda portait qu'il était mort : « die ultima Augusti »; cf. BOLLANDISTES, *lib. cit.*, p. 727, et les Bollandistes ont adopté cette date ; Fr. de Ponte dit au contraire qu'il était mort : mense septembrio, ultimo die ejusdem mensis. BOLLANDISTES, p. 846. Pour le jour de la mort d'Aimé du Mont-Cassin; cf. supra, p. xj, note 1.

(2) Les Bollandistes écrivent : « Cultus sancti inchoatus videtur triginta circiter annis post mortem »; *lib. cit.*, p. 701.

ni Pierre Diacre, ni les nombreux écrivains du Mont-Cassin dans les siècles suivants, n'ont revendiqué l'évêque de Nusco comme une de leurs gloires; s'ils ne l'ont pas fait, c'est que saint Aimé de Nusco et Aimé du Mont-Cassin étaient pour eux des personnages distincts;

3° Les documents cités plus haut prouvent que l'auteur de l'histoire des Normands a été, pendant au moins vingt ans, moine au Mont-Cassin, de 1060 à 1080; or, les textes liturgiques, concernant l'évêque de Nusco, ne disent de lui rien de semblable; un tel silence est évidemment significatif; ces textes liturgiques établissent même que le futur évêque de Nusco n'a pu résider comme moine au Mont-Cassin de 1060 à 1080. Ils rapportent qu'il fut successivement prêtre et archiprêtre dans son pays natal et qu'il y mourut, après avoir été environ quarante-cinq ans évêque de Nusco. Or, en 1060, l'auteur de l'histoire des Normands est au Mont-Cassin, n'a pas encore reçu la prêtrise et reste dans ce monastère au moins jusqu'en 1080. Ce n'est donc qu'après 1080 qu'il aurait pu aller à Nusco, pour y devenir prêtre, archiprêtre et évêque; mais où placer alors les longues années de cet épiscopat puisque Aimé, évêque de Nusco est mort en 1093 ? On voit qu'une telle supposition est contredite par les faits les mieux établis et que Champollion-Figeac s'est trompé du tout au tout.

Mais alors de quel diocèse l'auteur de l'histoire des Normands a-t-il été évêque? Pour résoudre cette question, il faut, je crois, examiner quelle était au XIe siècle la situation hiérarchique de l'abbé du Mont-Cassin et, en général, celle des abbés des monastères bénédictins au moyen âge; ces abbés n'avaient pas le caractère épiscopal ; ils jouissaient de grandes prérogatives, commandaient à des légions de moines, portaient, celui du Mont-Cassin par exemple, la crosse et la mître mais ils n'étaient pas évêques. Les papes ont accordé à plusieurs d'entre eux le pouvoir de donner les ordres mineurs aux futurs prêtres, d'administrer la confirmation, mais jamais ils n'ont eu, en tant qu'abbés, le pouvoir de conférer les ordres majeurs, le sous-diaconat, le diaconat et la prêtrise. Quelques autres fonctions exclusivement réservées aux évêques leur étaient également interdites.

D'un autre côté, ces grandes abbayes bénédictines étaient exemptes, c'est-à-dire relevaient directement du pape ; l'évêque ou l'archevêque dans le diocèse duquel elles se trouvaient n'avait aucune juridiction sur elles; il ne pouvait officier dans l'église de l'abbaye, y exercer quelque fonction épiscopale que s'il y était invité par l'abbé. On sait combien ces exemptions ont causé de conflits entre les évêques diocésains, mécontents de voir que leur autorité n'était pas reconnue sur toute l'étendue de leur diocèse, et les abbés bénédictins qui, s'appuyant sur les privilèges accordés par le Saint-Siège, défendaient vis-à-vis de l'ordinaire l'indépendance de leurs monastères.

Il résultait de cet état de choses que lorsque l'abbé voulait avoir dans son église une cérémonie réservée aux seuls évêques, par exemple, la collation de l'un des ordres majeurs à l'un de ses religieux, il invitait un évêque (il n'était, en aucune façon, tenu, dans ce cas, d'inviter l'évêque du diocèse) et les religieux ainsi ordonnés promettaient d'obéir au Saint-Siège et à leurs abbés, mais nullement à l'évêque dont ils avaient reçu l'ordination.

Aujourd'hui encore, l'abbé du Mont-Cassin agit à cet égard comme ses prédécesseurs du XIe siècle ; si la grande abbaye a perdu ses possessions temporelles, son chef est du moins resté le pasteur d'un des plus vastes diocèses de l'Italie, il administre ce diocèse, en dirige le clergé et les fidèles, mais n'ayant pas le caractère épiscopal, il recourt à l'archevêque de Capoue, ou à tel autre évêque pour l'ordination de ses prêtres et pour les autres cérémonies réservées aux évêques.

Presque toujours les évêques ont rendu avec empressement aux abbés bénédictins ces services de bon voisinage ; mais parfois aussi les mésintelligences assez fréquentes entre le clergé séculier et le clergé régulier ont dû causer aux abbés bénédictins de graves embarras lorsqu'ils avaient à faire appel à l'obligeance d'un évêque.

Dès le VIIIe siècle, lorsque l'ordre de S. Benoît, devenu une puissance, avait dans toute la chrétienté de profondes racines, plusieurs grandes abbayes, notamment celles de S. Martin de Tours et de S. Denis, au diocèse de Paris, voulurent obtenir du Saint-Siège que, dans leurs grandes agglomérations monastiques, l'un des moines, tout en restant sous l'obéissance de l'abbé, fut revêtu du caractère épiscopal ; ils avaient compris qu'il n'y aurait plus dès lors de démarches quelquefois pénibles à faire et que l'abbaye se suffirait complètement à elle-même. Ce moine, évêque sans diocèse et dépendant d'un abbé qui n'avait pas le caractère épiscopal, était, il faut bien le dire, une nouveauté dans l'église ; aussi, ce ne fut pas sans difficulté que les bénédictins obtinrent ce qu'ils désiraient ;

rien de surprenant cependant si, à certaines époques de l'histoire de l'église, par exemple dans la seconde moitié du xie siècle, le Saint-Siège a parfois accédé à leurs vœux; alors en effet l'ordre de S. Benoît gouvernait en quelque sorte l'église, Grégoire VII et Victor III étaient des bénédictins et c'est surtout par les religieux de S. Benoît que s'opérait le grand œuvre de la réforme (1).

(1) Deux documents, attribués au pape Adrien I (772-795), montrent combien les moines désiraient avoir un évêque au milieu d'eux et dans leurs monastères, pour n'avoir aucun service à demander aux évêques des diocèses ; par le premier de ces documents, le pape confirmant les privilèges du monastère de S. Martin de Tours, permet qu'un évêque réside dans ce monastère, « ut liceat ibidem habere episcopum » ; par le second, le même pape, confirmant un privilège déjà accordé par son prédécesseur Etienne II (752-757), accorde au monastère de S. Denis, au diocèse de Paris, ut « episcopus sedem ibi habeat, ab abbate monachis que eligendus quem vicini episcopi aut ipse pontifex Romanus consecret ». On a grandement discuté pour savoir si ces deux documents sont authentiques, les adversaires des privilèges monastiques se prononçant généralement, comme on pouvait s'y attendre, pour la négative ; mais authentiques ou non, donnés par le Saint-Siège, ou fabriqués par les moines, ils n'en établissent pas moins que le vœu de l'ordre de S. Benoît était d'avoir des évêques résidant dans le monastère et étant à la disposition de l'abbé. Il est vrai que les chroniques des monastères ne parlent pas de ces moines-évêques n'ayant pas de diocèse, mais outre qu'ils n'ont pu être que très peu nombreux, on comprend que les abbés les aient tenus dans l'ombre, de peur que leur pouvoir épiscopal ne devint un danger pour l'autorité de l'abbé. Plus tard, après les croisades, les couvents ont pu facilement se passer de ces moines évêques et les remplacer par des évêques *in partibus*, le Mont-Cassin l'a fait plus d'une fois.

Voici, d'après les *Regesta Pontif. romanorum*, la bibliographie de ces deux documents d'Adrien I. — Jaffe-Loewenfeld, *Reg. Pontif. roman.*, 2452 : Hadrianus I (772-795) monasterii S. Martini (Turonensis) privilegia confirmat, in his « ut liceat ibidem habere episcopum ». (Scriptum p. m. Eustachii notarii et scrinarii sed. nostræ in mense Junio, indic. IX. Carolo patritio Romanorum). *Gallia Christ.*, XIV. instrum., p. 8; Launoii opp. III, II, 28; Le Cointe, *Annal. ecclesiast.*, VI, 295; Monsnyer,

Je serais porté à croire qu'Aimé, l'auteur de l'histoire des Normands, a été, dans ces conditions, revêtu au Mont-Cassin du caractère épiscopal, tout en restant jusqu'à la fin de ses jours sous la dépendance de l'abbé Didier et de ses successeurs, s'il a survécu à celui qu'il aimait profondément et dont il désirait l'assistance à l'heure de sa mort. On s'explique dès lors qu'en parlant de lui, Pierre Diacre se soit, en deux endroits, borné à lui donner les titres de *episcopus et monachus Casinensis*, sans indiquer de quel diocèse il était évêque, ce qu'il n'aurait pas manqué de faire s'il avait eu un diocèse ; de là aussi les erreurs dans lesquelles sont tombés ceux qui ont voulu le faire évêque de telle ou telle ville.

Il serait bien inutile de rechercher en quelle année Aimé a été ordonné évêque et en quelle année il est mort ; les documents actuellement à notre disposition ne pou-

---

S. Martini Turon. jura propugn., p. 21 (Ep. nostra post Urbano II papæ transmissa est; cf. LAUNOII opp. III. II, 42, 49. — « Innotuisti profecto ». JAFFE-LOEWENFELD, *Reg. Pontif. roman.* 2454 (1886). Monasterio S. Dionysii concessum a Stephano II (752-757), privilegium, petente Maginario abbate, confirmat ut episcopus sedem ibi habeat, ab abbate monachisque eligendus, quem vicini episcopi aut ipse pontifex Romanus consecret. Pro spuria nostram bullam habuerunt : LE COINTE, *Ann. ecclesiast.*, VI. 295 ; ABEL, *Jahrb.* I, 457 ; HINSCHIUS, *K. R.* II, 336, et nulli dubium quin miro modo cum ep. † 2452 conveniat. De variis ac inter se diversis bullæ exemplaribus HARTTUNG, *Dipl. hist. Forsch.*, p. 74 (cf., p. 506) egit, quorum unum fide dignum æstimat. Hæc exemplaria collegit LE COINTE, l. l. Denique exemplum cum anno pontificatus I (i. e. 772) Alex. IV papa a. 1260, Jun. 30 (POTTHAST; *Reg.* 17907, DOUBLET I, infra scr., p. 586) confirmavit. SIRMOND, *Conc. Galliæ* II, 113, BOUQUET, *Rec.* V, 596, FELIBIEN, *Hist. de S. Denys*, rec. des pièces, p. 41, DOUBLET, *Hist. de S. Denys*, p. 456, MANSI XII, 832, MIGNE, 96, p. 1211, *Bull. Rom.* E. t. I, 256 (cf. TARDIF, *Monum. hist.*, p. 65). — « Tum (« Cum) summæ apostolicæ.

vant nous être, sur ce point, de quelque utilité ; remarquons seulement que si, en 1071, lors de la consécration de l'église du Mont-Cassin, Aimé avait été évêque, Leo de' Marsi n'aurait probablement pas omis de le compter au nombre des prélats qui entouraient à cette cérémonie le pape Alexandre II (1) ; il aura sans doute été sacré évêque pendant les pontificats de Grégoire VII ou de Victor III.

La mort de Richard, prince de Capoue, survenue le 5 avril 1078, étant le dernier fait mentionné dans l'histoire des Normands (2). C'est donc après cette date qu'Aimé a terminé son travail, et comme il le dédie à Didier, abbé du Mont-Cassin, alors qu'il n'était pas encore devenu pape, c'est-à-dire avant le 24 mai 1086, c'est entre le 5 avril 1078 et le 24 mai 1086 qu'il a dû mettre la dernière main à son œuvre et la dédier à son supérieur. Un passage du cinquième livre permet de préciser davantage, il montre qu'Aimé a eu connaissance des projets de Robert Guiscard contre l'empire d'Orient et il annonce que le duc mettra ces projets à exécution (3) ; ce passage a par conséquent été écrit avant le mois de mai 1081, c'est-à-dire avant la première expédition de Robert Guiscard contre l'empereur Alexis Comnène. Il est bien

---

(1) Voyez dans MURATORI, *R. I. SS.*, t. V, p. 76 ou dans MIGNE : Patr. lat., t. 173, col. 997 sqq., la *Narratio de consecratione et dedicatione ecclesiæ Casinensis auctore* LEONE MARSICANO.

(2) Cf. *infra,* livre VIII, c. 34.

(3) Voyez au livre V, c. 3, le récit de la vision d'un prêtre ; le récit se termine par cette prédiction que Robert Guiscard subjuguera l'empire de Constantinople : « lo impière romain de Costentinoble, loquel dist cestui moine qui estoit à celui tems vif et escrit ceste cose, o l'ajutoire de Dieu encoire se lo subjuguera. Cf. HIRSCH, *l. c.*, p. 207.

probable en outre qu'Aimé aurait parlé de l'entrevue de Ceperano, c'est-à-dire de la réconciliation entre Grégoire VII et Robert Guiscard, si elle avait eu lieu pendant qu'il écrivait son histoire ; c'était là un évènement de premier ordre, non pas seulement pour l'abbaye du Mont-Cassin mais pour toute l'Italie méridionale ; l'entrevue de Ceperano ayant eu lieu au mois de juin 1080, je serais porté à croire qu'Aimé a posé la plume en 1078 ou 1079, avant la fin des longs démêlés entre le pape et le duc normand.

Voici donc, en résumé, les quelques données que nous avons sur Aimé : né très probablement à Salerne, Aimé était, en 1060, moine au Mont-Cassin ; il y est devenu évêque, pour remplir dans la célèbre abbaye les fonctions épiscopales et sans cesser d'être sous la dépendance de l'abbé ; vers 1079, il a terminé, au Mont-Cassin, son histoire des Normands et est mort un premier mars, nous ne savons en quelle année.

II.

ÉTUDE DU MANUSCRIT
CONTENANT « L'YSTOIRE DE LI NORMANT. »

Le poème sur les apôtres S. Pierre et S. Paul, composé par Aimé et dédié à Grégoire VII, est à peu près entièrement perdu ainsi que l'éloge de ce pape par le même auteur (1) ; enfin, son autre poème sur les douze

(1) Dans sa *Storia della badia di Monte-Cassino*, t. I, p. 418, 419, dom Tosti a publié quelques courts fragments de ce poème sur S. Pierre et

pierres et sur Jérusalem, la cité céleste, n'a pas eu un meilleur sort. Quant à l'histoire des Normands, divisée en huit livres, J.-B. Marus ayant déclaré, en 1655, qu'elle existait encore dans un manuscrit de la bibliothèque du Mont-Cassin (1), Angelus de Nuce, abbé du Mont-Cassin, répondit, en 1668, dans son édition de la *Chronique du Mont-Cassin* que malheureusement ce manuscrit était perdu et avec lui tout le travail d'Aimé (2). Les recherches faites, depuis cette déclaration, pour retrouver l'*Historia Normannorum* ayant échoué, il semblait que l'ouvrage d'Aimé eût définitivement disparu lorsqu'une découverte nous l'a rendu en partie. Dans les premières années du XIVe siècle, un seigneur italien, le comte de Militrée avait fait traduire, en français,

S. Paul ; ces fragments proviennent d'un manuscrit du XIe siècle, appartenant à la bibliothèque San-Salvatore, à Bologne ; ils n'ont, au point de vue historique, aucune importance. Aimé terminait par la phrase suivante la lettre de dédicace de ce poème à Grégoire VII : « In eo omne meum consumabitur votum, si per te et benedictionem apostolicam et absolutionem meorum percipere promeruero peccatorum. »

(2) PETRI DIACONI *ac bibliothecarii sacri Casinensis archisterii de viris illustribus Casinensibus* opusculum notis illustratum studio J.-B. MARI, Lutetiæ Parisiorum 1666 (c'est la reproduction de l'édition de Rome de 1655), petit in-12. A la p.^{t} 40, il écrit, en parlant de l'Histoire des Normands par Aimé du Mont-Cassin : « Illamque hodie non extare, nisi in manuscripto in Casinensi bibliotheca affirmant aliqui. »

(3) *Chronica sacri monasterii Casinensis auctore* LEONE OSTIENSI, *continuatore* PETRO DIACONO, in-folio, Lutetiæ Parisiorum, 1668, edidit ANGELUS DE NUCE Neapolitanus, abbas Casini ; on y lit, à la p. 367, note d : Amatus quoque episcopus cujus sedis incompertum. De Amato idem Petrus Diaconus de vir. illustr. ubi vide. Marum, Historiam Normannorum, quam extare in nostra bibliotheca indicat idem Marus, eo fato nobis periisse puto, quo alia quamplurima : Jactura certe deploranda omnibus Casinatibus, mihi vero maxime.

l'*Historia Normannorum*, et la bibliothèque nationale de Paris possède deux exemplaires de cette traduction.

Le premier, actuellement n° 688 du fonds français, est un fort beau manuscrit in-folio de 212 feuillets, en parchemin, orné de miniatures; il a été relié aux armes de Napoléon Ier et sous ce titre, très incomplet : *Chronique de Isidore de Seville*. La chronique d'Aimé va du feuillet 125 verso au feuillet 199 recto. Nous savons qu'en 1612 ce manuscrit faisait partie de la bibliothèque de Peiresc, conseiller du roi au parlement de Provence (1). Il passa ensuite dans la bibliothèque du cardinal Mazarin et, de là, dans celle du roi où, en 1682, il était inscrit sous le n° 7135 (2).

Le second manuscrit, tiré le 1er avril 1612 de la bibliothèque de Jean-Pierre Olivier, également conseiller du roi au parlement de Provence (3), fut acquis par le

---

(1) Voyez plus loin, p. xix, note 3, ce qui est dit au sujet du second manuscrit.

(2) Sur l'achat des manuscrits de Peiresc pour la bibliothèque de Mazarin et sur l'acquisition de la bibliothèque de Mazarin par la bibliothèque du roi, voyez L. DELISLE : *Le Cabinet des manuscrits de la bibliothèque impériale*, t. I, in-fol, p. 282 sqq. Dans l'ancien catalogue des manuscrits de la bibliothèque nationale, en face le n° 7135, se trouve la lettre majuscule M pour indiquer que le manuscrit provenait de la bibliothèque de Mazarin.

(3) Voici le titre écrit sur la première page de ce manuscrit : « Roman du manuscrit de Monsieur de Peiresc, conseiller du Roy au Parlement de Provence. — Traduction en vieil roman françois : 1° de la chronique d'Isidore; 2° de l'histoire romaine d'Eutrope, abbrégée par P. Diacre; 3° Du supplément d'icelle, par Paulus Diaconus, moine du Mont-Cassin; 4° de l'histoire de li Normant, compilée par un moine du Mont-Cassin et dédiée à Désidère, abbé du susdit monastère; 5° de l'histoire de Robert Guiscart. » Au-dessous du titre on lit : « tiré de la bibliothèque de Jean-Pierre Olivier, le 1er avril 1612. » Ce second manuscrit ne contient que les deux der-

savant Duchesne qui, probablement, voulait l'utiliser pour son second volume des *Historiæ Normannorum scriptores antiqui* (1); il devint la propriété de Colbert et passa ensuite dans la bibliothèque du roi. Aujourd'hui, il est inscrit à la bibliothèque nationale sous le n° 79 du fonds Duchesne (2).

Le second manuscrit, d'une écriture relativement moderne, est certainement une copie du premier; en effet, le manuscrit n° 688 a été lacéré en quelques endroits, notamment chap. 35 du VIIe livre de l'*Ystoire de li Normant*. Un malfaiteur a fait disparaître quelques lettres majuscules, ornées de miniatures, et il en

niers ouvrages du premier, c'est-à-dire l'histoire de li Normant et l'histoire de Robert Guiscard. — La bibliothèque nationale possède un manuscrit — fonds français 12057 — intitulé : *Arrêts et délibérations du Parlement de Provence, colligés par M. Honoré d'Agar, conseiller en 1648*. Le nom du conseiller Jean-Pierre Olivier se trouve au bas de plusieurs procès-verbaux des séances du Parlement dans les années qui précèdent ou qui suivent immédiatement 1612.

(1) Duchesne écrit dans la préface de sa collection : « Horum (Normannorum scriptorum) præcipuos et sinceriores qui tam latino quam vernaculo sermone lucubrationes suas texuerunt, in tres divisi tomos..... Chronicum cænobii Beccensis in tomum II hujus collectionis rejeci, una cum historiis de rebus a Normannis per Siciliam et Apuliam gestis ». — *Præfatio*, p. 1, 5. Ce second volume n'a jamais vu le jour; nous ignorons si Duchesne s'est servi du conseiller J.-P. Olivier pour faire copier dans le manuscrit de Peiresc ce qui concernait les Normands ou s'il a plus tard acheté cette copie.

(2) Sur l'acquisition des manuscrits de Colbert par la bibliothèque du Roi, voyez le volume déjà cité de L. DELISLE : *Le Cabinet des manuscrits de la bibliothèque impériale*, t. I, l. c. Dans ses *Prolégomènes*, § IV, p. LV, Champollion-Figeac a énuméré les auteurs qui, avant sa publication de l'*Ystoire de li Normant*, avaient connu le manuscrit Duchesne et en ont parlé; il cite le P. Lelong, dom Ceillier, Gauttier d'Arc, Leroux de Lincy, etc., mais il y a bien des erreurs dans ses diverses appréciations.

est résulté des lacunes dans le texte. Or, le manuscrit du fonds Duchesne a les mêmes lacunes dans son texte, il a des points là où fait défaut le manuscrit 688, il est donc incontestable qu'il a été fait d'après ce manuscrit 688 (1); nous n'avons, par conséquent, à nous occuper que du manuscrit provenant de la bibliothèque de Peiresc : c'est le texte original; l'autre ne peut nous procurer aucun renseignement nouveau.

La première page du manuscrit 688 est encadrée d'une marqueterie coloriée et rehaussée d'or ; huit charmantes miniatures, représentant la création du monde et la chute d'Adam et d'Ève, occupent le haut de la page; elles sont sur un fond colorié et doré, alternativement losangé à cartels en sautoir, échiqueté ou fleurdelisé. Dans le bas de la page, se distingue encore le contour d'un écusson qui a été soigneusement effacé, il est supporté à droite et à gauche par des anges ; enfin, tout au bas, sont d'autres miniatures, mais bien maltraitées par le temps, c'est à peine si on reconnaît dans celle de droite un lion, une femme et un guerrier armé. Le corps de la page est rempli par l'avertissement suivant, écrit comme tout le manuscrit, sur deux colonnes; l'écriture, qui reste la même jusqu'à la fin du manuscrit, est une minuscule italique, massive, serrée, sans traits superflus, à montants peu élevés (2).

Voici cet avertissement :

« Ci se comence le prohème de la translation, laquel fait faire le seignor conte de Militrée, etc.

---

(1) Voyez sur ce point les *Prolégomènes* de CHAMPOLLION-FIGEAC, p. LX.
(2) CHAMPOLLION-FIGEAC, *Prolégomènes*, p. 3, § I.

« Secont ce que nouz dit et raconte la sage phylosofo, tout home naturalment desirre de savoir, et la raison si est ceste car toute choze covoite et desirre sa perfection. Mes il n'est nulle choze qui face l'ome plus parfait que science, quar par la science est homo fait semblable a Dieu. Adonc l'omo doit desirrer, et covoitier come pour sa perfection la science. Et toutes voiez savoir et science sont acquestées et scuez éspecialment par litterature. Et non portant toz les homes qui sont, ne poent pas estre si grans maistres en littérature qu'il puissent entendre la sentence de la lettre, et pour ce juste chozé est que ceauz lesquels ne poent prestement entendre la grammère par laquelle sont ordenez et faiz les livres, qu'il facent translater la lettre en alcune vulgal langue, pour ce qu'il puissent savoir et entendre aucunes escritures desquelles il ont delectation et volenté de savoir. Et pour ceste choze devant dite, plot et pensa monseignor conte de Militrée, qu'il ferait translater en vulgal la chronique de Ysidorre secont la lettre, et pour ce qu'il set lire et entendre la lengue fransoize et s'en delitte, a fait translater par ordre, secont la lettre en françois, la devant ditte chronique et espécialment pour sa délectation, et pour la délectation de ses amis. Mès pour la rayson de ce que aucune foiz plusors chroniques parlent trop brief, je, qui li livre escrive de lettre en vulgal, se je puiz, j'ajoudrai aucunes bonnes paroles de vérité. Explicit prologus. »

Il semblerait, d'après ce prohème, que le traducteur voulut surtout donner au comte de Militrée une traduction de la Chronique d'Isidore de Séville ; cette chronique, qui vient aussitôt après le prohème, n'occupe cependant que 11 feuillets sur les 212 que compte le manuscrit. L'auteur a traduit le texte ordinaire de la Chronique qui, partant de la création du monde, résume l'histoire du peuple de Dieu et descend jusqu'au règne de l'empereur Héraclius (1); ça et là, le traducteur se permet, comme il le fait du reste dans toutes ses autres traductions, quelques réflexions personnelles, ou cite des faits qu'il suppose contemporains de ceux qui sont énumérés par Isidore de Séville. Il ne paraît pas, en résumé, que l'histoire puisse glaner quelques renseignements nouveaux dans cette reproduction.

A la suite de la Chronique d'Isidore de Séville, le traducteur prend de nouveau la parole et écrit les lignes suivantes :

« Ysidoire parla molt brevement par toute la matiere; come se puisse alongier, juste cose est d'altre choze et d'autre cronique et ystoire metre main à ce que misire le conte plus plenement et sa volente soit contente. Et pour ce, dirons et raconterons en li capitule de desouz ce que Eutroppe romain escrit de l'Ystoire de Rome, laquel Paul dyacono et moine de Mont-de-Cassim aorna par diversez ajonctions. Digne choze est a lui de translater en vulgal sermon, et de savoir que cestui Paule dui foiz escripst ceste ystoire de le devant dit Eutrope, a la petition de dui nobilissime marit et moillier de Bonivent, li compaire del devant dit dyacono. Mes pour ce que celle premere estoit trop fort stille alla dame,

---

(1) Voyez dans MIGNE, *Patr. lat.*, t. 83, col. 1017-1058, cette S. ISIDORI *Chronicon*, d'après l'édition de F. AREVALO.

une autre foiz celle meissme ystoire comensa ensi coment dient li autre. Toutez voiez pour celle seconde est trop prolixe et trop longue; et non pour tant par maniere de ystoire quant par manière de predication procede a exponner la première, laquelle encomence : *Premier en Italie;* et adonc plasoit a l'escrivain de recevoir, lequel cerche par son pooir a servir a vostre comandement. »

Vient ensuite, dans le manuscrit, la traduction française de la lettre que Paul Diacre adressa à Adelperga, duchesse de Bénévent, lorsqu'il lui envoya le *Breviarium* d'Eutrope augmenté, modifié et continué par lui. Champollion-Figeac a publié cette traduction dans ses prolégomènes à l'edition de l'*Ystoire de li Normant*, et comme la bibliothèque nationale possède plusieurs manuscrits du *Breviarium* d'Eutrope, modifié par Paul Diacre, il a extrait de ces manuscrits le texte latin de cette lettre et l'a publié en regard de la traduction française. C'était la première fois que la lettre de Paul Diacre voyait le jour; elle a été, depuis Champollion-Figeac, insérée dans les éditions de Paul Diacre (1).

Conformément à sa promesse, le traducteur donne ensuite, en français, les dix livres du *Breviarium* d'Eutrope, avec les additions et modifications introduites par Paul Diacre, et enfin les six livres composés par Paul Diacre lui-même pour faire suite au *Breviarium*.

Le moyen âge nous ayant laissé de nombreux manus-

---

(1) Eutropi *Breviarium ab urbe condita*, édition Droysen, in-4°. Berlin, Weidmann, 1879, c'est le second volume des *Auctores antiquissimi* des *Mon. Germaniæ historica*. La lettre à Adelperga est à la page 4, voyez la note qui l'accompagne.

crits du texte original d'Eutrope et de ce même texte modifié et continué par Paul Diacre (1), la traduction faite pour le comte de Militrée ne peut pas être d'une grande utilité pour constater les différences entre les deux textes ; toutefois, les réflexions que le traducteur se permet parfois au cours de son travail, les faits nouveaux qu'il cite pour compléter et appuyer ceux de son auteur, ne sont pas toujours sans intérêt.

Après avoir donné, avec Isidore de Séville, un abrégé de l'histoire sainte et, avec Eutrope et Paul Diacre, le résumé des annales de l'histoire profane, le traducteur veut mettre sous les yeux du comte de Militrée l'exposé de l'histoire de l'Italie après la chute de l'empire romain, et comme, dans cette période, deux peuples ont plus que les autres influé sur les destinées de la péninsule, les Lombards et les Normands, c'est à l'histoire des Lombards et des Normands qu'il va exclusivement consacrer ses derniers travaux. Tout cela, on le voit, est assez logique et suppose, chez ce traducteur, des connaissances historiques assez complètes et assez coordonnées. Se conformant à l'ordre chronologique, il s'occupe d'abord des Lombards.

Au recto de la page 72, le traducteur écrit cette courte préface pour annoncer le travail qui suit :

« Parlé avoit Paul dyacone, exponant et adjongeant a lo ystoire de Rome secont Eutroppe, quant ce venoit a la matière de li Goth et de li Vuivole ou Longobart ; toutes foiz secont la matiere, prisée estoit trop petite ou quasi

---

(1) DROYSEN a énuméré ces divers manuscrits dans l'édition que nous venons de citer.

noient laquelle est ditte. Adonc mostrant toutes les chozes que de dire s'en peust, de li Longobart fist espécial livres, et les parti en VI livres de li Longobart, secont que met en son livre Paule dyacone, mais poi ou noient si puet adjoindre. »

Vient après cette introduction la traduction des six livres de l'*Historia Langobardorum* de Paul Diacre. Il est facile de constater que le traducteur s'est servi d'un texte tout à fait semblable à celui de l'édition de L. Bethmann et de G. Waitz dans les *Scriptores rerum Langobardicarum et Italicarum*, Sœc. VI-IX (1). Au l. I, chap. 26, il se contente de copier, sans les traduire, les vers de Paul Diacre sur la vie de S. Benoit :

> Ordiar unde tuos, sacer o Benedicte triumphos,
> Virtutum cumulos ordiar unde tuos, etc. (2).

« En vulgare, écrit-il, je ne les puiz metre au vers » il aurait cependant pu les traduire sans les mettre en vers français. Au verso de la p. 125 se termine la traduction de l'*Historia Langobardorum* par cette phrase concernant le roi Liutprand : « Sur toutes chosez gardoit la paiz laquelle il avoit avec li François et li Avare » elle correspond à la phrase qui termine le texte de Bethmann et de Waitz : « maxima semper cura Francorum Avarumque pacem custodiens » (3).

Après l'histoire des Lombards vient celles des Nor-

---

(1) In-4°, Hannovre, 1878. L'*Historia Langobardorum* va de la p. 12 à la p. 187.

(2) P. 64, 65 de l'édition de Bethmann et Waitz.

(3) P. 187 de l'édition de Bethmann et Waitz.

mands; nous arrivons donc à la partie du manuscrit qui fait l'objet de la présente publication, mais cette partie débute par une singulière méprise; on lit, en effet, au verso du feuillet 125 du manuscrit, c'est-à-dire au commencement de la traduction de l'*Historia Normannorum* : « Ci se complit l'ystoire de li Lomgobart, laquelle compila un moine du Mont de Cassin et li manda à lo abbé Désidère du Mont de Cassym. » Paul Diacre, contemporain de Charlemagne, ayant composé son histoire des Lombards dans les dernières années du viiie siècle, il est bien évident qu'il n'a pu dédier son livre à l'abbé Désidère ou Didier qui ne devint abbé du Mont-Cassin qu'en 1058, après la mort du pape Etienne IX; comme nous savons par ailleurs que c'est l'histoire des Normands qui qui a été dédiée à Didier, il faut certainement compléter comme il suit la phrase du manuscrit : « Ci se complit l'ystoire de li Longobart *et se commence l'Ystoire de li Normant*, laquelle compila un moine de Mont-de-Cassin et li manda à lo abbé Désidère de Mont-de-Cassin. »

Immédiatement après cet énoncé, bien incomplet, comme on le voit, vient la traduction de la dédicace de l'*Historia Normannorum* à Didier, abbé du Mont-Cassin, et la traduction d'une invocation de l'auteur à Dieu le Père pour qu'il bénisse son travail. Quoique cette invocation fut en vers, le traducteur la reproduit en français; les vers d'Aimé lui auront sans doute paru plus faciles à traduire que ceux de Paul Diacre. Ces préliminaires précèdent la traduction des huit livres de l'*Historia Normannorum*, divisés en nombre inégal de chapitres; en tête de chaque livre se trouve un résumé des chapitres du livre, mais ce résumé n'est pas toujours très exact et ne correspond pas constamment au chapitre indiqué.

Le traducteur, qui connaissait les noms et les œuvres de l'évêque Isidore, d'Eutrope et de Paul Diacre, ne paraît cependant pas avoir connu le nom de l'auteur de l'*Historia Normannorum*, il ne l'indique nulle part ; il sait seulement, pour l'avoir lu dans l'*Historia Normannorum*, que cet auteur était moine au Mont-Cassin et qu'il a dédié les huit livres de son travail à l'abbé Didier; il est évident, comme nous avons déjà eu occasion de le dire, que ces données s'appliquent au moine Aimé et ne peuvent s'appliquer qu'à lui, puisque nous savons par Pierre Diacre qu'Aimé était moine au Mont-Cassin, et qu'il a dédié à l'abbé Didier les huit livres de son histoire des Normands.

Il serait inutile de surcharger cette Introduction d'une analyse de l'histoire des Normands par Aimé, le lecteur a, dans le présent volume, le texte de cette histoire, il peut en prendre directement connaissance, et les notes qui accompagnent ce texte déterminent la valeur des données historiques fournies par le moine du Mont-Cassin. Nous nous bornerons donc, dans la dernière partie de cette Introduction, à une appréciation générale de la valeur historique de cet ouvrage.

Le manuscrit, fait pour le comte de Militrée, ne se termine pas, comme on pourrait le croire, par les huit livres de l'*Ystoire de li Normant*; à la suite du huitième et dernier livre, au recto du feuillet 199, sans autre prohème ou préambule, on lit en effet ce titre : « De un noble baron de Normendie liquel estoit père Robert. »

C'est le début d'un autre ouvrage comprenant deux livres, le premier de 27, le second de 14 chapitres et racontant surtout les exploits de Robert Guiscart et de ses frères, avec un court résumé du règne de Roger Ier, neveu de Robert Guiscard ; en 1101, Roger Ier succéda à son père Roger le grand comte, en 1130 il se fit couronner roi de Sicile et mourut le 26 février 1154. Il a été facile de constater que ces deux livres étaient la traduction d'un texte latin publié au XVIIIe siècle, d'abord par Caruso, sous le titre de *Anonymi historia Sicula, a Normannis ad Petrum Aragonensem, ex bibliotheca Vaticana* et ensuite, par Muratori, sous ce titre : *Anonymi Vaticani historia Sicula ab ingressu Normannorum in Apuliam, usque ad unnum 1282* (1).

Que cette *Anonymi historia Sicula* soit un abrégé de l'*Historia Sicula* de Geoffroy Malaterra, historien bénédictin du XIe siècle, c'est ce que démontre la comparaison des deux textes (2) ; l'abréviateur s'est borné à enregistrer d'une façon sommaire les faits racontés par son modèle, il suit le même ordre que lui, sauf à élaguer les détails qui ne rentrent pas dans son cadre plus restreint. Lorsque s'arrête, avant la fin du XIe siècle, le travail de Malaterra, l'*Anonymi historia Sicula* n'est plus qu'une simple nomenclature, et, suivant les manuscrits, cette

---

(1) CARUSIUS : *Bibliothe. hist. regni Siciliæ*, t. II, p. 829 sqq. MURATORI R. I. SS., t. VIII, p. 745 sqq.

(2) Voyez sur cette question, l'article de R. WILMANS : *Ist Amatus von Monte Cassino der Verfasser der Chronica Roberti Biscardi?* dans l'*Archiv der Gesellschaft für ältere deutsche Geschichtskunde*, t. X, p. 122 sqq. Wilmans n'a pas eu de peine à démontrer que cette chronique n'était pas d'Aimé.

nomenclature, œuvre de plusieurs continuateurs, s'étend jusque vers la fin du XIIIe siècle.

Il n'est pas possible de supposer que l'*Anonymi historia Sicula* ait été, au contraire, le cannevas développé ensuite par G. Malaterra, car un passage de cet anonyme, dans la partie qu'il emprunte à Malaterra, prouve qu'il a connu les rois normands de Sicile, lesquels n'ont commencé à porter la couronne royale qu'à partir du 25 décembre 1130; il a donc vécu en plein XIIe siècle, tandis que Malaterra est un écrivain du XIe siècle. Parmi les rares additions que l'abréviateur a faites en résumant le texte de G. Malaterra, se trouve, en effet, une pièce de vers dans laquelle le poète célèbre les vertus militaires de Robert Guiscard, on lit dans cette pièce les quatre vers suivants :

> Ut breviter brevibus possit (possim) comprehendere verbis,
> Nec primum similem potuit, nec habere sequentem;
> Regibus exceptis, eadem quos dixit (duxit) origo,
> Per quos diluerit (diluitur) foex et pagana caligo (1).

Le traducteur du comte de Militrée rend de la manière suivante ces quatre vers : « De loquel dist ceste auctor que estoit tel home que home devant lui non fu el monde, sans les roys et de liquel descendirent rois, liquel destruistrent puiz la gent Sarrazine (2) ». On voit que l'argument est sans réplique et que l'*Anonymi historia Sicula* ne peut, en aucune façon, avoir été composée au XIe siècle.

(1) MURATORI, t. VIII, p. 754.
(2) *Chronique de Robert Viscart*, I, 13, p. 277 de l'édition de CHAMPOLLION-FIGEAC.

Champollion-Figeac, donnant à quelques expressions du traducteur d'Aimé une valeur et une importance exagérées, est tombé dans une singulière méprise au sujet de l'*Anonymi historia Sicula;* il voit dans cet opuscule, non pas un abrégé de G. Malaterra, mais un ouvrage original et veut démontrer qu'Aimé du Mont-Cassin en est l'auteur, aussi a-t-il inséré la traduction de cet opuscule à la suite de son édition de l'*Ystoire de li Normant* et, dans ses *Prolégomènes*, il consacre plusieurs pages à la démonstration de cette thèse, tout à fait insoutenable (1). Le texte de Pierre Diacre, que Champollion-Figeac connaissait, et qu'il cite, aurait dû cependant lui faire comprendre qu'il faisait fausse route en soutenant cette thèse; Pierre Diacre, énumérant les ouvrages composés par Aimé, ne lui attribue, comme nous l'avons vu (2), qu'un seul travail sur les Normands, c'est-à-dire l'histoire des Normands, divisée en huit livres et dédiée à l'abbé Didier. Avant de supposer que Pierre Diacre, ordinairement si exact, était incomplet en cet endroit et qu'en réalité Aimé eut laissé un autre écrit sur le même sujet, il fallait des arguments autrement décisifs que ceux présentés par Champollion-Figeac. Les quatre vers en l'honneur de Robert Guiscard, cités plus haut et extraits de l'*Anonymi historia Sicula,* suffisent à ruiner l'hypothèse de Champollion-Figeac. Comme il a déjà été dit, ces vers démontrent que l'auteur de cet écrit vivait en plein

---

(1) *Prolégomènes*, p. LXXII, sqq.; § VII *de l'auteur de la Chronique*.
(2) Cf. supra, viij, *Introduction*, p. III.

xiie siècle, après 1154 (1), ce ne peut donc être Aimé du Mont-Cassin qui, en 1060, était moine dans ce monastère et qui, selon toute apparence, est mort avant la fin du xie siècle.

Champollion-Figeac ayant placé en 1093 la mort d'Aimé, est amené par là même à déclarer que tout ce qui dans l'*Anonymi historia Sicula* a trait aux événements survenus après la mort de Robert Guiscard (chap. 10-14 du second livre de la traduction française), ne saurait être d'Aimé, et il avoue que ces derniers chapitres sont presque entièrement un résumé de ce qui est rapporté dans G. Malaterra (2). Mais puisqu'il fait cet aveu, comment n'a-t-il pas vu qu'il en était de même pour les chapitres antérieurs; il était aussi facile de constater qu'ils résumaient d'autres récits du même auteur.

Sans vouloir nous attarder à continuer une démonstration que l'état actuel de la critique historique rend facile, examinons le principal argument sur lequel s'appuie Champollion-Figeac pour faire d'Aimé l'auteur de l'*Anonymi historia Sicula*.

La traduction d'Aimé porte : I, 4 :

« En cel an apparut un merveillouz signe pour ceste forte aventure et bataille qui estoit a venir, car l'estoille qui se clame comete aparut moult de nuiz et tant de fulgure qui resplendissoit comment la lune. Ceste bataille brevement fu de li Normant laquelle fu faite en

---

(1) Cf. supra, p. xxxviij; l'auteur parle de plusieurs rois normands de Sicile; il écrivait donc après 1154 puisque à cette date est mort le premier de ces rois normands.

(2) *Prolégomènes*, p. lxxxviii sqq., § IX.

lo temps de cestui qui escrist ceste Ystoire, quar cestui moine fu a lo temps que ces Normans vindrent. Mès il lo dira en l'autre Ystoire. »

Il s'agit de la bataille de Hastings, en Angleterre, que les Normands, commandés par Guillaume, duc de Normandie, gagnèrent en 1066, sur les Anglo-Saxons et sur le roi Harold. Le traducteur prenant la parole, comme cela lui arrive assez souvent, dit que l'auteur de l'histoire des Normands vivait lorsque cette bataille s'est livrée, ce qui est exact, et que ce même auteur racontera ces événements dans l'autre histoire. Il est bien vrai que lorsque le traducteur parle de « l'autre ystoire » il entend par là l'*Anonymi historia Sicula* qu'il a également traduite (1). Il semblerait donc, au premier abord, que cette *Anonymi historia Sicula* dut parler de la conquête de l'Angleterre par les Normands, or, elle n'en dit rien ; mais, comme le passage du traducteur est quelque peu obscur, il se peut qu'il veuille dire simplement que l'auteur de l'*Anonymi historia Sicula* parlera des batailles que d'autres Normands ont livrées en Italie pendant que leurs compatriotes combattaient à Hastings et, en effet, l'*Anonymi historia Sicula* a rapporté les exploits des Normands en Italie avant, pendant et après 1066.

Admettons donc que, pour le traducteur d'Aimé, l'*Historia Normannorum* et l'*Anonymi historia Sicula* aient

---

(1) Voyez par exemple : *Ystoire de li Normant*, III, 22, et la *Chronique de Robert Viscart*, I, 9 et 10, p. 273 sq. de l'édition de Champollion-Figeac; de même, *Ystoire* etc., III, 36 et la *Chronique*, I, 11, p. 275 de Champollion-Figeac, plusieurs autres exemples analogues sont cités par Champollion-Figeac : *Prolégomènes*, p. LXXIV sqq.

eu un seul et même auteur, mais de ce que tel ait été son sentiment, il ne s'en suit nullement que ce sentiment soit fondé ; cela ne peut, en aucune façon, détruire les preuves décisives du contraire qui ont été données plus haut.

Remarquons que le traducteur, comme il sera démontré dans la IIIe partie de cette introduction, a fait son travail au commencement du XIVe siècle, c'est-à-dire deux cents ans au moins après qu'Aimé avait composé son *Historia Normannorum,* aussi ne sait-il pas le nom de l'auteur de l'ouvrage qu'il traduit, il ne l'indique nulle part; quelle autorité dès lors peut-il avoir lorsqu'il dit, tout à fait en passant, il est vrai, que les deux ouvrages indiqués ont un même auteur ; ce renseignement, il ne l'a trouvé nulle part, c'est une pure supposition qu'il fait et elle ne repose sur rien.

Le lecteur comprendra donc que, dans cette nouvelle édition d'Aimé, on n'ait pas, malgré l'exemple de Champollion-Figeac, inséré la traduction de l'*Anonymi historia Sicula;* Aimé n'est pour rien dans cet opuscule.

III.

DE LA TRADUCTION ET DU TRADUCTEUR D'AIMÉ.

Que toutes les traductions du manuscrit 688 aient été faites par une seule personne, c'est ce que démontre la lecture de ces traductions ; ce sont partout les mêmes procédés de traduction, les mêmes tournures de phrases, la même langue et, comme nous le verrons bientôt, une langue bien spéciale puisque c'est un français mélangé d'italien. En plusieurs endroits, le traducteur, citant une autre traduction du manuscrit, déclare explicitement qu'elle est aussi son œuvre; ainsi, dans l'*Ystoire de li Normant*, II, 32, parlant des prisonniers de Guaimar, prince de Salerne, qui s'étaient échappés du château de la Major-Torre, et avaient gagné le château de Matelone, il écrit : « Je croi que veut dire Madalone quar ja estoit faite Caserte et Magdalone coment ai-ge dit en l'ystoire de li Longobart, liquel vindrent en Ytalie avant que li Normant. » Le traducteur de l'histoire des Normands est donc le même que le traducteur de l'histoire des Lombards; inutile de pousser plus loin cette démonstration, évidente pour quiconque a étudié le manuscrit 688.

Divers passages du manuscrit indiquent à quelle époque, à peu près, le traducteur a fait son travail; l'*Ystoire de li Normant*, II, 28, contient cette phrase : « La cité de Syponte qui maintenant est clamée Manfredone, » or, Manfredonia fut fondée sur les ruines de Siponto en 1261 par Mainfroi, fils naturel de Frédéric II; la traduction est donc postérieure à cette date.

De même, on lit dans la traduction de l'*Histoire des Lombards* de Paul Diacre, II, 23 : « Et en celui temps fut faite Caserte en Terre de Labor, laquelle estoit premèrement clamée *Casa erecta*. Et autresi en cellui temps fu faite Mathelone, laquelle premèrement Metadelione ensi come Azo, évesque de Caserte, lo declare en sa chronica, laquelle il fist de evesque de Caserte et de Calatine. » Cette chronique des évêques de Caserte et de

Caiazzo est perdue, mais nous savons qu'Azo a été évêque de Caserte de 1290 à 1310 (1). C'est donc au plus tôt dans les premières années du XIVe siècle que notre traducteur a fait pour le comte de Militrée cette série de traductions; faute d'autres indications, il n'est pas possible de donner une date plus précise.

Cette date de la traduction serait facile à fixer si nous savions quel est ce comte de Militrée dont parle le prohème et pour lequel travaillait le traducteur (2). Les italicismes nombreux qui se trouvent dans le français de la traduction de l'*Historia Normannorum* et la connaissance minutieuse de la géographie de l'Italie du sud dont fait preuve, dans son travail, le traducteur d'Aimé, permettent de conjecturer que ce comte de Militrée était établi dans l'ancien royaume de Naples, mais on ne sait où placer Militrée. Champollion-Figeac a prétendu que dans Militrée on pouvait reconnaître la ville de Mileto dans la Calabre ultérieure (3); mais il constate lui-même

---

(1) UGHELLI, *Italia Sacra*, t. VI, p. 624 sqq., édition de 1659, Romæ; Azo est aussi dit Acto, Aconus, Atto; sur les évêques de Caiazzo, cf. UGHELLI, t. VI, p. 562; je ne sache pas que cette chronique d'Azzo ait été publiée. A la p. 51 verso du manuscrit 688, le traducteur fournit une autre indication chronologique; il dit, en parlant de la ville de Bordeaux : « et en celle cité nasqui lo pape Clément et en fu archeveschue avant qu'il fust pape. » Il s'agit évidemment du pape Clément V, nommé auparavant Bertrand de Goth, né, non pas à Bordeaux même, mais à Villandraud (Gironde), successivement évêque de Comminges et archevêque de Bordeaux, élu pape à Pérouse, le 5 juin 1305, couronné à Lyon le 14 novembre de la même année. Le traducteur écrivait donc cette phrase après le 14 novembre 1305.

(2) Cf. supra, p. XXIX sqq. de l'*Introduction*.

(3) *Prolégomènes*, p. XCVIII : « Quant au lieu de Militrée, nous n'y pouvons reconnaître que la ville de Mileto dans la Calabre ultérieure. »

que le traducteur d'Aimé appelle cette ville *Mélit* soit dans l'*Ystoire de li Normant*, soit dans la traduction de l'*Anonymi historia Sicula* (1). Comment admettre alors qu'il l'eût dans le prohème désigné sous le nom si différent de Militrée? Si ce nom désigne un seigneur et non une ville ou une terre, on ne sait pas davantage à quelle famille rattacher ce seigneur. Champollion-Figeac suppose qu'il s'agit d'un fils de Charles II, roi de Naples, mort en 1309 en laissant dix enfants mâles (2), mais c'est là une pure hypothèse qui n'a pour elle aucun texte, aucun document. Il vaut bien mieux déclarer que sur ce point les renseignements nous font défaut.

Les textes latins d'Isidore de Séville, d'Eutrope et de Paul Diacre, mis en regard des traductions du manuscrit 688, montrent que le traducteur ne visait pas à une traduction littérale et qu'il ne serrait pas toujours le texte de près; parfois il l'abrège, parfois il ajoute des remarques pour rendre le passage plus intelligible, et ces remarques, comme il a déjà été dit, ne sont pas toujours inutiles. Les mêmes procédés de traduction ont été employés pour l'*Historia Normannorum*; après la découverte de la traduction d'Aimé, il a été facile de constater que Leo de' Marsi avait inséré plusieurs passages de l'*Historia Normannorum* dans sa *Chronicon Casinense* (3) et ces passages, comparés aux passages correspondants de la traduction, permettent d'affirmer que le traducteur a agi à l'égard du

---

(1) *Prolégomènes*, ibid.
(2) *Prolégomènes*, p. c.
(3) Voyez plus loin, p. liij sqq. de l'*Introduction*.

texte d'Aimé comme à l'égard des textes d'Isidore de Séville, d'Eutrope et de Paul Diacre.

Plusieurs de ces remarques sont sans intérêt historique, ainsi : I, 1, « nous trouvons en cest premier Capitule de l'estoire de li Normant que », etc. ; II, 31, « or dit ensi li conte de ceste cronica », etc. ; II, 33, « et li Normant, coment se mostre à lire en lo livre, estoient », etc. ; VII, 34, « or veut li père nostre cestui moine qui ceste Ystoire compila dire », etc. ; d'autres remarques, au contraire, ont leur importance, ainsi : II, 7, « et est à noter que il sont .ij. Melfe, quar est Melfe et Amelfe : Melfe est en la confine de Pouille et Amelfe est vers Salerne et Naple » (1); I, 22, « et s'encontrèrent li Normant contre li Grec en un lieu qui se clamoit Vaccarice (2), c'est en Puille à Melfe, où maintenant sont gentil home qui se clament Vaccaire » ; I, 26, « où Troie (3) fu apert l'antique fabrique et non pas là où elle est maintenant, quar en plus vill lieu est ore ». Plus d'une fois, le traducteur d'Aimé a eu la main malheureuse; ses observations ont rendu la pensée d'Aimé plus obscure au lieu de l'éclaircir, dans les deux passages suivants, par exemple : II, 18, il s'agit de l'alliance entre les Normands et le milanais Ardouin pour conquérir la Pouille contre les Grecs; le traducteur écrit : « Et quant il oïrent ensi parler Arduyne, se consentirent à lui. Et font sacrement de fidelité de chascune part de paiz. Se la terre non avoit autre seignor que ou à cui face tribut se

---

(1) Il s'agit de Melfi et d'Amalfi.
(2) Vaccaricia.
(3) Troja.

clame tributaire. Et en ceste regne se clame terre de demainne et se a autre seignorie, se clame colonie, come sont en cest regne la terre qui a autre seignorie. Et sanz lo roy estoit seignor Arduyne, et en celle part se clament colone ». Ces mots : « *ceste regne* » — « *sans lo roy* » montrent bien que la remarque est du traducteur, elle n'a pu être écrite que lorsque le royaume de Naples ou des deux Siciles était constitué, c'est-à-dire longtemps après la mort d'Aimé, mais le sens général de cette remarque est bien peu intelligible. De même, l. I, c. 9, Aimé ayant raconté que le normand Ursel, venu à Constantinople, fut envoyé par l'empereur (Michel) au secours de son père, l'empereur (Romain Diogène), que Ursel et Romain Diogène furent fait prisonniers et que le César (Jean) empêcha qu'ils ne fussent délivrés, le traducteur ajoute : « Autre chose est à entendre, que autre choze est Auguste et autre cose Cesare ; Auguste et impereor est une cose come est dit devant, mès Césaire est aucune cose manque en cellui temps ; .ij. empéreor ou Auguste et cestui qui estoient sur la Turquie estoient patrie et un autre qui estoient Césaire ; si que alors estoient .ij. empereor et .ij. Césaire veraiement. » Le traducteur se trompe et ajoute à la confusion ; il n'y avait qu'un seul César, le César Jean. Un peu plus loin, dans ce même passage, le traducteur fait à tort de l'impératrice femme de Romain-Diogène, la femme du César Jean : « laquelle estoit moillier de lo sage Césaïre. » Ailleurs, le traducteur d'Aimé confond l'empereur d'Orient avec l'empereur d'Occident, il écrit : I, 25, au sujet d'Adénulfe, abbé du Mont-Cassin, lequel épouvanté à la nouvelle de l'arrivée de l'empereur Henri II en Italie « voloit foyz en Costentinople à lo empéreor loquel s'en vint en Ytalie, si come est dit. » Ce n'était pas l'empereur de Constantinople qui était venu en Italie, mais bien Henri II, empereur du saint empire romain.

Les huit livres de la traduction d'Aimé nous fourniraient plusieurs autres passages du traducteur qui sont erronés ou qui trahissent de singulières distractions; ainsi, I, 27, au lieu de « et un Normant qui se clamoit Argira... » il faut : « et un Lombart qui se clamoit Argira... », de même, III, 28, au lieu de « Raynolfe comte d'Averse, » il faut : « Pandulfe comte de Teano. »

Il y a donc, dans la traduction d'Aimé, des erreurs et des inadvertances, et je me suis efforcé de les rectifier dans les notes accompagnant le texte, il y a aussi, même quand il s'agit des noms propres, une orthographe assez flottante, assez indécise, si bien qu'on a parfois quelque peine à reconnaître et à identifier les mêmes noms d'homme ou de ville, écrits en divers endroits de diverse manière.

Après avoir indiqué les côtés faibles du texte qui fait l'objet de cette publication, il serait, je crois, injuste de ne pas rappeler qu'après tout, si nous avons encore la substance du travail d'Aimé, c'est au traducteur du comte de Militrée que nous le devons, et nous, Français, nous lui devons en outre quelque reconnaissance pour avoir, au XIVe siècle, propagé notre belle langue dans l'Italie du Sud.

Une curieuse particularité caractérise cette langue du traducteur d'Aimé.

Comme l'a écrit Champollion-Figeac, l'examen du texte du traducteur d'Aimé montre qu'il abonde en *italicismes;* presque à chaque page on peut signaler non pas seulement des mots exclusivement italiens d'origine et de forme, étrangers à la langue française de toutes les époques, mais encore des formes grammaticales qui n'ont jamais été en usage dans notre langue (1).

Les mots suivants, par exemple, sont purement italiens, leurs désinences même n'ont pas été modifiées pour leur donner une physionomie française : *Accolta,* écoutez; *ape,* abeille; *bestiame,* bestiaux; *canicie,* blancheur des cheveux; *castrimargie,* gourmandise; *deffette* (lo), négligence; *diacono,* diacre; *force,* peut-être, on écrit aujourd'hui *forse; férue,* blessure; *flacolle,* flambeau; *grate,* claie en osier; *Judée,* un juif; *manco,* moins; *mège,* moitié; *mercière,* instrument de suplice; *noce,* noix et noyer; *pet,* poitrine; *pignotte* (pignatta), pot de terre; *pollistre,* poulains et pouliches; *sallute,* forêt; *salmes,* salaisons; *sollie,* tabouret; *tidue,* tous les jours; *trébuc,* machine de guerre. Un proverbe italien, tiré des mœurs supposées de l'aspic, est employé, I, 29, et ce proverbe existe encore, résumé en ces mots : *far come l'aspido, faire comme l'aspic,* c'est-à-dire fermer les oreilles de peur d'oüir.

Quant aux formes grammaticales, les suivantes sont italiennes et non françaises : *tant.... quant,* pour tant.... que; *de,* pour par, *de Eutrope composte,* par Eutrope com-

(1) *Prolégomènes* de CHAMPOLLION-FIGEAC, p. XCI; les détails qui suivent sont, à quelques modifications près, empruntés à cette partie des *Prolégomènes.*

posée; *de* dans le sens du *de* latin, *Livre de li Longobart*, livre sur les Lombards; *que* pour comme, parce que, le *cum* des Latins; *que* pour afin que; *si* pour ainsi, aussi; *quant qu'il trovoit*, tant qu'il trouvait; *puis que*, pour après que (1).

Comme nous l'avons déjà dit, ces italicismes nombreux et la connaissance minutieuse de la géographie de l'Italie du sud, dont fait preuve dans son travail le traducteur d'Aimé, permettent de conjecturer que la traduction a été faite dans l'ancien royaume de Naples (2).

IV.

APPRÉCIATION D'AIMÉ COMME HISTORIEN;

SES RAPPORTS

AVEC LES AUTRES HISTORIENS DES NORMANDS EN ITALIE.

L'*Ystoire de li Normant* ne ressemble en aucune façon à ces annales monastiques du moyen âge, parfois si laconiques que les événements les plus importants y sont à peine mentionnés, et si incolores, si impersonnelles, qu'elles se continuent pendant des siècles sans qu'on puisse ensuite découvrir à quelle époque la plume du chroniqueur a passé aux mains de son successeur. Aimé

---

(1) *Prolégomènes*, l. c.
(2) La texte cité plus haut, p. xlvij, et tiré d'Aimé, II, 18, « et en ceste regne se clame terre de domaine » et « sanz lo roy, etc. » montre que le traducteur écrivait lorsque l'Italie du sud était constituée en royaume.

a fait au contraire œuvre d'historien dans tout le sens du mot ; il a un but, celui de raconter les hauts faits de deux grands bienfaiteurs du Mont-Cassin, de Richard, prince de Capoue, et de Robert Guiscard, duc de Pouille, de Calabre et de Sicile (1), et ce but, il ne le perd pas de vue à travers les huit livres de son travail.

Après avoir, dans une sorte d'introduction, qui n'est pas la partie la moins importante de son récit, raconté quelques-unes des expéditions des Normands de France en Angleterre, en Espagne et en Orient, après avoir exposé les humbles commencements de ces mêmes Normands dans l'Italie du sud, Aimé arrive, au second livre, à parler de Richard, comte d'Aversa avant de devenir prince de Capoue, et il annonce l'arrivée dans la péninsule de Robert, fils d'un seigneur de basse Normandie.

Déjà, au troisième livre, Richard et Robert brillent au premier rang dans la lutte contre les troupes du pape Léon IX et, au quatrième, ils sont investis l'un et l'autre du pouvoir suprême, Richard comme prince de Capoue et maître de la Campanie, Robert comme duc de Pouille et de Calabre. Les quatre derniers livres racontent les exploits des deux héros, surtout ceux de Robert Guiscard, les batailles de Sicile contre les Sarrasins, les fameux sièges de Palerme, de Bari, de Salerne, etc., et la narration s'arrête à la mort du prince de Capoue, survenue le 5 avril 1078. Est-ce la maladie, est-ce la mort qui a empêché Aimé de comprendre, dans son récit, les sept années suivantes, puisque Robert Guiscard n'est passé de

(1) Voyez la dédicace d'Aimé à l'abbé Didier pour lui offrir son livre.

vie à trépas que le 17 juillet 1085 ? l'épilogue du VIIIe et dernier livre semblerait indiquer que le moine du Mont-Cassin a volontairement déposé la plume (1) ; quoi qu'il en soit, nous ne pouvons que regretter grandement qu'il n'ait pas jusqu'au bout suivi le vaillant capitaine dans son expédition en Orient où il a battu l'empereur Alexis et a été si près de ceindre la couronne impériale, dans son intervention à Rome où il a délivré Grégoire VII après avoir fait fuir l'empereur Henri IV qui, moins brave que son collègue de Constantinople, n'a même pas osé se mesurer avec le redoutable Normand.

Tout en écrivant l'histoire de Richard de Capoue et du duc Robert, Aimé n'a pas omis de relater en détail les faits qui, sans se rapporter immédiatement à son sujet, expliquent et définissent la situation ; grâce à lui, nous assistons vraiment à ce sinistre duel entre les Normands d'un côté et de l'autre les Lombards, les Grecs et les Sarrasins et nous voyons disparaître définitivement de la scène politique ces Lombards qui, depuis tant d'années, dominaient les riantes contrées de Capoue, de Bénévent et de Salerne. Même à travers une traduction, souvent incorrecte et défectueuse, on peut encore apprécier les qualités d'Aimé comme historien, la vie, le mouvement, la passion même, toutes choses d'autant plus intéressantes à constater qu'elles sont plus rares dans les anna-

(1) Le dernier chapitre du VIIIe livre est une sorte de récapitulation de l'ouvrage et il se termine par cette conclusion : « A ces .ij. Seignors (Robert Guiscard et Richard) Dieu loquel est pere et rémunérator de tout bien, pour la mérite de saint Bénédit, lor en rende mérite en vie éterne. Amen. »

listes du moyen âge. Ainsi le récit des péripéties du siège de Salerne, qui remplit presque tout le VIII⁰ livre et qui montre le prince Gisulfe défendant contre Robert Guiscard les derniers débris de son pouvoir, la dernière forteresse de sa principauté, forme un épisode des plus intéressants, des plus mouvementés ; le xi⁰ siècle nous a laissé peu de pages d'une telle allure, elles peuvent soutenir la comparaison avec les plus beaux passages de Lambert de Hersfeld sur la guerre de Saxe ou d'Adam de Brême sur l'épiscopat de l'archevêque Adalbert.

Si, dans son ouvrage, Aimé n'a que des éloges pour Richard de Capoue et pour le duc Robert Guiscard, s'il les déclare les oints du Seigneur, s'il passe sous silence ou s'abstient de blâmer leurs actions les plus condamnables, en revanche, il poursuit de ses récriminations les plus ardentes deux princes lombards, Pandulfe IV, prince de Capoue et Gisulfe, prince de Salerne. D'autres renseignements que ceux qui nous sont fournis par Aimé témoignent qu'ils ont été l'un et l'autre de détestables tyrans, comme hélas ! beaucoup d'autres grands seigneurs du xi⁰ siècle, mais ont-ils vraiment commis toutes les abominations que leur reproche Aimé ? Cette question se pose surtout au sujet de Gisulfe qui a été pendant de longues années en bons termes avec Grégoire VII (1).

---

(1) Voyez par exemple VIII, 2 ; comment croire que pendant le carême, Gisulfe se nourrit des pieds, des mains, etc., qu'il faisait arracher ou couper à ses prisonniers ! jamais Grégoire VII n'aurait voulu d'un si abominable anthropophage pour être légat du Saint-Siège en France, car il est bien certain que Gisulfe a eu cette dignité après avoir perdu sa principauté de Salerne.

Il se pourrait que l'auteur de l'*Ystoire de li Normant*, qui probablement était Salernitain, se soit laissé un peu entraîner par ses ressentiments en parlant de celui qui avait terrifié Salerne par ses exactions et ses cruautés.

Nous avons dit que le traducteur d'Aimé n'avait pas évité un certain nombre d'erreurs dans les commentaires qu'il a ajoutés à sa traduction. Aimé en a aussi commis plusieurs et il serait bien surprenant qu'il en fut autrement. Ecrivant, comme nous le verrons bientôt, d'après des traditions orales et sans s'inspirer d'aucun autre historien des Normands en Italie, il ne lui était guère possible de contrôler toutes ces traditions et de vérifier par lui-même ce qu'elles pouvaient avoir de légendaire ou d'exagéré. Les données qu'il nous fournit doivent donc être soumises à un examen critique, et la publication des chroniqueurs et des documents de l'Italie du sud au XIe siècle, faite par Muratori et depuis lui, rend aujourd'hui ce contrôle moins ardu, nous avons essayé ce travail dans les notes de la présente édition, et il prouve, si nous ne nous faisons illusion, que généralement et sur beaucoup de points, le moine du Mont-Cassin était bien informé.

Depuis la publication de l'*Ystoire de li Normant* en 1835, diverses opinions ont été émises sur le degré de confiance qu'il faut accorder aux assertions d'Aimé; Champollion-Figeac lui est entièrement favorable et dom Tosti, plus tard Giesebrecht ont, à peu près, partagé ce sentiment (1). Puis s'est produite une très vive réaction,

---

(1) Dans ses *Prolégomènes*, CHAMPOLLION-FIGEAC est des plus optimistes au sujet de la valeur historique de l'*Ystoire de li Normant;* dom TOSTI :

non pas seulement contre les hypothèses de Champollion-Figeac, dans son Introduction, mais même contre la valeur historique de l'*Ystoire de li Normant;* dans l'*Archiv für ältere deutsche Geschicktskunde,* Wilmans a démontré que Champollion-Figeac s'est trompé en attribuant à Aimé l'*Anonymi historia Sicula* (1), et, dans les *Forschungen zur deutschen Geschichte,* Ferdinand Hirsch a soumis à une critique très acerbe toute l'*Ystoire de li Normant,* ainsi que les opinions de son premier éditeur (2). Très au courant de la littérature de l'Italie du sud au xie siècle, Hirsch n'a pas eu de peine à réfuter plusieurs des thèses soutenues par Champollion-Figeac, mais il a dépassé la mesure dans son examen critique du récit d'Aimé; son vif désir de trouver quand même en faute l'auteur de l'*Ystoire de li Normant* se trahit presque à chaque page, et cette disposition d'esprit, toujours dangereuse quand il s'agit d'apprécier les œuvres d'autrui, ne lui a pas permis d'éviter quelques exagérations et quelques erreurs dont l'aurait préservé un peu plus d'impartialité.

Dans le 29e volume des *Forschungen zur deutschen Geschichte,* G. Baist a mis en relief ce qu'il y avait de défectueux dans l'argumentation de son compatriote (3) et a donné une appréciation plus équitable

Storia del la Badia di Monte-Cassino, t. I, p. 354; GIESEBRECHT: *Geschichte der deutschen Kaiserzeit,* t. II, p. 570, t. III, p. 1033, 3e édit.

(1) *Ist Amatus von Montecassino der Verfasser der Chronica Roberti Biscardi? Archiv.* t. X, p. 122-130.

(2) T. VIII, p. 203-325.

(3) Voici le jugement de Baist sur la critique d'Aimé par F. Hirsch : 1° Hirsch hat völlig klare Stellen unrichtig ausgelegt, da wo der Sinn in

de l'ouvrage d'Aimé ; qu'il y ait des erreurs dans l'*Ystoire de li Normant*, dirons-nous à notre tour, nul ne songe à le nier, mais il n'en est pas moins incontestable que cette histoire éclaire d'une vive lumière les grands événements dont l'Italie du sud a été le théâtre au xie siècle et qu'elle nous a conservé le souvenir de bien des faits qui, sans elle, seraient restés inconnus.

Il reste, pour terminer cette introduction, à voir quels sont les rapports de l'ouvrage d'Aimé avec les autres sources de l'histoire des Normands en Italie. Champollion-Figeac n'hésite pas à écrire dans ses *Prolégomènes*, en parlant d'Aimé : « Les historiens spéciaux des Normands en Italie ont dû profiter de son ouvrage. La narration métrique de Guillaume de la Pouille, l'histoire de Geoffroy Malaterra, venus après lui, ne racontent en effet ces longues guerres d'Italie que d'après lui. Amat fut sans doute le premier qui écrivit sur ces grands événements, puisqu'il retraçait ce qu'il avait vu se passer sous ses yeux ; Guillaume et Malaterra ne pouvaient que

---

der Uebersetzung verdunkelt ist, eine dem Autor ungünstige Deutung bevorzugt, und mehrfach deutliche Fehler des Uebersetzers oder Copisten dem Originale zur Last gelegt. 2° Er hat die Winke und Ergänzungen, welche aus den Capitelverzeichnissen für die mangelhafte Ueberlieferung zu gewinnen sind, vernachlässigt. 3° Er hat einige Male die synchronitische Darstellungsweise als eine chronitische behandelt. 4° Er hat wiederholt, wo sich eine andere Quelle mit Amatus mehr ergänzt als deckt, durch eine falsche Betonnung einen Künstlichen Gegensatz erzeugt. 5° Wo wirklich ein Gegensatz vorhanden ist, ist er geneigt einmal diesen zu übertreiben, dann den widersprechenden Quellen zu viel vertrauen zu schenken. 6° Er bemist die Tragweite der wirklich vorhandenen Irrthümer unrichtig. Kurz, er geht durchweg von einer vorgefassten ungüstigen Meinung aus. » *Forschungen zur d. Geschichte*, t. XXIV, p. 275 sq. Baist n'exagère rien en parlant ainsi.

le prendre pour guide dans la narration des mêmes faits qu'ils exposaient toutefois à leur manière, l'un en prose et l'autre en vers ; enfin il ne devait pas leur répugner de suivre pas à pas Amat, leur prédécesseur, puisqu'ils écrivaient pour un motif et sur un sujet spécial bien différents de ceux d'Amat (1). »

Voyons la valeur de cette assertion d'abord pour ce qui concerne Geoffroy Malaterra.

Champollion-Figeac était, comme nous l'avons vu, persuadé que l'*Anonymi historia Sicula*, publiée par lui sous le titre de *Chronique de Robert Viscart et de ses frères*, avait Aimé pour auteur (2), et nous savons au contraire que c'est un simple abrégé de l'*Historia Sicula* du moine bénédictin Geoffroy Malaterra ; il faut donc faire abstraction de l'*Anonymi historia Sicula* quand on examine les rapports pouvant exister entre Aimé et Malaterra ; cette première donnée, tout à fait erronée, a logiquement amené Champollion-Figeac à soutenir que, dans son *Historia Sicula*, G. Malaterra s'était inspiré d'Aimé, et il suffit de comparer ce dernier ouvrage avec l'*Ystoire de li Normant* pour s'assurer qu'une telle affirmation ne peut être admise.

Malaterra n'a pas rédigé son ouvrage d'après d'autres documents écrits, il dit lui-même qu'il a simplement rapporté les renseignements qui lui ont été donnés de vive voix ; voici une phrase de sa lettre à l'évêque de Catane pour lui dédier son livre : « Sciendum tamen vobis est... si seriatim, minus ordinate, secundum tem-

(1) *Prolégomènes*, p. LXVI sq.
(2) Cf. supra : *Introduction*, p. XXXIX.

pora quibus facta sunt, quæ adnotantur vel certe aliqua oblivione prætergressa reperitis, non hæc tam mihi quam relatoribus culpando ascribantur (1) ».

Le but de Malaterra est bien différent de celui d'Aimé; dans cette même lettre à l'évêque de Catane, Malaterra déclare qu'il écrit pour se conformer aux ordres du comte Roger (frère de Robert Guiscard et mort en 1101), « mihi ut ad hujus operis laborem dictandum accingar, injunxit (2) », et que son intention est de raconter les triomphes de ce comte Roger, comment il a conquis la Calabre et la Sicile. Aimé, au contraire, cherche surtout à glorifier Richard de Capoue et le duc Robert Guiscard; leur objectif n'est donc pas le même, aussi Aimé ne parle de Roger que par accident et ne cherche en aucune façon à rehausser sa gloire. Pour arriver à célébrer les exploits du comte Roger, Malaterra est cependant obligé de rapporter les faits principaux des premières conquêtes des Normands dans l'Italie du sud, la campagne en Sicile avec Maniacès, l'invasion de la Pouille avec Ardouin, Guillaume bras-de-fer et Drogo, la guerre avec Léon IX, les commencements de Robert Guiscard et son avénement au souverain pouvoir, et comme tous ces événements ont été également racontés par Aimé, on voit que les deux bénédictins se sont, plus d'une fois, rencontrés sur le même terrain, mais, même alors, aucun des deux n'a profité du travail de l'autre. Ce sont bien les mêmes événements, mais la manière de les envisager n'est pas

(1) G. MALATERRAE, *Historica sicula* dans MIGNE, *Patr. lat.*, t. 149, col. 1099.
(2) G. MALATERRAE, *Historica sicula* dans MIGNE, t. 149, col. 1100.

la même, les détails varient, les anecdotes sont différentes, et si l'un des deux annalistes se trompe, son erreur n'est en aucune façon reproduite par l'autre. L'étude comparée de l'*Historia Sicula* et de l'*Ystoire de li Normant* permet donc de déclarer que les deux bénédictins sont complètement indépendants l'un de l'autre et qu'ils ont, chacun de leur côté, et très probablement sans se connaître, écrit d'après des traditions orales.

On arrive à une conclusion identique quand on compare l'œuvre d'Aimé avec le poème historique de Guillaume de Pouille; Wilmans a cru devoir, sur ce point, se ranger en partie à l'opinion de Champollion-Figeac (1), mais il me semble que F. Hirsch est bien plus dans le vrai en soutenant que Guillaume de Pouille ne s'est, en aucune façon, inspiré d'Aimé.

C'est surtout dans le IIIe livre d'Aimé que Wilmans croit trouver des passages reproduits ensuite par Guillaume de Pouille; il cite, par exemple, cette énumération des Italiens qui vinrent se joindre à Léon IX pour combattre les Normands « et assemblèrent de Gaiète, de Valbine et de la Marche, i sont ajoint home de Marsi et de autre contés (2) » et la met en regard de ces vers du poète :

...... Gens innumerabilis illi
Appula, Balbensis, Campanica, Marsa, Thelensis
Venerat auxilio (3).

(1) *Archiv für ältere deutsche Geschichtskunde*, t. X, p. 117. F. Hirsch a, avec beaucoup de clarté, établi cette comparaison entre l'*Ystoire de li Normant* et le poème de Guillaume de Pouille, aussi ai-je reproduit une grande partie de son argumentation.
(2) AIMÉ, III, 24.
(3) GUILLERMI APULIENSIS, *Gesta Roberti Wiscardi*, II, v. 149 sqq.

Mais, comme l'a déjà remarqué Hirsch, Aimé et Guillaume de Pouille ne parlent pas de la même expédition ; Aimé a en vue celle que Léon IX essaya d'organiser en 1052 et qui ne put entrer en campagne, parce que Guaimar, prince de Salerne, refusa d'en faire partie ; Guillaume de Pouille raconte au contraire l'expédition de 1053 qui se termina par la bataille de Civitate (1).

Dans son récit de la campagne de 1053, Aimé rapporte que les Normands y souffrirent de la faim, il écrit : « La necessité de la fame moleste li Normant, et par lo exemple de li apostole prenoient li espic de lo grain et frotoient o la main et ensi menjoient lo grain (2) ». Guillaume de Pouille a recueilli la même tradition.

<blockquote>
Tempus erat jam triticeis confine metendis
Frugibus ; at virides nondum legere maniplos
Agricolæ quos Francigenæ quia pane carebant,
Igni torrebant et vescebantur adustis (3).
</blockquote>

Il y a cependant, sur ce point, une différence entre le chroniqueur et le poète ; d'après Aimé, les Normands mangeaient le grain sans le présenter au feu, et c'est au contraire ce qu'ils faisaient d'après Guillaume de Pouille.

Il est certain qu'avant la bataille de Civitate, des pourparlers eurent lieu entre les Normands et le pape Léon IX (4) ; Aimé et Guillaume de Pouille ont l'un et

---

(1) F. Hirsch, *l. c.* p. 223.
(2) Aimé, III, 40.
(3) *Gesta Roberti Viscardi*, II, v. 115 sqq.
(4) Sans compter Guillaume de Pouille et Aimé, l'anonyme de Bénévent (Watterich, *Pontif. roman. vitæ*, t. I, p. IIIC) et Hermann de Reichenau (*chronicon* ad an. 1053) parlent aussi de ces négociations.

l'autre parlé de ces négociations, mais il y a dans chacun de leurs récits des particularités qui ne sont pas reproduites dans l'autre; il n'est donc guère admissible de supposer que Guillaume de Pouille ait emprunté à Aimé ce qu'il rapporte sur ces négociations. Ainsi, d'après Aimé, les Normands, pour légitimer aux yeux du pape leurs conquêtes dans l'Italie du sud, rappelèrent l'investiture qui leur avait été accordée par l'empereur, et montrèrent le gonfanon qu'il leur avait donné (1). Guillaume de Pouille ne dit rien de cet incident; de même il se borne à déclarer que les grands seigneurs teutons qui entouraient Léon IX firent échouer les négociations avec les Normands, tandis que, d'après Aimé, la responsabilité de cette rupture retombe surtout sur Frédéric de Lorraine, alors chancelier de l'église romaine (2).

Quant au siège et à la prise de Salerne en 1076 par Robert Guiscard contre le prince Gisulfe, nous les connaissons en détail, grâce à Aimé qui leur consacre une grande partie de son VIIIe livre, et Guillaume de Pouille les raconte également dans une cinquantaine de vers (3); l'événement méritait du reste de fixer les regards du chroniqueur et du poète, car c'était la dernière scène et le dénouement de ce long drame de la lutte entre les

---

(1) « Et li Normant puiz qu'il vindrent manderent message à lo pape et cerchoient paiz et concorde, et prometoient chascun an de donner incense et tribut a la sainte eclize, et celles terres qu'il ont veincues par armes voloient re (ce) voir les par la main de lo vicaire de l'eglize. Et mostrèrent lo confanon coment il furent revestut de la terre par la main de lo impereor, et coment lor estoit confermée. » AIMÉ, III, 39.

(2) AIMÉ, III, 39, GUILLELMUS APULUS, II, v. 80 sqq.

(3) *Gesta Roberti Wiscardi*, l. III, v. 412-465.

Normands et les Lombards. Il y a évidemment entre ces deux relations quelques analogies, des points de ressemblance, puisque Aimé et Guillaume de Pouille racontent les mêmes scènes; mais ici encore il y a, dans le détail, dans les menus faits présentés de part et d'autre, assez de diversité pour établir que Guillaume de Pouille n'a pas été, dans sa description, l'écho d'Aimé du Mont-Cassin.

D'après Guillaume de Pouille, les habitants d'Amalfi étant persécutés par Gisulfe de Salerne, invoquèrent le secours de Robert Guiscard auquel ils payaient tous les ans un tribut (1), de là le siège de Salerne par le duc normand et finalement la défaite et la ruine complète de Gisulfe. Aimé ne parle pas de ce tribut et se contente de dire que, pour éviter les exactions de Gisulfe, les Amalfitains se donnèrent à Robert Guiscard et que ce fut là l'origine de la guerre entre Robert Guiscard et Gisulfe (2). D'après Aimé, une famine épouvantable commença ses ravages dans Salerne deux mois après l'ouverture du siège de cette ville par Robert Guiscard; d'après Guillaume de Pouille, ce fut après le quatrième mois seulement que la famine se fit sentir (3). La curieuse anec-

(1) Interea ducis egregii populosa frequenter
Poscit Amalfis opem, cui vectigalia dudum
Annua detulerat, nimis impugnante Gisulfo.
L. III, v. 412 sqq.

(2) « Cil de Amalfe se retôrnèrent a lo adjutoire de lo vallantissime duc Robert a loquel donnèrent puissance de venir a la cité de faire une roche. » Aimé, VIII, 8.

(3) Quartus erat mensis completus ab obsidione,
Tanta fames miseræ cives invaserat urbis
Ut canibus vel equis vel muribus aut asinorum
Turba cadaveribus vix vivere posset edendo.
III, v. 427 sqq. Cf. Aimé, VIII, 15, 18.

dote du chien qui, pendant le siège, nourrit son maître, est rapportée par le poète et par l'historien, mais au dire d'Aimé, le maître du chien était un prêtre, tandis que d'après Guillaume de Pouille c'était un laïque, et le poète ne dit pas, comme le rapporte Aimé, que finalement Gisulfe fit massacrer le chien et mourir le prêtre (1). La façon dont Robert Guiscard fut blessé dans la dernière période du siège n'est pas non plus rapportée d'une manière identique par les deux auteurs (2); enfin, tandis que Guillaume de Pouille se borne à déclarer que Grégoire VII fit à Gisulfe vaincu et dépouillé de ses états une réception bienveillante et qu'il lui confia le gouvernement de la Campanie (3), Aimé allant beaucoup plus loin, écrit que le pape « lo fist prince de toutes les chozes del l'Eglize, et lui comist tout son secret et tot son conseill et disponist les toutes de l'Eglize les choses a soe libéralité et volenté (4). »

Les quatre passages de Guillaume de Pouille dont il vient d'être question, étant, au rapport de Wilmans luimême, ceux qui se rapprochent le plus d'Aimé, il est inutile de pousser plus loin cette comparaison; les explications déjà fournies permettent d'affirmer que Guillaume de Pouille est tout à fait indépendant d'Aimé, et qu'il n'a pas reproduit les données de l'*Ystoire de li Normant*.

(1) Voyez l'anecdote du chien dans AIMÉ, VIII, 19, et dans GUILLAUME DE POUILLE, III, v. 431 sqq.

(2) AIMÉ, VIII, 23, sub fine; GUILLAUME DE POUILLE, III, v. 450 sqq.

(3) ...... venientem papa benigne
Suscipit et regio Campanica traditur illi.
III, v. 463 sq.

(4) AIMÉ, VIII, 30.

Quant aux rapports entre l'ouvrage d'Aimé et la *Chronicon Casinense*, composée par ses deux confrères du Mont-Cassin, Leo de' Marsi et Pierre Diacre, il ne saurait y avoir de doute, la *Chronicon Casinense* a fait de larges emprunts à l'*Historia Normannorum*.

Par une rare bonne fortune, nous avons encore le manuscrit autographe de Leo de' Marsi pour la composition de la *Chronicon Casinense*; ce manuscrit actuellement à la bibliothèque royale de Munich et classé sous le n° 123 (*inter Benedictoburanos*), provient de l'ancienne abbaye de Bénédictbeuren (1). Wattenbach suppose qu'il a été apporté du Mont-Cassin à Bénédictbeuren vers 1137 par Engelscalc, abbé de Bénédictbeuren (2); quoi qu'il en soit de cette hypothèse, ce manuscrit montre que Leo de' Marsi avait d'abord écrit une première rédaction de la *Chronicon Casinense* jusqu'en 1057, c'est-à-dire jusqu'à l'élection de Frédéric de Lorraine comme abbé du Mont-Cassin, et qu'il a ensuite modifié ce texte, soit par des ratures, soit par de très nombreuses additions. L'examen du manuscrit fait voir en outre que, dans sa première rédaction, Leo de' Marsi n'avait fait aucun emprunt à l'*Historia Normannorum* d'Aimé (3), ces emprunts n'ont été faits que plus tard dans les additions; cette abstention étonne d'autant plus que Leo de' Marsi a commencé à

---

(1) W. Wattenbach, *Préliminaires de l'édition de la Chronicon Casinense*, MG. SS., t. VII, p. 555. sqq.

(2) Wattenbach, *l. c.*, p. 556.

(3) Wattenbach écrit, *l. c.*, p. 560, en parlant de Leo de' Marsi : « Novam deinde elaboraturus editionem, insigne nactus est adjumentum, Amati dico historiam Normanorum, cujus auxilio quæ de iis jam scripserat recognovit. »

rédiger sa chronique après 1098, à une époque par conséquent où Aimé avait depuis longtemps mis la dernière main à son *Historia Normannorum*. Nous savons en outre que Leo de' Marsi était bibliothécaire et archiviste du Mont-Cassin en 1098 (1); comment supposer dès lors qu'il n'eut pas à sa disposition l'original ou une copie du travail d'Aimé ? C'est cependant cette supposition qui, après réflexion, me paraît la plus plausible ; si, plus tard, Leo de' Marsi a jugé utile de mettre à contribution pour sa Chronique l'*Historia Normannorum*, s'il l'a fait dans une large mesure, allant parfois jusqu'à raturer ce qu'il avait écrit pour insérer à la place les données de son confrère, c'est qu'alors seulement il a pu l'apprécier, et qu'auparavant, pour des raisons que nous ne connaissons pas, l'ouvrage n'était pas à sa portée. Nous avons toujours quelque peine à nous représenter les vicissitudes que pouvait avoir à traverser, avant l'invention de l'imprimerie, un livre qui d'ordinaire, à moins qu'il ne s'agit d'un ouvrage célèbre ou d'un traité classique, n'avait que un ou deux exemplaires ; ce fait assez singulier d'avoir retrouvé dans les manuscrits d'une abbaye de Bavière l'original et le véritable texte de la *Chronicon Casinense* composée au Mont-Cassin et pour le Mont-Cassin ; cet autre fait de la perte définitive de l'original et du texte latin d'Aimé, montrent bien que les archives de la célèbre abbaye n'ont pas toujours fidèlement gardé les trésors qui leur avaient été confiés. De ce que dans la première rédaction de son travail, Leo de' Marsi n'a pas

---

(1) PETRI DIACONI, *De viris illustribus Casinensibus*, c. XXX, dans MURATORI, R. I. SS., t. VI, col. 45.

mis à profit l'*Historia Normannorum*, on ne saurait en conclure, comme le fait Hirsch, toujours malveillant et mal disposé (1), que l'auteur de la *Chronicon Casinense* ait eu pendant longtemps fort peu de confiance en la véracité d'Aimé, et que ce sentiment n'ait même jamais complètement disparu.

Voici le relevé des emprunts faits à Aimé par Leo de' Marsi et par Pierre Diacre qui a continué la *Chronicon Casinense* :

1° *Chronicon Casinense*, II, 37; le commencement du chapitre est un extrait de l'*Historia Normannorum*, I, 18, 19, 20. C'est la tradition salernitaine sur l'arrivée des Normands en Italie; la délivrance de Salerne par quarante pèlerins normands, le retour de ces Normands en Normandie et la première émigration de Normands dans l'Italie du sud, à la suite de troubles survenus en Normandie. Il se peut que, dans ce même chapitre, la *Chronicon Casinense* ait emprunté à Aimé quelques détails sur la guerre des Normands, commandés par Mélès, contre les Grecs de la Pouille, mais la traduction de l'*Historia Normannorum*, assez défectueuse en cet endroit, rend ces emprunts difficiles à constater ;

2° *Chron. Casin.*, II, 41; depuis ces mots : « Stephano autem, Melo », etc., jusqu'à la fin du chapitre, Aimé, I, 29. — Leo de' Marsi y résume ce que l'*Historia Normannorum* rapporte sur l'établissement des Normands au château de Gallinare, dans le pays de Comino ;

3° *Chron. Casin.*, II, 43; la dernière phrase du chapitre; Aimé, II, 28, fin du chapitre. L'empereur Henri II

(1) F. Hirsch, *l. c.*, p. 225 sq.

guéri au Mont-Cassin par l'intercession de S. Benoît, promet de quitter plus tard la couronne, si les circonstances le lui permettent, et de venir comme religieux vivre et mourir au Mont-Cassin ;

4° *Chron. Casin.*, II, 58 ; première phrase du chapitre ; Aimé, I, 33. Pandulfe, prince de Capoue, prisonnier en Germanie, est délivré et rentre en Italie, grâce à l'intervention de Guaimar, prince de Salerne. Dans ce même chapitre, Leo de' Marsi a pris dans Aimé, II, 40, ce qui a trait à la fondation d'Aversa par le Normand Rainulfe, le premier établissement définitif des Normands en Italie ;

5° *Chron. Casin.*, II, 58; Aimé, II, 13. Après avoir tyrannisé l'abbaye du Mont-Cassin en exécutant les ordres de Pandulfe, prince de Capoue, Todinus, entraîné dans la ruine de son maître, est réduit à être pour le compte du couvent, « cernator de farine » ;

6° *Chron. Casin.*, II, 63 ; diverses données de ce chapitre sont extraites d'Aimé ; l'empereur Conrad, à la demande de Guaimar, investit Rainulfe du comté d'Aversa ; il réintègre l'archevêque Adénulfe sur le siège de Capoue ; Aimé, II, 6 ; — Guaimar s'empare de Sorrente avec l'aide des Normands, et donne ce duché à son frère Gui ; il soumet à son pouvoir la ville d'Amalfi ; Aimé, II, 7 ; — Pandulfe va à Constantinople implorer le secours de l'empereur, il y est retenu en prison jusqu'à la mort de celui-ci ;

7° *Chron. Casin.*, II, 66 ; presque tout ce chapitre est extrait d'Aimé, II, 8, 9, 10, 14, 15, 16, 17, 18, 19, 20, 21, 22, 23, 25, 26, 27, 28, 29, 30, passim. Dans sa première rédaction, Leo de' Marsi s'était borné à écrire qu'en 1041, quatre chefs normands établis à Aversa, c'est-à-dire Guillaume et Drogo, fils de Tancrède, Gauthier et Petrone, fils d'Amicus, ayant quitté Aversa sous la conduite d'Adénulfe (c'était une erreur), fils du prince de Bénévent, étaient venus en Pouille à Melfi et avaient fait, en union avec les Lombards, la guerre aux Grecs. Laissant ensuite ce canevas si incomplet, Leo de' Marsi raconte, d'après Aimé, l'expédition des Normands en Sicile, sous les ordres de Maniacès, le mauvais traitement infligé par les Grecs au lombard Ardouin et la vengeance ourdie par ce dernier, qui, après s'être fait nommer par les Grecs gouverneur d'une partie de la Pouille, vient chercher les Normands à Aversa pour s'emparer du pays. Le chroniqueur donne ensuite le récit de la guerre entre les Normands et les Grecs, la nomination d'Adénulfe comme chef des Normands, la conquête et le partage de la Pouille, enfin la nomination de Guillaume bras-de-fer comme comte de la Pouille et chef des Normands établis dans ce pays. — A la fin de ce même chapitre, Leo de' Marsi sacrifie encore sa première rédaction pour donner d'après Aimé, II, 32 sqq., la série des comtes d'Aversa; dans cette première rédaction, il avait placé entre Rainulfe Trinclinocte et Richard, le comte Guillaume Bellabocca comme comte d'Aversa, et un document publié par di Meo prouve qu'il avait raison, Aimé au contraire le passe sous silence dans sa série;

8° *Chron. Casin.*, II, 79; Leo de' Marsi dit, d'après Aimé, III, 14, que le pape Clément est mort *ultra montes;* c'est une erreur, il est mort au monastère de S. Thomas, dans le comté de Pesaro;

9° *Chron. Casin.*, II, 82; tout ce chapitre provient d'Aimé, III, 26, 27, 28, 29, 30, 31, 32, 33, 34; c'est le récit de la mort de Guaimar, prince de Salerne, tué par des Amalfitains, des Salernitains et par quelques-uns de ses parents. Gisulfe son fils lui succède, grâce à l'appui de son oncle Guido et des Normands;

10° *Chron. Casin.*, II, 84; il s'agit de la bataille de Civitate entre les Normands et les troupes du pape Léon IX; Leo de' Marsi a appris d'Aimé, III, 40, l'ordre de bataille des Normands, les noms des chefs qui les commandaient, ainsi que les noms des deux chefs de l'armée pontificale, Raynolfe et Raynier, Rodulfus et Guanerius Suevus dans Leo de' Marsi;

11° *Chron. Casin.*, III, 15; dans ce chapitre, Leo de' Marsi reprend l'histoire des Normands au point où il l'avait laissée, II, 66, et la raconte d'après Aimé, III, 7, 10, 11; IV, 3, 4, 5, 6, 7, 18, 23; V, 7, 18, 20, 23, 24, 25, 26, 27; VI, 13, 14, 15, 16, 17, 18, 19, 20, 21, 22. Il résume l'*Historia Normannorum* sur la jeunesse de Robert Guiscard à San-Marco, son aventure avec Pierre de Bisignano, son mariage avec Alvérada, son élévation au souverain pouvoir après la mort d'Umfroy, ses guerres, son second mariage avec Sikelgaïta, les campagnes de Sicile, la prise de Bari, de Palerme, de Mazara, enfin le partage de la Sicile entre Robert Guiscard et son frère Roger. Passant ensuite aux Normands d'Aversa, Leo de' Marsi parle d'après Aimé, IV, 8, 13, 26, 28, 30, 31, de la prise de Capoue et de Teano par Richard, et des visites et des libéralités de ce prince au Mont-Cassin; il ajoute sur ce dernier point quelques détails à ceux qui sont fournis par Aimé;

12° *Chron. Casin.*, III, 23; le commencement de ce chapitre provient également d'Aimé, VI, 9; Henri IV, roi de Germanie, ayant appris que Richard, prince de Capoue, marchait sur Rome pour y être nommé patrice, veut aller le combattre, l'expédition du roi n'eut cependant pas lieu, à cause du désaccord entre Henri IV et Gottfried, duc de Toscane.

Vers 1140, à la demande de Rainald, abbé du Mont-Cassin, Pierre Diacre, de l'illustre famille des comtes de Tusculum, et moine au Mont-Cassin, accepta de continuer la *Chronicon Casinense* que Leo de' Marsi avait menée jusqu'à l'inauguration des grandes constructions faites au Mont-Cassin par l'abbé Didier, c'est-à-dire jusques vers 1071, 1072; la rédaction de Pierre Diacre commence au 34ᵉ chapitre du IIIᵉ livre, et, comme celle de son prédécesseur, elle contient des emprunts faits à l'*Historia Normannorum* d'Aimé;

13° *Chron. Casin.*, III, 45; Pierre Diacre trouvant sans doute que Leo de' Marsi avait trop abrégé les données empruntées à Aimé sur la conquête de la Sicile par les Normands, reproduit, dans ce chapitre, les principaux événements de cette conquête, et il le fait en suivant Aimé, V, 8, 10, 18, 20, 23, 25, 27. Il revient également sur les sièges de Bari et de Palerme, Aimé, VI, 14-19; VIII, 11, 12, 13, 14, 17, 23. Il résume ensuite, ce que Leo de' Marsi n'avait pas fait, les détails si curieux fournis par Aimé sur le siège et la prise de Salerne par Robert Guiscard, et il mentionne également l'expédition du duc Robert et de Richard, prince de Capoue, contre la Campanie — Aimé, VIII, 31, 32 — mais la place à tort après la reddition de Salerne, tandis qu'elle a eu lieu, comme le dit Aimé, pendant le siège de cette ville.

Cette longue série des emprunts de la *Chronicon Casinense* à l'*Historia Normannorum* témoigne de l'importance d'Aimé comme historien des Normands en Italie ; abstraction faite de son livre et de ce que lui doit la *Chronicon Casinense*, il ne resterait pour connaître l'histoire des Normands d'Italie, depuis leurs premières apparitions dans ce pays jusqu'à la mort de Richard de Capoue en 1078, que les indications laconiques et purement chrologiques de la *Chronicon breve Normannicum,* de Lupus, des *Annales Barenses* et des petites *Annales Cassinenses* et les traditions presque toujours altérées et défigurées de chroniqueurs qui, comme Raoul Glaber, Orderic Vital, Adémar de Chabanais, Guillaume de Jumièges, n'ont pas vécu en Italie et n'ont écrit que d'après des ouï-dire. Quant à Guillaume de Pouille, nous l'avons déjà dit, il n'a composé son poème que pour la glorification du duc Roger, fils de Robert Guiscard ; son but n'est nullement de raconter les commencements de la conquête, il ne le fait que d'une manière incomplète et comme introduction à son sujet ; de même, G. Malaterra vise surtout à rehausser la gloire de Roger, le grand comte de Sicile, le dernier des fils de Tancrède, venu en Italie lorsque les Normands avaient, depuis plusieurs années déjà, établi les bases de leur puissance ; à Aimé revient donc l'honneur d'être le véritable et le plus important historien des soixante premières années de l'histoire des Normands en Italie ; sans lui, cette histoire serait restée obscure, incomplète, et à peu près énigmatique par bien des côtés.

YSTOIRE
DE LI NORMANT

LAQUELLE COMPILA UN MOINE DE MONT DE CASSIN,

ET LA MANDA A LO ABBÉ DESIDERE (1)

DE MONT DE CASSYM.

Rubrica.

A LO MOLT REVERENT ET SAINT MISSIRE DESIDÈRE,
SERVE DE LI SERVICIAL TOE.

Je voi en dui, c'est en Ricchart et en Robert, princes de Normendie (2), est complie la parole que Dieu dist à Cyre, roy de Persie : « A lo christ mien Cyre », c'est a lo

---

(1) *Désidère*, en latin Desiderius, en français Didier, abbé du Mont-Cassin, du 19 avril 1058 à son élévation à la papauté, le 24 mai 1086 ; il prit alors le nom de Victor III et mourut le 16 septembre 1087.

(2) Richard, comte d'Aversa depuis 1048, prince de Capoue depuis 1058, avait épousé une sœur de Robert Guiscard ; Richard mourut le 5 avril 1078. — Robert, surnommé Guiscard, fils aîné du second mariage de Tancrède de Hauteville avec Frasenda, vint en Italie vers 1047, succéda en 1057 comme comte de Pouille à son frère Unfroy, devint en 1059 duc de Pouille et de Calabre et mourut le 17 juillet 1085. Il épousa en premier lieu sa cousine Albérada et, après l'avoir répudiée, Sikelgaïta, fille de Guaimar IV, prince de Salerne.

roy mien Cyre; quar en molt d'escripture li rois et li prestre se clament Christe, pource que sont onte de crisme. Et adont dist Dieu par Ysaie prophete « A lo roi mien Cyre, a loquel je ai prise la main droite, a ce que devant la face soe soient subjecte la gent, et li roy tornent l'espaule devant la soe face; je irai devant lui, et lo plus gloriouz de la terre humilierai, et combatrai-je contre la porte rame, et romprai les chaines de fer; devant lui ovrerai les portes et nulle non l'en sera cloze devant » (1). Et pour ce que je voi, lo pere mien abbé molt benigne, ceste parole et toutes autres qui la sequte estre aempliez en ces .ij. principes (2), et pour ce ai-je mise ma volenté et mon corage a escrivre l'ystoire lor. Et croi que non dirai-je tant solement lo fait de li home, mès ce que fu concedut par dispensation de Dieu que fust fait par li home. Et pense que je me prendrai alli menachi de la parole de alcun, liquel diront : non covient a un moine escrive les batailles de li seculer. Mès a moi pensant ceste choze me recorda que Paul dyacone et moine de cest monastier dont je sui, escrit li fait de li Longobart, coment il vindrent et demorerent en Ytalie; et fu home cler de vie, de science et de doctrine (3). Et autresi me recorda que ces grans homes (4) sont tant liberal et devot a nostre monastier (5),

(1) « Hæc dicit Dominus Christo meo Cyro, cujus apprehendi dexteram, ut subjiciam ante faciem ejus gentes, et dorsa regum vertam et aperiam coram eo januas et portæ non claudentur.

« Ego ante te ibo et gloriosos terræ humiliabo : portas oereas conteram et vectes ferreos confringam. » Isaiæ, XLV, 1, 2.

(2) Les princes Richard et Robert.

(3) Paul Diacre, mort au Mont-Cassin vers 797, auteur de l'*Historia gentis Langobardorum*, libri VI, de 568 à 744. Cf. : *Introduction*, p. xxxii sqq.

(4) Richard de Capoue et Robert Guiscard.

(5) Le monastère du Mont-Cassin.

et por la merite que par aucun de lo monastier, le fait lor pour perpetuel mémoire soit escrit. Et toutes foiz je non sui si hardi que je tochasse d'escrire se premerement la vostre volenté non oïsse et seusse s'il plaist a vouz; et que je oi et sace qu'il non te desplaist. O la licence et benediction vostre, et o tout l'aide de la grace de Dieu, ai-je comencié secont ce que je avoie en cuer. Et li fait de li Normant, liquel sont digne de notre memoire, ai-je en viij volume de livre distincté : Et a ce que non soit fatigue de chercier a ceuz qui volissent alcune chose lire de l'ystoire, chascun volume ai-je noté o cert capitule; en toute ceste choze plus voille estre a vostre jugement, Pere, que moi escriptor. Et pert a moi, pour clamer la grace de Dieu, sans laquelle nulle parfaite operation non puet estre faite, tout avant ferai alcuns vers pour clamer l'aide de sa main destre. Et sache tout home que a null ne faudra de ce qu'il le proie de bon cuer et de prierie just; quar ensi lo dist Jeshucrist qui est verité : ce que vouz deproierés en oration, croiez qu'il vouz sera donné sans faille (1).

Et adont dist cestui bon moine :

O Dieu, pere eternel, concordable avec lo Fill et avec li Saint-Esperit, et retient venerable equalité de siege, de splendor et de somme honor de deité ; tu sez la pensée des homes, tu commandes a la fontaine de geter l'eau, et la terre stable de faire herbe florie; et a toi obeist lo solloill, et la soror de lo sol, c'est la lune, laquelle secont lo dit de li poëte est soror de lo sol pource qu'elle est enluminée de lo sol ; a toi obeist la grandesce de lo ciel, et toutes les chozes qui sont sur terre, et toutes les chozes qui volent par l'air, et toutes les chozes qui natent en l'aigue. Et

---

(1) « Omnia quæcumque orantes petitis, credite quia accipietis. » S. Marc, XI, 24.

autresi obeist a toi infer. Et a toute home est manifeste
que tuit li temporal t'obeissent. La premerevaire fait li
flor dont s'engendre toute chose. L'esté commande que li
home taillent li labor; li autompne fait lo moust, et
l'yver se seminent li labor, et ensi fait lo monde coment
ta main lo governe. Tu pitouz et saint, regarde nostre
operation et que faisons choze dont soions amez, et aions
merite dont par li aspre fait de li molt mal dont doions aler
en enfer. La toe main sur tant grant poiz fai estre fort;
adont je abatut en terre pour lo pechié a demandé toi
souveraine vertu. Quar, comme se dit en l'Evangile : li
larron, c'est lo pechié, m'ont desrobé et levé la bone grace
et an ome ferute, debilitant la vertu sensitive. Adont tu
me portez a l'estable, c'est a la merite de sainte Eclize, et
aies cure de moi que non muire, et me concede li don
que je te requier, et fai que je die choze veraie; et fai que
je escrive choze juste ; quar tu, roy, conservez et governes
la rayson de li royalme, et destrui li superbe et hausce li
humile; quar sanz toi nulle choz est digne, nulle cose est
benigne en cest monde. Et adont maintenant que est lo
temps a ce que je puisse faire ce que je ai commencié, te
pri que tu me doies benedicere, et me fai dire cose dont
la grace toe sempre remaingne avec toi, moi. Amen.

Ci finissent li vers de la invocation.

Comment li Capitule de lo premier Livre.

Cap. 1. De lo siege de la terre laquel li Normant tienent et porquoi se clement Normant.

Cap. 2. Coment s'espartirent par lo monde et coment traitoient la gent del païz où il aloient.

Cap. 3. Coment lo conte Guillame ala en Engleterre et la vainchi; et coment vainchi la grant multitude qui fu mandée del grant roy de li Danoiz au roy d'Engleterre.

Cap. 4. Coment apparut l'estoille comete.

Cap. 5. Coment par lo consentement de li meillor manda Robert Crespin en Espaingne o exercit de diverse gent et coment il veinchi.

Cap. 6. Coment fut prise la cité de Barbastie et donée en garde à Robert Crespin.

Cap. 7. Coment li Chrestien perdirent la cité et furent vainchut.

Cap. 8. Coment Robert ala en Ytalie et puiz ala en Costentinople, et là fu mort.

Cap. 9. Coment Uerselle vint en Costentinople.

Cap. 10. Coment par lo conseill de l'empereor la moillier de son pere, c'est sa mere, fist monache et se sa moillier mist en prison Urselle.

Cap. 11. Coment lo impereor dona la fille del roy de Thurchie et son filz et fu delivré avec Orselle.

Cap. 12. Coment fu pris li empereor et rachaté de grant monnoie.

Cap. 13. Coment par le comandement de Cesaire fu li pere crevé les oills par laquel cose il fu mort.

Cap. 14. Coment leva la moillier de l'empereor par force de prison.

Cap. 15. Coment Ursel fu doné en prison de li Turche a li Grex.

Cap. 16. De la defension que fist cestui monache escriptor que paroît que non ordena bien ceste ystoire.

Cap. 17. Coment Salerne fu delivrée de li Sarrazin par li Normant qui venoient del sain sepulcre de proier Dieu.

Cap. 18. Coment li prince prierent li Normant qu'il demorassent et lor offrirent deniers a doner et faire toute lor volenté ; et ils respondirent qu'il non pooient demorer.

Cap. 19. Coment li prince manderent as parties de Normendie presens et lor manderent proiant qu'il venissent habiter en lor contrée.

Cap. 20. De la sedition de Gisilbere et Guillerme et coment Gisilbere avec ses freres vint a Capue.

Cap. 21. Coment entra en li confine de Puille et combatirent v foiz contre li Grex.

Cap. 22. Coment li empereor assembla pour deniers molt de gent et petit de Normant vindrent contre lui a combatre.

Cap. 23. Coment puiz molt de Normant vindrent pour combatre et veinchirent touz lor anemis (1).

Cap. 24. Coment Melus ala a l'empereor et lui dist qu'il venist en Ytalie, et la puiz fu mort.

Cap. 25. Coment impereor entra en Ytalie, et vint soupre Troie ; et Belgrime fu mandé pour prendre lo prince de Capue et la cité de Salerne et comment fu delivrée puiz et fu pris lo prince.

---

(1) Les chapitres XXII et XXIII de la table n'en forment qu'un seul dans le texte, le XXII ; le chapitre XXIV de la table est donc le XXIII du texte et ainsi de suite jusqu'à la fin du premier livre.

Cap. 26. Pourquoi l'impereor fu esmut en ire contre Pandolfe.

Cap. 27. Coment Atenulfe abbé, foiant en Costentinoble fu noies en mer. Coment lo impereor fist prince de Capue un autre Pandufe.

Cap. 28. Coment fist Teobalde abbé de mont de Cassin et lui dona molt de possessions et rachata lo tresor de le sainte Eglize.

Cap. 29. Coment il ot la retribution de Deu de lo bien qu'il avoit fait. Coment lo impeor a empli a sez neveuz ce qu'il avoit promis a Melo.

Cap. 30. Coment li Normant volant a enciter lo commandement de lo roy, manderent Pierre et Melo a Reiner marchise.

Cap. 31. Coment li Normant o grant multitude de pierres veinchurent.

Cap. 32. Coment li prince de Salerna manda grans domps a Pandolfe et lui dona la principe.

Cap. 33. Coment Theobalde abbé fouy et habita en lo cenobie Liberator et la fu mort.

Cap. 34. Coment Pandulfe se converti a tout mal.

Cap. 35. Coment Basile fu fait abbé du mont de Cassin.

Cap. 36. Coment il mist en prison Ylaire abbé de Saint-Vincent et Anulphe archevesque.

Cap. 37. Coment Eldeprande bastart de lo prince fut faist archevesque et coment celui qui l'estoit rendi l'anel et la croce.

Cap. 38. Coment Pandulfe fi mal a ceauz de la cité et a sez parens.

Cap. 39. Coment chasa Sierge maistre de la chevalerie de la cité et coment Sierge la recovra puiz.

Cap. 40. Coment fist Averse.

Cap. 41. Et la concedi puiz a Raynolfe et lui donna la soror pour moillier.

Cap. 42. Coment l'onor de li Normant cresoit et coment la moillier de Raynolfe fu morte.

Cap. 43. Coment Raynolfe et Palde (1) s'asemblerent a parlé ensemble.

Cap. 44. Coment Raynulfe prist pour moillier la nepote de Pandulfe et fait fu maistre de la chevalerie.

Ci se finissent li Capitule.

(1) Lisez Pandulfé.

Ci se commence li premier Livre de l'ystoire de li Normant.

CAP. 1. Nous trovons en cest premier capitule de l'estoire de li Normant que en la fin de France est une plane plene de boiz et de divers frut; en celui estroit lieu habitoit grant multitude de gent molt robuste et forte, laquel gent premerement habiterent en une ysulle qui se clamoit Nora, et pour ce furent clamez Normant, autresi comme home de Nore. Man est a dire en langue thodesche home; et en tant estoit cressute la multitude de lo pueple, que li champ ne li arbre non souffisoit a tant de gent de porter lor necessaires dont peussent vivre (1).

(1) L' « ysulle qui se clamoit Nora » désigne sans doute la Norvège, les pays Scandinaves d'où partirent les hommes du Nord pour venir se fixer dans la partie de la Neustrie à laquelle fut donné, du nom des envahisseurs, le nom de Normandie. L'étymologie donnée par Aimé est, on le voit, assez fantaisiste ; la véritable étymologie se trouve dans ce passage du *Roman de Rou* :

> Man[t] en engleis e en norreis
> Senefie hum en franceis;
> Justez ensemble nort e man[t],
> Ensemble dites dunc Norman[t];
> Ceo est hom de North en rumanz,
> De la vint li nuns as Normanz.
> Normant deiuent estre apelé.....
> Normendie qu'il unt poplé.

(*Roman de* Rou, par Wace, édition H. Andresen, Heilbronn, chez Henninger, 1877-79. v. 109 sqq., t. I, p. 14).

Cap. 2. Adont par diverses parties del munde s'espartirent sa et la, c'est en diversez parties et contrées, quar secont les diverses disposition del ciel sont diverses contrées, lesquelles sont dites climate. Et se partirent ceste gent, et laisserent petite choze pour acquester assez, et non firent secont la costumance de molt qui vont par lo monde, liquel se metent a servir autre; mès simillance de li antique chevalier, et voilloient avoir toute gent en lor subjettion et en lor seignorie. Et pristrent l'arme, et rompirent la ligature de paiz, et firent grant exercit et grant chevalerie; et por ce vouz dirons coment il s'espartirent par lo monde, et coment faisoient lor vie.

Cap. 3. De ceste fortissime gent en armes fu li conte Guillerme (1), et assembla avec lui .c. mille chevaliers, et .x. mille arbalestier et autres pedons sanz nombre (2), et prist son navie et vint jusque en Engleterre. Et Aldoalde (3) loquel seoit sur son siege et trone royal d'Engleterre, loquel Adoalde regnoit puiz la mort de Adeguarde juste roy (4), estoit maledit home. Contre cestui ala premerement Guillerme, et combati contre lui, et lui creva un oill d'une sajete, et molt gent de li Englez occist (5). Et puiz li devant dit Guillerme fut haucié en lo siege royal et ot vittoriose corone. Et puiz dui ans li roy de li Danoiz, pour revengier lo roy d'Engleterre,

(1) Guillaume le Conquérant, duc de Normandie.
(2) Ce n'est là qu'un chiffre rond fort exagéré, car le duc de Normandie, au rapport des chroniqueurs, n'avait pas d'aussi nombreuses troupes lorsqu'il a envahi l'Angleterre.
(3) Harold, roi d'Angleterre depuis le mois de janvier 1066.
(4) Edouard le Confesseur, roi d'Angleterre, de 1042 à 1066.
(5) Harold périt le 13 octobre 1066, en combattant à la bataille de Hastings contre Guillaume le Conquérant; d'autres chroniqueurs n'ont pas rapporté qu'il ait eu un œil crevé par une flèche envoyée par son rival.

manda grant multitude de gent sans nombre mès li Normant veinchirent tuit (1).

Cap. 4. En cel an apparut un merveillouz signe pour ceste forte aventure et bataille qui estoit a venir : car l'estoille qui se clame comète aparut molt de nuiz, et tant de fulgure qui resplendissoit comment la lune (2). Ceste bataille brevement fu de li Normant laquelle fu faite en lo temps de cestui qui escrist ceste ystoire, quar cestui moine fu a lo temps que ces Normans vindrent. Mès il lo dira en l'autre ystoire (3).

Cap. 5. Et a ce que la religion de la foi christiane fust aemplie, et maçast detestable folie de li Sarrazin, par inspiration de Dieu, s'acorderent en une volenté li roy, et li conte, et li prince en uno conseill. C'est que fust assemblée grant multitude de gent, et grant chevalerie de Françoiz

(1) Il s'agit de l'expédition que Swen, roi de Danemark, envoya en 1069 contre les Normands envahisseurs de l'Angleterre, sous la conduite de son frère Osbiorn et de ses deux fils Harald et Knut ; ce fut surtout à l'aide de sommes d'argent et non par les armes que Guillaume eut raison de ces adversaires ; il acheta la défection d'Osbiorn.

(2) Sur l'apparition de cette comète, peu avant l'invasion de l'Angleterre par Guillaume le Conquérant, cf. : *Chronica* Rogeri de Hoveden, pars prior, t. I, p. 111, éd. Stubbs, London, Longmann, 1868. — *The Anglo-Saxon Chronicle*, ad an. 1066, t. II, p. 165 de l'édition de Thorpe, London, Longmann, 1861. — Willelmi Malmesburiensis *Gesta rerum Anglorum*, l. II, § 225, dans Migne : *Patr. lat.*, t. 179, col. 1205. — Ekkehard, MG. SS. VI, 199. — La comète ayant paru en avril, et Lupus commençant l'année suivante le 25 mars, il la place régulièrement en 1067, MG. SS. V, 59. — La *Chronique anonyme du Mont-Cassin* la place aussi en 1067 car, par suite d'une erreur de copiste, les faits mentionnés dans cette chronique sont, à partir de l'an 1009, datés d'un an trop tard ; *Cronisti Napoletani*, in-4°, Napoli, 1845, p. 462, éd. G. del Re.

(3) Pour le traducteur d'Aimé, « l'autre ystoire » est la *Chronique*

et de Borguegnons et d'autre gent, et fussent en compaignie de li fortissime Normant, et ces deussent aler combatre en Espaingne, a ce que la chevalerie de li Sarrazin, laquelle il avoient assemblée, fust occupée et subjette a li chretien. Et a ceste choze faire fu eslit un qui se clamoit Robert Crespin. Et quant il fu eslut, il se appareilla d'aler a la bataille ou illec estoit comman d'aler; et clamerent l'ayde de Dieu, dont Dieu fu present en l'aide de ceuz qui l'avoient demandé; dont li fidel de Dieu orent victoire de la bataille, quar une grant part de li Sarrazin furent mort. Et rendirent grace a Dieu de la victoire qu'il presta a son pueple (1).

Cap. 6. Et alore fu prese la cité qui se clamoit Barbastaire, molt grant terre et plene de grant ricchesce, et molt garnie. Et tout l'ost voust que Robert Crispin la feist garder, a ce que en lo secont an retornast o tel exercit

de Robert Viscart et de ses frères qu'il a également traduite du latin en français; mais, comme il a été dit dans l'*Introduction*, le traducteur se trompe; le latin de cette chronique de Robert Viscart et de ses frères n'est pas d'Aimé, mais d'un abbréviateur de G. Malaterra.

(1) Les renseignements manquent sur la manière dont s'organisa en France cette expédition contre les Sarrasins et surtout sur la part qu'y prirent les Bourguignons. D'Achéry a publié le récit anonyme d'un miracle, opéré en faveur de Guillaume Crespin l'ancien; — Migne, *Patr. lat.*, t. 150, col. 735 sqq., *Appendix* aux œuvres de Lanfranc — on y voit que le Robert Crespin dont parle Aimé, était fils de Gilbert Crespin, seigneur de Normandie; et l'auteur ajoute : « Robertus Crispinus minor frater, Northmannia egressus, plurimas peragravit regiones, donec Constantinopolim veniret, et ab imperatore cum honore susceptus, magnique nominis apud omnes effectus, ibi, ut fertur, invidia Græcorum veneno periit. » Ce que Aimé dit plus loin de Robert Crespin et ce que nous savons par les historiens byzantins, prouve qu'ils ont en vue le même personnage que celui dont parle l'auteur du miracle.

ou plus grant, pour prendre des autres cités d'Espaingne.

Cap. 7. Et lo dyable, armé de subtillissime malice, pour invidie de lo bon commencement de la foi pensa de contrester, et metre en lo penser de li chevalier de li Christi feu d'amour, et que se hauchassent chaïrent en bas; pour laquel choze Christ fu corrocié, car lo chevalier se donna a lo amor de la fame. Adont, pour lor pechie perdirent ce qu'il avoient acquesté, et furent secute de li Sarrazin. Et perdue la cité une part furent occis, etu ne part furent occis en prison, et une part foyrent et furent delivré (1).

Cap. 8. Crespin, pour la vergoigne, non vouloit puiz retorner en son païz; mès vint en Ytalie et ceus de sa contrée, et la demora par alcuns ans; et pour faire chevalerie souz lo pooir de lo impereor, ala en Costentinoble où il ot molt de triumphe et molt de victoire, et puiz fu mort (2).

(1) Dans ses *Recherches sur l'histoire et la littérature de l'Espagne pendant le moyen âge*, Dozy a publié, — t. II, p. 357, 2ᵉ édit., Leyde, 1860, — un récit d'Ibn-Haïyan sur la prise de Barbastro par les chrétiens en 1064, et sur la reprise de cette ville par les Sarrasins. Malgré ses exagérations, Ibn-Haïyan confirme les données principales d'Aimé; il désigne sous le nom de « commandant de la cavalerie de Rome » le chef de l'expédition chrétienne. Dozy a voulu prouver que ce commandant était Guillaume de Montreuil dont Aimé parle plus loin, mais c'est là une erreur, comme il sera démontré plus tard.

(2) Robert Crespin ne put venir en Italie avant 1065, date de la reprise de Barbastro par les Sarrasins; il n'y resta que peu de temps, quoique en dise Aimé, et, durant son séjour, ne se signala par aucun fait d'importance, car son nom ne parait pas dans les autres chroniqueurs des Normands en Italie. Attaliota — *Historia*, p. 122, éd. Bonn, — et J. Scylitzes — *Historia*, t. II des œuvres de Cedrenus, p. 678, éd. Bonn, — signalent son arrivée en Orient en 1069 et disent qu'il venait d'Italie: « ἀνὴρ γὰρ Λατῖνος ἐξ Ἰταλίας

CAP. 9. Et puiz que cellui fu mort, coment ce fust cose que molt alerent de diversez parties del monde a li solde de l'empereor. Et entre tous ceaux de Normendie qui alerent a l'empereor pour prendre li solde (1), honeste chevalier et vrai et fidel, puizqu'il avoit veinchut la contrée d'Esclavonnie, ala pour aidier a lo pueple de l'empereor, loquel devoit combatre (2). Et lo impereor vit qu'il estoit acte de combatre et home a prove, lo manda contre li Turc en l'aide de lo père. Mès pour lo juste jugement de Dieu, li Turc orent la victoire et fu grant mortalité de Chretiens. Et Auguste et Urselle furent prison, et ensi ces ij o tout lor chevaliers furent menez en prison ; et de lo duc de li Turc furent honorablement receuz (3). Mes

τῷ βασιλεῖ προσελθών Κρισπίνος ὀνόματι. » Ces deux Byzantins et N. BRYENNE. — *Commentar.*, L. II, 4, éd. Bonn, p. 58, — rapportent quelques péripéties de la vie de Crespin en Orient, sans parler de sa mort; elle a dû avoir lieu vers 1072, sous Michel VII, lorsqu'il avait un grand commandement militaire.

(1) La suite du texte montre qu'il s'agit d'Urselle dont le traducteur d'Aimé oublie d'écrire le nom.

(2) G. MALATERRA — *Historia Sicula*, II, 23 ; dans MURATORI, R. I. SS., V, 568, — rapporte qu'en 1063 « Ursellus de Baliol » aida grandement le comte Roger à gagner sur les Sarrasins de Sicile la bataille de Cerami. N. BRYENNE — *Commentar.*, II, 4, p. 58, 59 — en désaccord sur ce point avec Aimé, dit qu'Oursel ou Urselle entra au service de l'empereur d'Orient, du vivant de Crespin, et qu'à la mort de ce dernier, il lui succéda dans le commandement de sa phalange : « Ὁ Φράγγος Οὐρσέλιος, τῆς ἑταιρίας ὦν τοῦ Κρισπίνου καὶ τῆς ἐκείνου κατάρχων φάλαγγος ἅτε ἐκείνου τὸ χρεὼν ἀποτίσαυτος. »

(3) Aimé parle de l'expédition que fit contre les Turcs, en 1071, l'empereur romain Diogène et qui se termina, le 26 août, par la défaite de Mantzikiert et la captivité de l'empereur. SCYLITZES — *Historia*, t. II des œuvres de CEDRENUS, p. 691; éd. Bonn, — dit qu'avant la bataille, R. Diogène détacha de l'armée les contingents mercenaires des Ouzes et des Francs et qu'il les envoya à Chliat,

autre chose est a entendre, que autre choze est Auguste et autre cose Cesare : Auguste et impereor est une cose come est dit devant; mès Cesaire est aucune cose manque en cellui temps; .ij. empereor ou Auguste; et cestui qui estoient sur la Turquie estoient patrie, et un autre qui estoient Cesaire; si que alore estoient .ij. empereor et .ij. Cesaire veraiement (1).

Cap. 10. Cestui que je vouz ai devant dit atendoient l'ayde de l'empereor, et entrevint lo contraire par lo conseill de un, loquel lui estoit patri qui estoit Cesaire; et oiant par veraie fame que sa mere estoit en prison, laquelle estoit moillier de lo sage Cesaire, elle se pela la

sous la conduite de Roussel ou Oursel, homme belliqueux et plein d'audace ; « τὸ μισθοφορικὸν τῶν Οὔςων καὶ τοὺς Φράγδους σὺν Ῥουσελίῳ ἀνδρὶ γενναίῳ καὶ πολεμικῷ διαφίησι κατὰ τοῦ χλίατ εἰς προνομὴν. » Peu après, R. Diogène fit partir dans la même direction une autre portion de ses troupes, commandées par Tarchaniota ; mais, lorsqu'il se vit aux prises avec le sultan et le gros de l'armée turque, il expédia vers Chliat des aides de camp, chargés de notifier à Oursel et à Tarchaniota de venir le rejoindre avec les forces dont ils disposaient. Ils n'en firent rien ni l'un ni l'autre et, traversant la Mésopotamie, ils se replièrent avec leurs soldats, sur le territoire de l'empire. De son côté, Attaliota — *Historia*, p. 148-158, — reproche à Oursel et à Tarchaniota d'avoir abandonné l'empereur et de s'être enfui à travers la Mésopotamie. N. Bryenne — *Commentar.* l. I, 16, p. 40 sq., — prétend que R. Diogène, persuadé qu'il pouvait, avec ses propres forces, vaincre les Turcs, n'appela à son aide ni Oursel, ni Tarchaniota. Quoi qu'il en soit de cette dernière hypothèse, favorable à Oursel, on voit que Scylitzès, Attaliota et Bryenne contredisent l'assertion d'Aimé, disant qu'Oursel avait été fait prisonnier avec R. Diogène à Mantzikiert.

(1) Aimé ou plutôt son traducteur se trompe ; il y avait l'empereur R. Diogène ou Romain IV, alors prisonnier des Turcs, puis l'empereur Michel Ducas ou Michel VII, proclamé à Constantinople à la nouvelle de la captivité de Romain IV, et enfin le César Jean, oncle de Michel VII, mais on ne voit pas d'autre César.

teste et se bati lo pet pour son marit, et se fist monacha; et la moillier Urselle, fame molt noble, mist en prison. Mes lo conseill de Dieu non faut de aidier dont la malice de l'ome cerche la malice de destruire.

Cap. 11. Lo impeor, liquel estoit en prison, dona son filz pour marit a la fille alo roy de Thurquie, laquelle estoit baptizié et faite christiane, pour laquel choze il et Urselle furent delivré et mandé honorablement. Et non petite part de lo impiere raquesterent o l'aide de li Turchi.

Cap. 12. Et Cesaire, loquel avoit contre Auguste son patrie, fu prison et chaï en la fosse laquelle il avoit faite a autre. Et toutez foiz fu en prison non a l'ompator mes a altre gent; et por molt or et argent qu'il dona fu delivré de la prison.

Cap. 13. Et a ceste choze fu aoint major mal qua par substrattion de lo fillastre Cesare; par commandement de lo autre impereor, fu a lo impeor patrie de Cesare crevés les oillz; et pour la dolor fu mort. Cestui moine qui compila cest ystoire fait mention de moult empereour, mes de Cesaire non fait mention de li nom, comment se clamoient (1).

Cap. 14. Et Ursselle, home de grant cuer et fort combateor, en celui temps, conquesta Hermenie, et puiz lui fist tribut, et vint en Costentinoble pour delivrer la moillier, et mist son siege, et fist tant de damage qu'il desroboit et occioit et ardoit quant qu'il trovoit; et tant fu son ire contre li Grez, que la moillier, laquelle li empeor non lui vouloit rendra par sa volenté, covint qu'il lui rendist contre sa volenté.

(1) Le César Jean empêcha en effet qu'on vint au secours de Romain IV et la femme de celui-ci, l'impératrice Eudoxie, fut obligée

Cap. 15. Et que li Grex molt de foiz par maliciouz argument et o subtil tradement avoient usance de veinchere lor anemis, escristrent a li Turchi. Avec ceauz estoient souz pat Ursselle, quar il lui estoient traitor, et par domps de molt or ordenerent que Urselle fust prison de li Turchi, et fu liez o fortes chaenes (1). Qui bien cer-

de quitter le pouvoir et de se retirer dans un monastère ; la femme d'Oursel fut emprisonnée, mais très probablement plus tard que ne le dit Aimé; les auteurs cités plus haut prouvent qu'Oursel n'a pas été délivré avec Romain IV puisqu'il n'était pas prisonnier. Aimé est seul à prétendre que Romain IV ait marié son fils avec la fille du sultan. Après huit jours de captivité, le sultan rendit la liberté à Romain IV, qui, jusqu'à sa mort, juillet 1072, chercha à reconquérir son empire usurpé par Michel Ducas. Attaliota et Scylitzès — *Historia*, p. 170 et 171 et *Historia*, p. 702, 703, — disent que Crespin et ses Francs se tournèrent alors contre Romain IV et combattirent pour Michel Ducas. Il est peu probable, comme l'insinue Aimé, qu'Oursel soit resté fidèle à Romain et se soit séparé alors de ses compatriotes. Comme le dit Aimé, Romain IV mourut après avoir eu les yeux crevés.

(1) En 1073, Michel Ducas chargea Isaac Comnène et Oursel, devenu, après la mort de Crespin, le chef des troupes franques, de repousser une invasion des Turcs; mais Oursel ne tarda à se brouiller avec I. Comnène et battit tour à tour les Turcs et les Grecs. Ce fut alors probablement que Michel Ducas fit emprisonner la femme et les enfants d'Oursel, pour le punir de sa révolte; en outre, le César Jean, oncle de l'empereur, marcha contre lui avec une armée, mais Oursel le vainquit et le fit prisonnier. L'heureux aventurier prit ensuite le chemin de Constantinople et brûla, sur son passage, une grande partie de la ville de Chrysopolis. L'empereur effrayé lui renvoya sa femme et ses enfants et lui donna la dignité de Curopalate. Aimé, on le voit, a quelque notion de ces événements mais une notion confuse; ainsi il place à tort l'emprisonnement du César Jean avant la mort de Romain IV.; sa notice sur Oursel ne peut donc être d'une grande utilité, car elle ne fournit aucun fait qui n'ait été mentionné par les Byzantins, il la termine, sans parler des dernières aventures et de la mort d'Oursel, en disant que, par trahison, les

chera li auter et l'ystoire especialement de Troya, trovera que li Grex ont plus sovent vainchut per malice et par traison que par vaillantize.

Cap. 16. Non se pense cil qui cest livre lege, que cestui moine procede mal en son dit, pour ce qu'il entreprent d'une part et de autre a dire; quar tout est de une ystoire, et quant est de la victoire de une gent, c'est de li Normant. Et adont se laisse lo dire de Urselle et conte altre de li Longobart (1), non est de merveiller dont se excuse. Cest auttor dit que vole dire comment vinrent a li part de Ytalie et de lo regne, et quel pueple veinchirent, et coment veinchirent la superbe de li non fidel.

Cap. 17. Avan mille puis que Christ lo nostre Seignor prist char en la virgine Marie, apparurent en lo monde xl. vaillant pelerin ; venoient del sain sepulcre de Jerusalem pour aorer Jhucrist. Et vindrent a Salerne, laquelle estoit assegié de Sarrasin, et tant mené mal qu'il se vouloient rendre. Et avant, Salerne estoit faite tributaire de li Sarrazin. Mes se tarderent qu'il non paierent chascun an li tribut a lor terme, et encontinent venoient li Sarrazin o tout molt de nefs, et tailloient et occioient, et gastoient la terre. Et li pelegrin de Normendie vindrent la, non

---

Turcs livrèrent Oursel aux Grecs qui le gardèrent en prison. Anne Comnène a raconté en détail, dans le premier livre de l'*Alexiade*, l'histoire de cette trahison et l'emprisonnement d'Oursel. Plus tard, lorsque les Turcs mirent de nouveau l'empire aux abois, l'empereur s'empressa de délivrer Oursel et le supplia de se mettre à la tête des troupes et de repousser l'ennemi. Dans la *Revue historique*, t. XVI, 2e fasc., G. Schlumberger a donné le fac-simile d'un sceau d'Oursel de Bailleul et l'a accompagné d'une intéressante notice sur le vaillant condottière.

(1) Lisez : « de li Normant ».

porent soustenir tant injure de la seignorie de li Sarrazin, ne que li chrestiens en fussent subject a li Sarrazin. Cestui pelegrin alerent a Guaimarie (1) serenissime principe, liquel governoit Salerne o droite justice, et proierent qu'il lor fust donné arme et chevauz, et qu'il vouloient combatre contre li Sarrazin, et non pour pris de monoie, més qu'il non pooient soustenir tant superbe de li Sarrazin ; et demandoient chevaux. Et quant il orent pris armes et chevaux, ils assallirent li Sarrazin et molt en occistrent, et molt s'encorurent vers la marine, et li autre fouirent par li camp ; et ensi li vaillant Normant furent veinceor. Et furent li Salernitain delivré de la servitute de li pagan.

CAP. 18. Et quant ceste grant vittoire fu ensi faite par la vallantise de ces .xl. Normant pelegrin, lo prince et tuit li pueple de Salerne les regracierent molt, et lor offrirent domps, et lor prometoient rendre grant guerredon. Et lor prierent qu'il demorassent a deffendre li chrestien. Més li Normant non vouloient prendre merite de deniers de ce qu'il avoient fait por lo amor de Dieu. Et se excuserent qu'il non pooient demorer.

CAP. 19. Après ce orent conseill li Normant que la venissent tuit li principe de Normendie ; et les enviterent ; et alcun se donnerent bone volenté et corage a venir en cez partiez de sa, pour la ricchece qui i estoit. Et manderent lor messages avec ces victoriouz Normans, et manderent citre, agmidole, noiz confites, pailles imperials,

---

(1) Ce siège de Salerne par les Sarrasins eut lieu, comme nous le verrons, en 1016 ; à cette date, le prince lombard, Guaimar III, était depuis dix-sept ans prince de Salerne et venait d'associer au pouvoir son fils Jean. *Codex diplomaticus Cavensis; tabula chronologica*, p. IV, t. I, in-4°, Neapoli, 1873.

ystrumens de fer aorné d'or, et ensi les clamerent qu'il deussent venir a la terre qui mene lac et miel et tant belles coses. Et que ceste cosez fussent voires, cestui Normant veinceor lo testificarent en Normendie (1).

(1) Dans sa seconde rédaction de la *Chronicon Casinense* — II, 37, — Leo de' Marsi reproduit, comme il suit, les données d'Aimé : « Septimo hujus abbatis (Atenulfi) anno (1017) cœperunt Normanni, Melo duce, expugnare Apuliam. Qualiter autem vel quà occasione, Normanni ad istas partes primo devenerint et quis vel unde Melus hic fuerit, quave de causa eisdem Normannis adhæserit, opportune referendum videtur. Ante hos circiter 16 annos, quadraginta numero Normanni in habitu peregrino ab Jerosolimis revertentes, Salernum applicuerunt, viri equidem et statura proceri et specie pulchri, et armorum experientia summi. Quam a Saracenis obsessam reperientes, accensis nutu Dei animis, a Guaimaro majore, qui tunc Salerni principabatur equis armisque expostulatis, inopinate super illos irruunt, et pluribus eorum peremptis, ceteris que fugatis, mirabilem victoriam Deo præstante adepti sunt. Attoluntur ab omnibus in triumphum, donis a principe amplissimis honorantur, ut que secum manere debeant multis precibus invitantur. Illi vero amore tantum Dei et christianæ fidei hoc se fecisse asseverantes, et dona recusant et ibi manere posse se denegant. Princeps itaque, habito cum suis consilio, simul cum eisdem Normannis legatos suos in Normanniam dirigit, et veluti alter Narsis poma per eos cedrina, amigdalas quoque, et deauratas nuces, ac pallia imperialia, nec non et equorum instrumenta auro purissimo insignita, illuc transmittens, ad terram talia gignentem illos transire non tam invitabat quam et trahebat. » MG. SS., VII, 651. L'Anonymus Casinensis porte également *ad an.* 1000 : « Quidam Normanni Hierosolymis venientes, Salernum a Sarracenis liberarunt. » *Chronisti Napoletani*, éd. del Re, p. 462.

Malgré l'assertion d'Aimé, acceptée par Leo de' Marsi et par l'Anonymus Casinensis, il n'est pas possible de placer vers l'an mille ce siège de Salerne et sa délivrance par les Normands ; la véritable date de cet événement a été donnée par Lupus lorsqu'il écrit, *ad. an.* 1016 : « Civitas Salerni obsessa est a Sarracenis per mare et per terram et nihil profecerunt. » Lupi, *Annales*, MG. SS., V, 57. Remar-

CAP. 20. Et en cellui temps estoit rumor et odie entre
.ij. princes de Normendie, c'est Gisilberte et Guillerme.
Et Gisilberte, loquel estoit clamé Buatere, prist volenté

quons que ce siège de Salerne, placé par Lupus en 1016, est le seul
mentionné par les annalistes de l'Italie du Sud pour les dernières
années du xe et les premières années du xie siècle; Lupus et Aimé
parlent donc du même fait, mais comme Lupus est ordinairement
précis au point de vue de la chronologie et qu'Aimé, au contraire,
procède souvent par chiffres ronds, assez fantaisistes, en bonne critique c'est l'indication de Lupus qui doit l'emporter. Du reste, d'après
le récit d'Aimé, les exploits des Normands au siège de Salerne ont
été le prélude de la première émigration des Normands en Italie et
de la campagne que firent les premiers émigrés avec Mélès contre
les Grecs; or, nous verrons que cette campagne débuta en 1017.

Avant d'adopter le sentiment d'Aimé et dans la première rédaction
de la *Chronicon Casinense*, LEO DE' MARSI avait ainsi rapporté la
première apparition des Normands en Italie : « Melus interea Capuæ
cum principe morabatur. His primum diebus venerunt Capuam Normanni aliquot, quadraginta fere numero; qui domini sui comitis
Normanniæ iram fugientes, tam ipsi quam plures eorum socii quaqua vorsum dispersi, sicubi reperirent qui eos ad se reciperet,
requirebant; viri equidem et statura procera et habitu pulchri et
armis experientissimi quorum præcipui erant vocabulo Gislebertus
Botericus, Rodulfus Todinensis, Gosmanus, Rufinus atque Stigandus. Hoc cognito Melus mox illos accersit, eorum que, etc... » LEO
DE' MARSI, *Chron. Casin.*, II, 37, MG. SS., VII, 651. LEO plaçait donc
immédiatement avant l'expédition de Mélès contre les Grecs, en 1017,
la première apparition des Normands en Italie, c'est-à-dire vers 1016
(Voyez les préliminaires de l'édition de LEO DE' MARSI par WATTENBACH, MG. SS., VII, p. 555 sqq.).

Quant à l'ANONYMUS CASINENSIS, les archives du Mont-Cassin
avaient, avant la Révolution française, trois manuscrits de cette
chronique, rangés sous les numéros 47, 199 et 851. Le premier allait
de l'an 1000 à 1152, le second de l'an 1000 à 1195, le troisième de
1128 à 1212. Le manuscrit 199 a depuis disparu et il ne reste au
Mont-Cassin que les manuscrits 47 et 851; mais le manuscrit 47
est évidemment le plus ancien puisqu'il ne va que jusqu'en 1152,
tandis que le second allait jusqu'en 1195, et que le troisième ne

et corage contre Guillerme liquel cotrestoit contre l'onor soe, et lo geta d'un lieu molt haut dont il fu mort. Et quant cestui fu mort ot cestui ceste dignité que estoit viceconte de toute la terre. Et Robert (1) conte de la terre fut moult iré de la mort de cestui, et manécha de occire

commence qu'en 1128. Or, j'ai constaté au Mont-Cassin que ce manuscrit 47 ne parle des Normands qu'à partir de 1017 ; voici la première phrase du texte : « Normanni, Melo duce, cœperunt oppugnare Apuliam. » C'est donc le manuscrit 199 qui contenait la mention des Normands à l'an 1000, c'est-à-dire qu'elle ne se trouvait que dans un manuscrit plus récent, augmenté de données prises dans Aimé et dans la seconde rédaction de Leo de' Marsi.

En résumé, AIMÉ a donné le premier cette date arbitraire de l'an 1000 pour la première apparition des Normands en Italie, mais LUPUS et l'ensemble des faits prouvent que 1016 est la véritable date de cette première apparition.

Maintenant, quelle est la valeur historique de ce récit du siège de Salerne rapporté par Aimé ? Il renferme certainement des exagérations car, comment admettre que quarante pèlerins normands aient vaincu une armée de Sarrasins ? Ils ont dû agir comme auxiliaires de Guaimar et des Salernitains, dont le rôle est passé sous silence. Ces réserves faites, il faut reconnaître qu'Aimé a été sur ce point l'écho d'une tradition normande, car ORDERIC VITAL, qui vivait en Normandie au XIIe siècle, a aussi raconté cette délivrance de Salerne avec l'aide des Normands revenant du S. Sépulcre, cf. O. VITALIS, *Hist. ecclesiastic.*, l. III, t. II, p. 53 de l'édition LE PRÉVOST. Différentes sur des détails secondaires, les deux narrations sont identiques pour le fond. Seulement O. Vital se trompe en plaçant le siège de Salerne après une première émigration en Italie du normand Osmond Drengot. Comme, d'après lui, Osmond Drengot serait allé en Italie lorsque Robert-le-Diable était duc de Normandie, c'est-à-dire après 1028, date de l'avènement de ce prince, il s'ensuivrait que la délivrance de Salerne par les Normands aurait eu lieu, au plus tôt, en 1030, ce qui est inadmissible.

(1) Il faut Richard et non pas Robert ; Richard, duc de Normandie, a régné de 996 à 1028 et a eu pour successeur Robert, dit Robert-le-Diable.

cellui qui avoit fait celle homicide; quar se ceste offense non fusse punie, parroit que licence fust de toutes pars de occirre li viceconte. Et Gisilberte avoit .iiij. frères, c'est Raynolfe, Aseligime, Osmude et Lofulde. Et avieingne que cestui n'avoient colpe de la mort de Guillerme toutes foiz foyrent avec lo frere et vindrent auvec lo message del prince de Salerne. Et vindrent armés non come anemis, mès come angele, dont par toute Ytalie furent receuz (1). Les coses neccessaire de mengier et de boire

(1) 'LEO DE' MARSI, II, 37, reproduit ce passage. O. VITAL confirme, en les répétant, quelques-unes des données d'AIMÉ; il écrit — *Histor. ecclesiast.*, l. III, t. II, p. 53 — : « His diebus, Osmundus cognomento Drengotus Willermum Repostellum, qui sese de stupro filiæ ejus, in audientia optimatum Normanniæ arroganter jactaverat, inter manus Rotberti ducis, in sylva ubi venabatur, occidit, pro quo reatu a facie ejus prius in Britanniam, deinde in Angliam, postremo Beneventum cum filiis et nepotibus aufugit. Hic primus Normannorum sedem in Apulia sibi delegit et a principe Beneventanorum oppidum ad manendum sibi, suisque hœredibus accepit. » Pour O. VITAL comme pour AIMÉ, le meurtre de G. Répostelle aurait donc été la cause d'une première émigration des Normands en Italie, seulement Aimé aurait fait tuer Répostelle par Gilbert Buatère, tandis que O. Vital désigne comme meurtrier Osmond, qu'Aimé énumère comme frère de ce même Gilbert Buatère. Dans les autres parties de leur récit, les deux chroniqueurs ne sont guère d'accord, mais il faut avouer que celui d'O. Vital fourmille d'erreurs.

GUILLAUME DE JUMIÈGES écrit : « Temporibus...., Roberti Normannorum ducis, Osmundus Drengotus audax miles Apuliam adiit cum quibusdam aliis Normannis. Nam Willelmum cognomento Repostellum militem clarissimum in venatione, in præsentia Roberti ducis occiderat, metuensque animositatem ducis et insignis equitis nobilium parentum iras, in Apuliam secessit et propter magnam probitatem ejus a Beneventanis honorifice detentus est. » *Hist. Norman.*, VII, 30. — C'est, on le voit, un témoignage analogue à celui d'O. Vital.

Enfin, d'après ADÉMAR DE CHABANAIS, — *Historiæ*, l. III, 55, — et

furent données de li signor et bone gent de Ytalie, et passerent la cité Rome et vindrent a Capue et troverent que que un de Puille, qui se clamoit Melo, estoit là chacié, et estoit chacié pource qu'il avoit esté rebelle contre lo empereror de Costentinople (1).

d'après RAOUL GLABER — *Historiarum*, L. III, 1. — c'est un seigneur Normand du nom de Raoul qui, ayant des discussions avec Richard, duc de Normandie, passe en Italie avec les siens, vient à Rome où le pape Benoît VII l'engage à faire la guerre aux Grecs de la Pouille. Ce Raoul est évidemment le Raynolfe du traducteur d'Aimé, Leo de' Marsi écrit Rodulfus.

Remarquons enfin que le Gislebertus Botericus de la première rédaction de Leo de' Marsi correspond au Gisilberte Buatère d'Aimé.

Il est donc aisé de conclure que, malgré quelques erreurs de détail, ce chap. 20e d'Aimé repose sur une base historique incontestable.

(1) Dans la première rédaction de sa chronique, Leo de' Marsi place aussi à Capoue la rencontre des émigrés Normands et de Melo ou Mélès, c'était donc là la tradition du Mont-Cassin; Guillaume de Pouille dit également qu'elle eut lieu en Campanie; mais, d'après ce dernier auteur, Mélès, environ un an auparavant, s'était abouché déjà une première fois, au sanctuaire de S. Michel au mont Gargano avec les Normands et leur avait proposé de s'unir avec les Lombards contre les Grecs. Voici les vers du poète I, 11-47 :

« Horum (Normannorum) nonnulli Gargani culmina montis
Conscendere, tibi, Michael archangele, voti
Debita solventes. Ibi quendam conspicientes
More virum Græco vestitum, nomine Melum,
Exulis ignotam vestem capitique ligato
Insolitos mitræ mirantur adesse rotatus.
Hunc dum conspiciunt, quis et unde sit ipse, requirunt.
Se Langobardum natu civemque fuisse
Ingenuum Bari, patriis respondit at esse
Finibus extorrem Græca feritate caoctum.
Exilio cujus dum Galli compaterentur,
Quam facilem reditum, si vos velletis, haberem,
Nos aliquot vestra de gente juvantibus, inquit.

Cap. 21. Cestui furent en aide de Melo et entrerent en la fin de Puille auvec lui. Et commencerent a combatre contre li Grez, et virent qu'il estoient comme fames. Et

>   Testabatur enim, cito Græcos esse fugandos
>   Auxiliis horum, facili comitante labore.
>   Illi donandum patriæ munimine gentis.
>   Hunc celeri spondent, ubi forte redire licebit.
>   Ad fines igitur postquam rediere paternos
>   Cœperunt animos mox sollicitare suorum,
>   Italiam secum peterent. Narratur et illis
>   Appula fertilitas ignavia que insita genti.
>   Sola quibus peragi possit via, ferre moventur ;
>   Tutor ibi prudens promittitur inveniendus.
>   Quo duce de Græcis facilis victoria fiat.
>   Arrectis igitur multorum mentibus ire
>   Pars parat, exiguæ vel opes aderant quia nullæ
>   Pars quia de magnis majora subire volebant :
>   Est adquirendi simul omnibus una libido.
>   Aggrediuntur iter, sumptis quæ cuique videtur
>   Ferre necesse viam pro viribus ad peragendam.
>   Postquam gens Romam Normannica transit inermis,
>   Fessa labore viæ Campanis substitit horis :
>   Fama volat, Latio Normannos applicuisse.
>   Melus ut Italiam Gallos cognovit adisse,
>   Ocius accessit, dedit arma carentibus armis
>   Armatos secum comites properare coegit. »

Ce récit de Guillaume de Pouille ne contredit pas celui d'Aimé, car il se peut très bien qu'après avoir aidé à délivrer Salerne, les pèlerins Normands, revenant de Jérusalem, soient ensuite allés au Mont-Gargano; bien des pèlerins au moyen âge ont ainsi parcouru la chrétienté en se rendant d'un sanctuaire à l'autre. Quant au passé de ce Mélès dont Aimé parle ici, pour la première fois, nous savons qu'en 1011, ce citoyen de Bari avait essayé de chasser les Grecs de l'Italie et de reconquérir l'indépendance de sa patrie. Il livra bataille aux Grecs à Bitecto près de Bari en 1011, au mois de mai, et cette journée coûta la vie à beaucoup d'habitants de Bari — *Annales Barenses, ad an.* 1011 et 1013, MG. SS., V. 53. — En 1013, au mois

par li camp arenouz de Puille font gesir lor anemis sans esperit. Et pour la mort de ces, est occasion de grant tristece, et plus en remanda a combatre (1). Et quant il oï

d'avril, assiégé dans Bari par le catapan Basile le Macédonien et se sentant entouré de traîtres qui projetaient de le livrer à l'ennemi, Mélès s'enfuit secrètement la nuit, avec son beau-frère Datto, gagna Ascoli et successivement Bénévent, Salerne et Campoue. Sa femme Maralda et son fils Argyros furent pris par les Grecs et envoyés à Constantinople. Cf. LEO DE' MARSI, l. II, 37, MG. SS., VII, 652.

(1) Voici, d'après Guillaume de Pouille, bien plus précis qu'Aimé sur ce point, les débuts de cette guerre dans la Pouille :

« Emptis Normannos Campanis partibus armis
Invadenda furens loca duxit ad Appula Melus.
Hunc habuere ducem sibi gens Normannica primum
Partibus Italiæ. Gallos tremit Appulus omnis,
Quorum prævalido multi periere rigore.
Turnicii tandem rumor pervenit ad aures,
Qui catapan fuerat Græcorum, missus ab urbe
Cui Constantinus nomen dedit editor urbis,
Et Constantinus pariter que Basilius illi
Tunc dominabantur — Gallos venisse feroces
Conductu Meli, qui factus utrique rebellis
Appula Normannis loca depopulanda monebat.
His ita Turnicio fama referente relatis,
Agmina Græcorum propere direxit in hostes.
Non etenim per se certamina prima paravit,
Sed per legatum, cognomen cui Pacianus
Et Leo nomen erat, qui juxta fluminis undam
Nomine Fertorii — locus est Arenula dictus
Deduxit secum multos ad bella Pelasgos.
Maii mensis erant aptissima tempora Marti,
Hoc ad bella solent procedere tempore reges,
Fortuna que pari primo pugnatur utrimque. »

Gesta R. Wiscardi, l. I, v. 52 sqq., MG. SS., IX, p. 242 sq. D'après Guillaume de Pouille, la première bataille entre Mélès et les Grecs, la bataille d'Arenula serait donc restée indécise ; Leo de' Marsi,

dire que par hardiesce de chevalerie estoit sa terre assallie, manda contre li Normant li plus fort home qu'il put trover. Et puiz la venue de ces autres ordenant la seconde bataille. Mes li Grex perdirent et li Normant estoient touzjors ferme. Et de ce ot grant dolor l'empeor (1). Et manda grant multitude de gent, et ordena la tierce de bataille, et la quarte, et quinte, et tout veincirent li Nor-

d'accord en cela avec Aimé, dit qu'elle se termina à l'avantage de Mélès et des Normands : « Tribus itaque vicibus cum Grecis, primo apud Arenolam, secundo apud Civitatem, tertio apud Vaccariciam campestri certomine dimicans (Melus), tribus eos vicibus superavit; multos que ex his interficiens, et usque ad Tranum eos contringens, omnes ex hac parte quas invaserant Apuliæ civitates et oppida recepit. » *Chron. Casin.*, II, 37, MG. SS., VII, 653. On voit que dans ce passage, Leo de' Marsi ne s'inspire en aucune façon d'Aimé. Lupus parle aussi de Turnicius et de Pacianus et ne dit pas quelle fut l'issue de la première bataille; il écrit *ad an.* 1017 : « In hoc anno descendit Turnichi catepani mense Maii. Et fecit prœlium cum Mele et Normannis Leo Patiano exubitus. MG. SS., V, 57.

(1) D'après Leo de' Marsi, cette seconde bataille eut lieu près de Civitate. Cf. la note précédente ; Guillaume de Pouille constate que les Normands y furent vainqueurs :

« Auctis militibus comites fuit inde secutus
Turnicius, sed terga dedit virtusque recessit.
Conflictu belli Pacianus corruit hujus.
Normannis auget validas victoria vires,
Expertis Græcos nullius roboris esse,
Quos non audaces, sed cognovere fugaces. »

G. R. Wiscardi, l. I, v. 74 sqq., MG. SS., IX, 243. — Lupus, en désaccord avec Aimé, Leo de' Marsi et Guillaume de Pouille, prétend que Mélès et les Normands furent vaincus dans la seconde bataille : « Iterum in mense Junii 22 die prœlium fecit præfatus Turnichi catepani ; et vicit Melem et Normannos et mortuus est Patiano ibi et Condoleo descendit in ipso anno. Lupus, *ad an.* 1017. MG. SS., V, p. 57.

mant; et ensi Melo par la force de li Normant fu en lo trone de son honor (1).

CAP. 22. Apres ce li empeor manda domps et manda tribut en toutes pars. Et ovri son thesaure et trova chevaliers pour monoie, et combatirent contre li fort Normant. Mès li Normant en veinchurent sans nombre. Et tant vindrent de gent sanz nombre, et lo champ fu tot plein de la multitude de lo exercit de l'empeor, et sont veues les lances estroites come les canes sont en lo lieu ou il croissent, et venant encontre petit de Normant en l'aide de Melo ; et la multitude de la gent de l'empeor aloient par lo camp comme li ape quant il issent de lor lieu quant il est plein. Et que vous diroie-je ? Li Normant sont appareilliez de morir avant que fouir. Et se fist la .vj^e. bataille molt forte, et de chascune part est grant peril de mort. Mès pour un de li Normant furent mort molt de anemis, et en tant fu forte la bataille que de .ij. c. l. Normant non remestrent se non .x., et de ces se sot lo nombre quant furent ; mès de l'autre part furent tant que nombre non s'en trove (2). Cestui moine storiographe, cest escriptor

(1) Ces troisième, quatrième et cinquième batailles n'ont dû être que des combats de peu d'importance, car Aimé est seul à en parler ; nous savons par les autres chroniqueurs, par Leo de' Marsi, par exemple, qu'il n'y eut dans cette guerre que quatre rencontres sérieuses entre les Grecs et les Normands, les batailles d'Arenula et de Civitate dont il a déjà été question et celles de Vaccaricia et de Cannes dont Aimé va parler.

(2) Il s'agit de la bataille de Cannes, sur la rive droite de l'Ofanto (maintenant Canosa di Puglia). Voici sur cette journée les vers de Guillaume de Pouille, le poète parle aussi de la multitude des Grecs et confirme la défaite de Mélès et des Normands :

« Imperii fama insinuat rectoribus arva
Appula Normannos Melo duce depopulari.
Hunc, his auditis, sibi curia judicat hostem ;

de l'ystoire, non met se ceste multitude de li Normant vindrent novellement de Normendie, ou se a Capue se partirent li Normant. Et aucun vindrent en l'aide de Melo, et li autre alerent avec li messagier de lo prince de Salerne.

Mès quant fu seu a Salerne que ensi avoient combatu li Normant por aidier a Melo et estoient mort, vindrent cil Normant de Salerne; de li Normant vint grant exercit, et emplirent la contrée de fortissimes chevaliers. Et Melo prist une autre bataille contre li Grex, et s'encontrerent li Normant contre li Grex en un lieu qui se clamoit Vaccarice, c'est en Puille a Melfe, ou maintenant sont gentil

> Si capitur, capitis fieri cæsura jubetur.
> Multa Græcorum cum gente Basilius ire
> Jussus, in hunc audax anno movet arma sequenti :
> Cui catapan facto cognomen erat Bagianus.
> Quod catapan Græci, nos juxta dicimus omne.
> Quisquis apud Danaos vice fungitur hujus honoris
> Dispositor populi parat omne quod expedit illi
> Et juxta quod cuique dari decet, omne ministrat.
> Vicinus Cannis qua defluit Aufidus amnis
> Circiter octobris pugnatur utrinque Kalendas.
> Cum modica non gente valens obsistere Melus
> Terga dedit, magna spoliatus parte suorum. »

Gesta R. Wiscardi, l. I, v. 80 sqq., MG. SS., IX, 243. « Quarta demum pugna apud Cannas, Romanorum olim clade famosas, Boiano catapani insidiis atque ingeniis superatus, universa quæ facile receperat facilius perdidit. Feruntur in ea pugna Normannorum ex ducentis quinquaginta numero, decem tantummodo remansisse, de Græcis autem innumerabilem turbam occubuisse. » *Chronicon Casin.*, II, 37, auctore Leone; MG. SS., VII, 653. L'identité du chiffre des pertes des Normands, donné par Aimé et Leo de' Marsi, prouve bien qu'ils parlent de la même journée. La bataille eut lieu en octobre 1019 ; l'*Anonymus Barensis* écrit, *ad an.* 1019, indict. II[a] : « Fecit prœlium Bugiano catp. cum Franci in Canni et

home qui se clament Vaccaire. Et li Grex tant coment il en estoit remez de l'autre bataille furent mort. Et de li Normant, liquel avoient esté troiz mille, non remainstrent se non cinc cent (1); et .vj. grant home de li Normant

vicit; MURATORI, R. I. SS., t. V, p. 149; — de même LUPUS *ad an.* 1019 : « Fecit prœlium supradictus Bugiano in mense Octobris cum Francis et vicit , » MG. SS., V, p. 57. Les *Annales Barenses* placent par erreur la bataille de Cannes en 1021 : « Hic fecit prœlium Basilius Vulcano cum Francis; et vicit illos in civitate Canni; » MG. SS., t. V, p. 54.

(1) Il y a bien eu une bataille entre Mélès et les Grecs à Vaccaricia (maintenant Biccari, au nord-ouest de Troja). Leo de' Marsi la mentionne également (cf. *supra*, p. 26, note 1); mais, au lieu de la placer, comme le fait Aimé, après la bataille de Cannes, il la place avant et avec raison, ainsi que le prouve le document suivant : Au mois de juin 1019, c'est-à-dire avant la bataille de Cannes, puisque cette bataille est du mois d'octobre 1019 (voyez la note précédente), le catapan Basile Bojoannès définit par une charte que nous avons encore les limites du territoire de la ville de Troja qu'il venait de faire restaurer et fortifier. — TRINCHERA, *Syllabus Græcarum*, etc... Napoli, in-4°, 1865, p. 18 sqq. — Or, dans cette charte se trouve la phrase suivante : « καὶ ἀποδίδει εἰς τὴν ἐκκλησίαν τὴν ἁγίαν αὐγοῦσταν ἐν ᾧ ἐγένετο ὁ πόλεμος ἐπὶ τορνικίου πρωτοσπαθαρίου καὶ κατεπάνου γεγονότος ἰταλίας τοῦ κοντολέοντος. » Il s'agit bien de la bataille de Vaccaricia car les territoires de Troja et de Vaccaricia sont contigus; nous voyons même, d'après cette charte, que certains pâturages étaient communs aux deux villes. Leo de' Marsi est donc dans le vrai en plaçant la bataille de Vaccaricia avant celle de Cannes. On ne saurait supposer qu'il y ait eu, après la bataille de Cannes, une seconde bataille de Vaccaricia, car nous savons par Guillaume de Pouille, par Leo de' Marsi, par l'*Annoymus Barensis*, par Lupus, qu'après sa défaite à Cannes, Mélès alla en Germanie implorer le secours de l'empereur et qu'il mourut à Bamberg. Maintenant, que faut-il penser de cette donnée d'Aimé, affirmant que 3,000 Normands sont venus de Salerne au secours de Mélès, avant la dernière bataille décisive ? Évidemment il y a dans ce chiffre beaucoup d'exagération, mais le chroniqueur fait sans doute allusion à cette nouvelle émigration des Normands en Italie dont parle Raoul Glaber et qui partit de

remeinstrent, de liquel .ij. remainrent avec Athenulfe abbé de mont de Cassin, et li autre avec li sien chevalier a faire chevalerie avec lo prince de Salerne (1). Et secont ceste ultime parole, pert que cestui troiz mille Normant venissent novelement de Normendie.

Cap. 23. Et quant Melo se senti abandoné de l'aide de li chevalier, il s'en ala cort de lo empeor et requist misericorde. Et la benignité de lo impereor li promist de faire ce que Melo requeroit. Et lo impereor fu guarde de li prince de li Thodés, coment de certe chevalier se appa-

Normandie lorsque l'on connut les premiers succès de Mélès et des Normands contre les Grecs ; R. Glaber écrit : « Interea cum auditum esset ubique quoniam paucis Normannorum concessa fuisset des superbientibus Grecis victoria, innumerabilis multitudo etiam cum uxoribus et liberis prosecuta est a patria de qua egressus fuerat, Rodulfum, non solum permittente sed etiam compellente ut irent Richardo, illorum comite. » Après avoir traversé le Mont-Joux, ces émigrants viennent trouver Raoul qui combat contre les Grecs (Raoul Glaber ne dit rien de Mélès), assistent à plusieurs batailles, et comme Raoul ne peut l'emporter définitivement sur les Grecs, il se décide à aller en Germanie, implorer le secours de l'empereur; R. Glabri, *Historiarum*, l. III, c. I. Aimé est donc en résumé un guide peu sûr sur ces événements et en général sur la seconde guerre de Mélès avec les Grecs, il n'a reproduit que des données ou exagérées ou trop vagues.

(1) Leo de' Marsi — *Chronicon Cas.*, l. II, 37 et 38 — donne plus de détails qu'Aimé : « Melus vero cernens se militum auxiliis destitutum, Normannos superstites partim apud Guaimarium, partim apud Pandulfum constituens, ipse ultra montes ad imperatorem profectus est..... Abbas (Atenulfus) necessitate coactus (pour défendre les biens du Mont-Cassin contre les comtes d'Aquino) fortissimos aliquot sibi ex prædictis Normannis ascivit, eosque in oppido quod Piniatarium nuncupatur (Pignataro, sur les bords du Garigliano), ad monasterii bona tutanda constituit ; quod quidem illi, quandiu abbas ipse superfuit, strenue satis et fideliter executi sunt. » MG. SS., VII, p. 653.

reilla d'aler a restituer Melo en sa propre honor. Et la crudele s'en rit de ceste covenance, quar Melo fu mort, et fu sousterré en l'eglise de Babipga, laquelle avoit faitè cestui impeor, et en lo sepulcre de li noble fu mis; et en ot tristece l'emperor et tout son excercit (1).

Cap. 24. La vertu imperial non voloit muer la disposition de venir en Ytalie (2). Et puiz ala cité de Troie (3),

(1) « Et puduit (Melum) victum patria tellure morari ;
Samnites adiit superatus, ibique moratur
Post Alemannorum petiit suffragia regis
Henrici, solito placidus qui more precantem
Suscipit, auxilii promittens dona propinqui.
At Melus regredi præventus morte nequivit.
Henricus sepelit rex hunc, ut regius est mos.
Funeris exequias comitatus adusque sepulcrum
Carmine regali tumulum decoravit humati. »

Gesta R. Wiscardi, l. I, v. 95-104. Voyez dans la note précédente le texte de Leo de' Marsi ; ce chroniqueur dit plus loin, n° 39, que Mélès mourut pendant son ambassade : « Cum jam bis ad eum (imperatorem) Melus hac de causa profectus ultra montes defunctus fuisset, etc. » — « Mel fugit et ibit ad Enrico imp. » *Anonymus Barensis, ad an.* 1019, dans Muratori, R. I. SS., t. V, p. 149. « Et Mel fugit cum aliquantis Francis ad Enerichum imperatorem. » Lupus, *ad an.* 1019, MG. SS., V, 57. Voyez dans les *Monumenta Bambergensia* de Jaffe, p. 37, la curieuse lettre par laquelle, en 1054, l'empereur Henri III prescrit que l'on respecte à tout jamais la tombe de Mélès dans la cathédrale de Bamberg ; le *Nécrologe de Bamberg*, ibid., p. 558, place au 23 avril 1020 la mort de Mélès. Il résulterait du passage de R. Glaber déjà cité (cf. *supra*, p. 19, note 1), que Raoul serait probablement allé avec Mélès trouver l'empereur à Bamberg.

(2) Henri II, saint Henri, duc de Bavière de 995 à 1004, roi de Germanie en 1002, empereur en 1014 ; il mourut le 13 juillet 1024. C'était le troisième voyage d'Henri II en Italie.

(3) Troja compte actuellement plus de 6,000 habitants et est située entre Foggia et Bénévent ; sur sa fondation ou plutôt sa restauration

pource que li Grez l'avoient mise en lo tenement de Bonivent, et la prist. Et en celui temps, manda lo combatant archevesque de Coloingne, a prendre li prince de Capue, et puiz devoit aler a prendre Salerne. Et fu pris lo prince de Capue ; et .xl. jors fu assegié Salerne. Mès por ce que la cité estoit forte a prendre, prist ostage del filz de lo prince de Salerne. Et o gloire de triumphe retorna a la cort de lo impeor. Et puiz, par examination de juste jugement, Pandulfe, prince de Capue, fu jugié a mort. Mès, par priere de l'archevesche de Coloingne, fu delivré de celle sentence ; toutes foiz fu-il porté dela de li Alpe liez de une catene en lo col. Et lo fil de lo prince de Salerne, loquel prince se clamoit Guaymarie, fu recommandé a lo pape Benedit (1).

Cap. 25. Cestui moine storiographe rent la rayson pour quoi li empeor fu irés contre li prince de Capue, Pan-

en 1019, par le catapan Basile Bojoannès, voyez la charte déjà citée (p. 19, note 1) et imprimée dans Trinchera, *Syllabus Græcarum membranarum*, p. 18 sqq.

(1) Sans s'inspirer d'Aimé, Leo de' Marsi confirme plusieurs des assertions de ce chapitre ; il écrit que Piligrim (archevêque de Cologne de 1021 à 1036) « Capuam festinanter adiit, eam que mox undique armato milite cinxit. » Le prince de Capoue, Pandulfe, se voyant perdu, car l'archevêque avait une armée de 20,000 hommes, se livra spontanément, et Piligrim le conduisit à l'empereur occupé au siège de Troja. Pandulfe fut jugé et condamné à mort ; il obtint à grand peine que la sentence ne fut pas exécutée et l'empereur l'amena enchaîné en Germanie. *Chron. Casin.*, l. II, c. 40, MG. SS., VII, 654. Leo de' Marsi ne parle ni de Salerne ni de Guaimar, les *Annales* de S. Gall disent seulement qu'Henri II fit rentrer Salerne sous l'obéissance : « Henricus... Trojam, Capuam, Salernam, Neapolim urbes imperii sui ad Grecos deficientes ad deditionem coegit. » *Annales Sangallenses majores ad an.* 1022, MG. SS., I, p. 82. Cf. *Casuum S. Galli contin.*, II, 4, MG. SS., II, p. 155, et Herim. Augiensis *Chronicon, ad an.* 1022, MG. SS., V, p. 120.

dulfe; lo frere carnel de la moillier de Melo, de loquel nouz avons dit desus laquelle se clamoit Dato, et, par lo comandement de lo pape, estoit montée en la tor de Garilgiane envers la ripe; et Pandulfe desirrant la mort lui vint sur o li Grex, et vainchi la tor, et dona Datto innocente a li Grex, liquel, par commandement de li impereour de li Grex, fu noiez en mer (1). Et pour ceste cose fu mandé Pandulfe de l'autre empereor a lo pape. Assez brevement cestui moine a mis la raison porquoi li empeor, qui non estoit Grec, fu corrocié contre cestui Pandulfe; toutez foiz non met que ce fust lo empere de li Grex; mès pert que li empeor venoit en Ytalie por remetre Melo en son estat, quar Melo loquel s'estoit rebellé contre l'empeor de Costentinoble; et quant sust ce que Pandulfe fust coingnat a Melo, toutes foiz estoit Pandulfe contraire a Melo qui estoit frere de sa moillier.

Cap. 26. Après ces chozes faites, Enulfe, frere de Pandulfe, pour paour de ce qui fu fait à son frere, se mist en

(1) Leo de' Marsi ne dit pas, comme le fait Aimé, que Pandulfe de Capoue soit venu lui-même avec les Grecs, s'emparer de Datto dans dans la tour de Gariglione et qu'il l'ait ensuite livré aux Grecs; il se borne à affirmer qu'après la chute de Mélès, Pandulfe prit le parti de l'empereur de Constantinople, auquel il envoya des clés d'or comme preuve de sa soumission, et qu'ayant reçu de l'argent du catapan Bojoannès, il lui permit de traverser avec ses troupes le territoire de sa principauté, pour aller s'emparer par surprise de Datto. *Chronicon Casin.*, II, 38, ex Desiderii, *Dialogis*, II, 22 ; MG. SS., VII, 653. Il se peut très bien que Pandulfe ait accompagné Bojoannès dans cette expédition. Lupus écrit, *ad an.* 1021 : « Captus est Dactus et intravit in civitatem Bari equitatus in asina, 15 mensis Junii. » MG. SS., V, 57. De même l'Anonymus Barensis, *ad an.* 1021, indict. IV : « Dattus captus est, et intravit in Bari, in asino super. » Muratori : R. I. SS., V, p. 149. — Inutile de dire que la glose du traducteur à la fin de ce chapitre n'a vraiment pas de sens.

mer, et voloit foyr en Costentinople a lo empeor loquel s'en vint en Ytalie, si come est dit ; mès par pestilence fu noiez en mer. Et ensi en diverse maniere furent .ij. frere charnel mort malement (1).

Cap. 27. Et Troiens, par debilité de ceuz qui l'asegerent, ne par force de ceuz qui dedens estoient, mès pour lo fort lieu ou elle estoit, non pot estre prise.: ou Troie fu apert l'antique fabrique, et non pas la ou elle est maintenant, quar en plus vill lieu est ore (2).

(1) Leo de' Marsi a raconté avec plus de détails cette mort d'Aténulfe, abbé du Mont-Cassin et frère de Pandulfe, prince de Capoue; *Chronicon Casinense*, l. II, 39; MG. SS., VIII, 654. Aimé suppose qu'Aténulfe n'a pris la fuite et ne s'est noyé qu'après la prise et la condamnation de son frère Pandulfe; mais le *Necrologium Casinense* (Muratori, R. I. SS., t. VII, p. 941) dit qu'Aténulfe s'est noyé le 30 mars 1022 ; par conséquent il a dû quitter le Mont-Cassin vers le 15 mars ; or, à cette dernière date, l'empereur Henri était à peine arrivé devant Troja (Boehmer : *Regesta*, p. 63, n° 1226) et Pandulfe n'a été pris et jugé que pendant le siège de Troja par l'empereur. Aténulfe était donc parti avant ces événements.

(2) Les chroniqueurs ne sont pas d'accord sur l'issue du siège de Troja par Henri II ; Lupus et l'*Anonymus Casinensis* se bornent à mentionner le siège, sans dire que la ville fut prise ; Lupus, ad an. 1022; MG., V, p. 57; *Anonymus Casinensis* dans Muratori, R. I. SS., t. V, p. 139. — Au contraire, un grand nombre de chroniques de la Germanie affirment que la ville fut prise par l'empereur, ainsi Hermann de Reichenau écrit dans la *Chronicon, ad an.* 1022 : « Henricus imperator Campaniam petens, Beneventum intravit, Troiam oppugnavit et cepit. » MG. SS., V, p. 120. Leo de' Marsi qui, sur ce point, diffère un peu d'Aimé, donne la version suivante : « Post paucos dies, sponte Troianis deditionem sui facientibus, et ad Augusti vestigia universis suppliciter procumbentibus, imperiali clementia veniam tribuit. Et quoniam propter estivum tempus gens continuis assueta frigoribus diu in partibus istis commorari non poterat, reditum in dies singulos maturabat. » *Chronicon Casin.*, II, 41. Il semblerait d'après ce texte que l'empereur, pressé de repartir,

CAP. 28. Et li religiouz impereor se parti de la et ala a mont de Cassin; et li frere qui estoient la le visitoient, et o diligence et service lui faisoient obedience. Et fu proié

se serait contenté des hommages et de la soumission, quelque peu platonique, des habitants de Troja, sans prendre possession de leur ville. RAOUL GLABER — *Historiarum*, l. III, c. I, — a parlé en détail du siège de Troja par l'empereur Henri; il se peut qu'un peu de fantaisie se soit glissé dans le récit qu'il en fait, néanmoins le fond même de ce récit n'a rien d'invraisemblable et concorde assez avec ce que dit Leo de' Marsi. D'après ce chroniqueur, les habitants de Troja, épuisés par un long siège et ayant tout à craindre de la colère de l'empereur, auraient, par le procédé suivant, apaisé le ressentiment impérial. Avec tous les enfants de Troja, ils formèrent une procession à la tête de laquelle marchait, portant la croix, un pauvre ermite, revêtu d'un habit de moine. Deux jours de suite, cette procession se rendit au camp impérial en chantant *Kyrie eleison*; l'empereur ému par cette double manifestation, finit par pardonner aux habitants de Troja; il se contenta de demander des otages et partit sans entrer dans la ville. Mais le document le plus décisif sur l'issue du siège de Troja est une charte de Basile Bojoannès, du mois de janvier 1024, indic., VII° — TRINCHERA, *Syllabus*, etc., document XX, p. 21. — Par cette charte, le catapan accorde aux habitants de Troja de nouveaux privilèges pour les récompenser de la bravoure dont ils ont fait preuve pendant le siège de Troja et de leur inviolable fidélité à l'empereur de Constantinople. Il écrit : « Nos cognoscentes (il ne reste qu'une traduction latine de ce document) eorum accusatorum (les accusations de ceux qui avaient vu avec inquiétude l'établissement d'une colonie normande à Troja) diximus quod Troiani nec fecerunt nec facient contra voluntatem imperii sanctorum imperatorum nostrorum. Sed potius pro amore imperii se morti tradiderunt. Quando rex francorum cum toto exercitu suo venit et obsedit civitatem illorum et ipsi fidelissimi ita obstiterunt regi. Quod rex nichil eis nocere valuit, bene civitatem eorum defendentes, sicut servi sanctissimi domini imperatoris, et licet omnes res suas de foris perdiderint, propter hoc servitium domini imperatoris non dimiserunt, nec ab ejus fidelitate discesserunt. Ob hanc igitur fidelitatem et bonum servitium, precepto domini imperatoris, dedimus

de tout lo college de li moine, conferma en abbé Theobalde home noble de lignage et plus de costume, et lui donna la croce, c'est lo baston ecclesiastique (1).

Cap. 29. Jesu-Crist, qui est retributor de toutes bones chozes et est gloriouz en touz ses sains, pour la merite de saint Benedit merita cestui empereor ; quar un jor senti grant dolor a lo flanc et plus grave que non soloit, quar estoit acostumé d'avoir celle dolor. Et en celle dolor manifesta lo secret de son cuer a ceus qui continuelment en avoient compassion, et dist : « Coment lo impere romain, loquel est subjett a nous entre li autre royalme de lo monde, est haucié par la clef de saint Pierre apostole et par la doctrine de saint Paul ; ensi, par la religion de lo saint pere Benedit croirons aacroistre lo impere, se avisons avec vous presentement son cors ; quar, por la predication de ces .ij. apostole, par tout lo monde fu espasse la foi ; mes pour la maistrie de lo Pere donna commencement de religion et comencement et donna maniere de conversation a tuit li moine. » Et quant il ot dite ceste parole il s'endormi. Saint Benoît lui apparut, et lo manesa, et lo gari, et lui dist : « O empereor, pourquoi desires-tu la presence moe cor-

―――

eis largitatem hanc. » Si, comme l'affirment les chroniqueurs de la Germanie, Henri II avait pris la ville de Troja, Basile Bojoannès n'aurait pas loué et récompensé les habitants de cette ville. Ces éloges et ces récompenses prouvent que l'attitude des Normands de Troja, vis-à-vis de l'empereur, ne fut pas aussi humble et aussi suppliante que Leo de' Marsi et R. Glaber le supposent ; c'est bien probablement Aimé qui, malgré son laconisme, est, sur cette question, le plus près de la vérité.

(1) D'après Leo de' Marsi, quelques moines auraient voulu de l'ancien et vieil abbé Jean, à la place de Théobald ; *Chronicon Casin.*, l. II, 42, première rédaction. Dans la seconde rédaction, *ibid.*, Leo de' Marsi est d'accord avec Aimé.

poral ; crois que je voille laissier lo lieu ou je fu amené
de li angele, ou la regule de li moine et la vie je escris,
dont la masse de mon cors fu souterrée ? » Et en ceste
parole se moustre que quant li os d'aucun saint sont trans-
laté de un lieu en autre, toutes voiez lo lieu ou a esté
premerement pour la char qui est faite terre, doit estre a
l'omme en reverence. Et plus se moustre par ce que je
sequterai. Et lo impeor de loquel avoit paour lo regne,
ot paour de un moine. Et lo saint lui dist que « sans nulle
doute tu saches que mon cors veut ici ester, et de ce te
donrai-je manifeste signe o la verge pastoral, lequel signe
sera manifeste », c'est o la croce laquelle tenoit en main
li saint, et fist la croiz a lo costé de l'empereor, en loquel
lui tenoit lo mal, et lui dist : « Resveille-toi sain et salve,
et quar ceste enfermeté non auras-tu plus. » Et maintenant li empereor se resveilla sain et salve. Et si coment li
saint lui promisse, de celle enfermeté non ot onques puiz
dolor ; et pour cest miracle tant ot devotion a lo monastier, quar coment il dist qu'il vouloit laissier la dignité
imperial, et vivre en lo monastier come moine (1).

Cap. 3o. Et puiz que li empereor ot recovrée sa santé,
lui recorda de la promission qu'il avoit faite a Melo, la
vouloit aemplir a son neveu, et que non la pot recovrer
la lor cose, lui donna de lo sien propre la terre laquelle se
clame lo Comune, avec lui chastel qui i apartenoient lor
donna. Et lor donna en aide Trostayne avec .xxiiij. Normant. Et li autre Normant laissa por defendre la foy et a

---

(1) Leo de' Marsi — *Chronicon Casin.*, l. II, 43, — raconte également ce miracle ; la *Vita Henrici II*, c. 23, 24, par Adalbert, le
rapporte aussi et ajoute cette note : « Hæc in Cassino monte scripta
inveniuntur, ut et moderni magnalia Dei in memoria habeant. »
MG. SS., IV, p. 806 sq.

contrester contre li Sarrasin; et il s'en ala de li mont o sa chevalerie (1).

Cap. 31. Quant li Normant furent ferme en la foi de l'Eclize emperiere, s'efforcèrent de faire lo commandement de l'empereor, et viadrent en la terre qui devoit estre de li neveu de Melo, et entrerent en lo castel Gallinare (2), et firent paour a tuit cil qui habitoient entor. Mès que ceste choze estoit petite, ces chastelz d'entor voloient par bataille, requerirent aide de li marchis Reynier, et lor manda .ij. de sez freres, c'est Pierre et Melo; et Stephane remaist avec li Normant. Et porterent lo commandement de lo impereor loquel disoit que s'il requeroient aide no lor deuissent noier. Et lo marchiz fist lo comandement de lo impeor coment fidel (3).

Cap. 32. Et la superbe de un autre Pierre, filz de Reynier (4), non reposa; et quar entre ceaux de celle

(1) « Stephano Melo et Petro nepotibus præfati Meli, quoniam propria illis ad præsens restituere non potuit comitatum Cominensis terræ concessit; quibus etiam in auxilium Normannos Giselbertum, Gosmannum, Stigandum, Torstainum balbum, Gualterium de Canosa et Ugonem Falluccam cum aliis decem et octo reliquit. » *Chronicon Casin.*, II, 41, MG. SS., VII, 655. Le pays de Comino, celui qu'Aimé appelle « *la Comune* » est une dénomination du comté de Sora, au nord du Mont-Cassin, dans les Abruzzes. La charte 619 du *Regestum* inédit de Pierre Diacre (archives du Mont-Cassin) porte : « Comitato Sorano qui dicitur Comino. »

(2) Les ruines du château de Gallinare se voient encore à peu de distance de la route qui va de San-Germano-Cassino à Sora, dans l'ancien pays de Comino.

(3) Aimé ne dit pas le nom du marquisat de ce Reynier, mais il s'agit sans doute de Reynier, marquis et duc de Toscane, de Spolète et de Camerino; cf. De Blasiis : *La Insurrezione Pugliese*, etc., t. I, p. 102, note 4.

(4) Leo de' Marsi appelle le père de ce Reynier : « gastaldeus

contrée estoit tenut lo meillor, vouloit contrester contre
la majesté imperial, et se appaleilla et assembla de sa gent
et de ses amis. Et disoit qu'il non vouloit soustenir que li
heritage de ses ancessors fust de gent estrange ; et mesura
la gent qu'il avoit assemblé, et atendi ceuz qu'il avoit
priez de lui aidier. Et se assemble por occirre li Normant,
liquel de la vie et de la terre ensemble lo priverent. Et
manderent petit de gent devant por faire proie, et remeis-
trent assez pour faire la garde. Et li Normant non pensoient ce, mès secuterent cil qui faisoient la proie, et vindrent a ceaux qui les insidioient. Et quant il virent tant
grant congregation et multitude se merveillerent molt,
distrent parole de paiz, et Pierre lor promettoit la mort.
Li Normant mostrerent la main sans arme, et lor col
mostroient, et volentiers fugissent; mès il n'avoient qui
le receust. Et quant il virent qu'il non pooient avoir
autre aide, il clamerent l'aide de Dieu, par laquel ajutoire
un en persecuta mil, et .x. mille enfugirent devant dui ;
ils distrent a Stephane qu'il requerist l'ayde de Dieu, et
tuit crient. Et l'autre part se confidoient en lor vertu, non
cherca autre aide ; et de ces .xxv. Normant, liquelle
tenoient lo gofanon fu mort et non plus. Et de l'autre
part de .ij.c et .l. non remestrent se non .c. nonante, et li
autre s'enfoirent par lo camp, et lessèrent l'arme et lo
cheval, et se rescontrent par les crotes et par les fossez

Soranæ civitatis; » *Chronicon Casin.*, II, 32, MG. SS., VII, 649.
On lit en un autre endroit de la *Chronicon Casin.*, II, 55 : « Petrus
quoque filius Rainerii de civitate Sorana oblationem fecit huic
monasterio. » MG. SS., VII, p. 665. Di Meo, *Annali del regno di
Napoli*, t. VII, p. 130, cite une charte du mois de septembre 1029,
dans laquelle ce Pierre est appelé : « Dominus Petrus senior Soræ
et Arpini filius b. m. domni Rainerii. » Sa femme s'appelait Doda
et était fille d'Oderisius, comte des Marses.

pour escamper la vie. Et de li arme de li anemis, et de la robe furent ricche li Normant. Et li Longobart, liquel porent eschamper la vie, o grant vergoingne foirent. Et li Normant veinceor orent tant misericorde en celle bataille, car coment ce fust cose que li camp fust plein de .ij. mille pedon, et .v. cent, nul non vouloient tochier li Normant. Et puiz vint la triumphal bataille de lo marchiz Renier, et ot grant joie de la victoire de ses amis siens Normant, à liquel puiz donnerent aide. Et subjugarent lo castel a ces troiz freres, coment rayson estoit (1).

Cap. 33. Puiz que ceste cose fu faite, li Normant se recuillirent de totes pars et se mistrent en volenté de faire chevalerie souz lo grant prince de Salerne Guaymarie (2), loquel en cellui temps, par lo senge et par prierie de la moillier laquel estoit soror de Pandulfe, manda domps a la majesté imperial (3) et a touz li grant home de la cort. Et lui manda priant qu'il lui pleust de delivrer Pandulfe et lo privast de honor. Et li prince ot la grace laquelle avoit requise a lo impeor; et puiz retorna Pandulfe. Gaymarie sollao o deniers li Grex, et racuilli a soi lo exercit de li Normant, et asseia Capue, laquelle prist par la industrie de li citadin plus que par force de arme, et Pandulfe, loquel lui estoit donné de lo impeor, chasa de lo principe et fist prince lo frere charnel de Pandulfe, loquel estoit petit et iovencel (4).

(1) Aimé est seul à parler de cet épisode du séjour des Normands dans le comté de Comino.
(2) Guaimar III, prince de Salerne, qui avait épousé la sœur de Pandulfe IV, prince de Capoue, celui que l'empereur Henri II avait déporté en Germanie.
(3) Conrad le Salique qui succéda à Henri II, mort en 1024; Conrad devint empereur du Saint-Empire le 26 mars 1027.
(4) Après avoir dit qu'en revenant de sa captivité en Germanie,

Cap. 34. Et apres ce, descorda a Pandulfe la paor de Dieu, et sa misere quant il fu en prison ; puis recovra la grandesce de son principée. Et, par li conseill de li malvaiz, estoit en la voie de li pecheor, et seoit en la siege de li ·pecheor et de pestilence. En prime, comensa a combatre contre Dieu et contre li saint, et leva li abbé de mont de Cassin, abbé Theobalde, liquel estoit eslit de li frere et vestu de la dignité de part de l'empereor, et confermé de par lo pape. Et ordena qu'il habitast en la celle de saint Benedit, laquelle se clamoit Capusita (1). Et par son iniquité commist la cure de l'abbeie a un de li sien,

Pandulfe IV était allé au Mont-Cassin et avait assuré l'abbé du monastère de ses dispositions bienveillantes, Leo de' Marsi poursuit : « Mox itaque pristinos illos suos fautores de Apulia unacum Boiano Grecos asciscens (Pandulfus) Guaimario quoque cognato suo cum Normannis Rainulfo et Arnolino et ceteris à Comino comitibus que Marsorum omni conamine annitentibus, Capuam per annum integrum atque dimidium obsessam et expugnatum, tandem ingreditur. » (Mai 1026, Di Meo, *Annali del regno di Napoli*, ad an. 1026). « Pandulfus autem Teanensis quem principem Capuæ factum ab imperatore prædiximus, receptus in fide a præfato Boiano unacum omnibus suis Neapolim est perductus. » *Chronicon Casin.*, II, 56. Il y a, on le voit, une divergence entre Aimé et Leo de' Marsi; Aimé suppose qu'après la prise de Capoue, Guaimar III de Salerne établit souverain de la ville, non pas Pandulfe IV mais un jeune frère de celui-ci. Leo de' Marsi rapporte au contraire que ce fut Pandulfe IV qui recouvra le pouvoir. Un document analysé par Di Meo : *Annali del regno di Napoli*, t. VII, p. 112, montre que Leo de' Marsi est dans le vrai. Ce document fait à Capoue, au mois de mai 1026, c'est-à-dire aussitôt après la reddition de la ville, est daté, comme suit : « Anno XI prin. D. n. Pandolfi, gl. pr. et VII pr. D. Pandolfi ejus fil. gl. pr. mense madio, IX ind. » Le père et le fils (celui-ci avait été associé au pouvoir avant la chute de son père) furent donc rétablis dans leur principauté, après la prise de Capoue.

(1) Le monastère de S. Benoit à Capoue.

et lo fist abbé, liquel se clamoit Basilie. Et li abbé estoit constraint de faire tout ce que cestui Basile commandoit, qui estoit de la part de lo prince ; loquel autresi de lo nombre de li frere leva la decime, ou la decime part lo reduxe. Et en lo monastier de mont de Cassin tant petit de moines i remestrent pour la soe iniquité le chasoit, que a pene pooient complir de dire .xij. leccions ; si que de ces fratres s'en partirent .ij. liquel estoient acte de dire l'office, et cil qui remainstrent estoient vilanement traitié ; li possession de l'eglize comment li plaisoit retenoit a son service, et des choze de Dieu li et li sien se sacioient. La terre et lo offerte de l'autel estoient donné a lo prestre de lo prince ; li servicial de lo monastier estoient à son service ; et lui et cil qui estoient auvec lui, metoient en vice de luxure li jovene qui la habitoient. Toutes les bestes de l'abbée avoit faites soes, et li frere qui la estoient remez estoient consumés de toute chetivité. Et quant il estoient a lo service de Dieu non lor era donné a mengier quant il venoient a refettoire secont l'usance, mès puiz que li ministre de lo prince avoient mengié, alor estoit aporté de mengier. Et avoient emplie la rocche de son chastel de coses de vivre, de salmes, de divers domps et de dras de lin. Mès puiz vous diroi-je quel fin orent ces chozes mal acquestées. Et en ceste office avoient eslit un pervers official de lo monastier ; cestui estoit prélat sur toute la poverté de li servicialz de Dieu, et pour ce que cestui estoit molt grant maistre de lo monastier. Et dist que come estoit lo seignor ensi devoient li serf (1).

(1) Leo de' Marsi a raconté avec des détails plus précis que ceux qui nous sont fournis par Aimé cette persécution de Pandulfe IV de Capoue contre le Mont-Cassin ; *Chronicon Casin.*, II, 56-63. Didier en parle aussi dans ses *Dialogues*, mais plus succinctement :

Cap. 35. Et li vaillant abbé non soustenant la vergoingne del saint monastier, s'en ala a la marche a lo monastier de Saint-Liberator (1) ; et li conte de celle terre lui fist grant honor. Et tuit li gentil home lui obeissoient comme a pere, et li autre coment a seignor ; et pour ce qu'il ala là, fist coment comanda nostre Seignor, qui dist : « Se vouz se chaciez d'une cité, foiez en l'autre (2) » : et que fist ce que Dieu avoit mandé, ot ce que Dieu avoit promis ; quar alla sans burse et sac et nulle cose non lui manca, quar vivoit avec Dieu et li frere qui estoient en sa cure, quar non les pooit veoir par face les consolloit par letre molt sovent, et les esmovoit à lo service de Dieu. Et puiz aucun an fu mort l'abbé, et molt en furent triste sa gent et sez freres. Et Pandulfe en fu molt alegre et joiouz, quar se creoit que fust finie toute la malice qu'il avoit fait a lo monastier et en autre part (3).

Cap. 36. Mès a ce que sa perversité et malvaistié parisse que fust sanz colpe, et non avisse vergoingne a ce que lo monastier de mont de Cassin non remanist sanz abbé, loquelle monastier estoit chief de tout li autre

---

Victoris papæ dialogi, l. II, dans Migne, Patro. lat., t. 149, col. 675.

(1) Ce fut après avoir enduré, pendant quatre ans, à Capoue, la tyrannie de Pandulfe IV, que Théobald, abbé du Mont-Cassin, parvint à se réfugier dans ce monastère : « In Marchiam est profectus, écrit Leo de' Marsi, ubi in prædicto monasterio sancti Liberatoris, in quo prius præpositus fuerat, per quinque circiter annos usque ad obitum est honestissime conversatus. » Chronicon Casin., II, 58.

(2) S. Matthieu, X, 23.

(3) « Præfatus autem abbas senex (Theobaldus) jam et plenus dierum apud supradictum Sancti Liberatoris monasterium defunctus est, 3 nonas Junii (en 1036). » Chron. Cas., II, 61.

abbaïes, si voloit faire une abbé par sa volenté et par son commandement. Et adont fu fait abbé cellui Basilie, dont nous avons devant parlé, de cest saint monastier. Et tant estoit cestui abbé presié coment s'il fust droit et vraiz abbé. Et quant venoit la feste sollempnel de Capue, là ou habitoit a lo monastier et par tout li confin de saint Benedit, non estoient données le cosez neccessaires, ne erent servit ceaux qui aloient avec lui (1).

Cap. 37. Et autresi encontinent abbaissa lo religiouz Ylaire, abbé de Saint-Vincent martyre, et ensi se glorifia li pervers prince a ce que Dieu lui meist iniquité sur iniquité (2). Mès ce qu'il cerca trovera. Cestui archipape, c'est sur-pape, laquel choze non est licite de dire, se hauça tant qui paroît qu'il deust sallir supre la poesté del ciel, quar fist molt piz. Lo filz soe bastart, loquel se clamoit Eldeprande, fist clerc, liquel estoit usé de fait de chevalerie; et lo archevesque de Capue, home religiouz, loquel se clamoit Adinulfe, mist en prison o li fer as piés et as mains fortement.

Cap. 38. En cellui jor que li Redemptor de lo monde rachata la humane generation et exulta la char, laquelle

(1) Sur l'élection simoniaque de ce Basile comme abbé du Mont-Cassin, cf. Leo de' Marsi, *Chron. Cas.*, II, 61 ; Leo termine son récit par cette phrase caractéristique, au sujet du nouvel abbé : « præbito prius suis manibus satis turpiter principi sacramento, ut ultra viginti solidos per annum de rebus monasterii omnibus ei traditis nil retineret. »

(2) La *Chronicon Vulturneuse* (Muratori, R. I. SS., t. I, Pars II, col. 512), rapporte en détail cette attaque de Pandulfe IV contre le monastère de S. Vincent sur le Vulturne et la délivrance du couvent par le comte Rainulfe et ses Normands, envoyés par Guaimar III, de Salerne.

il avoit prise en la Virge Marie, sur li angele, c'est en lo jor de l'Ascension, li dyable dona conseill a Pandufe. Son devant dist filz Heldeprande fist eslire et fu fait archevesque, liquel avoit fait clerc, et fist chanter coment il est usance une hymne, laquelle se commence *Te Deum laudamus*; et la compaignie perverse molt en ot grant joie, et li peccorel de Dieu en furent dolent. Et fu mis en lo siege et en lo trône de lo archevesque. Li archevesque, liquel estoit en prison, est dezliez des fers qu'il tenoit, et fu trait hors; et filz de Pandelphe vit en lo siege, et lo pere stant devant la tribunal justice de lo dyable. Lo archevesque lui estoit devant a genolz, et atendi li jugement o grant paor; et lui fu commandé qu'il lui donnast l'anel et la croce et puiz lui baisast li dui pié. Et l'ultime fu remené en la prison (1).

Cap. 39. Et puiz la rage de fortissime loupe se mostra a ceaux de la cité, et estraingnoit les dens come home esragié; et quant li home, quant li fame faisoit prendre; et ensi estoit li pueple tormenté de prison et de neccessité sanz fin. Non ooit predication de prestre, et avoit close l'orelle pour non oïr la parole de l'Evangile, com lo

(1) Sur les deux archevêques de Capoue, Adénulfe et Hilldebrand (Eldeprande), voyez les notices d'Ughelli, *Italia sacra*, t. VI, Romæ, 1659, col. 393 sqq. Aimé est seul à parler de ces méfaits de Pandulfe : il n'est donc pas possible de contrôler ses données sur ce point; l'*Anonymus Casinensis* écrit cependant, ad. an. 1038 : « Chuonradus imperator ingressus est Capuam, Adenulfus episcopus reconciliatur, Pandulfus princeps exiliatur. » Muratori, R. I. SS., V, p. 139. Il ne semble pas que les débuts de la cléricature de Hildebrand, fils naturel de Pandulfe, aient été aussi mauvais que le prétend Aimé, puisque, comme nous le verrons, ce même Hildebrand fut plus tard accepté, après examen, par Léon IX et ses successeurs, comme archevêque de Capoue.

aspide sort pour non oïr la voiz de cellui qui l'encante.
Et en toutes manieres mostra son iniquité; et mut guerre
contre li parent soe, quar queroit de cachier de l'onor de
Bonivent son coingnat, et lo frere de celui qui l'avoit mis
en hautesce. Mès quant Dieu est avec l'ome, nul non lui
puet nuire ne mal faire (1).

Cap. 40. Puiz ceste chose, cestui malvaiz home, lo
prince de Capue, Pandulfe, chaza Sierge, maistre de la
chevalerie de la cité soe. Et la grant cité de Naple o l'aide
de ceus de la cité mist souz sa poeste (2). Mès petit de
temps cestui maistre de la chevalerie honorablement
rentra en sa cité. Et a ce que non lui peust mal faire la
malice de cestui Pandulfe, ala a Ranolfe home aorné de
toutes vertus qui covenent a chevalier, et lui dona sa
soror por moillier, laquelle novellement estoit faite vidue

(1) *Annales Beneventani, ad an.* 1036 : « Anno 25 domni Pandolfi et Pandolfus Capuanus Beneventum obsedit mense Augusto. »
(2) Aimé se trompe en plaçant la prise de Naples par Pandulfe IV
de Capoue après le siège de Bénévent par ce même prince; nous
avons vu que ce siège est de 1036, tandis que Pandulfe prit Naples
dès 1027; l'*Anonymus Casinensis* porte : « An. 1027, idem Pandolfus princeps ingressus est Neapolim et optinuit eam anno uno et
mensibus quinque. » Dans la première rédaction de sa chronique,
Leo de' Marsi, d'accord avec l'*Anonymus Casinensis*, avait écrit :
« Anno uno et mensibus quinque. » Dans ses *Monumenta ad
Neapolitani ducatus historiam pertinentia*, I, p. 131, B. Capasso
cite diverses chartes, rédigées pendant que Pandulfe IV était duc de
Naples, deux chartes extraites de la *Chronicon Vulturneuse*, elles
portent l'une et l'autre : « Primo anno ducatus Neapolitanorum
ipsorum gloriosorum principum » (les deux Pandulfe père et fils,
princes de Capoue); une charte du Mont-Cassin, insérée par Gattola,
Accessiones ad histor. Cassin., p. 132, et ainsi datée : « Secundo
anno ducatus Neapolitanorum ipsorum gloriosorum principum (les
Pandulfe de Capoue). »

par la mort de lo conte de Gaïte, et lui demanda qu'il fust contre la superbe de lo prince Pandulfe. Et pour reprendere la ferocité de cest anemi, fist Adverse atornoier de fossez et de hautes siepe, et une part ricchissime de terre de Labor lui fu donnée que lui feist tribut; et là fist habiter lo coingnat lo conte Raynolfe, et ceste part d'Averse tributaire sont molt de casal qui i sont (1).

CAP. 41. Li honor de li Normant cressoit chascun jor, et li chevalier fortissime multiplioient chascun jor. Et a pene pooit Pandulfe restrendre ne contrester a lo pooir lor, anchoiz prenoit li autrui. Mès une choze entrevint que la moillier de Ranolfe vint à mort, de là dont la concorde de la paiz non fu ferme, et molt fu Raynolfe

(1) Aversa, ville qui compte actuellement 21,000 habitants, au nord et à une faible distance de Naples. Aversa et la plaine qui l'entoure méritent encore la riante description que Guillaume de Pouille en faisait au xie siècle. Une charte analysée par Di Meo, *Annali del regno di Napoli*, t. VII, p. 312, établit qu'Aversa a été fondée en 1030; cette charte est datée : « Anno ML, regnante vener. viro Henrico Teutonia tertius Augustus, sub ejus tempore jam olim anno XX residente gens Normannorum Liguriam, per urbem Aversam. » En 1050, il y avait donc vingt ans que les Normands habitaient Aversa. On s'est demandé si le nom d'Aversa n'avait pas été donné par les Normands à leur nouvelle fondation et s'ils avaient voulu indiquer par là qu'elle serait *adverse* de Capoue. Aimé et Leo de' Marsi, II, 56, sont muets sur ce point. Il est vrai qu'Ordéric Vital dit, en parlant d'Aversa : « Hæc urbs, tempore Leonis papæ noni a Normannis qui primo Apuliam incoluerunt, constructa est, et a Romanis, quia ab adversis sibi cætibus ædificabatur Adversis dicta est. » O. Vital, *Hist. ecclesiast.*, l. IV, 13, t. II, p. 233, éd. Le Prevost. Par *Romani*, O. Vital entend sans doute les indigènes, mais comme Léon IX a été pape de 1048 à 1054, on voit que ce chroniqueur se trompe d'au moins dix-huit ans, touchant la date de la fondation d'Aversa.

dolent de la mort de la dame. Mès plus en est triste lo maistre de la milicie, mès Pandulfe en fu alegre et joiant, quar cherca la division et l'animistié de ces .ij. amis.

Cap. 42. Cestui prince Pandulfe manda messages a lo conte Raydolfe, qu'il desirroit molt a parler a lui, et lo parlement fu qu'il lui voloit donner une parente soe pour moillier. Et ensi determinerent.

Cap. 43. Le conte prist por moillier la fille de lo patricie de Umalfe (1), laquelle estoit niece de lo prince Pandulfe, quar la moillier de lo patricie estoit seror a lo prince. Et ensi l'alegrece de lo maistre de la chevalerie de Naple torna en plor, et li cant de lo prince de Capue se exaltoient; kar la cité laquelle avoit faite lo maistre de la chevalerie en sa terre, estoit en la servitude de lo prince son anemi. Lo maistre de la chevalerie fu malade, et dui foiz fu fait moinne, et puiz fu mort (2).

Explicit liber primus.

(1) La fille du patrice d'Amalfi.
(2) B. Capasso rapporte, comme il suit, la fin de Serge, duc de Naples : « In monasterio S. Salvatoris in insulta maris monachum induit. Id inter an. 1033 et 1036 evenisse ex documentis erui potest; nam in a. 1033 diploma dat cum filio Johanne, et in a. 1036 jam monachus dicitur. Postea iterum imperium adsumsisse videtur nam, præterquam quod Amatus bis monachum eum fuisse dicit, in diplomate supra laudato anni 1036, Sergius nepos ejus Constantinopolim profectus esset, sub tutela Sergii avii sui, olim ducis, tunc monachi, privilegium concedit monasterio S. Salvatoris in insula maris. Cum autem anno deinde 1038 Johannem solum ducem inveniam, aut Sergium tunc in monasterium reversum rursus fuisse, aut mortem obiisse dicendum est. Certe documentum anni 1044 eum jam mortuum fuisse aperte testatur. » *Monumenta*, etc., p. 132 sq.

CI COMENT LI CAPITULE DE LO SECONT LIVRE.

Cap. 1. Coment lo temps s'aproxima de rendre a Pandulfe prince de Capue ce qu'il avoit deservi.

Cap. 2. Coment mort Guaymario et succedi a lui Guaymarie son filz et fist pacce auvec lo prince Pandulfe.

Cap. 3. Come la fame de Guaymarie vint a lo impeor Corrade. Coment lo impeor fist abbé de mont de Cassin Riccherie, et Pandulfe foy a Sainte-Agatha.

Cap. 4. Coment Guaymarie fu fait prince de Capue et de Salerne et conferma Raynolfe et restitui en l'archeveschié Adenulfe.

Cap. 5. Coment Amelfe et Sorrente furent conjoint a Guaymarie. Coment Guillerme, par commandement de Guaymarie, o troiz cent Normant contre li Grex.

Cap. 6. Coment lo cors de sainte Lucie fu trouvé.

Cap. 7. Coment Moniaco vint pour estre impereour et li Sarraziz recuperant la terre.

Cap. 8. Coment de lo grain et de la farine de Pandulfe fu fait cendre.

Cap. 9. Coment Pandulfe foy a l'empereour de Costentinoble et l'empereor lo manda en exill.

Cap. 10. Coment Theodine fu restitué en son premier estat.

Cap. 11. Coment un qui se clamoit Arduine fut battut tout nude de li Grex.

Cap. 12. Coment fut vainchue Sicilé et retornerent la gent et puiz fu occis Manialie et fu mis en son lieu Dueliane.

Cap. 13. Coment se porta Arduyne et pouiz en porta l'onnor.

Cap. 14. Coment se mostra de vouloir aler a Rome et vint ad Averse.

Cap. 15. Coment Raynolfe manda avec Arduyne .xij. pari.

Cap. 16. Coment fu prise Melfe, a laquelle cité chevaucherent li Normant, et coment il manderent lo legat a lo impeor.

Cap. 17. Coment li impeor manda contre li Normant et furent de li Normant veinchut la gent de l'impereor.

Cap. 18. Coment muée la dignité de estre auguste.

Cap. 19. Coment li Normant pristrent molt de compaingnons o dons.

Cap. 20. Coment en la bataille de li Normant et de li Grex fu pris l'empeor ou auguste.

Cap. 21. Coment Athenulfe puiz qu'il fu auguste ala à Bonivent.

Cap. 22. Coment li Normant firent lor prince Agyre et puiz non lo volirent.

Cap. 23. Coment fu fait lor conte Guillerme et Guaymarie et Raynulfe judice.

Cap. 24. Coment daine a Raynorlfe Sipont et Mont de Gargane.

Cap. 25. Coment partirent la terre. Coment Raynulfe fu fait dux de Gayte et puiz sa mort fu eslit conte Asclicien.

Cap. 26. Coment puiz la mort Asclicien, Raulfe fu fait conte de Averse.

Cap. 27. Coment Rodulfe et Hugo furent delivré de la prison Guaymarie.

Cap. 28. Come mort le conte de Puille, subcedi Drogo.

Cap. 29. Coment fu chacié Raul, et Rodulfe Trincanocte fu fait conte de Adverse et menachia sur Salerno.

Cap. 30. Coment Raynulfe fist cesser Drago, liquel venoit en aide de Gyamario.

Ci finissent li capitule de lo premier livre (1).

(1) Il faut : « de lo second livre. » Le sommaire n'indique que trente chapitres au livre second, tandis qu'en réalité il en a quarante-cinq; les trente premiers chapitres du texte ne coïncident pas non plus avec les numéros correspondants du sommaire.

COMMENCE LO SECONT LIVRE.

Cap. 1. Li temps estoit ja aprocié que la malice de Pandulfe devoit estre punie, et que fust fait en lui ce que Dieu dist ; car nostre Seignor Jeshucrist si dist en l'Evangile : « De celle mesure que vouz mesurés a autre sera mesuré a vouz (1); » et lo Evangile non doit mentir.

Cap. 2. Puiz la mort au grant Guaymarie subcedi a li Guamerie son filz, loquel Guaymarie estoit prince de la cité de Salerne (2). Cestui Gamérie son fillz estoit plus vaillant que lo pere et plus liberal et cortoiz a donner, liquel estoit aorné de toutes les vertus que home seculer doit avoir, fors de tant que molt se delictoit de avoir molt de fames. Cestui avoi fait convenances avec Pandulfe son oncle, et se entreamoient ensemble ; cestui estoient d'une volenté, et par commun conseill disponoient lor possessions.

(1) « In qua mensura mensi fueritis remetietur vobis. » S. Marc, IV, 24.
(2) Guaimar III dut quitter le pouvoir en 1027, à la suite d'un soulèvement de la ville de Salerne et eut pour successeur son fils Guaimar IV, déjà associé au pouvoir depuis le mois de novembre 1018. Gaitelgrima, femme de Guaimar III, et mère de Guaimar IV, gouverna quelques mois avec son fils. Cf. *Codex diplomaticus Cavensis, tabula chronologica*, t. I, p. IV; voyez aussi, t. V, p. XIX et 130.

Cap. 3. Mès que non amoient Dieu equalement, nasqui entre eaux dissention et brigue. La soror de la moillier de Guaymere estoit moillier del dux de Sorrente, et lu duc de Sorrente l'avoit chacié, et Pandulfe assaia a avoir a faire carnalment avec la fille de celle dame moillier del duc de Sorrente; dont Guaimere se corroça et appareilla de revengier son infame. Et traist fors lo avoir, demostra li cheval, et espandi divers pailles, et clama li Normant à ces domps. Et li Normant non furent lent, corurent et pristrent les domps, et haucèrent lo seignorie sur touz li princes (1).

Cap. 4. De toutes pars sonne lo nom de Guaymere et vint a Corrat (2) impereor, loquel subcedi a Henri, come Guamarie o grant compaingnie de bons chevaliers resplendissoit en Ytalie, Corrat empereour manda par messages avant a Guaymere comment il venoit en Ytalie.

Cap. 5. Et quant li emperor fu venus en Ytalie, il monta a mont de Cassin; et Basilie, liquel estoit injustement ordené abbé, si foy. Et lo impeor toutes les coses que avoit prises Pandulfe restitui a lo monastier, et favorablement a la petition de li frere lor dona pour abbé

(1) Après avoir parlé de l'arrivée en Italie des trois fils aînés de Tancrède de Hauteville, Guillaume Bras-de-Fer, Drogo et Humfroy, G. Malaterra, I, 6, dit qu'ils furent quelque temps au service de Pandulfe IV de Capoue et qu'ils se mirent ensuite à la solde de Guaimar IV de Salerne, puis il écrit : « Salernitani passim injurias principis ulciscentes, indefessi idem facere adiverunt (id est : filii Tancredi) intantumque rebellantes antea principi compescuerunt ut omnia circumquaque se pacata silerent. » Il semblerait que Malaterra fait, dans ce passage, allusion à l'expédition contre Pandulfe IV de Capoue.

(2) Conrad le Salique, roi de Germanie et empereur depuis le 26 mars 1027.

Richier de Bergarie, de noble gent et vaillant personne. Et Pandulfe, plein de tout pechié et de malvaistie, timant lo jugement de lo impeor, fuy avec sa gent a la rocche de Sainte-Agathe; et s'il fouy non est merveille, quar nul larron non veut veoir la face de son jugement (1).

(1) L'Anonymus Casinensis, *ad an.* 1037 (pour 1038), résume ainsi les résultats du voyage de l'empereur Conrad dans l'Italie du sud : « Conradus imperator ingressus est Capuam in vigiliis Pentecostes et in Pentecoste coronatus est. Adenulfus episcopus reconciliatur. Pandulfus princeps exiliatur. Guaimarius fit princeps et Richerius abbas. » Leo de' Marsi, II, 63, raconte d'après les *Dialogues* de Didier l'élection de Richer à la dignité d'abbé du Mont-Cassin; ainsi que Didier, il suppose que cette élection a eu lieu à Capoue. Les *Annales Altahenses majores, ad an.* 1038, retrouvées à notre époque, ajoutent quelques détails : « Cæsar in Sudrum prope Romam pascha peregit. Inde exiens Troiam tetendit, ibique Pandulfi ducis uxor cum filio suo et filia venit, maximum thesaurum afferens et pignora sua vades imperatori relinquens; postquam gratiam sibi maritoque impetravit, domum remeavit. Ipse enim dux ideo non venit, quia numquam se cuiusquam imperatoris faciem videre præsumpturum firmavit. Postea vero filius ejus quem obsidem miserat, nescio quo terrore perterritus fugam incit, set soror ejus remanisit. Hinc Cæsar intelligens eum dolose agentem, cum nullo modo posset eum revocare, ducatum nepoti ipsius, nomine Weimaro, tradidit, indeque in montem Cassinum perrexit, quo ut pervenit, omnia a prædicto Pandulfo vastata repperit, res monasterii distractas, monachos fugatos. Et quia rector ibi defuit, ipse abbatem substituit, Rihherium scilicet abbatem Leonensem, monachum vero Altahensem, ipsumque una cum Weimaro persecutorem facit Pandulfo malo. His itaque compositis repatriare disposuit temporibus augusti mensis, unde et maximam partem exercitus perdidit, quos horrenda æstatis rabies miserabiliter extinxit. » Les *Annales Altahenses* sont seules à parler du voyage de l'empereur Conrad à Troja; Aimé, Leo de' Marsi, Didier et l'Anonymus Casinensis n'en disent rien ; ne serait-ce pas le souvenir de l'empereur Henri II en Italie, en 1022, qui aurait induit en erreur le chroniqueur d'Altaïch ? on voit que, d'après ce chroniqueur, l'élection de Richer eut lieu au Mont-Cassin même.

Cap. 6. Après ce vint li empeor a Capue, et atendoit que li prince deuissent venir a lui ; mès chascun se rencloste en sa propre possession, et solement Guaymere vint a lui o tout li sien fortissime chevalier de li Normant. Et honorablement fu receu de lo impeor, et plus honorablement fu traitié de touz; et dona grans presens et nobles a lo empereor; et tote la cort se senti de ses domps, et de touz fu loé; et tuit proient a lo impeor qu'il soit exalté et essaucié et honoré. Et li impeor empli la volenté de tuit li fidel soy, et lo fist fill adoptive, et lo fist prince de Capue, et lo revesti de ces .ij. dignités, et lui dona lo gafanon en main. Et puiz quant il fu en tant de grace, procura que li emperor fust en bone volenté vers Raynulfe, quar sanz la volenté de li Normant ne les choses soes pooit deffendre, ne autres poit cestui prince conquester. Et lo impereor s'enclina a la volenté de lo prince, et o une lance publica et o un gofanon dont estoit l'arme imperial conferma a Raynolfe la conté d'Averse et de son territoire. Et apres ce, li empereor delivra de la prison obscure o grant misericorde Adinulfe, archevesque de Capue, et lo remist gloriousement en son siege. Et ensi li empeor Corrat s'en torna en Alemaingne, et Guaimere et Raynolfe furent exaltat o grant honor, et s'en alerent chascun en son lieu (1).

Cap. 7. Et cestui conte Raynolfe persevera en loialté a lo prince, et se fatigoient de accroistre lor honor, et s'efforçoient de oppremere la superbe de li anemis de lo principe. Et alerent à Sorrente, loquel avoit fait injure a Guaimere et laissié la moillier o la soror et la mere et lo

---

(1) Leo de' Marsi, II, 63, a reproduit les données d'Aimé sur l'investiture du comté d'Aversa à Rainulfe par l'empereur Conrad.

frere, lo duc fut pris, et fu condempné en prison touz les jors de sa vie. Et toutes voiez donna la dignité de la cité a Guide son frere charnel, et la cité de Amalfe, riche de or et des dras, subjuga a sa seignorie (1). Et est à noter que il sont .ij. Melfe, quar est Melfe et Amelfe : Melfe est en la confine de Puille, et Amelfe est vers Salerne et Naple. Mès or retornons a nostre ystoire, quar de cestui Guaymerie que nous avons devant dit, continuelment cressoit sa bone renomée, et li pueple lui venoit o aquestement de monoie, et touz lui donnoient li seignor de la terre, et noient non chercoit. Li conte Pandulfe (2) monstroit sa vertu, et Guaimaire estoit torné a gloire et a honor et hautesce.

CAP. 8. En cellui temps, lo exercit de li Grex estoit mandé en Sycille pour la veinchre, et a si fatigose bataille estoient constreint li Puilloiz et li Calabroiz o solde et deniers de li impereor, et li gentil et lo pueple estoit excité a ceste chose. Mès que la protervité de li Sarrazin

(1) Sur la conquête d'Amalfi par Guaimar IV, la *Chronicon Amalfit.* 19, porte : « Post hæc autem, anno Domini 1039, d. Guaimarius princeps Salerni factus est dux Amalphiæ de mense aprilis, indict. 7. » Le *Codex Cavensis diplomaticus*, t. VI, p. 117 sqq., renferme de nombreuses chartes donnant à Guaimar IV les titres de prince de Salerne, prince de Capoue, duc d'Amalfi, duc de Sorrente; la première, qui est du mois de mai 1039, porte : « Vicesimo secundo anno principatus Salerni domni nostri Guaimarii et secundo anno principatus ejus Capue et primo anno ducatus ejus Amalfi et Sirento glorioso princeps. » La suite des dates placées en tête de ces chartes montre que Guaimar IV s'est emparé d'Amalfi en 1039 et de Sorrente au mois de juillet de la même année. DI MEO, *Annali del regno di Napoli*, t. VII, p. 299, analyse une charte de Guaimar IV, du mois de décembre 1049, laquelle montre que ce prince avait, en effet, donné à son frère Guido le duché de Sorrente.

(2) Il faut Rainulfe.

non se pooit domer par fieble main, la poteste imperial se humilia a proier l'aide de Guaimere, laquel petition vouloit Gaymere aemplir, et fist capitain Guillerme filz de Tancrede liquelle novellement estoit venut des partiez de Normendie avec .ij. frerez, Drugone et Unfroide ; avec liquel manda trois .c. Normant. Et a dire la verité, plus valut la hardiece et la prouesce de ces petit de Normans que la multitude de li Grex, et ont combatu a la cité, et ont vainchut lo chastel de li Sarrasin, et la superbe de li Turmagni gist par li camp, li gofanon de li chrestien sont efforciez, et la gloire de la victoire est donnée a li fortissime Normant (1).

(1) Aimé et Leo de' Marsi, II, 66, n'indiquent pas la date du début de l'expédition des Grecs en Sicile ; d'après Lupus, elle commença en 1038 : « Descendit Michaël patricius et dux, qui et sfrondili vocabatur, et transfretavit cum Maniachi patricio in Sicilia. » *Chronicon, ad an.* 1038. Cedrenus, t. II, p. 520, place aussi, en 1038, les débuts de la guerre de Sicile ; il écrit : « Τῷ δὲ σφμς ἔτει. ἰνδικτιῶνος ϛ', » c'est-à-dire : « anno mundi 6546, indictione 6 » ; or, l'année byzantine 6546 correspond à 1037-38. Cedrenus dit également qu'un contingent Normand fit partie de l'expédition et l'évalue à 500 hommes. « ἔτυχε προσεταιρισάμενος (ὁ Μανιάκης) καὶ Φράγγους πεντακοσίους ἀπὸ τῶν πέραν τῶν Ἄλπεων Γαλλιῶν μεταπεμφθέντας καὶ ἀρχηγὸν ἔχοντας Ἀρδουῖνον τὴν κλῆσιν, χώρας τινὸς ἄρχοντα καὶ ὑπὸ μηδενὸς ἀγόμενον, μεθ' ὧν τὰ τῶν Σαρακηνῶν εἰργάσατο τρόπαια. » T. II, p. 545. — Malaterra, I, 7, parle aussi des Normands ayant fait, avec les Grecs, l'expédition de Sicile et raconte leurs exploits, surtout ceux de Guillaume Bras-de-Fer au siége de Syracuse, mais il ne dit pas combien étaient les Normands. Le mot *Turmagni* dont Aimé se sert dans cette phrase : « et la superbe de li Turmagni gist par li camp, » vient sans doute du grec Τουρμάρχαι, en latin Turmarcha et signifie turmæ seu regionis præfectus. Cf. Du Cange, ad h. v. *Glossarium m. et i. latinitatis*, t. VI, p. 702, éd. Didot de 1846.

Cap. 9. Puiz que la cité de Sarragosse (1) fu prise et vainchue, vint un home cristien a Maniachin, duc de tout l'ost et lo exercit; home aorné de une honorable canicie, et il soul afferma qu'il savoit ou estoit li cors de sainte Lucie, virge et martyre; et lo duc fu molt liez, puiz la victoire, de reporter les reliques de la sainte. Et a trover cest grant tresor prist la testemoniance de li Normant, et s'avuerent alla eclize pour la destration; de l'ome vieill chrestien fu mostré lo sepulcre, de loquel trairent la sainte pucelle, autresi entiere et fresche comment lo premier jor qu'elle i fu mise. Et se rapareilla de argent la casse ou li saint cors de la benedite vierge estoit, et fu mandé en Costentinoble (2).

Cap. 10. Et entretant come ces choses se faisoient en Sycille, li matrimoine de l'emperatrix de Costentinoble et de l'empereor fu departut, quar moillier chasa lo marit de lo siege royal, et au damage de lo marit la fame fu plus, et fu clamé lo duc qui se clamoit Monacho qu'il seroit impereor et auroit l'imperatrix pour moillier s'il s'avanchoit et festinoit de venir. Et lo duc ce croiant le vouloit faire, et considera la major honor et laxa la menor, et laissa Sycille laquelle il avoit jà aquestée. Et li Normant remanda a lor prince, et se hasta molt d'aler en Costentinoble por prendre la dignité imperial. Mès quant il vint là, il trova que de lo departement de l'empeor et de l'imperatrix estoit faite la paiz : toutes foiz li

---

(1) Lisez Syracuse.
(2) Leo de' Marsi, II, 63, d'après Aimé. Il s'agit de sainte Lucie, vierge, martyrisée à Syracuse le 13 décembre 303; il ne faut pas la confondre avec sainte Lucie martyrisée à Rome le 16 septembre, sous Dioclétien.

Sarrazin recovrerent lor heritage qu'il avoient perdu (1).

Cap. 11. Et Gaymère se délittoit par large planiere, et s'espandoit la victoire de sez chevaliers. Et par lo contraire de Pandulfe toutes les coses qui estoient a Averse (2), quar lo grain et lo mil, loquel avoit aüné de la rente del monastier de saint Benedit, puis dui ans, ensi fu trouvé en cendre que ne porc ne yasce afamée non en vouloit mengier, et lo pane et dras de soie tuit furent consumé de teingne et de vers.

Cap. 12. Et pour ceste choze Pandulfe cercha que la ire de Guaymarie se deust encliner a misericorde, et alega misericorde de parentece. Mès lo neveu non s'en clina a la priere de son oncle, pour laquel choze s'en ala en Costentinoble a lo impeor; et puiz apres lui ala lo message de Guaymarie, loquel, plus manechant que proiant, ordena que li empereor n'eust misericorde de Pandulfe. Dont, quant li empeor ot entendu ce que Guaymarie lui mandoit, il prist Pandulfe et le manda en exil. Et quant lo impeor fu mort, Pandulfe, avec li

(1) Il se peut que pour tromper Maniacès et le décider à quitter son armée et à venir à Constantinople, Zoé lui ait fait espérer sa main et la couronne impériale; toutefois Cedrenus dit que Maniacès, dénoncé à la cour de Constantinople par son lieutenant, le patrice Stéphane, fut destitué de son commandement et amené captif à Constantinople, où il resta quelque temps en prison, CEDRENI, *Histor. Compend.*, t. II, p. 522 et p. 545. On voit qu'Aimé ne parle que d'une manière très vague de la fin de la guerre de Sicile. C'est seulement au mois de novembre 1041 que Michel IV laissa le pouvoir à sa femme, l'impératrice Zoé, il mourut le 10 décembre suivant, CEDREN., t. II, p. 533; or, Maniacès dut rentrer à Constantinople dès la fin de 1039 ou au commencement de 1040.

(2) Au lieu d'Averse, qui n'appartenait pas à Pandulfe IV, lisez *la roche Sainte-Agathe*, où, d'après Aimé lui-même, Pandulfe IV s'était réfugié (Cf. *supra*, l. II, c. 5).

autre liquel estoien exill, fu rappellé de lo exill, liquel estoit priveement asconz, et espioit s'il poist nuire a Guaymarie (1). Mès comment dit l'escripture : « Ne conseil ne sapience vaut contre la puissance de Dieu (2). »

Cap. 13. Mès la superbe de lo pervers et malvaiz Theodine, loquel nouz avons dit desus, plus est tornée en misere que la Pandulfe : quar la vainne gloire de cestui Theodine, liquel entre li princes estoit grant et puissant, est tant enclinée a tant humilité, qu'il estoit o la barbe rese et la teste pellée, laquel cose est grant vergoingne entre les Grex ; et tenoit la teste coperté d'une pel de lotre, estoit fait cernator de farine et faisoit pain : et coment ce fust cose qu'il contast et mesurast lo pain pour son seignor, miserable recevoit sa part, et de cestui se dira puiz (3).

(1) Leo de' Marsi, II, 63, d'après Aimé : « Pandolfus Capuanus reversus est a Constantinopolim. » *Annales Beneventani, ad an.* 1041. Les Annales de Bénévent commencent l'année au mois de mars (Cf. Weinreich, *de conditione Italiæ inferioris, Gregorio VII pont.*, § III, auctorem Annalium Beneventanorum annum calendis Martii incipere demonstratur), et l'empereur Michel IV, le Paphlagonien, étant mort le 10 décembre 1041 (Cedrenus, t. II, p. 533), Pandulfe IV a dû revenir en Italie du 10 décembre au 1er mars suivant, c'est-à-dire après la mort de l'empereur, comme le dit Aimé, et encore en 1041, d'après la manière de compter des Annales de Bénévent.

(2) « Non est sapientia, non est prudentia, non est consilium contra Dominum. » Proverb., XXI, 30.

(3) Lors du voyage de l'empereur Conrad dans l'Italie du Sud, Todinus s'était réfugié au château de Vantra. D'après Leo de' Marsi, *Chronicon Casin.*, II, 67, l'abbé Richer avait promis à Todinus le *Castellum sancti Heliæ*, s'il consentait à rendre le château de Vantra. Todinus s'exécuta mais, d'après ce passage d'Aimé, il semblerait que la promesse qui lui avait été faite ne fut pas tenue.

Cap. 14. Quant la bataille de Sycille, dont nouz avons parlé devant, se faisoit, un qui se clamoit Arduyn (1), servicial de saint Ambroise archevesque de Melan, combatant soi en celle bataille, et abati un Sarrazin; et lo caval de li Sarrazin estoit molt bel, si lo mena a son hostel; et li duc de la militie troiz foiz manda pour lo cheval, et Arduine non lui vouloit mander, e dist que o sa main victoriose l'avoit conquesté et o l'aide de Dieu. Et par lo commandement de lo superbe duc, injuriosement fu mené Arduino et lo cheval; et secont la pessime costumance de li Grex, fu batut tout nu, et li cheval lui fu levé. Et ensi ot vergoingne ne son cors pour ce qu'il non voloit donner lo cheval de sa volenté; il s'apensa et s'appareilla de soi vengier. Mès en ceste maniere remainst ceste cose, et souffri l'ynjure, et toutes voiez la tint en son cuer qu'il devoit faire puiz (2).

(2) Nous avons vu que, d'après Cedrenus, Ardouin était le commandant du contingent normand (CEDRENI, *Hist. compen.*, t. II, p. 545); l'erreur de Cedrenus vient sans doute de ce que Ardouin sachant le grec, servait d'intermédiaire entre les Normands et les Bizantins. MALATERRA, I, 8, écrit avec plus d'exactitude : « Arduinum quemdam Italum, qui ex nostris erat, quia Græci sermonis peritiam habebat. »

(3) LEO DE' MARSI, MALATERRA, CEDRENUS, la CHRONIQUE DE ROBERT VISCART (en latin dans CARUSO, p. 832, en français dans CHAMPOLLION, I, 5, p. 270) et GUILLAUME DE POUILLE (l. I, v. 206 sqq.) racontent à peu près comme Aimé le mauvais traitement infligé à Ardouin, mais ils varient sur d'autres points. Tandis qu'Aimé, Leo de' Marsi, Malaterra, la Chronique de R. Guiscard disent que G. Maniacès fit infliger cette peine à Ardouin, en Sicile, Guillaume de Pouille et Cedrenus racontent qu'Ardouin fut puni sur le continent italien par ordre de Michel Dokeianos, successeur de Maniacès. La première tradition paraît bien préférable à la seconde, celle-ci a contre elle un texte très explicite de l'*Anonyme de Bari* : « Et Arduino Lanbardo intravit in Melfi, erat Tepoteriti

Cap. 15. Puiz que la Sicylle fu vaincu, tout lo exercit retorna en Puille; et come nouz avons dit, Manachia por estre empereour ala en Costentinoble; mès là fu crudelement taillié, et en lo lieu de cestui fu mis Ducliane captapan est constitui en Puille (1).

Cap. 16. Et Arduyn, loquel avoit en lo cuer l'ynjure qu'il avoit receue, ala a cestui Ducliane, et lui dona molt or, et fu honorablement receu, et fu en hautesce de honor fait, et fu fait prefet de molt de citez. Cestui se moustra bienvoillant a tuit li subjette, et se mostra misericordiouz a ceuz qui lui offendoient; et faisoit sovent convit, li gentilhome et li non gentil envitoit a son convit, et lor donoit delicioses viandez; et puiz quant avoient mengié parloit de amicables paroles, et ensi plus se moustroit frere que judice de eaux. Et parlant a eaux metoit paroles de compassion, et feingnoit qu'il estoit dolent de la grevance qu'il souffroient de la seignorie de

---

(τοποτηρίτης, lieutenant) de ipso catapano et coadunavit ubicumque potuit Francos et rebellium exegit contra ipsum catapanum. » *Anonymus Barensis, ad an.* 1041, Muratori, R. I. SS., t. V, p. 150. Lorsque Ardouin se révolta contre son chef, Michel Dokeianos, il était donc lieutenant de celui-ci et jouissait de sa confiance. Comment supposer alors que peu auparavant Dokeianos eut fait infliger à Ardouin, devant les troupes réunies, une punition aussi ignominieuse? Guillaume de Pouille dit que Michel Dokeianos, revenu vainqueur de l'expédition de Sicile, distribua à Reggio les dépouilles de l'ennemi et qu'Ardouin et ses amis furent mis de côté dans ce partage. La tournure que prirent les affaires des Grecs en Sicile, après le rappel de Maniacès, fait voir au contraire que le poète a été induit en erreur; le retour de Sicile fut rien moins que triomphal pour les Grecs.

(1) Lupus, *ad an.* 1039 : « In mense Februarii descendit Nichiforus catepani qui et Dulchiano dicebatur. » *Ad an.* 1041 : « Descendit Dulchiano a Sicilia ivit que Ascolum. »

li Grex, et l'injure qu'il faisoient a lor moilliers a lor fames, et faingnoit de souspirer et de penser a l'injure qu'il souffroient de li Grex ; et lor prometoit de vouloir fatiguier et travallier pour lor deliberation. Ha! quel sage soutillesce pour lever la seignorie a li seignor qui lui firent injure, et emut lo puple contre eauz! Ha! ire fortissime non mostrée defors, mès la gardoit en cuer, coment lo feu copert de cendre qui fait secce la laingne, subite t'alumera o feu ardant. Certes, jà estoit la laingne qui touz les ardra, quar comment saint touz lo desirrent pour seignor, et touz affermoient a lui Arduyne que lo vouloient a obedir. Et quant ce vit Arduine, soulfla pour alumer lo feu ; coment lo capitule de apres nous mostrera, soufla et aluma, toutes foiz a ceus qui a lui se offroient rendi grace et amor.

Cap. 17. Apres ce, Arduine fist semblant d'aler a Rome a la pardonnace ; et ensi s'appareilla a guaitier a li Grex; et ala a la cité d'Averse, plene de chevalerie, et parla a lo conte Raynulfe, et lui dist : « Je sui venu pour accroistre lo honor de vostre majesté et seignorie ; je me diletto de conjoindre lo mien estat petit avec vostre grant amistié, et se volez donner foi a ce que je vouz conseillerai, vouz serez accressut en grant utilité. Lonc temps est que vouz entrastes en ceste terre, et force en la contrée ou vouz fustez nez lessattes poi de heritage, et sa en avez acquesté meins, et persone, quant laisse sa propre terre, doit chercier pour soi accroistre honor et puissance. Vouz encoire estes en ceste terre qui vouz a été donée et vouz i habitez comme la sorice qui est en lo partus, en cest estroit lieu, quar lo pueple te croist li part de li benefice de la terre ; entre il covient que faille estende vostre main forte et dont je vouz menerai ; venez apres moi, et je irai devant et vouz apres; et vouz dirai pourquoi je voiz devant, que sachiez que je vouz menerai a homes feminines, c'est a homes comme fames, liquel demorent en molt ricche et espaciouse terre. »

Cap. 18. Quant li conte entendi la parole de cestui Erduyne, il prist li meillor de son conseill, et sur ceste parole se conseilla et tuit sont en volenté. Et prometent li Normant d'aler a ceste cose a laquelle sont envités et font une compaingnie et sacrement ensemble avec Arduyne, et jurent que de ce qu'il aquesteroient donroient la moitié a Arduyne. Et eslut li conte .xij. pare a liquel comanda que equalement deuisent partir ce qu'il aquesteroient. Et lor donna troiz cens fortissimes Normans, a liquel dona li goffanon por veinchre, et le baissa en bocche, et les manda a la bataille por combatre fortement en la compaingnie de Erduyne, liquel avoit grant volenté de soi vengier (1).

(1) Guillaume de Pouille, I, v. 229 sqq., fait élire les douze chefs par les Normands eux-mêmes et non par Rainulfe.

« Normanni, quamvis Danaum virtute coacti,
Appula rura prius dimittere, rursus adire
Hoc stimulante parant. Numero cum viribus aucto,
Omnes conveniunt, et bis sex nobiliores,
Quos genus et gravitas morum decebat et ætas,
Elegere duces. Provectis ad comitatum
His alii parent. Comitatus nomen honoris
Quo donantur, erat — hi totas undique terras
Divisere sibi, nisi sors inimica repugnet.
Singula proponunt loca, quæ contingere sorte
Cuique duci debent et quæque tributa locorum :
Hac ad bella simul festinant condictione. »

Dans la seconde rédaction de sa chronique, Leo de' Marsi suit Aimé, mais voici le texte de sa première rédaction : « Normanni

Cap. 19. La cité de Melfe est assize en un lieu haut, laquelle de divers flumes est atornoié et entor et guarnie. Et aviegne que lo lieu ou est la cité s'estent en hautesce; toutes voies pour aler la est legiere sallute et est cloze de mur non haut; mès plus sont appareillié de bellece et de fortesce que de hautesce. Ceste cité est autresi comme une porte de Puille moult forte, laquelle contresta a li

interea qui cum Rainulfo comite apud Aversam manebant, id est Guilelmus et Drogo filii Tancridi et filii Amici Gualterus et Petrones, consilio habito, relicta Aversa, filium Beneventani principis Atenulphum seniorem super se facientes, ad Apuliam adquirendam, animum intenderunt, pergentes que applicuerunt Melphin, conjunctis que sibi Lombardis quos illic repererant, ceperunt pugnare cum Græcis. » *Chronicon Casin.*, II, 66. Comme nous le verrons, Leo se trompe en plaçant au début de l'expédition l'élection d'Adénulfe de Bénévent. D'après Malaterra, I, 8, les Normands ne seraient pas partis d'Aversa pour aller s'emparer de Melfi et conquérir la Pouille. Il raconte qu'en revenant de Sicile et après avoir passé le Faro, Ardouin et les Normands auraient fait la guerre aux Grecs, parcouru en ennemis toutes les Calabres et ne se seraient arrêtés qu'à Melfi qu'ils auraient fondé pour avoir une position fortifiée. Malaterra se trompe; Melfi était fondé et fortifié bien avant l'arrivée des Normands, et nous avons vu qu'Ardouin fut, après son retour de la Sicile, le flatteur et le lieutenant de Dokeianos. Comment en outre admettre qu'une poignée de Normands, venant de supporter les rudes fatigues d'une campagne en Sicile, ait traversé, en tenant campagne, toutes les Calabres et se soit arrêtée seulement à Melfi?

Le texte de l'*Anonymus Barensis* que nous avons donné plus haut, p. 63, note 3, ne permet pas non plus de regarder comme fondée la version de Guillaume de Pouille, d'après laquelle, Ardouin, laissé de côté, ainsi que ses amis, lorsque Dokeianos avait fait à Reggio le partage du butin conquis durant l'expédition de Sicile, aurait aussitôt commencé la lutte contre les Grecs et serait venu précipitamment à Aversa pour décider les Normands à faire cause commune avec lui. D'accord avec Aimé, ce texte de l'*Anonymus Barensis* montre qu'Ardouin était en Italie, avant sa rebellion, l'ami et le lieu-

anemis, et est refuge et receptacle de li amis (1). En ceste cité li Normant entrerent de nuit, et Arduine proia li Normant que o paiz la deussent garder. Mès cil de la cité se leverent o grant multitude et pristrent l'arme et se appareillerent de eaux deffendre. Et Aldoyne se met entre eaux, et parla à haute vois : « Ceste est la liberté laquelle vouz avez chercié; cestui non sont anemis, mès grant amis, et je ai fait ce que je vouz avoie promis, et vous, facies ce que m'avez promis. Cestui vienent pour desjoindre lo jog dont vous estiez loiez, de liquel se tenez mon conseil, joingnez auvec ces. Dieu est avec vouz; Dieu a misericorde de la servitute et vergoigne que vous touz les jors, et pour ce a mandé ces chevaliers pour vouz delivrer. » Et quant il oïrent ensi parler Arduyne, se consentirent a lui. Et font sacrement de fidelité de chas-

tenant de Dokeianos. Voyez le récit de GUILLAUME DE POUILLE, I, v. 206 sqq. :

« Cumque triumphato rediens Dochianus ab hoste
Præmia militibus Regina solveret urbe,
Græcis donatis nichil Ardoinus habere
Donorum potuit, miser immunisque remansit, etc. »

JEAN SCYLITZES dit également que l'une des causes de la guerre entre les Grecs et les Normands fut le traitement ignominieux infligé à Ardouin; mais J. Scyclitzès, n'ayant eù à sa disposition que des traditions très confuses, n'a guère fourni sur ce point que des données sans valeur, ainsi il fait de Robert Guiscard le fils d'un frère d'Ardouin. J. CUROPALATÆ, *Historia*, t. II, des œuvres de CEDRENUS, p. 720, éd. Bonn.

(1) MELFI, sur la rive droite de l'Ofanto, bâti sur un contrefort du Vulturne, fait actuellement partie de la Basilicate et est à 41 kil. N.-O. de Potenza.

cune part de paiz (1). Se la terre non avoit autre seignor que ou a cui face tribut se clame tributaire. Et en ceste regne se clame terre de demainne, et se autre seignorie, se clame colonie, come sont en cest regne la terre qui a autre seignorie. Et sanz lo roy estoit seignor Arduyne, et en celle part se clament colone.

Cap. 20. Et lo matin li Normant s'en aloient solachant

(1) Malaterra, I, 9, croit à tort que Melfi a été construit par les Normands : « Castrum quod Melfa dicitur, construxerunt. » Guillaume de Pouille, I, v. 245, est mieux renseigné lorsqu'il écrit en parlant de Melfi :

« Appula Normannis intrantibus arva repente
Melfia capta fuit. Quidquid prædantur ad illam
Urbem deducunt. Hac sede Basilius ante
Quem super memini, modicas fabricaverat ædes
Esse locum cernens inopinæ commoditatis. »

Di Meo (*Annali del regno di Napoli*, t. VII, p. 206), dit que les Normands ont pris Melfi en 1040 et non en 1041 ; il s'appuie sur cette phrase de Leo de' Marsi : « Anno dominicæ nativitatis 1041, quo videlicet anno dies paschalis sabbati ipso die festivitatis sancti Benedicti evenit (21 mars), Arduino duce Melphiam capiunt; » et sur ce fait que, dans sa chronique, Leo de' Marsi commence toujours l'année le 25 mars. Dans son édition de Leo de' Marsi, MG., SS., VII, 675, note 85, Wattenbach adhère au sentiment de Di Meo ainsi que Wilmanns dans son édition de Guillaume de Pouille, MG. SS., IX, p. 246, note 37. Mais Di Meo se trompe et avec lui Wattenbach et Wilmanns; Hirsch (*de Italiæ inferioris Annalibus sœculi* X et XI, p. 58 sq.) a établi par de nombreuses comparaisons que presque toujours et en particulier pour 1041, Leo de' Marsi commence l'année en janvier, comme nous le faisons. L'Anonymus Barensis déjà cité (p. 63, note 3) donne 1041 comme date de la prise de Melfi, et de même Lupus écrit, *ad an.* 1041 : « In mense Martii Arduinus Lombardus convocavit Normannos in Apuliam in civitate Malfiæ. »

par li camp, et par li jardin lo menoit a Venoze (1) laquelle estoit de prés de Melfe, liez et joians sur lor chevaux, et vont corrant çà et là ; et li citadin de la cité virent cil chevalier liquel non cognossoient, si s'en merveilloient et orent paour. Et li Normant a une proie grandissime et sanz nulle brigue la menoient ad Melfe. Et lo secont jor alerent a Ascle (2), où il troverent homes plus flebes. Et d'iluec s'en vont a Labelle (3) Puille, et celles choses qui lor plaisoit prenoient, et celle qui ne lor plaisoient leisoient. Mès non combatoient, quar non trovoient qui lor contrestast. Et partoient ce qu'il avoient pris, et s'appareillerent de prendre lo remés et s'aturerent la fame de ceuz de Melfe, et molt s'alegrerent de la debilité de li home qu'il troverent, et confidant soi en la potence de Dieu et en lor vertu, creoient ja avoir vainchut les cités de Puille et les creoient avoir subjugate, et il meismes creoient estre subjugate. Et manderent legat a lo duc Dyoclicien, et lui annuncierent lor misere et lo damage qu'il avoient receu, et encore piz qu'il atendoient de recevoir ; et requeroient qu'il deust mander a lo impeor por aidier lor.

CAP. 21. Et comanda li empeor a Dyoclicien qu'il appareillast grant bataille contre li Normant, et cil qui remaindroient de la bataille, por exemple de li autre, legat o chainnes doient estre mandés a lo impeor. Lo exercit innumérable pueple aüna, et lo duc grec se glorifia en la grant multitude des homes, qui estoient

---

(1) VENOSA, l'antique Venusia, à l'Est et à peu de distance de Melfi.

(2) ASCOLI di Satriano, au Nord de Melfi, maintenant sur le chemin de fer de Melfi à Candela.

(3) LAVELLO, Labellum dans Leo de' Marsi, au Nord-Est de Melfi.

autresi coment fames, et se pensa de humilier ceus qui
puiz humilierent son orgoill. Et manda comandement a
li Normant qu'il deussent laissier la terre laquelle il
tenoient injustement, et il les leroit aler en lor païz; et
lor manda disant qu'il estoit acompaingnié avec la gent
de l'ympeor, et que vergoingne lui estoit de combatre
contre eaux qui estoient petit de gent et poure, et autresi
s'il le vençoit plus lui seroit vergoingne que honor. Et li
Normant lui respondirent : « Se tu non daingnés venir
sur nouz, certenement irons sur toy a bataille, quar plus
nouz confidons de la misericorde de Dieu que de la multitude de la gent. Nouz non intrames en la terre pour
issirent si legement; et molt nous seront loing a
retorner là dont nouz venîmes ; et que tu, duc de lo
impeor, as vergoingne se tu nous veinces, et tant sera
plus grant gloire a nouz veinchons toi et la multitude de
la gent de l'empeor. Nous volons paiz se vous nous
laissiez la terre que nouz tenons, et en ferons service a lo
empeor. » Et quant lo duc de lo empeor vi et entendi
lo grant corage et la grant hardiesce de li vaillant chevalier Normant, et qu'il non vouloient laissier la terre
qu'il par force avoient gaaingnié, il fu molt corrocié. Et
cria et comanda que maintenant la gent s'armassent
pour combatre li Normant, liquel non vouloient obeir a
lo comandement de lo impeor, et ordena lo leu ou
devoient combatre, et fu defuinie lo jor et l'ore de faire
la bataille, de l'une part et de l'autre. Et quant lo jor et
lo terme fu venu de combatre, la gent de l'empeor
entrerent en champ de bataille contre la bone et forte
compaingnie de li Normant, qui molt estoit petite, quar
li autre estoient cent pour un. Et li host de li Grex,
liquel non se pooit nombrer, se prinstrent la hautesce
del mont ; et molt desprizèrent li Normant por ce qu'il

estoient petit de gent. Et manda lo duc de lo impereor une soe bataille contre li Normant ; et commanda que cil de li Normant qui remandroit vif fussent mandés em prison et encainnés, et mandés a lo impereor. Et manda lo duc manda son message pour savoir quant il en estoient remez en prison. Et puiz manda une autre bataille plus grande et plus fort, quant la premiere bataille fu vainchue et toute taillié, et commanda ce qu'il avoit fait a la premiere bataille, que cil qui remaindroient vif fussent menez en prison, mès non vint lo message, quar de li sien nul en estoit remez vif. Et encore remanda lo duc l'autre bataille plus vaillante et plus grant, et lors comanda comment il avoit commandé as premiers. Et li premer qui jesoient en lo camp, loquel estoit contre lo flume, car là estoit lo camp ou combatirent, remainrent covert de li secont qui furent occis sur eaux. Et lo duc, quant il vit ce, fouy o tout lo remanant; et li Normant o victoire grande et merveillouse retornèrent a lor meisons (1).

CAP. 22. Ceste rumor et ceste grant mortalité fu escripte a lo empeor, et la forte victoire de li vaillant chevalier normant, et a touz li princes anuncié. Et quant lo impeor entendi ceste novelle, il se feri de la main el front pour la grant dolor qu'il ot, et par grant ire qu'il ot se desrompi sa robe et se donna de la main contre la poitrine, et dist : « Certenément par ceste gent serai-je privé et chacié de la dignité de mon empiere. » Et pour ce, lo plorer et conturbation conturba toute la cité royal,

(1) Aimé dit que l'empereur de Constantinople prescrivit à Dokeianos de marcher contre les Normands; c'est là une erreur; les Normands, nous l'avons vu, sont entrés en Pouille au mois de mars 1041, et, dès le 17 du même mois, Dokeianos leur livre bataille. Il

et a lo conseil de l'impereor furent clamés cil de la cité,
cil qui estoient de plus grant puissance et plus sages. Et
quant il furent ensi asemblez pour prendre conseil qu'il

n'a donc pu, en si peu de temps, informer son gouvernement et en
recevoir des ordres. Les *Annales Barenses, ad an.* 1041, résument
ainsi l'histoire de cette bataille : « Mense Martio, decimo septimo
intrante, factum est prœlium Normannorum et Græcorum juxta
fluvium Dulibentis. Dulkiano cum reliquo exercitu qui remanserat
ex ipso prœlio, fugam petierunt in Montem Pelosum. » MG. SS.,
V. 54. La bataille entre les Grecs et les Normands, livrée après la
prise de Melfi, ayant eu lieu le 17 mars, il faut en conclure que les
Normands sont entrés à Melfi dès les premiers jours de mars.
D'accord avec les *Annales Barenses*, LEO DE' MARSI, II, 66, dit que
la bataille eut lieu : « Juxta fluvium scilicet Oliventum (l'Olivento,
un affluent de l'Ofanto, à l'Est et à proximité de Melfi). » GUILLAUME
DE POUILLE : « Juxta rapidas Lebenti fluminis undas, » l. I. v. 282;
G. MALATERRA, I, 9, « In flumine quod Oliventum dicitur. » Il est
certain que les Apuliens, révoltés contre Constantinople, ceux qu'on
désignait sous le nom de *Conterati*, ont combattu avec les Normands; d'après Lupus, il y aurait eu, dès le début, neuf Apuliens
et, d'après Guillaume de Pouille, trois pour un Normand. Quant
au nombre des Grecs qui prirent part à cette première bataille,
MALATERRA (*Historia Sicula*, I, 9), l'évalue à « sexaginta millia
armatorum », ce qui est inadmissible; il n'est guère possible
d'admettre avec Aimé qu'ils étaient cent pour un adversaire.
CEDRENUS, t. II, p. 546, reproche au contraire à Dokeianos d'avoir
livré bataille contre les Normands sans avoir réuni assez de
troupes. MALATERRA a aussi raconté qu'avant d'en venir aux mains,
Dokeianos et les Normands échangèrent divers messages; c'est alors
qu'un Normand du nom de Hugo Tudextifen (ou Tudebufem, Hugo
Tutabovi dans Leo de' Marsi et Hugo toute Bone (!) dans Aimé,
II, 30) assomma d'un coup de poing le cheval que montait le parlementaire grec, parce qu'il trouvait blessantes les propositions faites
au nom du catapan par ce parlementaire. MALATERRA, *Hist.
Sicula*, I, 9. Quant à la marche même de la bataille, Aimé est
d'accord avec Guillaume de Pouille, lequel rapporte également que
les Grecs n'engagèrent leurs troupes que graduellement, dans des
attaques successives.

porroient faire contre cil devant dit Normant, et dist lo impeor : « La sapience de li Grex, et la discretion de li chevalier, et lor proesce et lor sage conseill maintenant se doit demostrer, quar grant besoigne i fait. » Et puiz si dist : « Seignors, or m'entendez ; je me suis mis en cuer et en volenté de laissier toute avarice, et voill mostrer a li chevalier mien toute largesce, et voil que la porte de mon tresor soit aperte et soit despendu a ceaux qui se voudront combatre contre la hardiesce et force de ceste gent de Normendie. Et se mon tresor non souffit je me ferai prester des ecglizes de la foi nostre ; car en toutes manieres je voill lever de terre et destruire, se je puiz, ceus qui me volent destruire et tollir la noble honor imperial, et contrester contre moi. » Et quant lo impeor ot ensi parlé et moustré sa volenté a li conseil soe et au pueple, tuit s'acorderent a la parole de l'impeor, grant et petit, poure et riche, et promistrent de faire aide de argent a lo impeor chascun secont son pooir, et si firent. Et ensi li empereour dona a li chevalier double solde a ce que venissent a de meillor cuer et de meillor volonté a combatre contre la grant hardiesce et vaillantize de li fort Normant. Quant li empeor ot ensi fait et ordené avec son pueple et ses chevaliers, més li Grex non se assemblerent pas particulerement pour aler a la bataille ; més touz ensemble s'asemblerent ; et de l'autre part contraire o grant cuer et hardiesce estoient li vaillant et fort chevalier veinceor Normant. Et a ce qu'il donassent ferme cuer a li colone de celle terre, lo prince de Bonivent, home bon et vaillant, liquel estoit frere Adinulfe, firent lor duc a loquel servoient comment servicial et lo honoroient comment seignor. Et puiz quant il orent fait lor duc il vindrent a la bataille, et se comencerent a assembler ; et la compaignie de li chevalier de l'empeour a turme a turme estoient abatut; et Dulcanie, liquel esto prince de l'ost de l'empeor, quant il vit ce, si commensa a fouir por eschaper la vie et lo peril de mort. Et cil qui venoient derriere, c'est a dire li vaillent et poissant chevalier normant, non fuioient pas, més paroit qu'il volassent. Et apparut un tel miracle et vertu de Dieu si bel, que nul ne se poiroit penser. Or dist ensi li conte que quant li Grex vindrent por combatre contre li vaillant Normant, lo flume, liquel se clame lo Affide, estoit tante petit et bas que li cheval n'i venoient fors jusquez a la cuisse en l'eaue; et quant il furent vaincus a la bataille et il retornoient pour fouir, tant i avoit de aigue, que lo flume issoit defors la ripe. Et toutes foies li air avoit esté bel et serin, et nulle pluie avoit esté, dont il avint que plus furent cil qui furent noiez que cil qui furent mort en la bataille. Si que foyant la hardiece de ceus qui les secutoient troverent li element inrationable qui les affeca. Et li vaillant et puissant Normant de diverses richesces sont fait riches de vestimens de diverses colorouz, de aornemens, de paveillons, de vaisselle d'or et d'argent, de chevaux et de armes preciouses; et especialment furent fait ricche, quar l'usance de li Grex est quant il vont en bataille de porter toute masserie necessaire avec eaux (1).

(1) Voici sur cette journée le récit des *Annales Barenses*, ad an. 1041 : « Deinde collectis mense Maii in unum omnibus Gæecis apud Montem Majorem juxta fluenta Aufidi, initiatum est proelium quarto die intrante, ubi perierunt plurimi Natulichi et Obsequiani, Russi, Trachici, Calabrici, Longobardi, Capitanates. Et Angelus presbyter episcopus Troianus atque Stephanus Acherontinus episcopus ibi interfecti sunt. Nam nempe, ut dictum est ab omnibus qui hæc noverunt, aut (haud) plures quam duo millia Normandi

Cap. 23. Apres ceste confusion et destruction de li Grex, et la grant victoire de li fortissime Normant, l'ire de lo impeor vint sur Dycclicien, le leva de son office que non fust duc, et le fist son vicaire et lui manda

fuerunt. Græci vero decem et octo milia, exceptis servitoribus. » Lupus, *ad an.* 1041 : « Mense maii, iterum prœliati sunt Normanni feria 4ª cum Græcis et fugit Dulchianus in Baro. » Guillaume de Pouille, I, v. 303 sqq., indique le lieu de la bataille et dit que les Normands en sortirent vainqueurs :

> « Agmine collecto Græcorum, rursus ad amnem
> Cannis ad finem, qui dicitur Aufidus, omnes
> Quos secum potuit Michæl deducere duxit.
> Ad pugnam Galli redeunt. Ut cesserat ante,
> Cedit eis Michael, victi fugere Pelasgi.....;
> Pelusii montis Michael petit ardua victus. »

Cedrenus se trompe plusieurs fois en parlant de cette campagne entre Dokeianos et les Normands ; c'est à Cannes qu'il place non pas la seconde mais la première bataille : « ἐν Κάνναις περὶ τὸν Ἄμφιδον ποταμόν, ἔνθα καὶ κατὰ τοὺς πάλαι χρόνους Ἀννίβας τὰς πολλὰς τῶν Ῥωμαϊκῶν στρατευμάτων κατέκοψε μυριάδας ». Il dit que la seconde bataille a eu lieu « περὶ τὰς λεγομένας Ὥρας. » *Hist. Compend.*, p. 546 du t. II.

Si, comme le suppose Wilmanns dans ses notes sur Guillaume de Pouille (MG. SS., IX, p. 247, n. 41), Cedrenus désigne par Ὥρας la ville d'Oria, au sud de l'Italie, entre Tarente et Brindisi, une telle donnée prouverait que Cedrenus n'était guère bien informé ; Oria était fort loin du théâtre de la guerre et n'avait alors rien à craindre de l'invasion normande. Aimé suppose, dans ce même chapitre, que, lors de la seconde bataille, les Normands avaient déjà mis à leur tête Adénulfe, prince de la dynastie lombarde de Bénévent ; d'après Guillaume de Pouille, II, v. 323 sqq., et d'après l'Anonymus Barensis, il semblerait cependant qu'Adénulfe n'est devenu leur chef qu'entre la seconde et la troisième bataille ; cette dernière chronique porte, *ad an.* 1042 : « Iterum fecit prœlium cum Normannis et cum Atinolfo dux Iorum de Venebento, sub monte Peloso. »

Guarain et altre gent; quar veoit que par lui non combatoient bien Grex. Et lor dona a cesti exauguste ou vicaire de auguste molt de argent; et lui commanda que quant de chevaliers il trouveroit expert de bataille part tout son tenement, les deust prendre a solde pour aler contre li Normant (1).

Cap. 24. Et li Normant d'autre part non cessoient de querre li confin de principat pour home fort et soffisant de combatre; et donnoient et faisoient doner chevauz de la ricchesce de li Grex qu'il avoient veinchut en bataille, et prometoient de doner part de ce qu'il acquesteroient, a ceaux qui lor aideroient contre li Grex. Et ensi orent la gent cuer et volenté de combatre contre li Grex.

Cap. 25. A la forte Melfe s'asemblerent toute la multitude et vindrent a consell, et penserent que il devoient faire contre la force de lor anemis. Et exauguste se appareilla auvec sa gent pour les prendre de dentre la cité. Et li Normant, qui bien le sorent, issirent de costé. Et entretant que lo exercit de l'empereor estoit en lo secret de mont Pelouz (2), li Normant par grant hardiesce s'en

---

(1) « Τοῦτο δὲ πυθόμενος ὁ βασιλεὺς Μιχαὴλ τοῦτον μὲν μετέστησε τῆς ἀρχῆς, ἔπεμψε δὲ τὸν Βοϊωάννην, δοκοῦντα πρακτικὸν ἄνδρα εἶναι καὶ ἐν πολέμοις εὐδόκιμον. » G. Cedreni, *Hist. Comp.*, t. II, p. 546.

« Hunc (Michaelem) tamen esse ducem vetat amplius agminis hujus,
Imperii sub quo Romani cura manebat.
Contra Normannos quia nullum prosperitatis
Successum obtinuit, jubet, Exaugustus ut hujus
Offitium subeat, Danaos in prœlia ducat.
Dicitur hunc victor genuisse Basilius ille,
Qui duce sub Melo Gallos dare terga cœgit. »
Guillaume de Pouille, I, v. 347 sqq.

(2) Monte Peloso.

vont à mont Soricoy (1) apres lo lieu ou li Grex estoient, et li Grex non s'en donnerent garde quant il passerent d'apres, quar li Grex estoient molt abscons pour non estre veuz : et li Normant passant pristrent .v. cent gennille et autre bestes, liquel aloient pour fein, et autre cose necessaires a l'ost de li Grex. Et quant li Grex lo sentirent, corurent a combatre contre li Normant; et li Normant compostement et non corrant lor vont encontre. Et li Grex lor chercherent de tirer derriere en cert lieu molt corrant, et li Normant o douz pas les sequtoient; et li Grex non cessoient de corre por alienir a li pas dont il se confidoient plus que en Dieu. Et li Normant haucerent lo gofanon autresi coment pour demander bataille : « Ou nouz avons vainchut poi vouz fuiez. » Et quant li Grex virent ce, il haucerent lor gofanon, et ensi li Normant et li Grézois assemblerent a bataille. Et li vaillant Normant, fort, hardi come lyon, batoient et estreingnoient li dent, et drechoient la haste contre li Grézois, et comencerent fortement, a combatre, et comencèrent a veinchre. Més li Grex, pour miex deffendre lor vie, entrerent en lo fort de la silve, et li bon Normand vaillant et hardi n'orent pas paor d'aler apres, més o grant cuer et hardement les secuterent, et li Guarani sont occis, et Puilloiz sont mort et Calabrois; et tuit cil qui pour or et pour argent estoient venut a lo peril de la bataille, sans arme et sans sepulture gesoient mort. Et lo exauguste, loquel avant avoit esté duc, sentant la lance qui lui venoit droit a ferir o lengue barbare ensi coment pot parler cria : *catapan, catapan*, et ensi manifesta estre vainchut a celle bataille. Et apres ce li Normant o victoire retornerent a mont Sarchio, dont avoient mis li paveillon; més

(1) Monte Siricolo.

pour ce que lo chastel estoit garni de granz fossez et de autres forteresces, estoit deffendu par gent qui estoient dedens, quar non se pooit prendre ne desrober, li Normant o tout la bandiere de lor anemis et o tout lor seignor qu'il menerent en prison, s'entornerent liez et joanz; et par ceste maniere comencerent a seignorier Puille en paiz (1).

(1) CEDRENUS place à tort à Monopolis « κατα την Μονόπολιν, » cette troisième bataille entre les Grecs et les Normands; il avoue du reste que les Normands y furent vainqueurs et que Bojoannès y fut fait prisonnier; *Hist. Comp.*, t. II, p. 547. GUILLAUME DE POUILLE, I, v. 355-401, donne une allocution de Bojoannès à ses troupes avant la bataille, dit que cette bataille fut acharnée et que ce fut surtout Gauthier, fils d'Ami, qui décida du sort de la journée. Les *Annales Barenses, ad an.* 1041, résument ainsi les événements survenus après la seconde bataille : « Hinc rediens Michael confusus cum paucis, relictis semivivis pro pavore Normannorum sevientium, scripsit ad Siciliam et venerunt ipsi miseri Macedones et Paulikani et Calabrenses; et collectis insimul cum reliquis in catuna Montis Pilosi, tunc descendit Catepanus filius Budiano in Apuliam; Michael rediit ad Siciliam, jubente imperatore, unde venerat. » *An.* 1042 (les *Annales Barenses* commencent l'année avec le mois de septembre) « Hoc anno tertia die intrante mense septembri Græcorum exercitus descenderunt ex monte Peloso, et Normanni ex castello Siricolo; inter duos montes inierunt conflictum maximum, in quo omnes miseri Macedones ceciderunt, et pauci de reliquo remanserunt exercitu. Ibi quippe Bugiano vivus captus, et portatus est per totam Apuliam usque Beneventi patriam. Nam ut aiunt veraciter qui in ipso bello inventi sunt, Normanni septingenti et Græci decem milia fuerunt. » LUPUS, *ad an.* 1042 (même remarque que pour les *Annales Barenses*) « Venit Exaugusto fecit que bellum cum Normannis 3 die intrante mense septembris, et comprehensus est ibi et in Melfia deportatus est. » L'ANONYMUS BARENSIS, plus exact que Lupus, dit que le Catapan prisonnier fut conduit à Bénévent. « Et captus est Catapanus in Benevento. » MALATERRA, I, 10, attribue à Guillaume Bras-de-Fer, le rôle que Guillaume de Pouille prête à Gauthier, fils d'Ami, à la bataille de Montepeloso. Il est

Cap. 26. Et apres ceste victoire s'entornerent li Normant a Melfe, et se raysonnerent ensemble qu'il devoient faire de lor prison, et lo donerent a Athenulfe lor prince, qu'il lo deust examiner et jugier coment il le parust de faire ; et Athenulfo croiant soi estre ricche de celui prison, laissa li Normant et s'en torna a Bonivent ou il habitoit, vendi lo prison et assembla deniers ; més ces deniers non assembla pour lui més pour autre. Quar poi apres fu privé, de li Normant, de richesce et de castel ; et fu constraint de soustenir la misere de sa poureté o adjutoire d'autrui (1).

Cap. 27. Et quant li Normant orent perdu lor duc qui poi avoit de foi, si se tornerent a lo fil de Melo, Argiro, de del quel nouz avons devant dit, et cestui eslurent pour lor prince (2). Et puiz alerent la voie de cestui duc,

visible que Malaterra ne perd aucune occasion d'exalter les Tancrède, arrivés au souverain pouvoir lorsqu'il écrivait son *Historia Sicula*. On voit en résumé que les données d'Aimé sur cette troisième bataille sont en harmonie avec celles des chroniqueurs contemporains les mieux renseignés.

(1) D'après Guillaume de Pouille, I, v. 419 sqq., c'est surtout Guaimar IV de Salerne qui aurait décidé les Normands à rompre avec Adénulfe de Bénévent :

« Multa per hoc tempus sibi promittente Salerni
Principe Guaimario, Normannica gens famulatum
Spernit Adenolfi. »

Leo de' Marsi, II, 66, résume ce que dit Aimé : « Deinde consilio habito (Normanni) Græcorum ducem (Bojoannem) duci suo (Atenulfo) contradunt. Quo ille accepto, sperans se multis ab eo divitiis locupletandum, relictis Normannis, Beneventum reversus est eumque non parva pecunia vendidit. »

(2) *Annales Barenses, ad an.* 1042 : « Mense februarii, Normanni et cives Barisani elegerunt Argiro, qui et Mel, principem et seniorem sibi. » Lupus, *ad an.* 1042 : « In mense febru. factus est

et aloient secur, et toutes les cités d'eluec entor constreingnoient, qui estoient al lo commandement, et a la rayson et statute que estoient; ensi alcun volontairement se soumettoient, et alcun de force, et alcun paioient tribut de denaviers chascun an. Li Normant alarent a la famose cité de Trane, contre laquelle combatirent molt fortement, et poi s'en failli qu'il non la pristrent par bataille; et s'enclinerent cil de Trane, et se laisserent prendre, et lesserent li arme et o li bras ploiez allerent, puis requerent pardonnance. Et un Normant, qui se clamoit Argira, par sa folie destruit la victoire (1) : quar o la hautesce de sa voiz et o son criement opprisse la victoriose ire de li Normant; un de li .xij. eslit, qui semoit Pierre de Gautier, en ot tel dolor, qu'il vouloit occidre Argiro, se ne fust ce que par force li compaingnon le retenirent (2).

Argiro Barensis princeps et dux Italiæ. » Après avoir dit que Guaimar avait décidé les Normands à se séparer d'Adenulfe, GUILLAUME DE POUILLE, I, v. 423 sqq., ajoute :

.... « Galli quos Appula terra tenebat
Argyro Meli genito servire volebant
Nam pater ipsius prior introducere Gallos
His et in Italia studuit dare munera primus. »

Le poète rapporte ensuite comment se fit à Bari même, dans l'église de S. Appollinaire, l'élection d'Argyros. LEO DE' MARSI résume dans sa seconde rédaction le récit d'Aimé; dans la première il s'était borné à écrire : « E quibus (Grecis) frequenti potiti (Normanni) victoria, demum recedente ab eis Atenulfo, Guillelmum filium Tancridi comitem sibi fecerunt. » II, 66.

(1) Argira n'était pas Normand; c'est là une des nombreuses distractions du traducteur.
(2) Les *Annales Barenses* parlent de ce siège de Trani (sur l'Adriatique entre Barletta et Bari) et expliquent ce qu'il peut y avoir d'obscur dans ce passage de la traduction d'Aimé : « Postea vero

Cap. 28. Et li Normant non pensoient aler par vanité et a cose non certe, et retornerent a lor cuer, et ordenerent entre eaux ensemble de faire sur eaux un conte. Et ensi fu, quar il firent lor conte Guillerme fil de Tancrède, home vaillantissime en armes et aorné de toutes bones costumes, et beauz, et gentil, et jovene (1). Et quant li Normant orent ensi fait et ordené lor conte, il lo mistrent et se devant, et s'en alerent a la cort Guaymarie prince de Salerne, et lo prince les rechut autresi coment filz, et lor donna grandissimes domps, et a ce qu'il fussent plus honorés de toz, dona a moillier a Guillerme

(après la prise de Giovenazzo sur l'Adriatique par Argyros et les Normands en juillet 1042), dum Tranenses non acquiescerent Baresanis malum ingerere, ultima hebdomada mensis junii (julii) ipse princeps cum Normannis et Barensibus obsederunt eam trigenta sex diebus. Quam proeliis vel aliis calamitatibus angustiavit eamdem fortiter. Nam talem turrem ex strue lignorum ibidem componere fecit, qualis humanis oculis nusquam visa est modernis temporibus. Sed ipse Argiro, susceptis imperialibus litteris fœderatis et patriciatus an cathepanus vel vestati honoribus, jussit argumenta incendi. Et reversi Bari, ad laudem dedit sancto imperatori Constantino Monomacho cum suis concivibus. » Argyros a donc formellement trahi les Normands, lors du siège de Trani et a embrassé le parti du nouvel empereur de Constantinople, Constantin Monomaque.

(1) Lupus, *ad an.* 1042 : « Et in mense septembris Guillelmus electus est comes a Matera. » Hirsch suppose que Lupus a puisé ce renseignement dans une chronique de Matera, maintenant perdue, et que cette chronique portait seulement : Guilielmus electus est comes. Croyant qu'il s'agissait uniquement de la ville de Matera, Lupus aurait ajouté ces deux mots au texte de la chronique : « a Matera ». La *Chronicon breve Nortmannicum, ad an.* 1045, dit en parlant de Guillaume Bras-de-Fer : « Duce Guillelmo Ferrebrachio, qui intitulatus est primus comes Apuliæ. » Le texte de la première rédaction de Leo de' Marsi, cité dans la note précédente, dit également qu'après Aténulfe (et Argyros), Guillaume, fils de Tancrède, devint le comte des Normands.

novel conte, la fille de son frere, laquelle se clamoit
Guide. Li Normant orent grant joie de li domps qui lor
furent fait, et autresi orent grant joie de lor conte qui
avoit noble parentece. Dont de celle hore en avant Guaymere lo clama pour prince, et Guaymere se clamoit pour
rector, et l'envita a partir la terre tant de celle aquestée
quant de celle qu'il devoit acquester. O liquel autresi
demandoient que i soit Raynolfe conte sur touz eaux, et
cestui Raynolfe estoit conte de Averse dont se partirent
quant il alerent a aquester avec Arduine, si come il
est dit desur. Et tant a lo prince de Salerne, quant a lo
conte de Averse, satisferent a la petition de li fidel Normant, et s'en alerent li Normant a Melfef o tout lor conte
Guillerme, et la furent receuz comme seignor. Et li
Normant li obedirent coment servicial, et li meillor de li
Normant portoit la viande, et estoit bottellier, et avoient
molt chier de faire celle ville office. Et lui appareilloient domps devant lui, et o grant devotion requeroient humilement qu'il lo deust prendre, et lo prince et
lo conte les refusoient moult liement et donoient à li
Normant dou lor propre trésor (1).

Cap. 29. Et anchoiz que venissent a la division, quar
non avoient oblié lo benefice de lo conte Raynolfe, si
regarderent de lo glorifier de celle cose qu'il avoient conquesté, et li proierent qu'il deust recevoir la cité de
Syponte, qui maintenant est clamée Manfredone, et
Mont de Gargane, liquel lui est après, en loquel mont en
haut est l'eglize de Saint-Michiel archange, laquelle non
fu consacrée de main de evesque, més il archangele la

(1) A partir du mois de février 1043, Guaimar prend dans ses
chartes le titre de : « Dux Apulie et Calabrie »; *Codex diplomaticus
Cavensis*, t. VI, p. 230 sqq.

consecra en son nom comme lit et tient la sainte eclize de Dieu. Et devisse recevoir de cestui mont et toz li chastel d'entor; et lo conte rechut ce que de li fidel Normant de bone volenté lui fu donné (1).

Cap. 30. Et li autre terre aquestées et a aquester partoient entre eaux de bone volenté, et en paiz et bone concorde. Et en ceste maniere Guillerme ot Ascle; Drogo ot Venoze; Arnoline ot la Belle; Hugo toute Bove et ot Monopoli; Rodulfe ot Canne; Gautier La Cité; Pierre Trane; Rodolfe, fill de Bebena, Saint Archangele; Tristan Monte Pelouz; Arbeo Argynese; Ascletine la

(1) M. DE BLASIIS (*La Insurrezione Pugliese*, t. I, p. 177, note 2) ne croit pas que le Monte-Gargano ait été adjugé à Rainulfe d'Aversa, parce qu'il appartenait au duché de Bénévent et à l'archevêque de cette ville; mais, à ce moment là, il y avait, après l'affaire d'Adénulfe, rupture complète entre les Normands et Bénévent. Que ces derniers aient alors disposé de villes et de châteaux appartenant aux Bénéventins, il n'y a là rien de surprenant à qui connaît leurs procédés peu scrupuleux. GATTOLA a publié (*Accessiones ad historiam Cassinensem*, t. I, p. 161) une charte de Richard, successeur de Rainulfe, comme comte d'Aversa, par laquelle il donne à Didier, abbé du Mont-Cassin, l'abbaye de Santa-Maria-in-Calena, lui appartenant et située entre le Monte-Gargano et l'Adriatique. Ce document établit donc que les comtes d'Aversa étaient propriétaires au Monte-Gargano et témoigne par là même en faveur de la véracité du récit d'Aimé, car à l'exception du partage de 1043, l'histoire ne signale aucune autre circonstance ayant permis aux comtes d'Aversa d'acquérir des biens considérables au Gargano, c'est-à-dire à une distance considérable de leur comté. DI MEO (*Annali del regno di Napoli, ad an.* 1059) et DE BLASIIS (*La Insurrezione Pugliese*, etc., p. 177, note 2) ont, il est vrai, émis des doutes sur l'authenticité de cette charte, mais nous croyons que les anomalies qu'elle contient peuvent s'expliquer sans qu'il soit, en aucune façon, nécessaire de la regarder comme apocryphe; voyez cette démonstration dans les *Normands en Italie*, par l'abbé DELARC, p. 329 sqq., note.

Cerre ; Ramfrede ot Malarbine, c'est Monnerbin, et Arduyne, secont lo sacrement, donnerent sa part, c'est la moitié de toutez choses, si come fu la convenance. Et Melfe, pour ce que estoit la principal cité, fu commune a touz; et que non vaut la possession sans prince, secont la loy que fist Guaymarie prince de Salerne, il en vestit chascun; et puiz torna le prince a Salerne, et lo conte ad Averse sain et sauf (1).

Cap. 31. Or dit ensi li conte de ceste cronica que quant ceste cose que nouz avons devant dites furent faites et

(1) Indépendamment du commandement suprême, Guillaume Bras-de-Fer eut donc la ville d'Ascoli; Drogo, Venosa; Arnolin, Lavello; Hugo Toutebove, Monopolis; Rodolphe, Cannes; Gautier, Civitate; Pierre, Trani; Rodolfe fils de Bébéna, S. Archangelo; Tristan, Montepeloso; Hervé Argynèse (Grigentum d'après Leo de' Marsi, il s'agit probablement de Frigento); Asclitine, Acerenza; Rainfroy, Minervino; enfin Ardouin aurait eu la moitié qu'on lui avait promise et la ville de Melfi serait restée indivise. Il est certain que plusieurs de ces villes n'étaient pas, en 1043, au pouvoir des Normands, mais Aimé a soin de nous prévenir que, dans ce partage, les Normands avaient disposé des terres « aquestées et à aquester. » Leo de' Marsi, II, 66, reproduit, sans le modifier, le partage rapporté par Aimé ; Guillaume de Pouille, I, v. 321 sqq., dit que chacun des douze chefs des Normands eut une partie de la ville de Melfi et ne parle pas du partage du pays :

« Pro numero comitum bis sex statuere plateas
Atque domus comitum totidem fabricantur in urbe
Sed quia terrigenis terreni semper honores
Invidiam pariunt, comitum mandata recusant. »

La difficulté de ce passage d'Aimé c'est qu'on ne sait où placer cette moitié de territoire qui, d'après lui, aurait été donnée à Ardouin; à partir de ce partage Ardouin disparaît complètement de l'histoire, il n'en est plus question; peut-être est-il mort sur ces entrefaites ou bien Aimé aura parlé de cette donation surtout à cause de la promesse faite par les Normands à Aversa.

acomplies, que pour l'aide de lo prince Gaimare le conte Raynolfe de Averse fu fait duc de Gayte (1), et ensi en bone villesce et prosperité de fortune et en memoire de paiz fu mort Raynulfe (2); et apres li fidel Normant, quant il virent qu'il orent perdu lo vaillant conte Raynolfe d'Averse et duc de Gayte, alvindrent a lo prince de Salerne, et requistrent subcessor de lor seignor qui estoit mort. Quar, come il disoient, plus se faisoit amer come pere que timer come segnor. Et li bon prince Guaymarie fu molt liez et alegre de lor petition; et soi recordant de la fidelité et bone memoire de lo conte

(1) FEDERICI (*Duchi e Ipati di Gaëta*, p. 353) cite un diplôme daté de la manière suivante : « Secundo anno resedentibus Gaīeta civitate domno Rainulfus dux et consul, mense decembris; Indictione XI². » Un autre diplôme, également indiqué par FEDERICI, p. 349, et correspondant à l'année 1040, prouve qu'avant l'avènement de Rainulfe d'Aversa, l'autorité de Guaimar fut pendant quelque temps reconnue à Gaëte; on y lit : « Primo principatus domno Guaimario, Dei gratia princeps et dux, mense junio, indict. VIII, Cajeta. » Ce dernier diplôme fait voir qu'Aimé est tout à fait dans le vrai lorsqu'il écrit : « Pour l'aide de lo prince Gaimare, lo conte Raynolfe de Averse fu fait duc de Gayte. »

(2) Sans indiquer l'année, le nécrologe de S. Benoit de Capoue dit que Rainulfe, comte d'Aversa, mourut en juin. Comme au début de 1047, lors du voyage de l'empereur Henri III dans l'Italie du Sud, un autre Rainulfe (Rainulfe Trincanocte) était comte d'Aversa et qu'entre ces deux Rainulfe il y a eu le jeune comte Asclitine qui a gouverné fort peu de temps, et Raoul, fils d'Odon, rapidement renversé par Rainulfe Trincanocte, c'est en juin 1045 que se place le plus vraisemblablement la mort du premier comte d'Aversa. Cette induction s'appuie sur un autre argument. Aimé dit que Rainulfe garda jusqu'à sa mort le duché de Gaëte; d'un autre côté, Adinulfe d'Aquino, qui lui succéda à Gaëte, dit dans un diplôme de 1053 qu'il possède le duché depuis huit ans. C'est donc en 1045 qu'il avait succédé à Rainulfe d'Aversa. Cf. FEDERICI, *Duchi e Ipati di Gaëta*, p. 359.

Raynolfe, et proia li prince li Normant qu'il dient loquel il desiderent a haucier en ceste honor. Liquel Normant eslurent Asclitunie, fill de lo frere de lor seignor lo conte Raynolfe qui mort estoit. Et a lui confermerent qu'il lo vouloient servir, et manderent a lui un legat, et lui escriverent de la soe hautesce, et lui manderent disant qu'il s'appareillast de recevoir ceste dignité et honor. Et cestui Asclitune encontinent sanz demore se appareilla de venir; et s'en va a la grace del prince Guaymarie; et lo prince lo rechut come filz, et lui aporta granz domps; et alerent ces .ij. en Averse, asquels vient apres o grant joie et alegrece li Normant et li homes de la cité. Et portoient li Normant lo gonfanon d'or, de loquel de la main droite lo prince en revesti Asclitine; et il lo prist a grant joie et a grant alegresce. Et Guaymere se merveilla de la belleze de si elegant jovene. Et lo conte se merveilla de tant, et lo puple furent molt content que cestui fust successor a lo conte Raynolfe son oncle, quar bien en estoit dignes pour sa proesce et pour sa biauté. Cestui por la biauté de sa juventute et pour l'antiquité de l'autre conte fu clamé lo conte jovene. Et toutez foiz non estoit meins aorné de sens et de toutes bones manières que son oncle lo conte Raynolfe; car, pour la bellece de son cors l'amoit li prince Guaymere : quar a exemple de son oncle avoit semblace de fidelité. Més la mort fu trop apres qui departi ceste amistié et mist fin a la vie (1), quar fu mort et de ceste mort fu molt conturbé lo prince Guaymere. Et autresi ceste crudele mort donna grant tristesce

---

(1) Sur Asclitine, comte d'Aversa, Leo de' Marsi avait écrit dans sa première rédaction, II, 66 : « Apud Aversam autem mortuo comite R (ainulfo) successit ei Aschettinus Rodelgeri. » La première rédaction portait : « Apud Aversam autem defuncto Rainulfo, successit ei Asclittinus qui cognominatus est comes juvenis. »

a li fidel Normant et a tout lo pueple, quar fu grant damage, quar tant estoit biauz, fors et cortoiz, et sages, et plein de toutes bontés que jovene doit avoir en sa persone.

Cap. 32. Apres ce que cestui bel jovene Asclitine, conte de li vaillant et fidel Normant, fu mort coment nouz avons devant dit, Guaymere, lo prince de Salerne, se festina et hasta de faire conte sur li Normant, et non lo fist de celle gent qui avoient esté avant, més de un autre lignage fist prince un qui se clamoit Raul (1); et non o grant volenté de lo pueple fu fait conte de Averse.

Cap. 33. Et faisant ceste choze, la prosperité de Guaymere accressoit. Cestui, lo neveu del major conte Raynolfe, liquel se clamoit Tridinocte (2), et Hugo loquel avoit souprenom Fallacia (3), ot en prison, liquel endementre qu'il les faisoit destreindre en prison en la roche de la cité, laquel rocche se clamoit la Major Torre, avec molt autres, lor donoit pene et torment; et estoit en celle prison Johan Pantaleon (4), et Costentin fill de Tuisco, home molt sage, et estoit de Malfe (5). Et cestui,

(1) Aimé est d'accord avec Leo de' Marsi dont voici la première rédaction, II, 66; « Dehine Rodulfus, filius Oddonis, cognomento Capellus quem post paucum tempus Aversani de honore projicientes, Rodulfum Trincanocte præfecerunt. » La seconde rédaction est à peu près semblable : « Dehinc Rodulfus cognomento Capellus, quo ab Aversanis expulso Raidulfus Trinclinocte comes effectus est. »

(2) Sur ce Tridinocte ou plutôt Trincanocte, voyez la note précédente; il était fils d'un frère de Rainulfe, premier conte d'Aversa.

(3) Ce Hugo Fallacia doit être le même que Hugo Falluca qui, d'après Leo de' Marsi, II, 41, fit partie de la colonie normande de Comino.

(4) Fils de Maurus et membre de l'illustre famille Pantaléo d'Amalfi.

(5) Amalfi sans doute, et non pas Melfi.

puiz longue prison, prierent Martin guarde de la prison et portier de la de toute la roche, et lui prometerent molt de domps, et li jurerent de faire lo seignor de tot ce qu'il avoient s'il vouloit entendre à lor deliberation. Et quant Martin entendi et sot la promesse que cil lui prometoient, il s'enclina et pensa a eaux delivrer, et pour dui raysons : l'une porce qu'il avoit compassion de lor misere, et l'autre pour la esperance de la grant promission ; et envita a cestui fait Randulfe et Hugo ; jura Raynolfe et jura Hugo ; et promistrent coment li autre a Martin, autresi comment li autre, et de lui aidier a toutes chozes qui mestier lor feroit come a lor persones. Et li Normant, coment se monstre à lire en lo livre, estoient tenut plus vaillant et de plus grant force et fidélité que cil de ces parties de cà, et vouloit Martin ces dui delivrer autresi coment li autre. Et autresi cestui lui promistrent de aidier lui come a eaux meisme, et en toutes coses qu'il porroient faire et gaingnier l'en feroient participant. Et puiz tuit penserent en lor corage et volenté coment il devoient faire. Cel de Amalfe orderent bevrage, et li Normant clamerent l'aide de li amis. Et ordenant lo jor à ce que li amis de li Normant seussent quant li Amalfetain devoient ordener lo trait, et li parent lor vindrent apareillez o tout li cheval, a ce qu'il peussent fouir. Et quant tout ce fu ordené, li Amalfetain orent clarere pour donner a bevre, et orent subtillissime peperce pour mengier avec la char, et toute li guarde qui lor parut clamerent a boire. Et Costentin faisoit l'ovre et Jehan donnoit a boire, et les prioit qu'il bevissent bien ; et tant bevoient plus, plus vouloient boire, et aucuns furent purgié pour les noiceles qu'il mengerent, et menjoient la pevrée ou est autresi la medicine. Et encor lor proia en charité qu'il bevissent, et a l'ultime se cocherent touz yvres. Et adont s'aproxima l'ore que li galle chantoient, et Martin les tocha et non lo sentoient, et a l'un traoit li brague, et à l'autre tiroit lo nez, et l'autre prennoit par lo pié et le trainoit par la maison, et toutes voiez noient n'en sentoit. Et quant Martin vit ce, ovri la prison, et delivra li prison de la cathene, et ovri la porte. Et chevaucerent li chevaux qui lor estoient appareilliez, et s'en vont a lo chastel de Matelone (1). Je croi que veut dire Madalone, quar ja estoit faite Caserte et Magdalone, coment ai-ge dit en l'ystoire de li Longobart, liquel vindrent en Ytalie avant que li Normant. Guaymere se leva au matin et vit lo chastel rout, et li garde trova a la porte coment se il eussent esté batus de lo dyable, et li prison sont délivré. Remest triste Guaymarie; et Pandulfe, loquel estoit ex-principe, ce est ce que estoit chacié de son princepée de Capue et anemi de Guaymere, fu molt alegre et joiant, les rechut gratiosement, et lor promist ce qu'il avoit et devoit avoir, quar par eaux pensse de recovrer l'onor de Capue, c'est la seignorie de prince.

Cap. 34. En cellui temps meismes, si comme nous trovons escript en ceste cronica, fu mort Guillerme conte de Puille (2), home sage et singuler, et a lui succedi son frere liquel se clamoit Drogo, et fu fait conte de Puille de li vaillant chevalier normant; et estoit apprové de Guay-

---

(1) Maddaloni au sud-est de Caserta.

(2) La date de la mort de Guillaume bras-de-fer est donnée par Lupus, *ad an.* 1046 : « Et hoc anno obiit Guillelmus et frater ejus Drago factus est comes ». — Malaterra, I, 12, a parlé de lui avec éloge, Guillaume de Pouille, II, v. 20-27, également; le poète termine par ces vers :

« .... cui vivere si licuisset
Nemo poeta suas posset depromère laudes
Tanta fuit probitas animi tam vivida virtus ».

mere. Cestui Drogo estoit sage chevalier, singuler, et timoit et avoit paour de Dieu; et Guaymere lui donna sa fille pour moillier a cestui Drogo, et la dota moult grandement. Et lo conte Drogo avoit tant de devotion et fidelité en lo prince, que molt de foiz Guaymere lui faisoit contraire et jamaiz non lo pooit faire decliner de la fidelité. Et nul non pooit esmoir Drogo qu'il feist nulle choze contre la volenté de Guyamere. Et amoit molt tuit li Normant et lor donoit granz domps, deffendoit son païz et opprimoit ses anemis. La cort soe estoit frequentée come cort de impereor; li conte de Marsico (1), li potent fil de Burielle (2), et tuit li grant home liquel habitoient entor lui, se faisoient chevalier de sa main et recevoient granz dons. Lo marchiz Boniface, loquel est le plus grant de Ytalie de ricchesce et o plus chevaliers, fist amistié caritative et ferma unité avec eauz (3). Dui foiz l'an o present precious par ses messages visitoit l'empeor dentre Alemaingne, et autresi lo impeor lui mandoit present de Alemaingne, et en loés Guaymere par tout le monde pour la bone fame de Drogo.

Cap. 35. Quant li Normant estoient ad Averse, non

(1) Les comtes des Marses au nord de Sora, près du lac Fucino; la *Chronicon Casinense* parle à plusieurs reprises de leurs rapports avec le Mont-Cassin, et Gattola a publié quelques chartes provenant d'eux, notamment, *Accessiones ad hist. Cassin.*, p. 195, une charte de Bérard, comte des Marses en 1048.

(2) Ces fils de Borel, plusieurs fois mentionnés par les annalistes de l'Italie du Sud dans la seconde moitié du xie siècle, dominaient les vallées du Haut-Sangro. Aimé ne veut pas dire que ces seigneurs fussent devenus les vassaux de Guaimar de Salerne, mais simplement qu'ils avaient avec lui des rapports de bonne amitié.

(3) Le marquis Boniface, le plus puissant seigneur de l'Italie du Nord ; il épousa la duchesse Béatrix de Lorraine, et fut le père de l'illustre comtesse Mathilde.

voloient autre conte de autre gent ou lignage, orent conseill avec Pandulfe filz de lo frere de lo grant Raynolfe que acquesté la conté de ses parens (1). Et cestui estoit cellui qui avoit esté em prison. Et Pandulfe (2) donna tant de argent come il donnera Randulfe, et confortoit le qu'il alast pour recovrer lo honor, et cestui faisoit come est dit se cestui seignorioit Averse. Pandulfe avoit esperance de recovrer Capue. Et la nuit Randulfe entra en Averse, et fu receu molt devotement de ceaux de la cité. Et conseillerent, et font contre la volenté Guaymere; et li autre conte fu chacié de Averse et foui : dont depuiz fu clamé conte Cappille (3). Et cercha Randulfe de metre siege contre Salerne, et manesa de soi vengier de Guaymere et de la injure de la prison.

Cap. 36. Et Drogo se festina de deffendre la injure de son seignor, et dist a lo prince priveement : « Alons contre nostre anemi, et opprimons lo audace soe; alons lui a l'encontre a mege voie, et la mostrons la vertu nostre, et la fin de la bataille o la superbe de cestui presuntuouz determinons. » Lo mont apres a Sarne (4) sallirent, et espectoient que lor anemis venissent, et Randulfe muta son proponement; quar a Pandulfe faillirent deniers et lo grain non lui habundoit, ne la terre non estoit seminée, et lo vin lui estoit failli a Pandulfe, dont non pooit mostrer a Raynolfe qu'il face brigue a nul home.

(1) C'est évidemment Randulfe et non Pandulfe qu'il faut lire, puisqu'il s'agit de Randulfe ou Raynolfe Trincanocte.
(2) Pandulfe, prince dépossédé de Capoue et l'ennemi de Guaimar.
(3) Cf. *supra*, p. 88, note 1, les textes de la première et de la seconde rédaction de Leo de' Marsi.
(4) Le Monte-Scarno, non loin et à l'est du Vésuve.

Cap. 37. En cellui temps meismes que li prince terrien se combatoient pour accrestre la lor prosperité, Dieu qui est creator de touz les rois et les princes, non laissa de faire son operation. Un jovene qui se clamoit Acchilles est gabé de la perversité de li Judée, en tel maniere qu'il non creoit que lo Filz eust prisse char en la virge Marie, estre apparut visiblement en cest monde. Et ce entrevint que cestui Achilles se creoit chacier li Judée de lor malvaize creance et de lor malvase foy, dont li Judée chacerent lui de la veraie foy christiane ; lui appareilloient mel, et li Judée lui donoient venim. Proia li christient que li Judée creissent lo Filz de Dieu, et li Judée amonestent li chrestien qu'il lesse ester lo Fill, et croie tant soulement lo Pere ; et de ceste cose li chrestien lor parla o la boche, et li Judée li tocha lo cuer. Et lo chrestien retornant en soi alcune fois, manifesta sa cogitation a lo pere espirituel, est amonesté, et molt souvent est enformé par la predication de lo prestre. Toutes voies, a la maniere de lo chien qui mange ce qu'il vomist par la bouche (1), retorne la anime soe a li herror, et se combat entre soi meismes, et come de doi home fait bataille. Toutez foiz la malice de la supplantation de li Judée vainchi la devotion de la religion de la foi, se efforza lo misere de traire de mente ceste cogitation que pert que movist de la foi et conscience. Mès lo dyable l'avoit lié avec lo argument de li Judée. Le obscurité de tant de dubie se prolongue. Més ceste infirmeté que mire non set garir, sera garie de Dieu. Quant ces choses se faisoient de li principe, cestui christien estoit un de li satellite, c'est de li ministre ; o armes servoit a Dieu fidelement, toutez voiez la cogitation

---

(1) « Sicut canis qui revertitur ad vomitum suum. » *Prov.*, XXVI, 11.

heretice non lui issoit de sa pensée. Un jor clost la porte et estoit sol en l'eclize; et se sentoit offendu en sa conscience, et non se approchoit ains se tenoit loing de l'autel. Et o ceste parole demandoit l'aide de Dieu. Et a lui fu dit : « O tu que demandez tu et voy lo cuer, a loquel nulle cose se puet abscondre ! Tu sez lo intention mie, et non ne la te puiz celer; je voudroie croire en toi ensi coment la sainte Eglize l'ensaingne, et voudroie aemplir ce que appromisse en lo saint baptisme; la error antique m'a assalli, et la ferute de li Judée m'a navrée la moie pensée, et estoie purgié de la purité de la foi christiane. Més la venimoze dolceze de la parole de lo Judée m'a tout fait orde et brut. O pitouz Jeshu-Christ, aiude a ma maladie o medicine de salut, a ce que non perise je qui sui rachaté de ton precious sang, aide-moi o la main droite toe ». Et puiz quant il ot ditte choze, la semblance de l'ymage de Jeshu-Crist descendi de la ou estoit, et vint la ou cestui estoit jovene, et lo conforta par ceste parole : « Sacez que je suis parfait Dieu et parfait home. » Et lo retorna a sa droite foi et creance christiane, et ensi lo jovene fu fors de toute error et de toute heresie (1). Mès or laisserons a parler de ceste matiere et retornerons a l'ystoire que nouz avons devant lessié.

CAP. 38. Et cestui Randulfe de qui nous avons devant parlé, a ce qu'il peust avoir la grace de Guayme, prince

(1) Cet indice de la propagande juive au XIe siècle dans l'Italie méridionale est curieux à constater. A propos des Juifs dans ce pays et dans ce siècle, voir un passage de la *Chronicon Cassin.*, II, 43; on y lit que l'empereur Henri II, étant venu au Mont-Cassin, racheta aux Juifs, en 1022, une nappe de l'autel de S. Benoit au Mont-Cassin, donnée autrefois par Charlemagne, et sur laquelle les Juifs avaient prêté aux moines « quingentos aureos »; le saint empereur rendit la nappe au Mont-Cassin.

de Salerne, se sousmist a Drogo, qu'il prie pour lui a ce qu'il puisse avoir la grace de Guaymere ; et Drogo lui promist pour exemple de li autre parent soe obedir fidelement. Et Drogo proia pour Raynolfe. Més non fu proiere, ains fu comandement, car il enclina la volenté de prince o ce qu'il vouloit, et fu clamé Raynolfe devant lo prince Guaymere, et devant Drogo. Et encontinent qu'il fu clamé, il vint et sub sacrament se mist souz la seignorie de lo prince. Et ensi fu investut de la main de lo prince o confanon et molt de domps. Et ensi remest Pandulfe gabé de son entention et la soe malvaisti charra; et honorablement lo remanda Drogo Averse o granz dons (1).

CAP. 39. Une autre briga leva contre Guaymere Guillerme Barbote, liquel avoit esté norri en la cort de lo prince auvec ses filz, et ce fu par l'amonestement de Pandulfe, et s'enclina a sa povreté et entra en lo castel de Belvedere, et faisoit damage a lo principat de Capue quan qu'il pooit. Et Drogo fu clamé, et vint ad Averse o tout li Normant en adjutoire de Guaymaire, et mist son ost et ses paveillons entor et restrainst Guillerme entre li mur de li castel et reprist que non faisoit damage. Més lo chastel pour la hautesce de lo mont non se pooit prendre, et o feu de un vilain fu ars; et fu fait un fas de branchez d'arbre, et il se mist dedens, et poi a poi va portant la laingne, et lo lieu de lo castel garni, et o une pingnote qu'il portoit lo feu arst tout lo chastel, et foy Barbotte ad Argire pour estre son chevalier. Et Argire lo prist malitiousement, et bien lié lo manda en Costentinoble. Et pour la victoire faite de cellui vilain, Guaymere et sa gent

---

(1) Aimé est seul à parler de cette réconciliation du nouveau comte d'Aversa avec Guaimar par l'intermédiaire de Drogo.

retorna veincheour. Et ensi la gloire de Pandulfe fu anichillée en toutes choses (1).

CAP. 40. Doi freres contes d'Aquin (2), c'est Adinulfe et Laude, por ce qu'il avoient .ij. fillez de Pandulfe lui estoient favorables. Et Adenulfe fu pris de li chevalier de Guaimere, et fu mis en prison. Et Laude son frere cerchoit de lui delivrer, et prist Richerie singuler abbé de Mont-Cassin et le tenoit por faire delivrer son frere. Et li prince amoit molt cestui abbé, quar a cellui temps quant lo empeor l'ordena prince, et cestui abbé lo avoit doné et recommandé a lo empeor. Et li triste moine atendoient l'aide de Guaymere, et se lamentoient à Guaymere de la prison ou lor abbé estoit, et lui prioient qu'il le vousist delivrer lo abbé liquel il lor avoit donné. Et a petition (3) de li moine Guaymere laissa Adenulfe et prist l'abbé.

CAP. 41. Lo chastel de saint-Benedit, loquel est apres lo monastier de Mont de Cassyn, en cellui temps habitoient iluec li Normant et avoient la seignorie; de loquel faisoient dampne a li povre. Li abbé pensoit coment il les

(1) Une charte de l'ancien couvent de S. Blaise à Aversa, analysée par DI MEO (*Annali del regno di Napoli*, t. VII, p. 311), montre qu'en 1050, Guilielmus Barbotus, « *unus de militibus de Aversa* », faisait une donation à ce couvent; en outre, nous lisons dans l'ANONYMUS BARENSIS, *ad an.* 1051 : « Et Argiro comprehens Barbocca. » C'est donc seulement un peu avant cette dernière date qu'il faut placer la révolte dont parle Aimé.

(2) Adénulfe et Landon, comtes d'Aquino, et, d'après Aimé, gendres l'un et l'autre de Pandulfe IV, prince dépossédé de Capoue.

(3) LEO DE' MARSI, II, 68, rapporte ces mêmes incidents en ajoutant quelques détails qui concernent plus spécialement le Mont-Cassin et qu'Aimé n'avait pas à reproduire; les deux récits sont identiques pour le fond.

en porroit cachier; quar coment se dit, aucun pensoit contre l'abbé. Et vindrent li moine a la cité de Saint-Germain autresi comme par lo commandement de l'abbé (1); et descendirent de li chevalz et desceinstrent lor espées et entrerent en l'eglize pour proier Dieu. Toutes voiez a la port sont li guarde et cloirent la porte; li Normant se pristre a deffendre, mès pour ce qu'il non avoient, alcun en furent mort, et alcun pris : laquel cose non de croire que ce fust sans la volenté de Dieu, quar li fort Normant liquelle aloient vainchant les terres, ne nul home pooit contrester contre eaux, que por .x. ou .xij. moines fugisent. Et en jor touz les chasteauz de saint-Benedit furent recovré, liquel li empereor non peut o armes prendre en un an (2).

Cap. 42. Et lo abbé sage, a ce que li petit de Normant liquel estoient fouy ne retornassent o molt de gent et occupassent la terre molt fortement, rompi la visselle d'or et d'argent, liquel avoient esté fait a l'onor de Dieu, et les parti a li chevalier d'ilec entor, liquel il assembla contre la force de li Normant. L'une part et l'autre s'asemblerent et vindrent lendemain a la bataille; cestui combatoient pour deffendre la terre de Dieu, et cil pour

---

(1) Le sens de la phrase et du contexte montre qu'il faut « li Normant » au lieu de « li moine. »

(2) Didier, abbé du Mont-Cassin (*Dialogi*, L. II, dans Migne, *Patr. lat.*, t. 149, 999) et Leo de' Marsi, II, 71, ont également raconté cette expulsion des Normands des châteaux et domaines du Mont-Cassin. On voit par le récit de Leo de' Marsi, que la population de San-Germano combattit avec les moines contre les Normands dans l'église de San-Germano; il n'est donc pas exact de dire que dix ou douze moines ont eu raison d'eux. De même tous les châteaux du Mont-Cassin ne furent pas délivrés en un seul jour, ceux de S. Victor et de S. André résistèrent pendant quelque temps encore.

vengier la injure de lor parens. Mès Dieu s'apparut en mege, saint Benedit en celle bataille se mostra gofanonnier. Et a ce que non fust espandu tant de sanc tuit li Normant furent liés de petit de lignement. Et li abbé puiz tint securement la terre, et puiz celle hore non recepirent nul contraire en lor terre (1).

Cap. 43. En celui temps vint Ricchart fill de Asclitine (2), bel de forme et de belle estature de seignor, jovène home et clere face et resplendissant de bellesce, liquel estoit amé de toute persone qui lo véoit; liquel estoit secute de molt de chevaliers et de pueple. Cestui par industrie chevauchoit un petit cheval, si que petit s'en failloit que li pié ne feroient a terre. Cestui pour l'amor de son oncle et de lo frere et pour la beauté de sa juventute laquelle non se pooit estimer de tout lo monde, estoit amé et honoré. Touz disirroient qu'il fust conte, et tuit come a conte lui aloient apres. Et son cosin Raydulfe (3) se prist garde de celle honor que chascun lui faisoit, si en fu molt dolent, si lui pria qu'il se partist de lui; quar il creoit estre privé de son honor pour lui, puiz qu'il veoit qu'il estoit plus amé de touz que lui. Et se parti Ricchart de son emule, c'est qu'il avoit envie de lui, et s'en alla a son ami Unfroi, frere de Drogo, et lo

---

(1) Leo de' Marsi, II, 71, dit aussi que Dieu se prononça contre les Normands, lorsque les fidèles du Mont-Cassin s'emparèrent, après treize jours de siège, du château de S. André. D'après Leo de' Marsi, cette expulsion des Normands eut lieu au mois de mai 1045.

(2) Le comte Asclitine, qui avait eu Acerenza au partage de 1043; Richard était donc frère d'Asclitine le jeune, comte d'Aversa, et mort peu auparavant.

(3) Il s'agit de Rodolphe ou Ranulphe Trincanocte, alors comte d'Aversa; on voit que le traducteur d'Aimé écrit ce nom de bien des façons.

rechut gratiosement et lo traita honorablement coment parent. Lo bel jovene se delictoit de sa juventute de lo autre, et partout il aloit non lui failloit palme de victoire tant estoit vaillant.

Cap. 44. Un home qui se clamoit Sarule tenoit une cité qui se clamoit Iézane (1), laquel avoit esté de son frere loquel estoit mort et se cla sclite (2), loquel Sarule amoit Asclitine come encoire fust vif et li portoit foi. Cestui senti puiz que Ricchart estoit en la compaingnie de Umfroy. Cestui ala la ou estoit Ricchart, et si tost come il lo vit il lo connut por la bone fame qu'il en avoit oï dire, et il se aprocha de Richart et lui proia qu'il eust son amistié, et lui proia qu'il venist avec lui a sa cité, et ensi fu fait. Et quant il furent à Iézane, Sarule clama ses chevaliers et de autre gent non petite multitude, et lor dit : « Ça est venu lo frere de son seignor; et confessa que celle cité estoit de celui ploiez les bras et faites lo chevalier Richart. » Et non atendi dom coment est usance, més offri à Richart toutes les coses soes. Et proia tuit li chevalier que ce qu'il avoit fait feissent tuit; quar firent don a Richart de il meisme, et autresi constraint la cité de jurer lui fidelité. La terre et toute la forteresce qui estoit en la terre mist en la poesté de Richart. Et lui vouloit Sarule leissier la terre, et Richart lui prie qu'il mémaigne auvec lui, et celles choses qu'il lui avoit donée ait auvec soi et se delecte avec lui. Et Sarule se consenti et serva lo comandement se son seignor. Non se expetta jusque a lo jor sequent : en celle nuit lo cercha autre cité

(1) Genzano de Pouille, au nord-est d'Acerenza, sur la rive gauche et non loin du haut Bradano.
(2) Le manuscrit est défectueux; il faut lire évidemment « et se clamoit Asclitine. »

et une proie sans nombre aporterent li chevalier et satura plenement li citadin de la terre; et as domps que fist Ricchart corurent moult de chevaliers. L'un jor donnoit ce qu'il avoit, et lo jour apres se demoroit aucune cose a donner non le leissoit; ce qu'il pooit lever donoit et non lo leissoit; et la nuit prenoit ce que remanoit. Et en ceste maniere toute la terre d'entor va proiant et li chevalier multiploient continuelment. Et la table soe avoit plus gent a mengier, avoit tidue .lx. cavaliers, et maintenant l'avoit entornoié de .c. sans li voizin; non laissa lo sien a ceuz de longe : mès piz fait a lo conte de Averse. Mès que non pooit ne par manace ne par parenté celui veinchre, usa sage consel, lo fist son ami et lui dona la soror pour moillier (1), et lui donna lo benefice de lo frere qui estoit mort. Et en ceste maniere ceuz qui avoient anemistié gauderent en amor. Comme cestui Richart parvint a estre conte et de conte a estre prince dirai-je puiz.

Cap. 45. Et en cellui temps meismes que je vous di, vint de Normandie qui se clamoit Robert (2), liquel depuiz fu dit Viscart, et vint en l'ajutoire de lo frere, et demande qu'il lui donne alcun benefice de terre; non solement ot en adjutoire lo frere, mès autresi non ot con-

---

(1) Nous savons que la première femme de Richard s'appelait Frédesinde, mais Aimé se trompe en disant que cette Frédesinde était la sœur de Rodolphe Trincanocte, c'est-à-dire la cousine germaine de Richard; la législation canonique de l'époque n'aurait pas permis un tel mariage. Un autre passage d'Aimé (cf. *infra,* l. VII, 2), dit que cette première femme de Richard était une sœur du duc Robert Guiscard, c'est-à-dire une fille de Tancrède de Hauteville et de sa seconde femme, qui avait ce même nom de Frédesinde (Fransenda). Cf. Malaterra, I, 4.

(2) Nous ne savons pas la date de la venue de Robert Guiscard en Italie; Aimé dit que lors de son arrivée, Drogo n'était pas mort (il mourut le 10 août 1051).

seill, et avieingne que lo livre non lo met, cestui frere
soe fu Umfrede, conte, come il se dira el lo quart livre;
Drogo loquel non estoit encoire mort, et Unfroi, et cestui
Robert estoient frere. Cestui Robert s'en va entor li seignor, a liquel o devote foi serve ces chavaliers. Et lui dole
lo cuer qu'il voit ceuz qui ne sont son per qui ont forteresces et diverses terres; et que est vaillant frere de conte,
et va apres la chevalerie de autre; lonc temps ala come
cellui qui va sans voie pour l'amor de avoir tere, et est
constraint de povreté de choses de terre : mès la presence
de Dieu dispona cestui de diverses gens la soe disposition.

Explicit liber secundus.

INCIPIUNT CAPITULA TERTII LIBRI

Cap. 1. Coment lo impereor vint à Rome et cassa trois papes qu'il trova et fist lo quart pape à Rome.

Cap. 2. Coment nul prince vint a lo impereor senon Gaymere, et sol Drogo et Raynolfe furent investut de la main de lo impeor.

Cap. 3. Coment se rendit Capue et de la dolor que en orent cil de Capuë.

Cap. 4. Que fist Gaymare à Capue puiz que l'empeor se fu parti.

Cap. 5. Coment li conte del royalme vouloient chacier Pandulfe et deffendre Guaymere.

Cap. 6. Coment Guaymere trahi a soi cert home et Pandulfe traxe a soi Robert, et coment se parjura lo prince Pandulfe.

Cap. 7. Coment Robert ala a lo frere et fu mis en possession de la roche de Saint-Martin.

Cap. 8. Et de toute Calabre.

Cap. 9. De la povreté de Robert.

Cap. 10. Coment Robert torna a lo frere, et estoit povre qu'il non avoit noient, et de la proie qu'il fist au retorner qu'il fist.

Cap. 11. Coment Robert trahi Pierre, et coment puiz lui voust bien.

Cap. 12. Coment Girart de Bone Herberge fu eslit de Robert chevalier et ot la tante pour moillier.

Cap. 13. Coment Richart fu pris de Drogo et puiz fu fait conte de Averse.

Cap. 14. Coment apres la mort Pandulfe fu prince lo filz.

Cap. 15. Coment Damasse succedi a Lion et comment combati contre l'eresie symonaice et tuit li autre mal, et coment Guaymere li dona et fu fait chevalier.

Cap. 16. Coment il vint a Melfe et predica à li evesque et li Normant, et puiz s'en ala en autre contrée por predicare.

Cap. 17. Coment li pape vint apres de Bonivent et coment il proia Guaymere et Drogo qu'il lo deffendissent.

Cap. 18. Coment li Normant non tratterent bien Bonivent.

Coment covint a Robert de torner a l'aide de li frere et lui pria qu'il lui donnast terre. Et lo conte non voit qu'il lui poist doner alcune. Et cercha et pensa coment il peust aidier a la povreté de son frere. Et s'en va en la fin de Calabre et la trova un mont molt fort. Et l'appareilla de leingname et lui mist non la roche Saint-Martin. Ceste donna a lo frere et lo mist en possession de toute Calabre. Et puis se parti Robert et esgarda et vit terre moult large et ricches cités et villes espesses et les champs pleins de molt de bestes et regarda de loing (1).

(1) Sommaire défectueux et incomplet; le IIIe livre a 53 chapitres, et ceux du sommaire ne correspondent pas toujours à ceux du texte, par exemple les chapitres 9, 10, 11, 12, 13, 14, etc.; par une erreur du copiste, ce sommaire se termine par quelques lignes du texte que l'on retrouvera plus loin.

CI SE COMENCE LI TIERS LIVRE ET FINISSENT LI CAPITULE
DE LO SECONT

Cap. 1. En l'an de l'incarnation de nostre seignor Jhu-Crist mille .xlvij. Corrat, fil de lo impeor auguste de bone recordation et memoire, voulant saillir à la dignité de lo impere, et vint a Rome pour prendre la corone, trova la injustement troiz papes lesquelz il cassa, et fist lo quart justement estre pape (1).

Cap. 2. Et adont la paour de l'empereour estoit en lo cuer de li princes, dont ceux qui sentoient que avoient fait mal avoient paour de venir a la cort de lo impereour. Et avec li conte et li baron soe vint molt honorablement et gloriousement, et ensi comme fu receu lo pere fu receu lo filz. Guaymere se glorifia en la compaingnie de li Normant, et li Normant se magnificoient en li don de lor prince. Drogo et Ranulfe furent glorifiez de l'empeour et mis en possession de lor contés.

Cap. 3. Et malitiousement failli Guaymere que rendi Capue a lo impereour, et trahi la cité, et fu rendue a

(1) Ce n'est pas « Corrat » mais Henri III, fils de l'empereur Conrad, qui, à la Noël de 1046, a renversé les trois prétendants à la papauté Benoit IX, Sylvestre III et Grégoire VI, et a nommé à leur place, sous le nom de Clément II, Suidger, évêque de Bamberg.

Pandulfe, sanz provision de justice s'il avoit mal fait a la cité ou non. Grant dolor orent cil de Capue, car il atendoient mort et pene; ma l'ire del home non lor pot nuire, mes celle de Dieu (1).

Cap. 4. Et puiz que se fu parti l'empeor, si se repenti Gaymere de ce qu'il avoit rendu Capue a l'empeour et cercha de la recouvrer, et assembla trois eschilles de Normans, et mist siege a la cité de Capue, et comforta li fort

---

(1) Leo de' Marsi, II, 78, répète les données d'Aimé : « Imperator... Capuam abiit. Ibi itaque Guaimario refutante, Capuam quam per novem jam annos tenuerat, Pandulfo illam sæpe dicto simul cum filio, multo ab eis auro suscepto, restituit : Drogoni Apuliæ et Rainulfo Aversæ comitibus ad se convenientibus et equos illi plurimos et pecuniam maximam offerentibus, universam quam nunc tenebant terram imperiali investitura firmavit. » Hermann de Reichenau — ad an. 1947 — parle aussi de l'investiture des chefs Normands par l'empereur : « Imperator vero Romæ egressus, nonnulla castella sibi rebellantia cepit, provincias illas, sicut videbatur disponit, duces Nordmannis qui in illis partibus commorantur et aliis eo locorum instituit. » A la suite de cette investiture des Normands par l'empereur, Guaimar ne prit plus le titre de duc de Calabre et de Pouille; la dernière charte où il le porte encore est du mois de janvier 1047. Voici l'en-tête de la charte : « In nomine domini vicesimo hanno (pour vigesimo nono) principatus domni nostri Guaimarii, et nono anno principatus ejus Capue (pour et octavo) et ducatus ejus Amalfi et Surrentum et quinto anno supra scriptorum principatus et ipsorum ducatus domni Gisulfi filio ejus, gloricsorum eximii principis et ducis et quinto anno ducatus illorum Apulie et Kalabrie, mense juanarius, quintadecima indictione. » — La charte qui vient immédiatement après, et les suivantes, n'ont plus que cette formule : « In nomine domini vicesimo anno principatus Salerni domni nostri Guaimarii et octabo anno ducatus ejus Amalfi et Sirrentum, et quinto anno supra scriptorum principatum et ducatum domni Gisolfi eximii principis et ducis filii ejus, mense martius, quinta decima indictione. » *Codex diplomaticus Cavensis*, t. VII, p. 26 et 28, in-4º, Milan, 1888.

chevalier, et la pristrent. Pandulfe se humilia et requist concorde et paiz, et vindrent covenances, et avieingne que non fussent clerez les covenances; toutes voies se partirent o paiz et concorde (1).

Cap. 5. La malice de Pandulfe avoit afflit li conte de Tien par fers et par fain et par bateures par molt ans. Et par la vertu de Guymarie estoit delivré. Cestui non se partoit maiz de la fidelité Guaymere dont Pandulfe lo cercha de chacier, mes que nul non lo pooit chacier ne l'autre deffendre sans l'aide de li Normant, tant Guaymere quant Pandulfe, et se recovra o deniers à li fortissime Normant (2).

Cap. 6. Guaymere fist la force soe o tout ses contes, et Pandulfe tyra a soi Robert et lui fist les despens, et lui donna lo fort chastel appareillié, et li promist par jurement

(1) A la suite de cette concorde et paix, Guaimar dut rendre Capoue à Pandulfe, car nous savons que ce dernier était quelque temps après en possession de ses États.

(2) Un document analysé par Di Meo, t. VIII, p. 294, montre qu'en 1049 il y avait trois comtes de Teano, Landulfe et ses deux neveux Pandulfe et Landulfe. Hirsch, p. 276, croit qu'Aimé exagère les torts de Pandulfe de Capoue contre le comte de Teano, et cite à l'appui de son opinion divers textes de Leo de' Marsi; ces textes prouvent que les comtes de Teano furent pour Guaimar contre Pandulfe de Capoue dans les hostilités à propos des Normands établis sur les terres du Mont-Cassin, qu'une sœur des comtes de Teano fut faite prisonnière par Pandulfe de Capoue, qui refusa de l'échanger contre son allié Landulfe d'Aquino, fait prisonnier par Guaimar, enfin qu'un comte de Teano fut fait prisonnier par Richer, abbé du Mont-Cassin. Rien dans tout cela n'infirme la donnée d'Aimé; Leo de' Marsi montre au contraire que les comtes de Teano et Pandulfe de Capoue étaient ennemis déclarés, il se peut donc très bien que vers 1047, l'un de ces comtes ait été, pendant quelque temps, prisonnier de Pandulfe de Capoue.

de donner lui la fille pour moillier. Et vint lo jour determiné; Robert cercha la promission et requist lo chastel qui lui estoit promis; més Pandulfe lui noia. Ceste priere et moult autre si engana Pandulfe : « Provoie soi Dieu de la destruction de la maison de Pandulfe, que me promist lo mariage et non lo compli. »

Cap. 7. Et covint a Robert de retorner a l'aide de son frere, et lui proia qu'il lui donast terre; et lo conte non voit qu'il l'empisse donner alcune. Et cerca et pensa dont puisse aidier a la povreté de son frere; et s'en ala en la fin de Calabre, et trova un mont molt fort, et la appareilla de laigname, et lui mist nom la rocche Saint-Martin (1); cestui donna a lo frere, et lo mist en possession de toute la Calabre; et puiz s'en parti et s'en torna en sa terre.

Cap. 8. Robert regarda et vit terre molt large, et riches citez, et villes espessez, et les pleins de molt de bestes. Et regarda en loing tant coment pot regarder, et pensa que faisoit lo povre, prist voie de larron, chevalier son petit, povreté est de la cose de vivre, li faillirent les deniers a la bourse. Et come ce fust cose que toutes chozes lui failloient, fors tant solement qu'il avoit abundance de

---

(1) Malaterra, I, 16, qui a également raconté cette partie de la vie de Robert, donne le nom de San Marco à ce premier établissement de Robert dans les Calabres; Aimé, on le voit, prétend que Robert l'appela Saint Martin. Nous savons que cet établissement se trouvait dans la vallée du Crati, au nord de Cosenza, non loin de Bisignano, et, quoi qu'il y ait un San Martino dans ces parages, il est bien probable que Malaterra est dans le vrai, et que cet établissement s'appelait San Marco et non San Martino. Plus tard, en effet, Robert faisant bâtir une forteresse en Sicile dans le Val-Demone, lui donna le nom de San Marco, en souvenir, dit Aimé lui-même, du premier établissement qu'il avait fondé en Calabre. — Aimé, V, 25.

char; coment li filz de Israël vesquirent en lo desert, ensi vivoit Robert en lo mont; ceaux menjoient la char a mesure, cestui se o une savour toutes manieres de char; et lo boire d'estui Robert estoit l'aigue de la pure fontainne.

Cap. 9. Et puiz torna Robert a son frere et lui dist sa povreté, et cellui dist de sa bouche moustra par la face, quar estoit moult maicre. Més voulta Robert la face, et vouterent la face tuit cil de cil de la maison. Et retorna Robert a la roche soe, et aloit par les lieuz ou il creoit trover de lo pain. Et coment lui plaisoit prenoit proie continuelment, et toutes les chozes qu'il avoit faites absconsement, maintenant fist manifestement. Et prenoit li buef por arer, et li jument qui faisoit bons pollistre, gras pors .x., et peccoires .xxx.; et de toutes ces coses non pooit avoir senon .xxx. besant, et autresi prenoit Robert li home liquel se rachatarent de pain et de vin; et toutes voies de toutes cestes coses non se sacioit Robert.

Cap. 10. En une cité qui lui estoit apres, laquelle se clamoit Visimane (1), riche de or et de bestes, et de dras preciouz, habitoit Pierre fil de Tyre. Robert fist covenance auvec cestui, lo prist pour pere, et Pierre l'avoit pris pour filz, et se covenirent pour parler ensemble. Perre et sa gent se mist en lieu secur, et Robert et sa gent vont alant par li camp, et Robert comanda a sa gent qu'il se traissent arriere. Et Pierre fist autresi. Et li seignor se convindrent a parler ensemble; et Piere lui offri la bouche pour baisier, et Robert lui tendi les bras au col, et ces dui chairent de li chavail. Més Piere estoit desouz, Ro-

---

(1) Il s'agit de la ville de Bisignano, dans la vallée du Crati, au nord de Cosenza.

bert lo preme desoupre; et corirent li Normant, et foïrent cil de Calabre. Et Pierre fu mené à la rocche de saint-Martin et est bien gardé. Puiz Robert va agenoillié, et ploia les bras, et requist misericorde, et confessa « qu'il avoit fait pechié; més la richesce de Pierre et la povreté soe lui avoit fait constraindre a ce faire; més tu es pere, més que tu me es pere covient que aide a lo filz povre. Cesti comanda la loi de lo roy, ceste cose, que lo pere qui est riche en toutes chozes aidier a la povreté de son filz. » Et Pierre promet de emplir la promission, et .xx. mille solde de or paia Pierre. Et ensi s'en ala, et sain et salve fu delivré de la prison. Et Robert donna liberté a Pierre et a les coses soes. Et coment ce fust cose que les bestes soes tant en temps de paiz tant en temps de guerre allassent securement. Et comanda Richard que hedifiast la maison en celle fort roche ou avoit tot assegurance et seurté (1).

Cap. 11. Apres ces chozes faites sicome dit l'estoire,

(1) Malaterra, I, 17, a aussi raconté cette aventure de Robert; son récit, identique pour le fond avec celui d'Aimé, cherche cependant dans quelques détails à atténuer la culpabilité du pillard normand. Dans les livraisons de juin, juillet et août 1881 de la Revue russe du ministère de l'Instruction publique, M. Vasilievsky a publié les Récits et Conseils d'un grand seigneur byzantin du XIe siècle, d'après un manuscrit grec inédit du xve siècle. Ce manuscrit se trouve à la bibliothèque synodale de Moscou; il provient du couvent d'Iviron au mont Athos; sans compter d'autres ouvrages, il renferme ces Récits et Conseils, sorte de cours de stratégie, avec des traits historiques racontés par l'auteur, pour prouver le bien fondé de ses préceptes. Le § 85 des Récits et Conseils raconte l'aventure de Robert et de Tira le Calabrais, gardien de la ville de Bisignano. Abstraction faite de quelques particularités secondaires, le récit du grand seigneur byzantin est tout à fait semblable à celui de Malaterra et d'Aimé.

Robert vint en Puille pour veoir son frere; et Gyrart lui vint qui se clamoit de Bone Herberge, et coment se dist, cestui Gyrart lo clama premierement Viscart, et lui dist : « O Viscart! porquoi vas çà et là; pren ma tante soror de mon pere pour moillier, et je serai ton chevalier; et vendra auvec toi pour aquester Calabre, et auvec moi .ij.c. chevaliers. » Et Robert fu alegre de ceste parole, et se appareilla de aler a lo conte son frere, et demanda a son frere licence de cest mariage. Més a lo conte non plaisoit, et deffendi cest mariage. Et une autre foiz li pria Robert a genoilz que a li plasist lo mariage; més lo conte lo chasa et dist et li commanda que en nulle maniere devist faire ceste parentesce. Et pria les plus grans de la cort qu'il priassent a son frere lo conte qu'il non soie si astere, et que non lui face perdre ceste adjutoire. Et a l'ultime se consenti lo conte. Et adont prist Robert la moillier, laquelle se clamoit Adverarde et fu Girart son chevalier de Robert, et puiz vint en Calabre et acquesta villes et chasteaux, et devora la terre. Ceste choze fu lo comencement de accrestre de tout bien à Robert Viscart. La bataille et li autre coses triumphal que fist sa et la, et puiz en lieu et en temps lo vouz dirons; més or lesserons ci endroit a parler de Robert Viscart et de son fait, et retornons a la ystoire de Drogo et de Ricchart (1).

(1) Le surnom de *Guiscard*, en latin Guiscardus, Viscardus, que Robert a immortalisé, est une forme ancienne du mot français *avisé*; Robert Guiscard signifie donc *Robert l'avisé*, c'est-à-dire fin, rusé, plein d'expédients et de ressources. La racine de ce mot est germanique (voyez les mots allemands : weise, weisen, wissen, wissenschaft), elle exprime l'idée de science, connaissance, sagesse, prudence. — Leo de' Marsi, Malaterra et Guillaume de Pouille n'ont pas parlé du premier mariage de Robert Guiscard, aussi n'est-il pas possible de contrôler sur ce point les données d'Aimé. D'abord quel

Cap. 12. Ore nous dit et raconte ceste ystoire que entre Drogo et Ricchart naschi une brigue, et en celle brigue Drogo prist Ricchart et lo mist en prison. Et au tems que

était ce Girard di Buonalbergo ? Ce dernier nom est celui du château au nord et près de Bénévent, non loin d'Ariano ; est-ce à cause de ce voisinage que, sans donner des preuves de son assertion, M. de Blasiis (*op. cit.*, t. II, p. 14) en fait un comte d'Ariano ? Ce qui est plus certain, c'est que Girard di Buonalbergo et sa tante Adverarde ou Albérada, d'après l'orthographe de Malaterra, étaient Normands et parents de R. Guiscard ; celui-ci fit valoir plus tard ces liens de parenté pour rompre ce mariage, lorsqu'il voulut épouser Sikelgaïta, cf. Aimé, IV, 18, Malaterra, I, 30. Nous ne connaissons pas la date du mariage de Robert Guiscard, mais Aimé disant que ce mariage « fu lo comencement de accrestre de tout bien à Robert Viscart », il a du avoir lieu lorsque Robert n'était pas encore un personnage, vers 1050, et avant les luttes entre Léon IX et les Normands, car ces luttes le mirent très vite en évidence. En acceptant cette date approximative de 1050, comme celle du mariage de R. Guiscard avec Alberada, on est tout surpris de voir, soixante-douze ans plus tard, en 1122, cette même Albérada faire une donation à l'abbaye de la Cava, près de Salerne. La charte de cette donation se trouve encore dans les archives du couvent de la Cava, et son contenu prouve bien qu'il s'agit de la première femme de R. Guiscard. En voici le début : « Anno incarnationis dominicæ 1122, mense Julio : ego Albereda Colubrarii Pollicorii que domina, pro meorum defunctorum parentum animarum remedio, Roberti Guiscardi ducis invictissimi *bonæ memoriæ viri*, domini que Boamundi, nec non Rogerii de Pomareda charissimi mei quondam viri, domini que Ugonis Clarimontis, pro meorum quoque delictorum, dominique Alexandri Clarimontis suique fratris domini Riccardi meorum videlicet nepotum præsentia subscriptorum bonorum hominum testium, dono, etc. » — Il résulte donc que vers 1050, Alberada était la tante d'un seigneur important du pays de Bénévent, de Girard di Buonalbergo, et que, soixante-douze ans plus tard, en 1122, cette même tante était encore de ce monde et faisait une donation à la Cava. N'est-ce pas le cas de dire que le vrai peut quelquefois n'être pas vraisemblable ? Anne Comnène (*Alexiades*, I, 11) a aussi parlé du mariage de Robert Guiscard, mais elle confond Girard de Buonalbergo avec Pierre

Ricchart estoit en prison, Raynolfe conte d'Averse fu mort, et adont li Normant prierent la bone volenté de Guaymere que Ricchart, loquel il avoient fait conte vivant son oncle Raynulfe, il lor deust donner, puizque estoit mort Raynulfe. Et lo prince Guaymere requist Drogo qu'il lui donnast Ricchart, et Drogo coment loial conte lui donna volentiers; et fu mené Ricchart a Salerne, loquel Guaymere fist vestir de soie et lo mena ad Adverse, et de la volenté et alegresce de lo pueple lo fist conte. Et Ricchart se humilia a la fidelité de lo prince, et lo prince se alegra de la prosperité de Ricchart (1).

Cap. 13. En celui temps meismes fu mort Pandulfe prince de Capue, et fu ordené et fait prince son filz liquel autresi come lo pere clamoit Pandulfe. Cestui Pandulfe

de Turra, seigneur de Bisignano, elle donne à ce personnage imaginaire le nom de Guillaume Mascabélès, et ne fournit que des données erronées ou incomplètes.

(1) Trois documents permettent de rectifier les erreurs commises par Aimé dans ce chapitre : 1º Une charte d'Aversa du 21 mars 1048, analysée par Di Meo, t. VII, p. 283, mentionne deux comtes d'Aversa : « Comitante d. Guilelmo et d. Herimanno in castro Aversæ, quod est finis Liguriæ, anno primo; » 2º Une autre charte d'Aversa, également analysée par Di Meo, t. VII, p. 312, par laquelle Guillaume Barbotus, « unus de militibus de Aversa, » fait une donation; cette charte porte : « Anno ML.. cum esset in comitatu Herimanno puerulo et primo anno domno Riccardo comiti ejus avunculo »; 3º Leo de' Marsi, II, 66, première rédaction, complétant ces renseignements, écrit : « Quem (Rodulfus cognomento Capellus) post paucum tempus, Aversani de honore projicientes, Rodulphum Trincanocte præceferunt. Post quem Guilelmum Bellabocca de cognatione Tancredi. Deinde Aversani expulso illo, Richardum filium Aschettini ab Apulir evocantes comitem sibi instituerunt. » Ces textes montrent qu'Aimé a tort de dire que Richard succéda à Rodolphe Trincanocte; il y a entre les deux, Hermann et

fu semblable a lo pere non solement en seignorie de dignité et por nom, més autresi de coustumes (1).

Cap. 14. En celui temps, papa Clement, dequel est dit que fu ordené de l'empereor Henri et fu mort delà de li mont et ala a Dieu (2), et fu fait pape Damasco, loquel non pot mostrer lo effetce de son desidere. Cestui Damase estoit evesque de Bresce (3), loquel dedens troiz jors puiz

Guillaume Bellabocca, en outre, il fait de Rodolphe Trincanocte l'oncle de Richard, c'était son cousin germain.

Voici la série des premiers comtes d'Aversa :

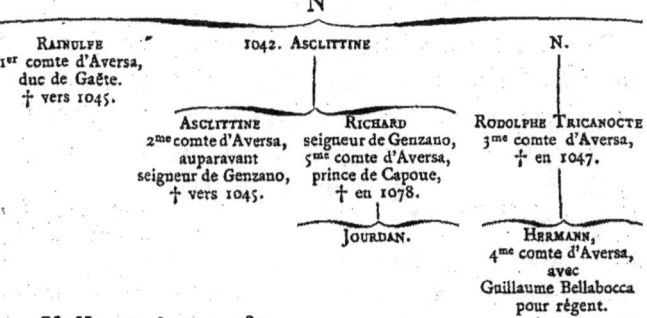

Cf. Hirsch, *l. c.* p. 281.

(1) Hirsch, p. 282, place au 19 février 1049 la mort de Pandulfe IV, prince de Capoue; il cite, pour établir cette date, une phrase de Leo de' Marsi, II, 79, première rédaction, lequel dit que Léon IX étant venu à Capoue, l'année de son élévation au souverain pontificat (au mois de mars 1049), le vieux Pandulfe était mort avant l'arrivée du pontife. Hirsch reproche à Aimé, à Leo de' Marsi et à Didier d'avoir chargé à plaisir la mémoire de Pandulfe IV de Capoue; il paraît bien cependant que ce fut un abominable tyran, ainsi les *Annales Altahenses majores* rapportent que lorsque l'empereur Conrad vint au Mont-Cassin, en 1038, « omnia a prædicto Pandulfo vastata repperit, res monasterii distractas, monachos fugatos »; les annalistes du Mont-Cassin n'avaient pas dit autre chose.

(2) Le pape Clément II est mort le 9 octobre 1047, au monastère de S. Thomas, sur les bords de l'Aposelle, dans le comté de Pesaro.

(3) Brixen, dans la Norique, actuellement le Tyrol autrichien.

la mort de Clement ot la dignité papal, et a lo .xxiij. jors puiz qu'il fu pape fu mort a Penestrine apres de Rome (1).

CAP. 15. Apres cestui Damase fu fait pape Lion, loquel estoit evesque de Tholose et estoit nez de lingnage d'empereor (2). Cestui Lion estoit molt bel et estoit rouz, et estoit de stature seignoriable, et estoit de letre bon maistre. Cestui pape Lyon estoit amé de lo impereor et de toute l'eglize de Rome, et estoit venut a Rome come peregrin. Puiz fu ordené por pape, et mut bataille contre la perversité de la Symon, c'est contre symonie. Et a ce entendre, est de noter fu premier disciple de saint Pierre, et voiant que saint Pierre donnoit la grace de lo Saint-Esperit, Symon vouloit donner a saint Pierre qu'il lui vendist celle grace. Car non se estoit fait son desciple pour droite foi, més pour aprendre aucune cose. Quar il creoit que li miracle que saint Pierre faisoit et li apostole fussent par malice. Et saint Pierre lui dist : « Tes deniers soient avec toi en perdition ; quar la grace del Saint-Esperit non se puet vendre (3) ». Et que Symon premerement vouloit achater la grace del Saint-Esperit fu clamée symonie. Mès or laisserons a parler de cestui Symon, et retornerons a parler de pape Lyon. Cestui pape Lyon combati contre la symonie, et ala par les cités, et o saintes predications rempli l'eclize de la foi de Christe ; il fist li

(1) Aimé se trompe ; Clément II était mort le 9 octobre, et son successeur Damase II fut élu, non pas trois jours après cette mort, mais le 25 décembre suivant. Damase II a été sacré le 17 juillet 1048, et est mort à Préneste, le 9 août suivant.

(2) Léon IX, auparavant évêque de Toul, désigné à Worms, en décembre 1048, par l'empereur Henri III et par les légats romains pour succéder au pape Damase II.

(3) « Pecunia tua tecum sit in perditionem, donum Dei existimasti pecunia possideri ». *Actus Apostol.*, VIII, 18.

synode, c'est la congregation de Salerne (1), et trova que toutes li ordene de l'eglize estoient toute occupée de la fausse symonie. Mès come li bon ortellain, a ce que non perisse la plante qui novellement est plantée la va drechant que chié, sur lo poiz de li pecheour tient l'espaule, et espart lo pesant faiz a ce que non rompe l'espaule de cellui qui lo porte; c'est que non punisse a touz, proia et amonesta, et liga o excommunication. Et puiz absolve li ligat par convenance que plus non le facent cellui pechié. Lo parjure fait avec alcune penitance pardoné ; li adultere fait entre parent sur pene de excommunication depart. Et quant li saint pape vit la confusion et lo pechié de toute la christienté, il plora et proia Dieu qu'il lui moustre qu'il doie faire. Et clama l'ajutoire de la puissance de l'ajutoire de saint Pierre apostole et de saint Paul. Et de lo pechié passé fist lo miex qu'il pot, lo destruist et deffendi ; et cellui qui devoit venir deffendi o excommunication. Et conforta lo pueple qu'il doient donner a sainte eclize li primicie et li decime, et predica secont lodit de lo saint pere. Guaymarie li donna molt preciouz domps et lui promist de soumetre soi a estre fidel a li commandement.

Cap. 16. Et puiz s'en ala a Melfe opponere contre li fait de li fortissime Normant, et lor proia qu'il se deuissent partir de la crudelité, et laissier la moleste de li povre. Et lor mostra come Dieu est persecuté quant li povre sont persecutez, et coment Dieu est content quant est bien fait a li povre ; et lor comment que fidelement doient guarder li prestre et les choses de l'eglize. Et les conforta en faire bien et offerte a Dieu, et

(1) Aimé est seul à parler de ce synode de Salerne ; nous verrons dans la note suivante à quelle date il a eu lieu.

qu'il soient continent et caste envers lor voizins et lor proxime, et en toute vertu les conferma. Et reprist lo deffette des evesques, et fai qu'il non soient taisant, més ensaigna lor langue a preccier. Et puiz s'en torna a Rome; et puiz se remist à la voie pour corrigier les autres cités.

Cap. 17. Et quant cil de Bonivent oïrent tant de perfection et de santtité en lo pape, chacerent lo prince, et sousmistrent soi a la fidelité soe, eaux et la cité. Et retorna lo pape en celle part, et rechut gratiousement ce qui lui estoit donné. Gaymere et li Normant qui furent clamés vindrent a Bonivent et servirent fidelement a lo pape. Et proia lo pape Guaymere et Drago qu'il doient deffendre la cité et les enforma qu'il doient ordener que cil de la cité non soient grevé ne afflit. Drogo promet de faire ce que li pape a commandé, et a ce qu'il aie remission de ses pechiez, promet a combatre pour la deffension de la cité de Bonivent.

Cap. 18. Més que li Normant non se porent si delogier coment li autre gent restreindre. Puiz se parti Drogo de Salerne, et lo pape s'en ala avec lo prince Guaymere. Ceuz qui sont entor de Bonivent assaillirent de bataillire caus de Bonivent, et la rumor en va a l'oreille de lo pape coment lo promission de lo conte estoit cassée. Et lo pape souspirant et dolent de lo damage, et dist : « Je troverai voie comment sera deffendue la cité et abatue la superbe de li Normant ». Guaymere deffent Drogo, et o terrible sacrement jura, et lo excusa que ces chozes non sont de la volenté de lo conte Drogo, quar molt estoit prodome (1).

(1) La chronologie des voyages de Léon IX dans l'Italie du sud, en 1049, 1050, 1051, n'est pas facile à établir ; voici, à cet égard,

Cap. 19. Li messages furent mandé a Drogo pour faire li assavoir la moleste qui avoit esté faite a ceaux de Bonivent. Més avant que lo message, venist a lui la novele

quelques éclaircissements pour coordonner les données fournies sur ces voyages par Aimé. Leo de' Marsi, II, 79, rapporte que pendant la première année de son pontificat, le pape Léon IX (il avait été sacré le 12 février 1049) fit le pèlerinage du Mont-Gargano; en revenant, il passa au Mont-Cassin, où il se trouvait le dimanche des Rameaux, 19 mars 1049; le lendemain, il consacra l'église de S. Maurice, dans l'île de Limata, et partit ensuite pour Rome où il officia le jour de Pâques, 26 mars 1049. Herimanni Augiensis *Chronicon, ad an.* 1049. Les voyages de Léon IX, en 1049, dans l'Italie du Nord, en Germanie et dans les Gaules, prouvent que l'excursion du mois de mars au Mont-Gargano et au Mont-Cassin est la seule qu'il ait faite dans l'Italie du sud en 1049.

Au mois de mars 1050, le pape reparut dans l'Italie du sud; nous ne savons s'il visita de nouveau alors le Mont-Cassin, mais il vint à Capoue (première rédaction de Leo de' Marsi, II, 79), et de là gagna Salerne. C'est alors qu'il tint ce synode, cette « congrégation de Salerne » dont parle Aimé, et que nous ne connaissons que par lui; la conduite et les sentiments qu'Aimé prête au pape dans ce synode, sont du reste bien en harmonie avec ce que nous savons par ailleurs sur Léon IX.

De Salerne, Léon IX ne se rendit pas directement à Melfi, comme Aimé le suppose, il passa par Bénévent, où les *Annales Beneventani* signalent sa présence au mois d'avril, durant le carême de 1050; ces annales ajoutent que Pandulfe, prince de Bénévent, n'ayant pas voulu, comme le demandaient les Bénéventins, soumettre sa principauté au Saint-Siége, il fut expulsé avec ses soldats (*Annales Beneventani, ad an.* 1050).

A Melfi, où vint ensuite Léon IX, il essaya, comme le rapporte Aimé, de corriger par ses exhortations la brutalité et la rapacité des Normands; Wibert (*Leonis IX vita*, II, 6) et le moine anonyme, édité par Watterich, confirment sur ce point les données d'Aimé. Je serais porté à croire qu'Aimé est dans le vrai lorsqu'il dit que de Melfi, le pape revint directement à Rome, car nous savons que le 29 avril 1050, quinze jours après Pâques, il présidait un synode dans cette dernière ville (Anselmi *Historia dedicationis S. Re-*

coment Drogo estoit occis. Adont retorna lo message arriere, et lo dist a lo pape et a lo prince. Li pape plora et plus plora Guaymere quant oïrent la novele de la mort Drogo, quar rechut ferutes sans remede. Quar il a paour

migii). Comme Hermann de Reichenau dit qu'après ce synode pascal, Léon IX fit un nouveau voyage dans l'Italie du Sud (*Chron.*, ad an. 1050), on pourrait placer durant ce voyage, le synode de Siponto, présidé par Léon IX, et dont parle Wibert, *l. c.*, et le pèlerinage du pape au Mont-Gargano, mentionné par les (*Annales Beneventani*, ad an. 1050).

Les dates fournies par Leo de' Marsi, par Aimé et par les *Annales Beneventani*, permettent de préciser les incidents du voyage de Léon IX dans l'Italie du sud, en 1051. D'après Leo de' Marsi, II, 81, le pape arriva au Mont-Cassin le 28 juin, veille de la fête de S. Pierre et de S. Paul, et resta trois jours au monastère; il partit ensuite pour Bénévent et, ajoute le même chroniqueur, il releva la ville de Bénévent de l'excommunication prononcée contre elle par le pape Clément II. Les Annales de Bénévent, *ad an.* 1051, tout à fait en harmonie avec Leo de' Marsi, rapportent que le pape, venant du Mont-Cassin, fit, le 5 juillet, son entrée à Bénévent et qu'il resta dans cette ville jusqu'au 8 août suivant; il partit alors pour Salerne. C'était à la demande des Bénéventins que le pape venait dans leur ville; au commencement de 1051, ils lui avaient envoyé à Rome une ambassade proposant la soumission de la ville au Saint-Siége; le pape, pour s'assurer de ces dispositions, avait chargé deux prélats de se rendre à Bénévent, ils avaient reçu le serment de fidélité des Bénéventins et, sur leur rapport favorable, il s'était décidé à se rendre de sa personne à Bénévent, devenue une possession du Saint-Siége. Nous voyons par Aimé que Guaimar et Drogo firent visite au pape à Bénévent, et qu'ils lui promirent de préserver la ville de toute attaque des Normands; mais avec la turbulence et l'indiscipline des Normands, la promesse était plus facile à faire qu'à tenir. Telle paraît être la chronologie la plus plausible des voyages de Léon IX dans l'Italie du sud en 1049, 1050, 1051; ces conclusions sont à peu près identiques à celles de ERNEST STEINDORF dans les *Jahrbücher des deutschen Reichs unter Heinrich III*, Leipzig, 1881, t. II, p. 456 sq.

que lo mort de Drogo non soit pestilence a lui, et voit que est manchement a lui de honor et de grace.

CAP. 20. En lo jor de l'Asumption de sainte Marie Virgine, la pitouz pape chanta la messe et proia Dieu pour les pechiez que Drogo avoit fait; et l'auttorité apostolique lo asolt de touz ses pechiez. Et ditte la messe, lo pappe retorna a Bonivent et esta la un bon tems. Et Dieu, a ce qu'il monstrast de quel merite et de quel beatitude estoit li saint pape, mostra molt de miracles pour sa santtité et bone vie (1).

CAP. 21. Un jor estoit li saint pape a mengier avec autres evesques et homes religiouz, et comanda que lui fust aporté lo henap loquel avoit aporté del monastier de Saint-Romi. Et lo boteillier lui apporta cautement, et par avanture lui chaï de la main, et fu rout lo henap en molt de pars. Li bouteillier prist les pieces de lo henap et le abscondi, et dist au cancelier ce que lui estoit avenu, liquel cancelier se clamoit Federic, et a lo evesque Robert o grant paour. Lo seignor atendoit lo vin, et li boteiller tarda. Toutes voiez pour ceus qui menjoient là fu dit a lo pape, et il en fu dolent, quar il amoit cellui henap de laingne plus que touz les henaps d'or et d'argent pour l'amor de lo saint; et se fist venir les pieces et ordeneement les ordena comment avoient esté devant; et plora et clama devotement la misericorde de Dieu, et la merite de saint Romie prie que li vaissel qui estoit rout

(1) Drogo a été assassiné le 10 août 1051; Aimé est donc bien informé lorsqu'il écrit que le 15 août suivant le pape célébra la messe pour le repos de l'âme du chef normand; on s'explique aussi qu'à cette nouvelle, Léon IX ait eu hâte de revenir de Salerne à Bénévent pour préserver cette dernière ville des attaques des Normands.

liquel tenoit en sa main fu garri. Et maintenant fu gari. Et il conjura et pria a li fidel soe qui lo savoient non lo deuissent dire a nulle personne tant come il fust vif. Une foiz estoit malade un poi, et fu guari par la saingnie; et coment ce soit cose que li sanc soit plus corruptible, puiz moult de jors fu trové autre pur comme lo premier jor qu'il fu saingnié. Més or est temps que nouz laissons a parler de cest pape Lion et de ses bones operations, et que nous retornons a l'ystoire laquelle nous avions laissié devant pour parler et dire de cest saint pape Lyon (1).

Cap. 22. Or dit ensi li conte, que puiz que lo conte se fu parti de lo pape, il vint a un chastel loquel se clame Mont-Alegre. Et vouloit la ester a sa delictattion; il avoit en costumance de aler a la feste sollempnel a l'ofice et aorner l'eglize, et de jejuner et enviter li povre a mengier et donner offerte a li povre. Et avint que fu la feste de saint Laurens martyr. Et Drogo rechut cellui jor molt sollempnelment a l'onor de missire saint Laurens martyr, et furent appareilliez les chozes necessaires pour li povre, et furent invitez et appareilliés toutes les coses neccessaires. Et la nuit se leva Drogo pour aler a la vigile, et a ce que sa devotion non fust revelée ne dite, ala tout soul a l'eglize, et l'aposterent ses anemis. Non se trove escript qui furent ces anemis, més cestui fu un compere sien, liquel se clamoit Riso, avec autres de ses compaingnons,

(1) Le premier de ces deux miracles, celui du vase restauré, a été rapporté par le moine Anselme dans son histoire de la dédicace de l'église de S. Remi, à Reims (Watterich, t. I, p. 125); l'abbé Didier l'a également raconté dans ses *Dialogues*, l. III. Aimé est seul à parler du second miracle. Ce Frédéric, chancelier de Léon IX, est Frédéric de Lorraine, frère de Gottfried, duc de Lorraine, marquis de Toscane et mari de la comtesse Mathilde; il devint plus tard pape sous le nom d'Etienne IX.

come se trove en autre estoire. Més puiz fu taillié Riso
piece a piece, et tuit li sien compaingnon furent mort.
Et furent pris a Mont-Alegre de li Normant et de lo
frere de Drogo. Et lo matin, quant ses servicialz lo sorent
et lo troverent occis et taillié, et li Normant quant il
virent lor seignor ensi en traïson occis, il s'asemblerent
et pristrent Drogo et le porterent a son hostel grant plor
et o grant dolor, et puiz fu ensepeli et assoult de lo pape
si come je vouz devant dit (1). Et une fame laquelle avoit
nom Noëmi, Noëmi vaut autant a dire come belle, puiz
que ses filz furent mort non voloit avoir nom Noëmi (2).
Ensi cestui mont pour lo nom de Drogo non se clama
plus Mont-Alegre, triste (3). Et s'asemblerent li Nor-

(1) GUILLAUME DE POUILLE, l. II, v. 78 sq., dit également que
Drogo a été assassiné à Monte-Ilaro :
« Alter (Drogo) ab indigenis, nimium quia credulus illis,
Pontilari (pour Montilari) cæsus.... »
De même, LUPUS dans sa chronique, *ad an.* 1051 : « Hoc anno
Drogo occisus est in monte Ilari a suo compatre Concilio ». MALA-
TERRA, I, 13, indique un autre endroit : « Castrum montis Olei,
quod corrupte ab incolis Montolium dicitur ». GUILLAUME DE JU-
MIÈGES est d'accord avec AIMÉ pour dire que Drogo est mort le
10 août, fête de S. Laurent, enfin les *Annales de Bénévent* et
ROMUALD DE SALERNE rapportent que le meurtre fut commis au
mois d'août 1051. On voit que ce n'est pas AIMÉ qui donne le nom
du meurtrier de Drogo, c'est le traducteur qui prend ce renseignement dans l'*Anonymi historia Sicula*, c'est-à-dire dans Malaterra.
(2) *Livre de Ruth,* I, 20.
(3) AIMÉ se trompe; DI MEO a analysé, t. VII, p. 317, une charte
de 1118 qui prouve que le Monte-Ilaro portait toujours le même
nom. Aujourd'hui encore, on l'appelle Montellia; MG. SS., t. IX,
p. 255, note 84. — L'erreur d'Aimé provient sans doute de ce qu'il
connaissait la tradition qui faisait mourir Drogo à Montolium, qu'il
aura pris pour une corruption de Monte-Doglioso, *le mont triste,* et
il aura voulu harmoniser les deux traditions en disant qu'après la

mant puiz la mort de Drogo et Guaymere, et fu fait conte Umfroi, frere de Drogo (1).

Cap. 23. Et Leo pape, puiz qu'il fu parti de Bonivent, desirroit la confusion et la dispersion de li Normant, et demanda l'aide de lo empereor Federic (2), et del roy de France (3), et del duc de Marcelle (4), et de toutes pars requeroit aide. Et lor promet a donner absolution de lor pechiez, et de doner lor grans dons, et qu'il delivrassent la terre de la malice de li Normant. Et aucun pour ce qu'il timoient la force de li Normant, et li autre pour ammistié qu'il avoient, et aucun que il non estoient proié, non estoit qui feist lo comandement de lo pape.

mort de Drogo, le Monte-Ilaro avait été appelé Monte-Doglioso, mais là encore il se trompe, car, comme le dit Malaterra, Montolium vient de Mons-Olei.

(1) La *Chronicon breve Nortmannicum* porte *ad an.* 1051 : « Drogo interficitur in Apulia et succedit Humphredus ». De même Lupus, *ad an.* 1051 : « Hoc anno Drago occisus est in Monte Ilari a suo compatre Concilio et frater ejus Umfreda factus est comes ». On voit également dans Malaterra, I, 13, qu'aussitôt après la mort de Drogo, Humfroy prit la direction des affaires; aussi on ne s'explique pas pourquoi Guillaume de Pouille représente les Normands comme n'ayant pas de chef suprême lorsque, après la mort de Drogon, survinrent de graves démêlés entre ces mêmes Normands et Léon IX; il écrit, l. II, v. 79 :

« ...... Se gens rectore carentem
Gallica conqueritur. Papæ tamen obvia venit. »

(2) Il faut : de l'empereur Henri III (1046-1056).
(3) Le roi Henri I (1031-1060).
(4) Peut-être faut-il entendre par là non pas le duc mais le vicomte de Marseille; c'était Guillaume III dit le jeune qui, pendant le pontificat de Léon IX, était revêtu de cette dignité. — H. Bouche, *Chrorographie et Histoire de Provence*, t. I, p. 870. Aix, 1664, in-fol.

CAP. 24. Et li cancelier de Federic se donna guarde solement de la malice de li Normant, et non de la iniquité de li autre qui habitoient en celle part, et dist : « Se je avisse cent chevaliers effeminat, je combatroie contre tuit li chevalier de Normendie (1) ». Et adont corurent a l'arme et as lances, et assemblerent de Gaiete, de Valbine et de la Marche (2); i sont ajoint homes de Marsi (5), et de autre contés, et comment mansuete peccoire sont mandés contre li fort lop, la vertu de liquel et la potence coment nous escrivons se manifeste.

CAP. 25. Li message de lo prince de Salerne vint a lo pape et lui dist que lo prince de Salerne non se vouloit consentir a la destruction de li Normant, car il avoit mis grant temps a les assembler, et les avoit rachatez de molt monoie, et les tenoit coment pretiouz tresor. Et manda a dire a ceux qui venoient contre li Normant : « Vouz trouverés ce que vouz alez querant; o triste! vous serez viande de li devorator lion, liquel quant vouz tocheront o alcune moziche vous saurez quel force et quel vertu il a en eauz; alez et provez la folie de li Normant, et sentirez que en vous sera complée la parole que dist David lo prophete : Un en persecutera mil, et dui en moveront .x. mille (4). Et quant lo pueple oïrent ce, si furent molt triste, et li chevalier remainrent sans cuer et commencerent a retorner. Et la compaingnie de li fortisime et vaillant Normant sont assemblé : més li pape fu leissié de sa gent et s'entorna a Naple (5).

(1) Il s'agit de Frédéric de Lorraine, le futur pape Etienne IX.
(2) Gaëte, le pays de Balva, au nord de Sora et à l'est de Rome, et la Marche de Firmo à l'est de l'Italie centrale.
(3) Le pays des Marsès au nord du lac Fucino.
(4) *Deutéronome*, XXXII, 30.
(5) Nous ne connaissons que par Aimé cette première tentative de

Cap. 26. En cellui temps se tratoit la rumor de toute Ytalie; et veez ci que li home seminoient malice, et ordenoient a donner tristece a ceauz qui habitoient en la terre. Et veez ci la misere laquelle donne impediment a l'alegresce de la santé, et la discorde laquel destruisoit la paiz, et la povreté guaste la ricchesce. La crudele mort met fin a la vite. Car lo principe de Salerne par la potence et sapience de loquel estoit governé, fu gaitié de ses parens; par quel signe Dieu lui mostra, et en lo capitule apres se declarera.

Cap. 27. En cellui an que li parent et familiare de lo prince pensoient de sa mort, a Salerne et en Jerusalem molt de signez merveillouz avindrent. Un enfant fu nez o .j. oill, et cel oill non estoit la ou devoit estre, més estoit en mege lo front. La teste et la bouche de home avoit, et li pié et la coe de buef. Et autresi nasqui un enfant qui avoit .ij. testes; et plus que l'espasce de une hore lo flume pure fu fait sanc. Et apparut un autre signe : la lampe qui estoit appareillé au soir o aigue et oille, a lo matin fu trovée plene de lacte, laquelle lampe estoit en l'eglize de saint-Benedit. Et toutes ces chozes estoient signes de la mort de lo prince Guaymere, pour laquel mort molt de signes apparurent.

Léon IX contre les Normands, et ce qu'il dit n'est nullement en désaccord avec les renseignements qui nous sont fournis par ailleurs. Ainsi, nous savons que le 20 mai 1052, le pape se trouvait à San Germano (MIGNE: *Patr. lat.*, t. 143, p. 690) dans ce même mois de mai au Mont-Cassin (*Chronica S. Benigni Divion.*, MG. SS. VII, 237); Leo de' Marsi, II, 82, rapporte que durant le voyage il est allé à Capoue; le 1er juillet il était à Bénévent (MIGNE, *Patr. lat.*, t. 143, p. 693) et de Bénévent il a gagné Salerne; nous voyons par Aimé que ses négociations avec Guaimar de Salerne ayant échoué, il est allé à Naples.

Cap. 28. Et cil de Amafe furent constraint par sacrement et jurement pour lo mal intollerable qu'il cherçoient a faire a li ministre de li principe, a ce que non soit plus obedi a cestui prince Guaymere; quar cestui ministre estoient autresi come de Amalfe. Et clamerent li Salernitain pour combatre par mer, et o grant vitupe et injure vergoingnerent lo prince, et dont pooient lui faisoient damage par mer. Lo prince se appareilla de revengier soi, et clama l'ajutoire de li Normant. Més porce qu'il non recevoit les deniers de Amalfe non pooit complir sa volenté. Puiz li sien assembla la grandesce de lo principe, et virent que lui estoit faillie la fidelité de cil de Amalfe, et lui estoient failli li deniers, non lui furent tant fidel; més pour la ricchesce qui lor estoit promise del frere de la moillier, ce est de Raynolfe conte de Averse, se accorderent a la mort de Guaymere (1). Més pour ce que Guaymere avoient molt fidel amis, avoient paour de cest homicide; et vont commovant la volenté de li amis et parent de Guaymere, et lor prometoit s'il venoit a la dignité de estre prince, de faire lor molt benefice. Et en ceste maniere se trahirent arriere de la fidelité de Guaymere, et se acorderent a la mort de Guaymere. Et ceste cose vint a l'oreille de Guaymere; més que se confidoit en sa vertu et qu'il non se pooit humilier, comme servicial les despriza et non s'en cura. Et vint li jor, liquel estoit

---

(1) Raynolfe ou Raynulfe, comte d'Aversa, était mort depuis plusieurs années lorsque s'ourdissait cette conspiration contre Guaimar (Cf. *supra*, p. 113, note 1); Aimé dit lui-même que les chefs de la conjuration étaient les quatre frères de la femme de Guaimar; or celui-ci avait épousé Gemma, fille de Landulfe, comte de Teano (voyez un document de Guaimar du mois de mai 1032, analysé par Di Meo, VII, p. 153); il ne s'agit donc pas de Rainulfe d'Aversa, mais du fils du comte de Teano.

lo tiers jor de juing; ce fu lo jor de plorer et plein de
amaritude! et li Amalfitain o vaissel armez vont par mer
apres la ripe de Salerne et còmmencerent la bataille. Et
li chevalier de Salerne vont contre lo navie a la rippe; et
li principe commanda que li chevalier qui lo devoient
occirre deffendissent la rippe; et ceuz virent Guaymere o
cellui qui lui portoient l'arme estoit sol entre eaux ; et
demanda li pourquoi avoient juré de occidere lo, et ceuz
lo negarent. Et lo prince manechia, li chevalier prioient
et prometent a lo principe de cercier lo en cellui jor et
crierent : « Soit occis cil qui ci veut cecare ». Et li quatre
freres de la moillier, Landulfe plus jovene de touz premerement estendi la main et lo feri de la lance; et puiz
tuit cil qui la estoient en celle ligue lo ferirent, et si qu'il
rechut trente et sez feruez; et alerent pour occirre lo frere
Guide, més il eshca. Pandulfe fu occis, et autresi fu occis
lo cambrier de lo prince (1).

(1) Les *Annales Beneventani, ad an.* 1052, disent que Guaimar
fut tué le 2 et non le 3 juin : « Guaymarius princeps a suis occisus
est 2 die intrante mense Junio ». — Malaterra, III, 2, atteste la par-
ticipation des Amalfitains à ce crime : « Malfetani vero Gisulfum
exosum habentes, timebant quippe ab eo puniri eo quod interfectores
patris ipsius, dum eos ad subjugandum sibi impugnaret, extiterant. »
Leo de' Marsi, II, 82, première rédaction, accuse également les
Amalfitains : « Guaimarius conjuratione Amalphitanorum quos
nimis indique' tractabat, nec non et Salernitanorum quorumdam
juxta ora maris occisus est ». Enfin Guillaume de Pouille, l. II, v. 76,
dit que les parents de Guaimar ont participé à sa mort :

« ...... A civibus alter
Et consanguineis occisus fraude Salerni »

De même l'archevêque Alfane (Migne, *Patr. lat.*, t. 147, p. 1257) :

« Sed postquam patriæ pater et tuus ante suorum
Ora propinquorum confoditur gladiis. »

Cap. 29. Et maintenant firent prince Pandulfe, liquel estoit lo premier nez de toz de touz les freres, et lui jurerent fidelité, et entrerent en la cité, et requistrent ceaux que soient rendut li heritage a li filz de ceauz a cui Guaymere l'avoit tolut ; et furent rendut li hereditage, et lo pueple fu apaiez, et sallirent a la roche de la cité, laquelle non se pot tenir, quar non avoient fornement de victualle. Et pristrent la suer de Guaymere et la moillier de lo neveu o tout lor filz, et les tindrent en prison laidement et non honeste prison, et mistrent autres guardes en la roche.

Cap. 30. Et quant Guide fu par la misericorde de Dieu delivré de cest peril, il s'en ala a li Normant, liquel estoient assemblez pour ce qu'il atendoient a combatre contre li chevalier de lo pape (1). Et plorant et dolerouz se jetta a terre devant li Normant, et en plorant raconte ce qui lui estoit avenut, et dist : « Je me vieng a lamenter a vouz et dire de la mort de mon frere Guaymere, non solement mort, més crudele occision. Et avieingne que mon frere fust digne d'estre occis, toutes voiez non devoit estre occis de cil qui lui estoient parent, et par divers benefices qu'il lor donna estoient par lui riches. Et maintenant est temps que se mostre lo tresor liquel avoit assemblé lo prince et la ricchesce qu'il avoit assemblé et aquestée. Vouz estiez lo sien tresor, vous estiez la soe richesce pour l'amor de vostre fortesce, et il estoit croissut en honor en la incorruptible prosperité de vostre bonté ; estoit sur tuit li prince en dignité. Or aprendent li rey par vostre exemple de sovenir a li estrangier, et sachent tuit li seignor que vous amez vostre seignor apres sa mort. Adont vouz

(1) Aimé a parlé plus haut, chap. 24 et suivants des préparatifs militaires de Léon IX contre les Normands.

appareilliez, et faitez ceste venjance de ceste grant mauvaistié ! Et sentent cil mauvez occidental que doivent recevoir por si grande traïson. Je sai bien autresi que mi frere sont mort; je non les puiz resusciter, més securrons li filz qu'il non perissent en la prison ! »

Cap. 31. Quant li Normant entendirent la parole de Guide, il furent molt dolent, et li prierent qu'il se live de terre. Et non plorent li Normant manco de lui, et laissent toute choze et vont pour faire venjance de li prince, Et a la sexte yde de juing (1) sont li Normant entor li mur de Salerne, et o l'aide de ceuz qui avoient porté foy a li prince a lo secont jor fu prise. La porte fu aperte a Guide, et li malvaiz traitor fouirent pour recovrer la roche. Més par fame seront veinchut, et li filz et lor moilliers de li traitor furent pris et lor tresor fu donné a ceuz de la cité de Salerne.

Cap. 32. Guide laissa li filz de li nepote et la moillier, et toz quant il furent, fors tant solement lo filz de lo frere sien, liquel se clamoit Gisolfe, desidera que fust prince, et pour cestui li soit rendu de li traditor qui estoient en la tor de la rocche, donna li fill et li moillier de li traitor. Et coment ce fust chose que li Normant vollissent faire prince de cestui Guide, et dist Guide : « Dieu m'en gart que je soustieingne que mon neveu perde l'onor de son pere. » Et quant il ot dite ceste parole, il prist li jovene et lo mist en un lieu haut; et ploiant li bras fu fait son chevalier, et Guide li jura sacrement de fidelité. Et quant li Normant virent tant de bonté et de loialté en Guide, furent autresi fait chevalier de Gisolfe, et se firent investir de la main de lo prince Gisolfe de celle terre qu'il tenoient.

(1) 8 juin 1052.

Cap. 33. Homes pour faire pais entre li Guide et li traitor montoient et descendoient de la roche. Jura Guide et autresi fist Gilsolfe, non remeist saint par loquel non aient juré ; jurerent li juge et li autre gentilhome de laissier en aler salve li homicide sans nulle cose ; descende li chevalier sain et salve arme et s'en voise sauf et secur la il lui plaira.

Cap. 34. Et a lui fidel Normant non plot celle paiz ne celle concorde, et alerent contre li malvaiz traitor et homicide, et o l'aide de cil de la cité taillerent tuit li traitor et tout les occistrent et mistrent en une sepulture. Mal fu ordene Laindulfe pour estre prince o troiz freres siens, quar .xxxvj. en furent occis en une hore liquel avoient esté a la mort de Guaymere. Et pour la mor de Guaymere remainrent fidel tant de Guide quant de Gisolfe, et les haucerent en prosperité a lor honor. Et porce que Unfroy avoit pour moillier la suer del duc de Sorrente, proia li conte que lo duc fust laissié et recovra la dignité soe.

Cap. 35. Sagement se portoit Guide et il sol faisoit celle cose laquelle faisoit lo prince Guaymere et tuit li frere. Malement traitoit lo aornement pour marier la fille soe, quar non laissa en disposite ou en arche aucun aornement. La moillier et fille toutes despoilla, ce que il pooit leva et donnoit a li Normant pour conserver l'onor de son neveu. Més quelle en ot cestui oncle de tant come fist pour lo neveu, encore se dira sa en avant en lo ystoire (1).

(1) Leo de' Marsi, II, 82, 1re rédac., résume ainsi ces incidents : « Sed post quintum diem (après la mort de Guaimar) Normannis auxiliantibus, a Guidone fratre ipsius principis eadem recepta civitas (Salerni) et Gisulfo filio ejus reddita est, trucidatis auctoribus tanti facinoris, quattuor scilicet cognatis ejusdem Guaimarii et triginta sex aliis. » Contrairement à Aimé et à Leo de' Marsi, le

Cap. 36. Avant la mort de Guaymere, un jovene, atte a chevalerie et aorné de vertu, estoit venut a Robert frere carnel de Ricchart conte, dont cestui non estoit lo Viscart de loquel est dit. Et a cestui Guaymere avoit donné pour moillier la fille de Drogo conte (1).

Cap. 37. Et quant lo pape vit que lo prince Guaymere estoit mort, loquel estoit en l'ayde de li Normant, se appareilla de destruire li Normant; il asembla plus de gent qu'il n'avoit avant, et avoit o lui .ccc. Todesque et comensa a venir contre li Normant (2).

Catalogus principum Salerni porte que Gisulfe ne succéda pas immédiatement à son père mais que Gui, frère de Guaimar fut, pendant deux mois, prince de Salerne. « Wido, alter Weimarii frater, per menses 2, et ipse erat thius Gesulfi principis. » MG. SS., III, p. 211. Comme il n'existe pas de charte des princes de Salerne pendant les deux mois qui suivirent la mort de Guaimar (*Codex diplomaticus Cavensis*, t. VII, *Index chronol. membranarum*, p. xxii), il n'est pas possible de dire si l'erreur est du côté d'Aimé et de Leo de' Marsi ou du côté du *Catalogus principum Salerni*, mais il est probable que ce dernier document fait simplement allusion à la part importante que Gui prit aux affaires du gouvernement lorsque, grâce à ses efforts, son neveu Gisulfe recouvra l'héritage de son père. Gui aura été quelque temps régent de la principauté pour le compte de Gisulfe ; c'est du reste ce qu'Aimé insinue dans l'appréciation qu'il fait du rôle de Gui, après la mort de Guaimar.

(1) Gattola (*Accessiones ad hist. Cassinensem*, t. I, p. 218) reproduit une charte par laquelle une fille de Drogo nommée Rocca, parle de son mari Ubbert.

(2) Leo de' Marsi, II, 81, dit que le pape avait avec lui dans cette campagne non pas 300 mais environ 500 Allemands : « de propinquis tantum et amicis Apostolici quingentis circiter illum in partes has comitantibus. » Guillaume de Pouille, II, v. 151 sqq., dit 700 :

« .... Guarnerius Teutonicorum
Albertus que duces non adduxere Suevos,
Plus septingentos. »

Les *Annales Romani* et Hermann de Reichenau se contentent de parler d'un grand nombre d'Allemands.

Cap. 38. Puiz que fu seu par publica fame que li pape venoit, molt en estoient alegre. Més Jehan, evesque de Salerne, non avoit petit de tribulation pour la vision qui lui apparut; quar stant afflit par dolor de santé laquelle avoit acostumé d'avoir, se fist porter la ou gist lo cors de saint Mathie apostole et lui dist ce qui estoit a entrevenir, et entre celle dolor s'endormi. A loqualle s'apparut saint Mathie apostole, et lui dist ce qui devoit avenir. Et lui dist : « Je te promet que tu es guari de ton infermeté. Més je te prophetize que la mort non est trop long. Li pape vient avec vilz chavaliers pour chacier, més li sien seront destruit, et espars, et en prison, et mort. Et puiz ceste cose retornera à Rome et sera mort. Et puiz la venue soe peti vivra : quar c'est ordené devant la presence de Dieu, quar quicunques sera contre li Normant pour les chacier ou tost morira, ou grant affliction aura. Quar ceste terre de Dieu est donnée a li Normant, quar la perversité de ceus qui la tenoient et pour la parenteze qu'il avoient faite avec eaux, la juste volenté de Dieu a convertut la terre a eaux ; quar la loy de Dieu et la loy de li impeor commande lo fill succede a lo heritage de lo pere. » Et puiz lo evesque se resveilla tot sain et salve ; et ensi comme lui fu dit en avision, ensi fu fait (1).

Cap. 39. Lo pape fu acompaingnié de ceste chevalerie, et avant qu'il venist a La Cité assembla li gentilhome et fist gofanonier de La Cité et de la bataille Robert loquel se clamoit de Octomarset. Et puiz vindrent a La Cité, c'est a un chastel qui se clame La Cité. Quar la lui vindrent encontre li Normant comment se trove en autre

(1) Sur ce Jean, archevêque de Salerne et prédécesseur d'Alfane, voyez : « *Memorie della Chiesa Salernitana* di G. Paesano, t. I, Napoli, in-8º, 1846, p. 106 sqq.

ystoire (1). Et lo pape et li chevalier avoient esperance de veinchre pour la multitude de lo pueple. Et li Normant puiz qu'il vindrent manderent message a lo pape et cerchoient paiz et concorde, et promotoient chascun an de donner incense et tribut a la sainte eclize, et celles terres qu'il ont veincues par armes voloient revoir les par la main de lo vicaire de l'eglize. Et mostrerent lo confanon coment il furent revestut de la terre par la main de lo impeor, et coment lor estoit confermée. Lo pape non parla, ainz parla lo cancelier et les manesa de mort, et lor propona qu'il doient fugir; et l'un et l'autre est molt moleste a li Normant; et encoire o cès messages parla par manacha, et lor fist vergoingne. Li legat de li Normant s'en retornerent et reporterent lor message, loquel molt lor desplaist (2).

Cap. 40. La neccessité de la fame moleste li Normant, et par lo exemple de li apostole prenoient li espic de lo grain et frotoient o la main, et ensi menjoient lo grain, et afflit pour la fame requerent que ceste brigue se departe ou combatent. Et li pape avec li evesque sallirent sur lo mur de La Cité, et regarda a la multitude de ses cavaliers

---

(1) C'est en effet à Civitate, sur les bords du Fortore, et dans la Capitanate qu'eut lieu, le 18 juin 1053, la bataille entre les Normands et les troupes de Léon IX; Leo de' Marsi, II, 84 : « Inito autem certamine in planitie maxima quæ juxta Civitatem est »; Malaterra, I. 14; « Apostolicus fuga vitæa sylum expetens, intra urbem provinciæ Capitanatæ quæ Cimitata (Civitata) dicitur, se se profugus recepit. » De même la *Vita Leonis IX ab anonymo* (Watterich, t. I, p. IIIc).

(2) Guillaume de Pouille, II, v. 85 sqq. dit également que les Normands firent, avant la bataille, une démarche de conciliation auprès du pape, mais sans succès; d'après l'Anonyme de Bénévent, ce furent les ambassadeurs du pape qui allèrent dans le camp normand, mais le résultat fut le même, Watterich, t. I, p. IIIc.

pour les absolvere de lor pechiez, et pardonna la penance que pour lor pechié devoient faire. Et lor fait la croiz et lo commanda de boche qu'il alent combatre (1). Raynolfe et Raynier furent eslit principe de ceste part, liquel leverent en haut li gofanon, et vont devant o molt grant multitude de gent, més petit de Toudeschi solement les secuta. Et li Normant font troiz compaingniez desquelles une en est regie et governée par la main del conte Unfroy; et l'autre par lo conte Ricchart, et a la tierce par Robert Viscart. Et li Thodeschi se metent l'escu en bras et crollent l'espée; et li Normant et hardi coment lyon prenent la haste. Et lo conte Richart despart li Todeschi et passe parmi eaux; et de l'autre part fiert lo conte Unfroy et de l'autre entre Robert Viscart; et li Thodeschi se reguardent derriere pour veoir lor compaingnie; més nul Longobart venoit apres eauz, quar tuit s'en estoient foui. Cestui Todeschi qui iluec se troverent furent tuit mort, nul non eschappa se non aucun a qui li Normant vouloient pour pitié pardoner; et secuterent ceus qui fuyoient, et les prenoient et occioient. La masserie de lo pape et de tout li soi, et li tresor de la chapelle soe lui fu levé de ceus de La Cité (2).

(1) GUILLAUME DE POUILLE, II, 115 sqq.

« Tempus erat triticeis confine metendis
Frugibus, at virides nondum legere maniplos
Agricolæ, quos Francigenæ, quia pane carebant,
Igni torrebant et vescebantur adustis. »

L'ANONYME DE BENÉVENT dit aussi que le pape s'est retiré à Civitate pendant la bataille — WATTERICH, t. I, p. IIIC ; MALATERRA, I, 14 et GUILLAUME DE POUILLE, II, v. 258, supposent, au contraire, que le pape serait resté sur le champ de bataille jusqu'à la défaite de ses troupes. WIBERT, II, 11, confirme la donnée d'Aimé.

(2) L'exposé, assez laconique du reste, qu'Aimé fait de la bataille

Cap. 41. Et quant ce fu fait li Normant s'en alerent a lor terre ; li pape avoit paour et li clerc trembloient. Et li Normant vinceor lui donnerent sperance, et proierent que securement venist lo pape, liquel meneront o tout sa gent jusque a Bonivenc, et lui aministroient continuelment pain et vin et toute choze neccessaire, et pour ce que Rodolfe estoit o coultel fist archevesque de la cité Boogarie (1).

Cap. 42. Et o la favor de li Normant torna a Rome a li .x. mois (2) puiz que avoit esté la bataille. A li .xiij. kalende de mai, c'est d'apvril a li .xviiij. jor, fu mort et fist molt miracle (3). Et lo archevesque de Salerne loquel

---

de Civitate est, pour le fond, en harmonie avec ce que nous savons par ailleurs ; Guillaume de Pouille, G. Malaterra, l'Anonyme de Bénévent ont donné plus de détails que n'en fournit Aimé, mais sans contredire ses assertions sur la marche et l'issue de la bataille ; ce fait historique est en définitive un des mieux connus du xie siècle. Au sujet de la conduite des habitants de Civitate à l'égard du pape, Guillaume de Pouille, II, v. 259 sqq. écrit de son côté :

« Sed cives papam non excepere decenter
Normannis veriti grave ne victoribus esset. »

(1) Léon IX fit son entrée à Bénévent cinq jours après la bataille de Civitate, le 23 juin 1053, et resta dans cette ville jusqu'au 12 mars de l'année suivante. On s'est demandé si le pape avait été à Bénévent prisonnier des Normands ou s'il était de son plein gré et en toute liberté resté dans cette ville. Il semblerait, d'après le texte d'Aimé, que le pape, nourri par les Normands, ait été à Bénévent dans une certaine mesure sous leur dépendance ; Hirsch, *l. c.* p. 288, exagère cependant lorsqu'il interprète ces paroles « o la favor de li Normant torna à Rome » en disant que le pape demanda aux Normands la permission de revenir à Rome, le sens est plutôt « avec le concours des Normands. »

(2) C'est vers le 3 avril 1054 qu'il est rentré à Rome, « instanti paschali tempore. » Herim. Augiensis, *Chron.* ad an. 1054.

(3) La date est exacte, Léon IX est mort le 19 avril 1054.

avoit veue celle avision, a li .v. mois et vj yde de septembre fu mort (1).

Cap. 43. A li conte de Puille vindrent autre frere de la contrée de Normendie, c'est assavoir Malgere, Gofrede, Guillerme et Rogier (2).

Cap. 44. Cestui Gisolfe de loquel nous avons devant parlé, liquel de la part de la mere estoit nez de gent viperane (3), en prime comensa a estre jovene et petit a petit comensa a vomir lo venin. Molestament soustint la maistrie de so oncle Guide et lo pensa de priver de toute honor. Et toutes foiz il estoit en l'ornor de prince par son oncle Guide, quar par lui l'avoit eue. Més pour covrir ceste iniquité qu'il vouloit faire, il se ordena de traire de sajete et faire mal a doi freres, c'est à Mansone et a Lyon.

(1) C'est donc le 8 septembre 1054 qu'Aimé fait mourir Jean, archevêque de Salerne ; c'est probablement là une erreur, car G. Paesano, dans l'ouvrage déjà cité (cf. *supra*, p. 92, note 1), cite un document de 1057 dans lequel il est parlé de Jean comme occupant encore le siège de Salerne, t. I, p. 112.

(2) Malaterra, I, 15, dit également qu'après la bataille de Civitate, le comte Umfroy s'occupa d'établir ses frères dans l'Italie du sud, il écrit : « Duos itaque fratres suos comites fecit Malgerium Capitinatæ, Guillelmum vero in principatu. Sed Malgerius moriens cum omnem comitatum suum Guilielmo fratri suo reliquisset, Guilielmus Gaufredum fratrem suum diligens sibi concessit. » D'après ce même Malaterra, I, 19, Roger ne serait venu en Italie qu'après la mort d'Umfroy et lorsque Robert Guiscard lui avait succédé comme comte de Pouille.

(3) Nous avons vu que Guaimar IV avait épousé Gemma, fille du comte de Teano, Gisulfe descendait donc des comtes de Teano par sa mère, et comme ces comtes étaient d'assez mauvais voisins de l'abbaye du Mont-Cassin, Aimé ne se gêne pas pour déclarer que par sa mère, le nouveau prince de Salerne descendait de *gent vipérane*.

Et toutes voies par le conseill de ces .ij. freres l'onor de li frere et li sien avoient esté accressut. Et princement cesti Gisolfe esmut cil de la cité contre ces dui, et lor prometoit de donner lor chozes. Més pour ce que ces .ij. freres avoient l'ajutore de lo conte Ricchart, non veoit coment ceste cose bonement se peust faire sans l'ajutore de alcun altre de li Normant. Adunque a ceste cose faire appella Robert frere de lo prince Ricchart, et li promist par sacrement de donner lui la moitié de la ricchesce de ces .ij. freres ; et cestui estoient moult riche, et avoient grans possessions. Mès ces .ij. freres sorent lo conseill qui estoit fait contre eaux. Et apres de la cité avoient une roche molt secure et moult fortissime de grant maniere, et en celle roche avoient mise lor ricchece, et la estoient la ville et la maison, et se partirent de lor anemis, et lo bestiame delquel se trovoient abondance sans nombre. Toutes foiz remainstrent vacant et gabe de ceux qui desideroient de faire mal a la persone lor. Partirent toutes voies quant se speroient de partir, et la cose qu'il partirent fu moult petite. Et Richart estoit immobile por deffendre li fidel de ceste injure. La prosperité de Guide estoit abassié pour lo oppression de ces .ij. freres, liquel se tenoient ensemble, et Gisolfe son neveu ot sa compaingnie en despit (1).

Cap. 45. Et vint lo conte Umfre, et demanda lo don qu'il soloit avoir, et vint o son frere Guillerme, demanda lo chastel qui lui fu promis o sacrement. Li prince dampna la petition de ces .ij., et onques ne les vouloit voier, ne de bone et alegre face non lor voust plaisir. Et se partirent ces .ij. freres molt corrociez et cerche et

---

(1) Aimé est seul à parler de ces premiers actes de Gisulfe.

queroient de avoir satisfaction. Et en prime donerent esmote a lo castel de saint-Nicharde, et puiz vont devorant lo principat tout. Et quant Gisolfe oï ceste novelle que Umfroi et Guillerme aloient ensi gastant sa terre il s'en fist gaberie et non s'en fist senon rire et tout tint a gieu. Més toutes foiz pristrent Castel-Viel et Facose-le-Nove, et toutes les cités qui estoient apres chascun jor estoient assaillies, et les chozes qui estoient fors des murs furent prises et destructes. Més quant les gens des chasteaux surent ceste destruction, il garnirent lor terres et lor chasteaux de murs et de palis, et lo prince come jovencel se joe dedens les murs et se solace.

Cap. 46. Ceste ystoire nous dit et raconte que lo conte Richart vint a Salerne et demanda lo domp que Guaymarie lui soloit donner. Més il ot malement son entendement, ne ce qu'il demandoit, quar por l'or qu'il demandoit lui furent getéez pierrez, et pour li cheval lui furent traites sajetes. Et Richart conte vit ceste deshonor que lui faisoit lo prince; il lui manda disant qu'il non estoit digne de pierre ne de sajettes, quar il avoit revengié la mort de lo pere, et lo fist prince. Lo soir lo conte ordena lo agait, et lo prince chevaucha securement au matin, et clama li jovencel avec lui qui portoient fronde et arc pour traire. Et li chevalier del conte, quant il virent que lo prince estoit issut de la cité, par fraude commencerent a a fouir, et ceauz de la cité de Salerne, liquel estoient vestut de dras de lin, les secutoient jusques au lieu ou estoit fait l'esguait; et cil qui faisoient l'esguait virent cil de Salerne, il lor corurent sus, et cil non porent fuir, et alcun se jetterent en mer, et alcun furent occis, si que furent mort .c.v.; et cest fu lo premier plor de li Salernitain morant en bataille (1).

(1) Les revendications du comte de Pouille et du comte d'Aversa

Cap. 47. Puiz que fu mort li pape Lion delquel nouz avons devant parlé, fu fait pape lo evesque de Estitanse (1), liquel se clamoit Geobarde ou Victore (2). Cestui pape Victore fu molt cortoiz, et molt large et fu molt grant ami de l'empeor; cestui contre la chevalerie de li Normant non esmut inémistié, més ot sage conseil, quar il fist amicable paiz avec li Normant.

Cap. 48. Cestui pape ala a la cort de l'empeor pour demander li passage de la terre et de li Arpe, laquel terre apartient a la raison de l'eglize de Saint-Pierre de Rome; il fu honorablement receu de lo impeor, et lui promist lo impereor de faire sa petition. Més li empeor fu malade, et fu mort, et fu absolz de lo pape et de lo patriarcha de pene et de coulpe, et fu enterres ad Spiram où estoit souterré son pere, et fu portez de Ponte-Feltro où avoit esté mort (3). Et quant li empereor fu sousterrés si come nouz

montrent combien la puissance des Normands avait fait des progrès par suite de la défaite des troupes de Léon IX et de la mort de Guaimar IV ; c'est en maîtres qu'ils parlent à Gisulfe, Umfroy prend San Nicandro à l'est d'Eboli, Castel-Vecchio et Paccosa-Nuova, Richard tue les soldats de Gisulfe et celui-ci ne peut venger de telles attaques et de tels affronts ; si le prince de Salerne a été un souverain détestable, il faut avouer que, dès le début, sa situation vis-à-vis des Normands, rapaces et insolents, était de nature à l'irriter profondément.

(1) Eichstätt, évêché de Bavière.

(2) Gebhart, évêque d'Eichstätt qui devint pape sous le nom de Victor II et fut sacré à S. Pierre de Rome le 13 avril 1055, près d'un an après la mort de Léon IX.

(3) Il est certain que, durant son court pontificat, Victor II n'eut pas de démêlés avec les Normands; mais peut-être aurait-il fini, s'il avait vécu plus longtemps, par se brouiller, lui aussi, avec eux ; les *Annales Romani* disent qu'en allant ainsi trouver l'empereur, Victor II voulait obtenir son concours pour chasser les *Agarenos*, c'est-à-dire les Normands ; Aimé croit que le pape revendiquait sim-

avons dit devant, li pape Victor s'en torna a Rome, et puiz poi de temps apres fu mort et s'en ala a Jesu-Christ (1).

Cap. 49. En celui temps fu mort lo abbé Richier de Mont de Cassin (2). Et a cestui abbé Richier succedi Pierre religious moine, més non fu trop expert de chozes seculeres. Et pour ce que pape Victor lo reprennoit des chozes seculeres desquelles il o non curoit, il renuntia a la croce et a la dignité d'estre abbé (3). Laquelle croce et

plement comme possessions du Saint-Siège, les défilés du pays d'Arpino, au sud de Sora, c'était bien peu de chose en vérité. Quoi qu'il en soit, Victor II arriva le 8 septembre 1056 à Goslar auprès de Henri III, et celui-ci mourut à Bodfeld (Ponte-Feltro) le 5 octobre de la même année, et fut en effet enseveli à côté de ses ancêtres, dans la cathédrale de Spire.

(1) Victor II est mort à Arezzo, en Toscane, le 28 juillet 1057; le texte d'Aimé laisserait croire qu'il est mort à Rome.

(2) Richer, abbé du Mont-Cassin est mort le 11 décembre 1055; Leo de' Marsi, II, 88.

(3) Leo de' Marsi, II, 89, 90, 91, 92, qui donne sur l'abbé Pierre de curieux détails et qui paraît bien informé, explique autrement la démission de cet abbé du Mont-Cassin. Il dit que le pape Victor II vit de mauvais œil son élection, parce qu'elle avait eu lieu sans l'agrément du Saint-Siège et sans celui de l'empereur et qu'il envoya au Mont-Cassin, au mois de mai 1057, l'évêque Humbert avec la mission de faire une enquête. Les témoignages recueillis par le légat Humbert furent favorables à l'abbé Pierre et l'on pouvait espérer qu'il garderait la crosse abbatiale, lorsque quelques religieux du Mont-Cassin, persuadés que le pape voulait porter atteinte à leur droit d'élire librement leur abbé, excitèrent un soulèvement parmi les vassaux du Mont-Cassin. Ils accourrurent à l'abbaye, armés et menaçant des effets de leur colère quiconque voudrait leur enlever leur abbé; devant une telle mise en demeure, le légat Humbert n'hésita pas et fit comprendre à Pierre qu'il devait donner immédiatement sa démission et celui-ci se résignant déposa sa crosse sur l'autel de S. Benoît. — La bulle adressée ensuite par Victor II au

dignité prist lo cancellier, liquel estoit noble home et moine de cellui meismes monastier. Et quant il fu eslit d'estre abbé, il atendoit la benediction de lo pape ; més lo pape Victor fu mort. Et apres lui fu eslit cestui abbé pour estre pape et fu clamez pape Stephane (1).

Cap. 50. Nous trouvons en ceste cronica que cestui abbé avant qu'il fust pape si esmovoit toute la gent qu'il pooit avoir, et faisoit son pooir de destruire li Normant ; puiz qu'il fu pape o toute la mort soe pensa de les destruire. Més pource que la mort lui estoit voisine, non pot complir sa volenté. Et pour ce qu'il non avoit plenement argent pour ce faire, fu mis main a lo tresor de Saint-Benedit. Et pour cest tresor voloit scomovere son frere qui se clamoit Gotherico et autre grant home a destruire li Normant. Et ceste choze non estoit faite par consentement de li frere, se non tant seulement que lo savoit lo propost et lo deen (2).

successeur de l'abbé Pierre, — Migne, *Patr. lat.*, 143, p. 831, — montre que la version de Leo de' Marsi est la vraie, car cette bulle n'admet même pas la validité de l'élection de l'abbé Pierre.

(1) Le 22 mai 1057, l'abbé Pierre avait renoncé à sa dignité et le lendemain, Frédéric de Lorraine, frère du duc Gottfried, fut élu en chapitre abbé du Mont-Cassin; Victor II, heureux de cette élection, nomma le nouvel abbé, cardinal le 14 juin 1057, et le 24 du même mois, jour de S. Jean-Baptiste, il le sacra de ses propres mains. Aimé est donc dans l'erreur en disant que la mort a empêché Victor II de sacrer (bénir) Frédéric de Lorraine (Leo de' Marsi, II, 93). Comme nous l'avons déjà dit, Victor II mourut peu après ce sacre, le 28 juillet 1057 et, le 2 août de la même année, ce même Frédéric de Lorraine lui succédait et prenait le nom d'Etienne IX.

(2) Aimé avait déjà fait connaître, cf. *supra*, III, 24, 39, les sentiments hostiles de Frédéric de Lorraine contre les Normands, avant qu'il ne devint pape. Au sujet de ce trésor du Mont-Cassin, réclamé par le pape Etienne IX, Leo de' Marsi, II, 97, écrit : « Disponebat

Cap. 51. Et la nuit quant lo tresor fu enporté, un moine de l'abbaie vit ceste revelation en somne. Et lui estoit avis qu'il veoit desouz l'autel ou gist saint Benoît avec sa suer, laquelle se clamoit sainte Scolastice, issoit un moine deschauz et la teste descoverte, et ploroit fortement, et disoit qu'il estoit desrobé et toutes ces chozes lui estoient levées ; et s'en vouloit aler reclamer a la justice. Et un moine le secutoit et lui disoit qu'il non plorast, quar il lui prometoit de raporter lui lo tresor qui lui avoit esté levé, et disoit que celui estoit concedut de la pitié de Dieu que nul home ne te lo puet lever. Et apres ce se resveilla lo frere, et dist ceste avision a molt, et ensi ce qui avoit esté fait absconsement vint publiquement. Et dist cestui moine escriptor et exponitor de ceste cronica que bien estoit certain et secur que celui moine qui confortoit l'autre moine qui ploroit que ce fu saint Benoît, par laquel merite et ordination lo tresor qui en estoit porté de lo monastier, si coment je vouz ai devant dit, fu retorné puiz la mort de lo pape (1).

Cap. 52. Cestui capitule si dit en que quant cest pape, liquel avoit esté avant abbé de lo monastier de misire saint

autem fratri suo duci Gotfrido apud Tusciam in colloquium jungi ei que ut ferebatur imperialem coronam largiri ; demum vero ad Normannos Italia expellendos qui maximo illi odio erant, una cum eo reverti. » Aimé dit, ce qui n'est guère probable, que le duc Gottfried connaissait les projets du pape, mais n'avait pas promis de les seconder.

(1) Il y a dans Leo de' Marsi, II, 97, le récit d'une vision à peu près semblable et sur le même sujet ; mais dans Leo de' Marsi, ce ne sont pas deux moines inconnus, c'est S. Benoît et Ste Scholastique qui pleurent parce que le pape a fait enlever le trésor du Mont-Cassin. Aimé dit que le trésor ne fut rendu à Mont-Cassin qu'après la mort d'Etienne IX, tandis que Leo de' Marsi rapporte que ce pape le renvoya lui-même à l'abbaye, avant de passer de vie à trépas.

Benedit de Mont de Cassin, vindrent a la ultime terme de sa mort, les freres qui estoient avec lui en compaingnie et lui demanderent conseil qu'il lui plaisoit qui fust abbé de lo devant dit monastier de Saint-Benoît apres sa mort. Et respondi cil loquel estoit pape et abbé del dit monastier, que cellui del covent de li moine a cui il auront plus grant devotion qu'il soit abbé, cellui sera le meillor. Et puiz si dist li dit meisme pape : « Comment ce soit choze que je ay eues dui dignités molt grandes en la sainte eglize de Dieu, tout soit ce choze que je non estoie digne, je sui tenut de ces dui grandes et excellentes rendre raison jusque a la ultime quadrante, c'est a la plus petite monoie qui se trove, devant un destroit juge liquel me demandera l'usure. » Et ce est a entendre que es une maniere de mesure de pain laquelle mesure de pain est encoire a Rome, et se clame justice. Et pour ce se clame justice, quar est un pain partut en quatre parties ; et en cellui temps cellui pain valoit un denier, si que lo povre home en pooit dui foiz ou quatre mengier, si que la ultime quadrante, la quarte part d'un denier petit. Et en aucune part se trove que une generation de meallez de liquelle se trove quatre por un denier. Et pour ce dist lo pape que de ces .ij. grans et excellentes offices de la eglize de Dieu lui covenoit rendre rayson jusque a lo plus petit denier qui se trove par tout lo monde, dont li bon pape non vouloit grever l'arme soe. Et puiz si dist : « Quar quiconques est clamé a si hautes offices et excellentes de la sainte Eglize de Dieu non doit amer nulle choze se non Dieu. Et pour ce me pert et me plaist bien que cellui qui est plus amé soit fait abbé. » Et puiz si dist : « Coment se soit chozes que frere Desidere soit plus amé, je vouz conseille que de lui facies vostre abbé et pastor, quar il est de noble gent et de bones costumes. » Et quant li frere entendirent lo conseil et la volenté de cestui pape et abbé, cil qui ploroient por sa mort orent grant joie et furent tuit reconfortez en Dieu, et furent liez et joians cil qui estoient tristez et dolent de la mort de lor bon pere et pastor ; tuit furent reconfortés en la vie de cellui qu'il devoient eslire pour estre lor pere et lor abbé. Et quant li papes ot ensi parlé comment je vouz ay dit, et ordené avec ses freres, la maladie lui enforza, et trespassa de ceste mortel vie et s'en ala a la misericorde de lo nostre Salveor Jshu-Crist (1). Et quant li pape et abbé fu enterrez honorablement a Saint-Pierre de Rome, si coment il est usance de faire honor au saint pere (2), ses freres moines liquel estoient avec lui s'en retornerent a lor abbeie de monseignor saint Benedit de Mont de Cassyn, et raporterent tot le tresor loquel il en avoient porté de lo saint monastier (3). Et quant li frere furent venus audit monastier, il annoncierent a lor autres freres la mort de lor pape et abbé, et lor distrent coment li pape lor avoit donné en conseil qu'il feissent abbé de frere Desi-

(1) LEO DE' MARSI, III, 9, qui a également rapporté ces divers incidents est, sur plusieurs points, en désaccord avec Aimé. Il place aux environs de la Noël et au Mont-Cassin, la réunion des moines présidée par le pape, dans laquelle, du consentement de ce dernier, Désidère ou Didier fut élu futur abbé du Mont-Cassin. Etienne IX étant mort le 29 mars 1058, cette réunion n'a donc pas eu lieu « à la ultime terme de sa mort » ; en outre, les moines n'ont pas eu à revenir au Mont-Cassin après la mort d'Etienne IX pour annoncer le résultat de la conférence, puisqu'elle avait eu lieu à l'abbaye même et plusieurs mois avant le décès du pontife. Aimé et Leo de' Marsi sont du moins d'accord pour affirmer qu'Etienne IX voulut rester jusqu'à sa mort abbé du Mont-Cassin, tout en approuvant qu'on lui donnât, après sa mort, pour successeur, l'abbé Didier.

(2) Etienne IX ne fut pas enterré à S. Pierre de Rome, mais dans l'église de Santa Reparata, à Florence.

(3) Nous avons vu que d'après Leo de' Marsi, le trésor aurait été rapporté au monastère, du vivant d'Etienne IX.

dere, liquel estoit plus amé : més estoit ensi que cestui frere Desidere estoit alez en Costentinople a lo empeor, ambassator por lo pape, més li frere de lo monastier tout maintenant a grant joie manderent a frere Desidere que li papes estoit mort, et que sans demorance s'en venist. Et quant frere Desidere entendi li mandement de ses freres, il se mist en mer et vint jusque apres de Rome, et puiz ot lo vent contraire qui le retorna jusques au Bar. Et iluec, de sez freres qui l'atendoient et a grant joie lo rechurent, et la fu faite la election secont lo commandement de lo pape. Et en lo jor de la pasca de la Resurrection monta a Mont de Cassin, et li moine o grant joie et loant Dieu lo firent abbé (1). Més vouz qui ceste ystoire

(1) D'après Leo de' Marsi, III, 9, Etienne IX était encore au Mont-Cassin lorsque Didier partit pour Constantinople avec les deux autres légats, le cardinal Etienne et Mainard, promu nouvellement à l'évêché de Silva-Candida, par conséquent en février ou dans les premiers jours de mars 1058 ; il s'embarqua à Siponto, sur un navire qui se rendait à Bari, où, retenu par des vents contraires, il envoya un messager au Mont-Cassin dire qu'il n'avait pas encore pu partir pour Constantinople. Comme on avait, sur ces entrefaites, appris au Mont-Cassin la mort du pape, deux frères furent en toute hâte envoyés à Bari, annoncer cette nouvelle à Didier et lui mander de revenir. Il revint en effet, et, le jour de Pâques, 19 avril 1058, il était élu abbé du Mont-Cassin et prenait possession de sa charge. Ce récit, on le voit, diffère sur plusieurs points de celui d'Aimé ; il n'est guère admissible qu'à la nouvelle de la mort du pape, Didier, alors à Bari selon toute apparence, ait songé à venir à Rome par la voie de mer, pourquoi à Rome et comment par mer ? l'édition de Champollion portait par erreur « et puiz ot lo vent contraire qui le retorna jusques au bas » le manuscrit porte « jusques au Bar, » c'est-à-dire jusqu'à Bari où nous avons vu en effet que, d'après Leo de' Marsi, Didier était venu par mer sur un navire de Siponto. Je serais porté à croire que tout ce passage a été mal compris et mal rendu par le traducteur.

liziés, notés ceste parole que jamaiz home fust pape et
abbé, quar mais non se recorde que home qui fust fait
pape se reservast la dignité laquelle avoit eue devant, nul
non s'en trove qui fust archevesque et pape ensemble, ou
cardinal et pape, fors solement cestui qui fu pape et abbé,
més force qu'il vesqui tant petit de temps qu'il non pot
ordener a sa volenté autre abbé; ou fu traittement qu'il
fu abbé tant que lo fust abbé Desidere de loquel l'estoire
parle apres (1). Or dit ensi li escriptor et li translatator de
ceste cronica, qu'il veult dire l'ordre de la conversation et
la prospere subcession de cestui abbé, kar se non laissa de
dire la nativité et la vie de li autre home, coment se veult
tacer de cestui qui fu abbé et pere de lo monastier dont il
meismes estoit moines? Et especialment qu'il fu tel et
tant qu'il est digne choze d'escrivre de lui, quar il fu
molt gentilhome et fu son pere conte de Bonivent (2) et
touz temps fu norri de gentil gent et fu enseingniez de
bones costumes; et quant son pere fu mort, il toute l'onor
de estre conte prist et tout lo heritage. Et la mere, pour
ce que elle non avoit plus, consentoit a son filz ce qu'il
vouloit. Et cestui prenoit ce que la mere avoit et donnoit
a li povre continuelment, et de son preciouz vestement
covroit li povre. Et quant sa mere vit tant substrattion de
sa richesce, por non destorber lo de faire sa volenté et son

(1) C'est une erreur; bien des papes, au moyen âge, ont gardé après
leur avènement sur le Saint-Siège, des bénéfices qu'ils avaient auparavant, abbayes, évêchés, archevêchés.

(2) Leo de' Marsi, III, 1, écrit : « Is ex nobilissima Beneventanorum principum origine sanguinis lineam ducens. » Son père n'était
cependant pas prince souverain de Bénévent; il faisait seulement
partie de la famille princière. Nous savons par Leo de' Marsi, III, 2,
qu'il fut tué dans une rencontre avec les Normands, et lorsque le
futur abbé du Mont-Cassin était encore bien jeune.

plaisir, lui leissoit faire tout ce qu'il vouloit, quar molt l'amoit de grant amour, quar bien avoit rayson de amer de bon cuer tant et tel saint et bel et bon et gentil jovencel, et especialment qu'il estoit son filz, et plus non avoit; et si non estoit nul home ne fame qui lo coneust qui non l'amast de bon cuer. Et quant li parant de son pere virent et sa mere que cestui jovencel estoit si large et plein de si grant charité, il s'asemblerent ensemble et pristrent conseil de donner lui fame pour moillier. Més lo corage et la volenté de lo jovencel estoit molt loing de faire cest mariage, et comensa a concevoir et a penser en son cuer quel frutte devoit parturir. Quant il vit que lo mariage se devoit apareiller, et que la mere et li parent estoient assemblez pour faire lo mariage et pour lui donner fame, il s'en foy a lo hermitage ou il desirroit de ester, et despoille li noble et riche vestement qu'il avoit devant, et se vesti de sac comme hermite. Et quant la mere et li parent furent asemblés pour faire lo mariage, il fu cerchié par la cité et par la conté, més il non se pot trover, quar il estoit en la montaingne de lo hermitage. Et quant li parent sorent qu'il estoit là, il i alerent et lo troverent vestu de sac come un hermite cellui qui souloit estre vestu et adorné de paille de or. Et quant il le virent ensi vestu, il lui osterent et despollerent cellui vestement et lo vestirent autrement; et l'amenerent a sa mere, qui molt estoit dolente, pour reconforter sa dolor (1). Et li parent penserent de faire lui muer son proposement a cestui jovencel. Més il pensa de estre fort en son proposement. Li parent li cercherent

(1) Leo de' Marsi, III, 2, 3, 4, a aussi raconté cette fuite du jeune homme au désert, chez un ermite du nom de Santari ; une moine du nom de Jaquinto lui donna son concours dans cette tentative d'évasion. Les deux récits de Leo et d'Aimé sont identiques pour le fond.

famez les plus belles qu'ils porent trover, lesquelles estoient avec lui de nuit et de jor et a boire et a mengier, pour savoir s'il preist amor ne delectation de fame carnelle, et lo peussent retorner de son opinion et de sa volenté ; més lo jovencel o la vertu de Dieu pense en son cuer de garder a Dieu sa chastee. Et orent conseill li parent de faire les noces, ordinant lo jor, et entrerent li espouse et li espoux ensemble en chambre. Més jà non fu entre il doi parole de luxure ne alcune volenté de la part de li saint jovene ; quar Jshu-Christ liquel combatoit pour son servicial (1). Et puiz que li parent virent et sentirent ce, lo garderent qu'il non retornast a son proposement. Més, comme dist l'Escripture, non est conseill contre Dieu (2), quar li seignor Dieu Jshu-Christ compli la volenté de lo saint et bon jovene ; quar il Dieu l'avoit pris pour hostie sanz macule. Et pour ce li devant bon jovene prist lo habit de conversation ; c'est que lo habit de conversation est avant qu'il feist profession en Sainte-Sophie de Bonivent ; més en l'eglise de Saint-Benedit de Mont-Cassin prist la grace de consecration. Et pour la grant obedience et pure humilité que avoit la grace et la benignité de lo pape, et lui concedi a ce qu'il avist amistié et toute poesté avisse de grant home a recevoir lo tribut de toute la province. Et alant a Rome pour soi faire con-

---

(1) « Intactam sponsam, matrem patriamque propinquos
          Spernens huc propero, monachus efficior. »

Ces deux vers de l'épitaphe qu'on écrivit plus tard sur le tombeau de Didier (WATTERICH, t. I, p. 570), confirment la véracité de ce récit d'Aimé. Leo de' Marsi se contente d'écrire : III, 3, «Nullus que illi neque de nuptiis neque de actu aliquo mundiali persuadere aliquatenus potuit. »

(2) « Non est sapientia, non est prudentia, non est consilium contra Dominum. » *Prov.* XXI, 30.

secrer abbé, fu fait de lo pape abbé et prestre cardinal (1).
Et ensi cestui fut fait cardinal et abbé ensemble. Et puiz
torna toute sa cure en accroistre la religion de lo monastier, et noblement enrichi et aorna lo eglize et ot en despit
l'or et l'argent. Et tuit li sage home et bon clerc qu'il
pooit trover assembloit en son eglize, a ce que son eglize
fust adornée; més tant plus despendoit a faire honor a
Dieu, tant plus les chozes del monastier multiplicoient. Et
autresi toutes les coses qui estoient por chàier les fist rehedifier et faire toutes noves. Et pour ce qu'il non trova in
Ytalie homes de cest art, manda en Costentinnoble et en
Alixandre pour homes grex et sarrazins, liquel pour aorner lo pavement de lo eglize de marmoire entaillié et
diverses paintures, laquelle nous clamons opere de mosy,
ovre de pierre de diverses colors (2). Et la nonor de l'eglize
cressoit de jor en jor avec la religion, et jamaiz la possession de lo monastier non se gastoit, et molt est monte-
ploié pour la offerte de li Normant. Més se je vouloie
escrivre toutes les bones coses que fist cest saint et bon
abbé, trop longue cose seroit. Més qui voudra savoir tout
lo bien qu'il fist a lo monastier, voise un jor sollempnel,
et il porra veoir lo bien qu'il fist a lo hedifice et en lo
tresor de l'eglize, quar toutes les chozes que tu verras en

(1) Ce ne fut pas à Rome, mais à Osimo que, le 6 mars 1059,
Didier fut sacré par le pape Nicolas II, cardinal-prêtre *ad titulum
sanctæ Cæciliæ* et abbé du Mont-Cassin. Leo dé' Marsi, III, 12;
voyez dans Migne : *Patr. lat.*, t. 143, col. 1305 sqq., la bulle de
Nicolas II, donnée à cette occasion, et confirmant les possessions et
privilèges du Mont-Cassin.

(2) Dans les premiers chapitres du l. III, Leo de' Marsi a donné
d'amples détails sur les travaux d'architecture, de sculpture, de
mosaïque, que Didier fit exécuter au Mont-Cassin. Il dit, comme
Aimé, que l'intelligent abbé fit venir des mosaïstes de Constantinople.

la eglise ou sont acquestées par lui ou sont renovelées. Et
par exemple de cestui abbé molt s'efforcerent de appa-
reiller lor choses en la maniere qu'il faisoit, et gardoient
a sa maistrise aucuns a faire bel hedifice, et se delittoient
de lor habitation adorner. Et molt abbés se combatoient
de deffendre les coses de l'eglize avec chevaliers et armes ;
més cestui abbé estant avec la congregation de li moine
vainchoit tuit si anemi et deffendoit la possession de
l'eglize. Et de bone volenté lui sont donnez li trevage. Et
a ce qu'il non fust sanz langue en carité ou en parler par
letre, cestui liquel estoit premerement abbé, estoit li plus
sages de touz li monastier, et evesque (1) et cardinal de
cort de Rome. Et quant il estoit autresi come de .xl. ans,
il aprist plenement grammaire et retorica en tel maniere
qu'il passa touz ceux qui ceste science avoient de lor juventute estudiée. Et qui lo veut savoir coment fu amagis
tré, garde a lo cant quil componi de saint Mauor confessor,
et de lo livre de lo dyalogue en loquel est la delictance de
la regule de l'art de grammeire, et con voce de concordance de un son iluec verra sa science (2). Et dist cestui
moine liquel compila ceste ystoire : « Je desirre de morir

(1) Didier n'était pas évêque ; il n'était, à l'époque dont parle Aimé,
que cardinal-prêtre et abbé du Mont-Cassin, sans avoir le caractère
épiscopal.

(2) « De miraculis præterea, quæ a b. Benedicto et a monachis
Casinensibus gesta sunt, una cum Theophilo diacono libros edidit
quatuor. Cantum etiam b. Mauri composuit, in quibus qui vult
artis grammaticæ tramitem, et monochordi sonori magade reperiet
notas. » P. DIACONI *de viris illustribus Casin.*, c. XVIII, MURATORI,
R. I. SS., t. VI, 32. — De cet ouvrage, composé en quatre livres
par Didier et connu sous le nom de *Dialogi*, nous n'avons plus que
les deux premiers livres et une partie du troisième. MIGNE : *Patr.
lat.*, t. 149, col. 963-1018. Le manuscrit de la musique en
l'honneur de S. Maur n'a pas été publié, existe-t-il encore ?

a lo temps de cestui saint abbé, et voil qu'il vive apres ma mort. Et que cestui a l'ultime jor de ma vie me face l'absolution de mes pechiez. » Et par ceste parole se mostre que cestui moine translateor de ceste ystoire fu a lo temps de cestui abbé Desidere, loquel fu tant saint home et de bone vie, et plein de grant sapience.

Cap. 53. Or non parlons plus de la fama et de la subcession de li pontifice de Rome, quar l'onor defailli a Rome puiz que faillirent li Thodesque, quar se je voill dire la costume et lo election lor, ou me covient mentir, et se je di la verité, aurai-je l'yre de li Romain (3).

Ci finist lo tiers livre.

(1) Ce court chapitre est assez étrange sous la plume d'Aimé et se ressent sans doute de l'influence de l'abbé Didier sur son auteur. Dans la seconde moitié du xie siècle, plusieurs serviteurs dévoués de l'église, notamment S. Pierre Damiani et l'abbé Didier désiraient que la couronne de Germanie gardât une certaine influence sur les élections à la papauté; une autre école, à la tête de laquelle se trouvait Hildebrand, le futur Grégoire VII, tendait au contraire à revendiquer la pleine liberté électorale de l'église de Rome, et le synode romain, tenu le 13 avril 1059, c'est-à-dire à peu près à l'époque où Aimé est arrivé dans son récit, montre que le programme de Hildebrand gagnait du terrain. De là, je crois, la mauvaise humeur qui se traduit dans ce chapitre. Aimé ne dut cependant pas persister dans ces sentiments, car nous savons qu'il a écrit des vers en l'honneur de Grégoire VII; cf. *supra*, Introduction, p. ix.

CI COMMENCENT LI CAPITULE DE LO QUART LIVRE

Cap. 1. La comemoration de ceste choze qui sont dites de Robert et de Richart, et que est de dire :

Cap. 2. Coment Robert fu fait conte et rechut li ostage de li frere de Gisolfe.

Cap. 3. Coment Robert acquesta Calabre et se clama duc de Rege, et puiz vainchi Troie.

Cap. 4. Coment Robert ala a Salerne et rendi li ostage.

Cap. 5. Coment Robert entra furtivement a Melfe, et puiz lo sacrement perdi la cité.

Cap. 6. Coment puiz la longue brigue Pierre et Robert firent paiz.

Cap. 7. Coment Robert fist tuit li Normant chevaliers senon Richart.

Cap. 8. Coment Robert asseia Capue.

Cap. 9. Coment Richart asseia Salerne. Coment Gisolfe fist paiz avec cil de Amalfe.

Cap. 10. Coment mort Pandulfe, Richart tant asseia Capue qu'il fu prince.

Cap. 11. Coment lo prince asseia Aquin.

Cap. 12. Coment salli a Mont-Cassyn.

Cap. 13. Coment Richart tant asseia Aquin jusque a tant que lo duc Aynolfe lui rendi li deniers qu'il lui devoit donner.

Cap. 14. Coment firent paiz Richart et Gisolfe, et puiz la paiz fu rote.

Cap. 15. Coment s'aproxima le jor de la prosperité de Gisolfe.

Cap. 16. Coment fu Robert puiz qu'il ot vainchut Calabre et Puille.

Cap. 17. Coment fu departut de Alverarde pour ce qu'il lui estoit parent, et prist pour moillier la soror de Gisolfe.

Cap. 18. Coment jura lo prince et lo duc ensemble.

Cap. 19. Coment lo duc vint pour prendre la moillier.

Cap. 20. Coment Guide corrocié de li noce dona sa fille a Guillerme pour fame.

Cap. 21. Coment lo duc enrichi sa moillier et Alberade donna son champ.

Cap. 22. Coment Gisolfe fist amistié avec Richars li prince de Capue.

Cap. 23. Coment Richart assallie la terre del fil de Burelle.

Cap. 24. Come Richarde ala a la retornée, et a cui vouloit donner sa fille pour moillier.

Cap. 25. Quelle bataille fu entre Richart et sil de Capue jusque a tant qu'il prist la porte et la forteresce de Capue.

Cap. 26. Coment cil de Capue demanderent pardonnanze a lo archevesque.

Cap. 27. Coment vit ardre Tyen et puiz lo conquesta (1).

Cap. 28. Coment ama a conquester et deffendre lo monastier de Mont de Cassyn.

Cap. 29. Coment lo duc tornant en Puille merita ses amis et ses anemis.

Cap. 30. Coment se deffent li escriptor que non soit dit mençongier ou dit traitor.

Cap 21. De la memoire de la iniquité de Gysolfe et de tout son fait. De ce que entrevint de la invidie laquelle estoit montée. Que fist en feingnant ce que non estoit.

Cap. 32. Que fist pour son arrogance et par la operation de la superbe.

---

(1) L'édition de Champollion portait *Ardretyen* en un seul mot et avec une majuscule, ce qui était un non sens; il suffisait de consulter le texte du livre pour voir qu'Aimé parlait de l'incendie de la ville de Teano.

Cap. 33. Que fist par son avarice.

Cap. 34. Comment seignorioit en lui avarice et goule.

Cap. 35. Quel homicide fist faire.

Cap. 36. Tant de malvaistié il ot, et rendoit mal pour bien.

Cap. 37. Comment persecuta Dieu en ses membres, et tant fist mal a lo abbé Guayferie.

Cap. 38. De la vie et de la mort de cestui abbé Guayferie.

Cap. 39. La part et la visitation de Alberique.

Cap. 40. Lo dire qui se fait de Guayferie. Lo assaillement qui fu fait contre Gisolfe.

Cap. 41. Coment Gisolfe metoit discorde entre li amis. Coment Gisolfe se feingnoit faussement d'estre caste.

Ci se fenissent li capitule de tiers livre (1).

---

(1) Il faut « de quart livre » et non « de tiers livre ». Ce sommaire n'a, on le voit, que quarante et un numéros, tandis que le chapitre quatrième a quarante-neuf chapitres ; c'est dire que ces numéros du sommaire, surtout les derniers, ne correspondent pas exactement aux chapitres du texte.

SE COMENCE LO QUART LIVRE

CAP. 1. Et pour ce que fu promis a lo comencement de cest livre de declarier lo glorious triumphe et les cités qui furent veinchues de li Normant (1), temps est de dire des fortes batailles de cestui gloriouz et victorious principe. Et apres la proie, laquelle avoit faite Robert, et puiz la prison, doit se dire coment vint a estre conte et coment puiz vint a estre prince. Més pour escrire li autre chozes coment furent faites, furent arrestées et parlongiez, dont maintenant est temps et hore de dire les vittoires et les faiz del devant dit Robert; car jusques a maintenant avons dit la fame et la povreté et solitudine de Robert liquel est dit Biscart. Et maintenant devons dire comment, par la misericorde de Dieu, o molt multiplication de molt forte gent fu exalté, et comment il soumist et doma li superbe. Més comment dient alcun : Non puet saillir un en grant estat se autre non descent, comment nous dirons la exaltation de ces .ij. princes (2), ensi se manifestera la descension de li autre principe et seignor.

CAP. 2. Or dit ensi ceste ystoire que quant lo conte

---

(1) Voyez au commencement de l'ouvrage la dédicace à Didier.
(2) Robert Guiscard et Richard de Capoue ; cf. la dédicace à Didier.

Umfroi fu mort (1), Robert son frere rechut l'onor de la conté et la cure de estre conte,(2). A loquel vint maintenant Gisolfe prince de Salerne, et lui donna pour ostage son frere charnel et lo neveu, ce est lo filz de Guide, loquel fu frere a la mere. Celui vouloit paier lo tribut chascun an comme avoit fait lo pere; et veez ci comment se hauza la gloire de Robert. Et rechut li fill de li seignor soe pour lo plege de lo salaire qu'il devoit recevoir (3).

(1) Nous n'avons pas la date de la mort du comte Umfroy; voyez la note suivante.

(2) Les chartes de Robert Guiscard établissent qu'il devint comte de Pouille, aussitôt après le mois d'août 1057; ainsi, une charte du mois d'avril 1068, comptant les années du gouvernement de R. Guiscard est datée : anno XI°; une autre, du mois d'août 1078, porte : anno XXI°; cf. DI MEO, t. VII, p. 376. — Romuald de Salerne dit également que Umfroy est mort en 1057; il écrit à cette date : « Gofridus (il faut Onfridus, car la suite montre qu'il s'agit du comte Umfroy) comes Normannorum diem clausit extremum ». — Quant à la manière dont Robert Guiscard a succédé à son frère, il est bien probable que c'est l'élection des hauts barons Normands qui l'a porté au souverain pouvoir. Umfroy laissait un fils, Bagélard ou Abagélard, et, comme il était encore enfant, le mourant pria son frère de lui servir de tuteur pour l'administration des biens qui lui appartenaient en propre ; c'est, je crois, dans ce sens qu'il faut interpréter les textes de GUILLAUME DE POUILLE (l. II, v. 364-381), de ROMUALD DE SALERNE (ad an. 1057), de MALATERRA (III, 4), et de GUILLAUME DE JUMIÈGES (VII, 30). Robert Guiscard se montra sans doute un assez mauvais tuteur pour Abagélard, car plus tard, ce dernier fut un ennemi déclaré de son oncle et lui reprocha de l'avoir lésé dans ses droits.

(3) Aucun autre historien n'ayant parlé de ces premiers rapports entre Robert Guiscard, comte de Pouille, et Gisulfe de Salerne, il n'est pas possible de contrôler le récit d'Aimé. Disons cependant que la soumission si spontanée de Gisulfe est bien étrange, que son père Guaymar fut le suzerain et non le tributaire des Normands de la Pouille, à moins que le chroniqueur n'appelle tribut la récompense

Cap. 3. Et apres ce que Robert fu conte comment je vouz ai dit apres la mort de lo comte Umfroy son frere, encontinent s'en ala en Calabre, et cercha li camp et li mont de la terre qu'il avoit acquestée. Et en poi de temps prist et vainchi toutes les forteresces de celle contrée, fors celle de Rege (1), laquelle non lui fu donnée de cil de la cité par volenté, que il la vainchi par force. Et pour ce, Robert sailli en plus grant estat qu'il non se clame plus conte, més se clamoit duc; més a lo soupre nom de Viscart non failli jamez (2). Et quant lodit Robert Viscart ot ensi conquesté et vainchut toutes les forteresces de Calabre et fu fait duc de Calabre, il se parti de là o toute sa gent de armes et s'en vint en Puille, et tout lo plein de Puille cercha, et asseia Troie et la vainchut par force de armes, et, pour ceste choze, se moustra que fu plus fort que lo impereour non estoit et plus puissant; quar lo impereor Henri non pot onques ceste cité de Troie veinchre pour pooir qu'il eust, et cestui duc Robert la subjuga a sa seignorie (3).

que Guaimar accordait aux Normands pour les services qu'ils pouvaient lui rendre. Quelque chose de semblable s'était, il est vrai, déjà passé entre Gisulfe, le comte Umfroy et le comte d'Aversa; cf. *supra* p. 138, note 1.

(1) G. MALATERRA, l, 18, parle de cette expédition de R. Guiscard en Calabre, aussitôt après avoir été élu comte de Pouille, et de son insuccès devant Reggio : « Rhegium usque pervenit, ubi triduo situ loci inspecto, cum videret se cives urbis, nec minis nec blandimentis flectere posse, quibusdam negotiis versus Apuliam se revocantibus, reditum parat. »

(2) Robert Guiscard fut investi du titre de duc au mois de juin 1059, au concile de Melfi, par le pape Nicolas II.

(3) Sur ce siège de Troja par l'empereur Henri II, cf. *supra*, l. I, c. 26. — Nous verrons plus tard au l. V, ch. 6, qu'Aimé raconte de nouveau comment R. Guiscard s'empara de la ville de Troja; il

Cap. 4. Puiz ces chozes, fu proiés et ala a lo prince de Salerne, liquel se portoit pacifiquement avec Guillame, frere del duc Robert, laquel paiz refuta Robert, quar ja avoit tout lo principat. Et toutes voiez quant il ot ensi veinchut, il par pitié rendi l'ostage; més non recevoit alcune part de son benefice (1).

Cap. 5. Pierre fil de Ami (2) avoit grant envie sur lo dux Robert, et cerchoit de offendre lo en touz les lieuz ou il onques pooit. Cestui entra en Melfe, laquelle cité est la plus superlative de toute la conté et premier siege. Et quant Robert sot que Pierre estoit entré en Melfe, il l'aseia tout entor et destruisit tout li labour. Et cil de la cité prierent Pierre qu'il deffende lo grain qui est en lo camp, loquel est apres de metre. Et adont pria Pierre que lui soit gardée la trieve, laquel estoit faite et devoit durer .xiiij. jors. Et Robert non lo vouloit faire; quar entre l'espasce de la trieve Pierre porroit entrer en la cité et auroit a ronpre la trieve, et jura Pierre qu'il non romppe la trieve. Et lo neveu de Pierre prist l'arme pour moustrer que son oncle non avoit route la trieve. Et a lo tiers jor,

---

semblerait donc, d'après Aimé, que, par deux fois, R. Guiscard a conquis Troja; que tel ait été son sentiment, c'est ce que nous nous efforcerons de démontrer en commentant ce chap. 6 du livre V.

(1) Le chapitre est, on le voit, traduit d'une manière assez confuse, il s'agit évidemment d'une nouvelle brouille entre Gisulfe de Salerne et un frère de Robert Guiscard, du nom de Guillaume, lequel s'était emparé d'une grande partie de la principauté de Salerne; R. Guiscard prit, au détriment de Gisulfe, le parti de son frère.

(2) Il s'agit de ce Pierre, fils d'Ami et frère de Gauthier, qui, lors du partage de la Pouille, en 1043, avait eu pour sa part la ville de Trani. En 1046, après la mort de Guillaume Bras-de-Fer, Pierre avait disputé à Drogo le souverain pouvoir dans le comté de Pouille, mais Drogo, aidé de son frère Umfroy, finit par avoir raison de lui.

en la presence de lo archevesque de Bonivent (1), fu cerchié la main de lo garzon, coment il avoit porté lo fer; et fu trovée pure et non lese. Et fu cercië li garzon et soutillement fu cerchié son cors, et celle cose que non mostroit la main corpable, se manifesta en autre partie de lo cors. Quar soul en lo bras avoit une vessica plene de aigue dont la collation de lo fer ardant estoit. Et se leverent cil de la cité contre Pierre et cercherent de lo occirre. Et Pierre et sa gent s'en fouy et s'en ala a la Cysterne (2), et Robert adorné de victoire recupera Melfe. Et puiz sans demorance va sur Pierre a la Cysterne. Molt seroit a dire premerement comment non jura Pierre, més jura lo neveu. Et puiz seroit de dire coment lo fer non lui arst la main, més mostra en altre lieu son effet. A lo premier se porroit respondre que en lo garzon qui estoit pure et virgine force que avoit vertu de cellui miracle, et a lo secont fort est de respondre, toutes voiez se porra dire.

Cap. 6. Et quant Pierre vit que Robert venoit sur lui o tout son pooir par grant yre, il se parti de la cité qui se clamoit Cysterne, et s'en ala a la cité qui se clamoit Antri (3). Et Robert ala apres, et furent a la bataille, de l'une part et de l'autre en furent molt mort. Et que vouz diroi-je plus? tant persecuta Robert Pierre jusques a tant que Pierre requist lo amistié de Robert, et Robert, par priere d'autres seignors, li concedit son amistié (4).

(1) Udalrich, archevêque de Bénévent depuis 1053, mort vers 1071.
(2) Probablement au nord-ouest et à peu de distance de Melfi, à l'endroit qui porte aujourd'hui le nom de Torre della Cisterna.
(3) Andria, non loin de l'Adriatique, au sud de Barletta et à l'ouest de Trani.
(4) Aimé place avant le mariage de R. Guiscard avec Sikelgaïta, cette guerre entre le duc et Pierre, fils d'Ami; cf. *infra*, l. IV, c. 20,

Cap. 7. Et puiz Robert va cerchant tuit li Normant de entor, et nul n'en laissa qu'il non meist en sa poesté ; fors solement le conte Richart remaist, loquel esperoit de avoir lo principe de Capue.

Cap. 8. Cestui Ricchart, quant Pandulfe jovene estoit prince (1), assembla la multitude de son ost et vint ad Capue. Et fist en li confin de Capue troiz chastels, et continuelment donoit bataille a Capue, et non lessa aler grasse ne habundance de cose de vivre, més occioit cil de Capue et autresi de li Normant ; més a li Normant plus n'en vienent qui ne morent. Et cil de Capue quánt il virent qu'il non pooient plus contrester contre Ricchart et li Normant, si lui donerent .vij. mille bisant a ce qu'il non les persecutast plus (2).

Ce mariage ayant eu lieu en 1059, c'est probablement dans les premiers mois de cette année qu'elle a éclaté.

(1) Pandulfe VI, prince de Capoue, fils du fameux Pandulfe IV, surnommé le loup des Abruzes. Il avait succédé à son père, réintégré dans sa principauté après avoir été en captivité en Germanie. Pandulfe VI n'hérita ni de la férocité ni de la bravoure militaire de son père. Pendant la captivité de Pandulfe IV en Germanie, la principauté de Capoue avait été au pouvoir de ce Pandulfe V de Teano, établi à la place de Pandulfe IV, en 1022, par l'empereur Henri II ; lorsque Pandulfe IV revint de Germanie, il reprit possession de sa principauté de Capoue et Pandulfe V fut expulsé. Pandulfe IV mourut le 19 février 1049, laissant la principauté à son fils Pandulfe VI.

(2) Leo de' Marsi, III, 15, résume ainsi, d'après Aimé, cette première attaque de Richard contre Capoue : « Richardus Aversanum comitatum indeptus, ad principatus dignitatem toto nisu ambire et ad Capuanæ urbis expugnationem animum cæpit intendere. Supra quam cum tria castella firmasset, eamque acriter debellans affligeret, septem millibus tandem aureis a Panolfo juniore susceptis, obsidionibus solvit sed ad tempus. »

Une phrase de Leo de' Marsi, III, 15, permet de fixer la date de

CAP. 9. Et en cellui temps meismes, recercha lo prince de Salerne, et lui demanda son don ou plus grant vindicte lui prometoit. Més maintenant plus damage reçut que non fist. Lo prince de Salerne est renclos et atorniez de quatre plages, car avoit paor de cestui conte Richart; et d'autre part est renserré et renclos espessement de Guillerme; et la proxima vicine de soi lo restraingnoit, et la depredation de cil de Amalfe par mer, quar a lo patricie de Amalfe avoit fait covenance avec lo conte Ricchart, et ensi failloit a lo prince esperance de salver la cité.

CAP. 10. Et quant li prince de Salerne vit qu'il non pooit autre choze faire, il requist paiz et concorde avec li Amalfiten a ce qu'il non feissent amistié auvec le conte Ricchart. Et firent concordance ensemble o sacrement, et jura li prince et troiz cens de li soe gent; et jura li patrice et autretant de Amalfe, et toute la male volenté de devant s'entrepardonerent, et promistrent de non nuire l'un a l'autre ne en present ne el tems a venir. Et ensi se consola lo prince et lui apetisa la paour; quar il pot navigar par mer (1).

CAP. 11. En celui tems morut lo prince Pandulfe de Capue, a loquel subcedi son filz Landulfe. Lo conte Richart fist brigue avec cestui Landulfe, non par covoitise de or ne de argent, més par desirrier de honor. Et molt

---

cette expédition de Richard: parlant de la soumission définitive de Capoue aux Normands au mois de mai 1062, LEO écrit : « Cum jam per decem circiter annorum curricula Normannis viriliter ac strenue repugnassent. » L'expédition a donc eu lieu vers 1052.

(1) Aimé est seul à parler de cette réconciliation entre Gisulfe et les Amalfitains, réconciliation peu sincère évidemment et que la crainte de Richard, comte d'Aversa et de Guillaume, frère de Robert Guiscard, imposait au prince de Salerne.

de casteauz fist sur Capue, dont cil de Capua ne non porent metre ne vendengier ; et tout ce qui estoit fors de la porte, estoit en la main de Richart. Et quant cil de Capue virent ce, qu'il ne pooient recoillir lor grain ne lor vin, il offrirent molt de argent a Ricchart. Més coment li Romain soloient dire, il respondi et dist qu'il voloit la seignorie de cil qui avoient l'argent. Et contresterent cil de la cité pour non estre subjugat. Li Normant combatoient et cil de Capue combatoient, et bien se deffendoient cil de Capue contre li Normant se les chozes de vivre ne lor faillissent. Més Pandulfe (1) et cil de Capue ne porent plus contrester. Pandulfe (2) rendi Capue par covenance, et ensi Richart sailli a l'onor de estre prince. Et ensi coment il estoit clamé conte fu apres clamé prince. Et cil de Capue gardoient la porte dont toute la forteresce de Capue, et lo prince coment sage lor sosteni .i. tems (3).

(1) Il faut Landulfe.
(2) Il faut Landulfe.
(3) Leo de' Marsi, III, 15 : « Cum post mortem Pandulfi Landulfus filius successisset, mox et Richardus accedens obsidionem firmavit. Proferunt multam Capuani pecuniam, Richardus nil appetit nisi terram. Artati demum famis penuria cives, cedente Landulfo, recipiunt hominem, sacrant in principem, portas sibi dumtaxat cum turrium fortitudine retinentes. » Cette première prise de possession de Capoue par les Normands ayant eu lieu peu après la mort de Pandulfe VI et l'avènement de Landulfe V son fils, il faut la placer en 1058, date de ces deux évènements. Voyez les deux chartes extraites de Gattola et analysées par Di Meo, t. VII, p. 395 sq. Les *Annales Beneventani, ad an.* 1057 (1058) portent : « Riccardus princeps cepit Capuam. » De même Romuald de Salerne et la *Chronic. Amalfi.*, c. 29. Enfin, une charte de 1058, éditée par Gattola, (*Accessiones ad hist. monas. Cas.*, t. I, p. 161 sqq.), dit que Richard et son fils Jordan, *princes* de Capoue, ayant égard à la demande d'Adenulfe, fils de Guala et de Roffrède, fils de feu Serge, ancien patrice d'Amalfi, confirment l'abbaye du Mont-Cassin dans la pos-

CAP. 12. Et apres ce que Richart ot ce fait que je vouz ai devant dit, il vouloit mostrer sa puissance et sa vertu. Et petit de temps avant, avoit donée sa fille pour moillier a lo fill de lo duc Valetane (1). Més avant que se complisse lo mariage morut lo fillz del duc. Et secont la loi de li Longobart (2) quant il vienent a mariage, la fame demande la quarte part del bien del marit, dont Richart demanda a lo duc, pere del marit la quarte part por sa fille; et lo duc non lui vouloit doner. Et ensi lo prince voloit par force ce que li duc non lui vouloit donner par paiz. Il manda son exercit, et ficha si paveillons et asseia Aquin (3).

CAP. 13. Apres ce, lo principe o petit de gent monta a Mont de Cassyn pour rendre graces a misire saint Benoît; il fu rechut o procession come roy, et fu aornée l'eglize

session de tous leurs biens. On ne s'explique pas qu'avec ces preuves si concluantes, Di Meo, ordinairement si judicieux dans les questions de chronologie, ait nié la prise de Capoue par les Normands en 1058 (Di Meo, t. VII, p. 388). Deux circonstances l'ont probablement induit en erreur et ont aussi trompé d'autres historiens : la première, c'est qu'en 1058, comme le dit Aimé, la ville de Capoue garda pour quelque temps encore, c'est-à-dire jusqu'en 1062, un semblant d'autonomie et d'indépendance; la seconde, c'est que Landulfe, quoique dépouillé de sa capitale et d'une très grande partie de sa principauté, signa encore prince de Capoue, et quelques-uns de ses anciens sujets datèrent leurs chartes comme s'il régnait encore.

(1) Il s'agit du fils d'Adénulfe, duc de Gaëte; le texte latin portait sans doute : ducis Cajetani, et le traducteur a rendu Cajetani par Valetane.

(2) Quelles sont les dispositions de la loi lombarde que Richard mettait en avant pour justifier ses prétentions? Peut-être celles de l'édit de Rothari, n°s 182, 199, MG. Legum t. IV, p. 43, 48, Voyez l'article *Morgincap* dans l'index de ce volume, p. 674.

(3) Adénulfe, duc de Gaëte, étant aussi comte d'Aquino, c'est contre la ville d'Aquino que Richard tourne sa colère.

coment lo jor de Pasque, et furent aluméez les lampes, et la cort resone del cant et de la laude del prince ; et fu mené en capitule, et est mis en lo lieu de li abbé, aviegne qu'il non vouloit. Et toutes foiz lui furent lavez les piez par la main de lo abbé, et li fu commise la cure de lo monastier et la deffension. Et fu proiez de li abbé et de tout lo covent qu'il non lo laisse offendre de nul home ne a nul anemi. Il concede paiz a l'eglize, et a li anemis de l'eglize promet de combatre. Et dist que jamaiz non aura paiz avec cil liquel cercheront a substraire les biens de l'eglize. Et autresi li abbé et li covent li proierent qu'il pardonnast a lo duc Adenulfe de ce qu'il devoit donner, pour ce qu'il estoit povre. Et lui promistrent de adimplir la promission ; quar de ce qu'il devoit donner lo duc a la fille de lo prince, lui laissa li prince Richart pour l'amor de l'abbé et del covent mil solz. Més il cerchoit li autre ; més lo duc Adinolfe, pour sa perversité, non lui vouloit donner.

Cap. 14. Et li prince Richart, quant il vit que cellui non vouloit paier pour ceste occasion, il atornoia Aquin, et faisoit li plus mal qu'il pooit, et tailloit li arbre et tailloit lo grain qui estoit encoire en herbe, et occioient tuit li home qu'il pooient trover. Et o plor et male aventure li duc soustenoit ceste dolor et cest damage que lui faisoit li prince de Capue Richart. Més puiz que li duc vit qu'il non pooit autre faire, paia ce que li prince Richart lui demandoit. Més mille soulz l'en furent pardonez pour l'amor de l'abbé et del covent de Mont de Cassym, et quatre mille solz paia (1).

Cap. 15. En cellui temps meismes li messages de Salerne venoient sovent a Capue a lo prince Richart, et

(1) Leo de' Marsi, III, 15, ne parle pas de la guerre de Richard

demandoient paiz et prometoient molt de argent. Et li prince Richart respondoit que en nulle maniere feroit paiz sanz lo prou de li sien fidel ami, c'est Mansion et Lyon (1). Et Gisolfe, prince de Salerne, ceste choze prometoit, et toutes voiez autre cose avoit en cuer. Et tant qu'il s'asemblerent et jurerent. Més l'amistié de Gisolfe maiz non duroit, quar trop estoit plein de malice ; et par sacrement lui prometoit deniers, més non aempli lo sacrement de paier la monoie. Et li prince Richard lui dona une partie de ses chevaliers, o liquel atornia tout lo principat, et tot la recovra o tout ces choses, villes et chasteaux, et aüna deniers ; mez la monoie qu'il avoit promiz non vouloit paier. Et la hardiesce de Guillerme (2) lo atendoit, quar Guillerme non estoit meintenant appareillié de aler contre li chevalier de li prince de Capue, si que li prince de Salerne non estoit remis en sa seignorie de lo principe pour lui, més pour li chevalier qu'il avoit del prince de Capue. Més or avint que quant lo prince de Capue cercha la promission de l'argent qu'il avoit faite par sacrement, cil prince de Salerne lo noia parfaitement. Et dont comanda Richart prince de Capue a ses chevaliers qu'il s'en tornassent arriere sur lo prince de Salerne, et que li covenances et sacrement qu'il avoient fait fussent rout (3).

contre Adenulfe, duc de Gaëte et comte d'Aquino, mais il rapporte la visite faite au Mont-Cassin par Richard : « Non multo post (la reddition de Capoue en 1058) venit (Richardus) ad hoc monasterium, recipitur honorifice nimis cum processione solemni, erat enim admodum gloriæ appetens. Placent omnia valde ; rogatus a senioribus de loci tutela, devotissime promittit se totius monasterii contra mnes quos posset fidelissimum de cætero defensorem. »

(1) Sur Mansion et Lyon, cf. *supra*, l. III, c. 44.

(2) Guillaume de Hauteville, établi, malgré Gisulfe, dans la principauté de Salerne et dont il a plusieurs fois déjà été question.

(3) Aimé est seul à parler de ces incidents entre Gisulfe de Salerne et Richard de Capoue.

Cap. 16. Or dit ensi l'ystoire que ja estoit aproxié lo jor de la salut de Gisolfe, dont de la angustie et misere soe fu liberé. Et fu reformé en la hautesce de son pere come avec ces chevaliers avoit commencié. Més en tant cressi la folie de son orgueill; quar ou il devoit avoir accressement et excellence de honor, de là manca molt, laquel cose se dira puiz.

Cap. 17. Coment fu dit desur, cestui moine qui compila ceste ystoire procede e dire de l'ystoire soe, dont lesse maintenant a parler de Richart, et torne a parler de Robert, liquel est Biscart, et dist que puiz que lo duc Robert ot vainchut Puille et Calabre, continuelment son honor accressoit. Et la main de Dieu en toutes chozes estoit en son aide. Et cestui duc Robert ploroit por les pechiez qu'il avoit fait el temps passé, et se guardoit des pechiez presens et de ceaux qui devoient venir. Et pour ce il commensa a amer l'eglize de Dieu, et avoit en reverence li prestre, et maintenant que estoit riche, amendoit et satisfaisoit pour celle cose qu'il avoit faites quant il estoit povre. Et Pierre, de loquel avons dit devant (1), quar la richece de Pierre avoit sovenut a sa povreté, il lo fist plus riche qu'il n'avoit onques esté. Et dui filles de cestui Pierre donna a dui riche marit.

Cap. 18. Et que li home qui est en pechié mortel, tout li bien qu'il fait est mort. Ce est que pour tout lo bien del monde qu'il feist non lo fait aler en vite eterne. Més toutes foiz fait prou en cest monde celle bone operation a troiz coses, car pour cellui bien que l'omme fait quant il est en pechié mortel, Dieu donne grace qu'il isse de cellui

---

(1) Sur ce Pierre de Bisignano et sur les procédés de Robert Guiscard à son égard, cf. *supra*, l. III, c. 10.

pechié, comme fist a cestui duc Robert Viscart ou Dieu lo prospera en les chozes temporeles ou l'amenora de la pene d'enfer. Et adont Robert pensant a ceste chose, quar trova que Alverada laquelle tenoit pour moillier non lui pooit estre moillier pour ce que estoient parent (1), il laissa et demanda a Gisolfe prince de Salerne sa soror laquelle il desideroit pour l'amor de son honorable qu'elle avoit en Guymere. Et Gisolfe lui dona sa soror et tel dote come il pooit doner. Et cestui prince Richart (2) avoit troiz vertuz en soi, et la moillier en avoit troiz autres. Et car estoit Richart (3) entre li riche plus riche, et entre li humile plus humile, et entre li chevalier plus fort. Et la dame sa moillier estoit noble de parent, belle de cors et sage de teste. Adunque bien covenoit de ces .ij. estre fait un cors, liquel per a per de vertu se concordoient.

Cap. 19. Et jura le duc Robert li rayson de Gisolfe, prince de Salerne, de lo haucier et metre en seignorie, et de salver l'amistié avec son frere Guillerme ensemble avec lui. Et jura Gisolfe de avoir amistié avec lui, et sanz lui non faire concorde avec Guillerme, et chascun an lui prometoit de paier une quantité de monoie. Guillerme estoit frere de Robert (4).

Cap. 20. Le duc Robert, en lo jor que estoit ordené, vint por recevoir la moillier o appareillement de im-

---

(1) Aimé a raconté, l. III, c. 11, ce mariage de Robert Guiscard avec Alverada ou Alberada, tante de Girard di Buonalbergo; comme il a déjà été dit, ce mariage a dû avoir lieu vers 1050.

(2) Il faut Robert au lieu de Richard.

(3) Le traducteur écrit encore Richard au lieu de Robert.

(4) Pour accorder la main de sa sœur Sikelgaïta, Gisulfe demandait donc que Robert Guiscard fit alliance avec lui et qu'il obligeât Guillaume de Hauteville à cesser toute hostilité.

peor. Pierre fil de Amico (1), tout fust ce qu'il fussent contraire, toutes voiez caritativement l'acompaingna a cestui mariage faire. Et nul gentil home de li Normant non remainst qui non alast avec lui fors tant seulement Richart, quar la caritative concorde entre Robert et Richart estoit un poi estrangié. Et desideroit lo amirable duc de recevoir son espouse, et de adimplir la promission et lo jurement, vint o festinance par la foteresce de laquelle foyoient tuit li anemis de lo prince de Salerne. Aucun se restreingnoient en lor forteresces, alcun fuyoient a li castel liquel estoient pris par force (2).

(1) Sur les derniers démêlés de Pierre, fils d'Ami et de Robert Guiscard, cf. *supra*, l. IV, c. 5.

(2) MALATERRA, I, 30, 31, a aussi parlé du second mariage de Robert Guiscard, il dit comme Aimé, que le chef normand vint à Salerne pour « recevoir son épouse » et que, durant ce voyage, il mit à la raison divers seigneurs, bien probablement des ennemis de Gisulfe de Salerne. Voici le texte de Malaterra : « Robertus Guiscardus uxorem habens suæ gentis honestam et præclari generis Alberadam nomine, ex qua habebat filium, nomine Marcum, quem alio nomine Boamundum, consanguinitate adnumerata, canonicis sanctionibus contrarius esse nolens, conjugium solvit, filiamque Guaimari Salernitati principis, Sigelgaytam nomine, sibi in matrimonium copulavit. Anno ab incarnatione Domini 1058, hanc apud Salernum desponsatam, antequam convenirent, Rogerio fratri procurandam commitens ipse ut Gisulphum (ne faudrait-il pas Guillielmum ?) fratrem suum comitem principatus in hæreditate illius firmaverat, quibus ipsi plurimum infestus erat, dirutum vadit ; inde Melfiam regressus, solemnes nuptias celebravit. » Cette dernière phrase est, on le voit, assez obscure et a sans doute été altérée par quelque copiste. Malaterra commençant l'année au 1er septembre, le second mariage de Robert a donc eu lieu, d'après lui, entre le 1er septembre 1058 et le 1er septembre 1059. — Guillaume de Pouille, l. II, v. 416-441, dit que Gisulfe hésita beaucoup à accorder la main de sa sœur à Robert Guiscard et ne donne pas d'autre détail.

CAP. 21. Et Gisolfe pria lo duc Robert que ceste nocez se prolongasse, quar non avoit encoire apresté ce qui estoit necessaires. Et lo duc fist ce que li prince lui prioit, et va s'en gloriouz, et li prince remeist confus.

CAP. 22. Et pour ce que Gisolfe avoit faite cest mariage sanz lo conseil de Guide son oncle, pensa Guide de rendre l'enchange. Et donna Guide sa fille a Guillerme frere du duc Robert, liquel estoit contraire de Gisolfe prince de Salerne. Et fist liga et amistie avec lui; et ensi la exaltation de Gisolfe manca et lo duc Robert noient manque rechut la soe rayson secont lo jurement qu'il avoit fait (1).

CAP. 23. Et fu clamé lo duc qu'il venist o petite de gent, quar dient qu'il vouloit faire paiz avec Guillerme. Et il vint come lui fu dit, més non trova ce pourquoi il venoit, dont li duc Robert s'en parti corrocié, et mena avec soi en Calabre sa moillier, laquelle dota grandement de chastelz et de molt de terres, si que peust richement vivre avec li filz. Li filz qu'il en ot ama et enrichi, come est costumance de pere amer et enrichir lo fill (2).

CAP. 24. Quar estoit longue cose de aler querre lo duc

---

(1) Nous ne connaissons que par Aimé le mariage de la fille de Gui avec Guillaume de Hauteville.

(2) LEO DE' MARSI, III, 15, d'après Aimé : « Alveradæ quidem dona conferens plurima (Robertus Guiscardus) Calabriam cum Sikelgaita perrexit. » Le traducteur d'Aimé désigne la seconde femme de R. Guiscard lorsqu'il écrit : « laquelle dota grandement de chastelz » etc..., la phrase de Leo de Marsi permet de conjecturer que le traducteur a mal compris son texte et qu'il s'agissait d'Alverada, la première femme de Robert Guiscard; alors s'explique cette conclusion : « Si que peut richement vivre avec li filz, » c'est-à-dire Alverada avec Bohémond ; s'il s'agissait de Sikelgaïta, cela n'aurait plus de sens, puisque Aimé écrivait du vivant de Robert Guiscard.

en Calabre, dont le arme et lo corage de Gisolfe estoit en tempeste, et non se savoit quel conseill tenir. Et a l'ultime cercha de avoir amistié avec lo prince de Capue Richart, laquelle amistié lui consenti Richart. Et la flame de la angutie de Richart alcune cose fu refroidie, et en la transquille amistié de Richart. Més coment avons dit devant, l'amistié de lo prince de Salerne non duroit mólt longuement.

Cap. 25. Et puiz par la volenté del duc Robert cestui Gisolfe ot l'amistié de Guillerme, liquel estoit frerre del duc Robert. Et Guillerme fu fait chevalier de Gisolfe, et lo prince Gisolfe lo fist son frere. Et tuit li chastel de lo principe se partirent ensemble, fors solement Salerne remeist entiere a l'onor de lo prince. Més entre l'amor des .ij. princes, c'est de Capue et de Salerne, vint grant discorde, quar Gisolfe non vouloit paier ce que Richart demandoit raysonablement, car lo prince de Salerne avoit une malvaise nature, quar puiz qu'il avoit un ami non se curoit de l'autre (1).

Cap. 26. Et li prince Richart entra en la petite et estroite terre de li fill de Burielle, et cercha qu'il poist lever, més non trova ce qu'il queroit, car non avoit maison en lo plein de la terre. Et puiz consuma les chozes de vivre qu'il avoit porté avec soi, et jura pacte de amistié avec eaus et en rechut alcuns presens (2). Et acompaingnié de

(1) D'après ces deux chapitres 24 et 25, assez mal traduits du reste, assez obscurs, il semblerait qu'après son mariage, Robert Guiscard ait laissé pendant quelque temps son beau-frère Gisolfe aux prises avec son frère Guillaume de Hauteville, et qu'il ait ensuite réussi à les réconcilier.

(2) Remarquons qu'Aimé ne dit rien de l'expédition que, sur ces entrefaites, Richard fit à Rome avec ses Normands, pour protéger

eaus ala a conquester Campaingne laquelle conquesta dedens troiz moiz, et la parti entre ses chevaliers. Et quant il ot ensi vainchut, il retorna en l'ajutoire de Saint-Benoît, et salli en la roche de Mont de Cassyn. Et la sapience de lo abbé Desidere avoit fait venir colompnes de Rome pour appareillier la eglize, et lo prince, pour estre participe de cest benefice, voloit aidier, et fist complir ce que li abbé avoit fait commencier (1).

CAP. 27. Et que estoit fatigié et travaillié s'alloit sollachant par li champ de Capue. Més l'angustie de la fatigue se fait doulce par delettation de repos. Cestui prince Ri-

l'élection du nouveau pape Anselme de Lucques, qui prit le nom d'Alexandre II (1er octobre 1061), pas plus qu'il ne parle des deux autres expéditions déjà faites à Rome par ces mêmes Normands, durant le pontificat de Nicolas II ; Aimé connaissait trop par le détail l'histoire des Normands de la Campanie pour que son silence sur des faits si importants, n'ait pas été un parti-pris : ce silence est conforme à ce qu'il dit dans le chapitre 53e du livre III. Ce fut probablement en sortant de Rome, en octobre 1061, que Richard fit cette invasion sur les terres des fils de Borel (Burielle), qui possédaient à l'est de Sora les profondes et étroites vallées où la rivière de Sangro prend sa source.

(1) LEO DE' MARSI, III, 15, écrit également : « Campaniam inde profectus, totam ferme intra tres menses adquirit. » Tout en s'inspirant d'Aimé dans ce chapitre, Leo de' Marsi ne parle cependant pas d'une nouvelle visite de Richard au Mont-Cassin après la conquête de la Campanie ; il ne mentionne qu'une seule visite de ce prince au Mont-Cassin avant la prise de Capoue en 1062. Aimé plaçant cette seconde visite peu avant la conquête de Capoue, elle a dû, par conséquent, avoir lieu dans les derniers mois de 1061 ou dans les premiers de 1062 ; mais, comme Hirsch l'a fait remarquer, *l. c.*, p. 296, il n'est pas possible d'admettre qu'à cette date, l'abbé Didier eût déjà fait venir de Rome des colonnes pour rebâtir l'église du Mont-Cassin puisque, d'après Leo de' Marsi, il ne commença à réunir les matériaux de cette reconstruction qu'en 1066, « anno ordinationis Desiderii nono ».

chart, quant il vint a marier la fille (1), il mostra que noient fu la hautesce de li antique prince ne la gentillece, a comparation de ce que cestui faisoit. Et toute anichilloit lo avarice de li riche home. Et plus se delictoit de faire parenteze avec home que avec la vane arrogance de ceuz qui habitoient en la contrée. Il avoit un singuler chevalier, petit de la persone, molt robuste et fort, et estoit gentil home, et molt vaillant et esprové. Cestui fist son fill adoptive et cestui voust pour gendre; molt l'amoit et continuelment le richissoit de dons, dont il lui mostra en la fin ce qu'il avoit en cuer, quar cestui chevalier, liquel se clamoit Guillerme, lui donna la fille. Et lui donna en dote la conté d'Aquin, et la conté de Marse, et la conté de la riche Campaingne, et lo fist duc de Gaiete. Cestui estoit goffanonier, cestui estoit conseiller, cestui estoit principe et chief de toute la chevalerie (2).

(1) Celle sans doute qu'il avait déjà voulu marier au fils du duc de Gaëte et comte d'Aquino.

(2) Il s'agit de Guillaume de Montreuil (Willermus de Monasteriolo), alias de Monsteriolo ou Mousterolo, dans une charte du Mont-Cassin, de Mustarolo); il était fils de Guillaume de Giroie, par conséquent cousin de Robert de Grentemesnil, abbé de S. Evroul en Normandie, plus tard abbé de Santa Eufemia en Calabre. Guillaume de Montreuil reçut en Italie le surnom de bon Normand, « qui cognominatus est in Apulia bonus Normannus ». O. VITAL, *Hist. ecclesiast.*, t. II, p. 27. Ce nom de Montreuil lui venait de Montreuil l'Argillier, commune de Heugon ; O. VITAL, *Hist. eccles.*, t. II, p. 23. — Plus d'une fois les Normands d'Italie ont pris des titres de fiefs et de seigneuries qu'ils n'avaient pas encore mais qu'ils espéraient bien acquérir par la suite; ainsi Robert Guiscard, avant d'avoir conquis la Sicile, avait le titre de duc des Siciliens ; c'est sans doute par le même procédé que Richard de Capoue aura donné à son gendre le comté d'Aquino, celui des Marsi, le comté de Campanie et le duché de Gaëte, quoique il ne fut pas maître de ces quatre fiefs lorsque le mariage a eu lieu. En effet Aimé place ce mariage avant la conquête

Cap. 28. Puiz ceste cose lo prince se reputa peior que tuit li autre prince, car les portes de Capue et la forteresce de li torre estoit guardée de ceuz de la cité. Il commensa a demander a li citadin les forteresces des portes et des tors ; més ceuz de la cité non lui volirent donner. Et lo dient a lo pueple pour plus animar le. Et lo prince Richart s'en rit, et pour ce ce dient cil de la cité qu'il lo leisserent entrer en la cité par tel covenance qu'il non eust a faire de li forteresces. Li prince Richart, quant il vit qu'il non pooit avoir la forteresce de la cité, si lor laissa et issi fors, et rappareilla li castel, et puiz n'i vint plus, et ficha li paveillon entor la cité, et commensa a combatre de arc et de arbaleste ; comunement commencerent a ferir d'une part et d'autre, et sont ferut, et occient et sont occis. Et li Normant qui longuement estoient usé en bataille combatoient pour prendre la cité, et cil de Capue estoient affleboiez de fame. Et toutes voiez se combatoient pour deffendre la cité. Et li fame portoient les pierres a li homes et confortoient li marit, et li pere ensaignoient li fill pour combatre ; et ensemble combatoient et ensemble se confortoient. Et se leva un garson de .xij. ans qui se clamoit Auxencie, liquel avoit la main drecié pour traire d'un arc ; molt en fiert, més plus en occit ; més il fu féru et mort, et molt en furent dolent cil de la cité. Un autre de la cité singulere jovene passa de l'autre part de lo flume plus natant que soiant a cheval, loquel se clamoit Athenulfe. Et trova .ij. de li Normant a cheval ; l'un

définitive de Capoue par Richard, laquelle eut lieu en 1062 ; or, c'est seulement à partir du mois de juin 1063 qu'il devient suzerain de Gaëte ; cf. Gattola : *Accessiones ad historiam abbatiæ Cassinensis*, t. I, p. 165. D'autres documents établissent également qu'en 1063 Richard ne possédait ni le comté des Marses ni celui d'Aquino.

en feri et lo jetta de lo cheval, l'autre prist par la reigne de lo frayn de lo cheval, et lo se tyra derriere par lo flume natant comme estoit venut, et ensi appareilla lo cheval, qu'il retorna en la cité o .ij. chevaux et o une personne. Cestui jovene non voust onques leisser sa cité mentre qu'elle estoit en ceste brigue. Et puiz s'en ala a lo sepulcre en Jherusalem, et puiz quant il fu retornez, si se fist moine de l'abbée de Mont de Cassyn. Et pour toutes cestes chozes non se mua lo corage de lo prince Richart; quar major tristesce donoit a cil de la cité s'il en occioit un, que il non recevoit se cil de la cité l'en occissent .x. Il faisoit divers ystrumens et engins por traire pierres, et destruisoit tors et abatoit murs, et molt hedifices rompi. Et cil de la cité meismes font pour deffendre li mur autre chose, et en tant coment il hedifioient li mur de pierre, non pooient aporter dedens les choses qui lor faisoient besoingne pour vivre. Et alcune foiz sont portées les coses par lo flume qui par terre sont deffendues de venir a la cité, kar là nuit li nef de chose necessaires vont chargiez, et vienent avec li homes solletes. Mas puiz que lo sot lo prince Richart, absconse la navie soe et prist celles qui venoient, et deffendi que nulle non passat. Dont manderent cil de Capue par terre ajutoire, et manderent lo archevesque a l'empereor (1). Et porce que noient i porta

---

(1) Hildebrand, frère de Pandulfe VI, prince de Capoue, faisant partie par conséquent de la dynastie lombarde des souverains de Capoue, était alors archevêque de cette ville ; son opposition à l'avènement des Normands est dès lors facile à expliquer. Voyez sur cet Hildebrand, LEO DE' MARSI, II, 79, première rédaction, et AIMÉ, I, 37. En 1062, il n'y avait pas d'empereur en Allemagne, l'impératrice Agnès était régente pour le compte de son fils, le jeune roi Henri IV; elle fut sur ces entrefaites, en avril 1062, dépossédée du pouvoir, qui passa à l'aristocratie.

noient en raporta, et que nulle choze non donna, nulle chose lui fu donnée. Car en la cort de l'empereor de Alemaingne est costumance que qui donne parole, parole rechoit. Non porta deniers pour paier li solde a li chevaliers, et non fist doms a lo empereor, et ensi non fist nulle choze vers l'empeor. Et s'en torna arriere, et quant il retornoit non pot entrer en Capue, et se herberga a Tyen (1). Et de là fist assavoir a cil de Capue coment il n'avoit riens fait. Et encontinent coment li home de Capue sorent qu'il non pooient avoir secours de lo empeor, il ovrirent les portes des fortes torres et de la cité et de toutes les forteresces, et donnerent les clés a lo prince Richart (2).

CAP. 29. Et quant li prince Richart ot ensi prinse la cité par force, et fu en possession des fortereces, cil de la cité prierent lo prince Richart qu'il pardonast a lor archevesque. Et lo prince Richart qui molt estoit debonaire et sage lor otroia, et manda a lo archevesque qu'il viengne securement a Capue. Et quant li archevesque sot lo mandement del prince Richart, il vint a Capue, et lo prince lo rechut de bone volenté, et a touz ceauz de la cité donna paiz; et jamès non leva a alcun possession qui par rayson fust soe par droit.

---

(1) Teano, au nord-ouest de Capoue, par delà Pignataro.
(2) LEO DE' MARSI, III, 15, a reproduit ces données d'Aimé, en ajoutant cette indication chronologique : « Anno dominicæ incarnationis millesimo sexagesimo secundo, cum jam per decem circiter annorum curricula Normannis viriliter ac strenue repugnassent. » Les *Annales Cassinenses* portent, *ad an.* 1062 :«Richardus introivit Capuam et factus est princeps 12 kal. junii. » — Les *Annales Benevent. ad an.* 1062 :« Richardus cepit Capuam.» — ROMUALD DE SALERNE *ad an.* 1062 : « princeps Richardus Capuam cepit sibi que ordinavit. »

Cap. 3o. Or avint une nuit que lo prince Richart aloit et venoit par sa chambre, et ala en un lieu descovert, et vit une lumiere comme de flamme, et non savoit dont venoit, et manda un servicial sien por espier dont fusse cellui feu. Et cellui message sot que la cité de Tyen ardoit. Il passa celle nuit et dormi en son lit, et au matin se leva et assembla ses chevaliers, et ala et trova celle cité toute arse, et toute la masserie des maisons arse. Et cil de la cité, par lor volenté, alerent a lo prince qui estoit fors de la porte, et se somistrent souz sa seignorie, et jurerent fidelité a lo prince Richart. Li conte fuyrent et li prince entra en la cité, et coumanda de rehedifier les chozes lesquelles estoient destructes de lo feu. Et est magnifié Richart en sa prosperité. Et plus reputa par la misericorde de Dieu que par la soe force, la prosperité et la force et la victoire qui lui accessoit (1).

Cap. 31. Et de celle hore en avant commensa a amer et a honorer l'eglize de Saint-Benedit de Mont-Cassyn plus fortement. Et avoit en reverence lo abbé Desidere, et se recommanda a li orations de li frerez, et fist faire la mitre de lo abbé Desidere de or et de gemme aornée de sure, et enrichi lo monastier de li castel qui estoient après. Et un home contredist, quar non vouloit qu'il se feist chastel en cellui territore, liquel estoit près de l'ecclize. Et lo prince fist complir lo castel qui estoit comencié, et la

---

(1) Leo de' Marsi, III, 15, écrit d'après Aimé : « Post paucum tempus (après la prise de Capoue) divino judicio nocte conflagrata Teano, mane princeps cum exercitu supervenit; fugientibus que comitibus, civitatem, ultro tradentibus civibus, recipit. » On voit que les Normands dépossédaient les unes après les autres les dynasties lombardes.

violence de cellui superbe home soumist a l'abbé (1).

Cap. 32. Or dit ensi li maistre liquel compila et escrist ceste ystoire, que il vouloit retorner a parler des victoires del duc Robert Biscart ; quar li dist maistre escrit les coses secont lo temps qu'il venoient, et non persecute une ystoire solle. Et non dist qu'il vousist entreleissier la victoire de lo prince. Et come ensemble vienent, croissant lor victoire, ensi ensemble soient escriptes. Puiz lonctemps que Calabre estoit garnie de adjutoire de fidel chevaliers, torna lo duc Robert en Puille avec sa moillier, et accompaingnié de singulere chevalerie et de grant richesce. Et trova molt qui avoient esté li fidel soe liquel venoient manque de lor fidelité. Et molt qui tenoient a lui bone foi et loialle, dont a chascun rendoit sa merite de chevaux, de dras d'or et d'argent, glorifica li sien fidel. Et ceuz qui non lui avoient esté loial et droit humilioit o turbation et povreté. Et dit cestui maistre qu'il vouloit dire la verité, que li Normant le secutoient plus par paor que par amor.

Cap. 33. Et dist cellui maistre loquel compila ceste ystoire qu'il non veut leissier de dire la operation et li fait de Gisolfe; quar s'il s'en taisoit, cil qui liroient cest livre l'en pourroient reprendre. Ne autresi ne vouloit mentir dont se vouloit escuser, que se il dit mal il en veut etre escusé.

Cap. 34. Més avant que vieingnons a la ordinaire de lo raconter, devisse dire le general vice par loquel estoit

(1) Dans le IIIe livre de la *Chronica Montis Casinensis*, Leo de Marsi et Pierre Diacre ont énuméré les donations faites au Mont-Cassin par Richard, prince de Capoue, et par son fils Jourdain. Les chartes de ces donations ont été publiées par Gattola dans son *Historia abbatiæ Casinensis* et dans les *Accessionnes* à cette histoire.

esmut a faire mal, a ce que il se peussent raporter la operation soe. Quar il estoit plein d'envie et de simulation : simulation est a moustrer a autre ce que non est ; arrogance, superbe, convoitise, castrimargie, avarice, homicide, perfidie, sacrilege, et rendre mal pour bien, discorde et false castité, est propre seige en cestui, dont toute ceste cose, par consequente ordene, se provoit estre en cestui prince Gisolfe.

Cap. 35. Quar il estoit enflammé de envidie contre lo marit de sa soror, c'est contre lo duc Robert cercha de faire malice. Més conseill ne sapience non vaut contre la potence de Dieu (1) et qui Dieu glorifie nul ne lo pot condempner. Se un chetif persecute lo fortissime lyon, il sera viande de lo lyon. A ce que peust abatre lo duc Robert se donna en conseill a plus riche et a plus vaillant de lui, et mentre est regit par la fortitude cellui est privé de toute honor, et c'est effecte de invidie.

Cap. 36. Encoire pour occasion de oration se feinst d'aler oultre mer en Jerusalin ; et encontinent coment il retorna de là ou il devoit aler; et de là ou il n'ala pas, demanda et requist adjutoire del duc ; Robert se prist bien garde de son enganement, donna adjutoire et despriza la soe dissimulation. Or avons la simulation.

Cap. 37. Après cestui Gisolfe prist lo baston et l'escrepe come peregrin, et ala en Costentinoble a lo impereor. Et pour soi mostrer, porta lo vestement aorné de or et de pierrez preciouses, coment se ceste cose non se trovassent en Costentinoble en la cort de lo impeor. Et manda messages avant a lo impereor, et demanda chose que jamaiz nul

(1) « Non est sapientia, non est prudentia, non est consilium contra Dominum. » *Liber Proverb.*, XXI, 30.

autre non demanda. Quar vouloit que lui fust appareillié lo siege devant lo impereor, et fist prononcier son avenement coment ce fust un autre empeor. Lo impereor s'en corrocha premerement, et toutes voiez non voust contredire, et ensi lo lessa venir et s'en rist entre soi meismes. Et ensi se note l'arrogance.

Cap. 38. Pour la force que lui estoit mis devant fu constreint lo prince de encliner la teste en terre; et pour ce que demandoit la sollie de servide ester sur ses piez, quar non devoit seoir comme il demandoit. Et lo mantel mostra defors, quar se crooit, pour ce que estoit bel, adouber la face de lo impereor. Et pour ce que a lo impereor tenoit molt lo parler, fu constraint de tenir lo pié entorchillé; lo archevesque de Salerne et un evesque de Rome nez et norris, et lo cancellier estoient humile devant la magesté imperial : entre tant que Gisolfe parloit de la perversione de li Normant, ceaux parloient de la voie de lor peregrinage lor, et la clemence imperial veoit defors la religion de Gisolfe, et entendi la superbe que tenoit en cuer, et en ce note la superbe.

Cap. 39. Et li evesque, liquel estoient lumiere della Eclize de Dieu, se efforcerent de complir lor bon entendement; si s'en alerent a lo saint sepulcre en Jerusalem; et lo prince remeinst, et quanqu'il pot procura la destruction de lo duc Robert et de tuit li Normant. Et promist a lo impereor de donner li pour ostage li evesque liquel estoient alez en Jerusalem et devoient là retorner. Et li jura lui de mander lui son frere pour ostage a ce qu'il puisse obtenir ce qu'il voloit et desirroit. Et tant fist qu'il rechut .lx. centenares de or de lo impereor; et de ces deniers devoit soldoir gent et confondre li Normant. Et puiz apres ce, li evesque retornerent par molt peril de mer et de li

Sarrazin. Et quant il furent retornez a la cort de l'empereor en Costentinoble, li prince lor dist ce que li empereor et lui. Més pour ce que li parent de l'archevesque estoient constreint de la crudelité de cestui prince, il se douta de lo noier. Et adont dist : « se lo evesque Bernat veut remanoir, je suis content. » Et lo evesque Bernart lo contredist, quar non avoit paour de sa crudelité qui fussent subjette a cestui prince, dont autresi non lo voust oïr. Et en ceste hore et temps li evesque Bernart chaï malade et fu mort, et o noble office fu sousterré a lo monastier de li Amalfigiane. Et lo impereor constreint lo prince o tout terrible sacremens liquel il avoit juré, et retorna riche de li don de li empereor. Et li archevesque prist autre voie pour partir soi de sa compaingnie, et vint droit a lo duc Robert, de loquel non fu receu come anemi, més comme ami. Et non l'ot en reverence pour santtité qu'il venoit de Jherusalem, més se merveilla que vint o grant barbe comme s'il fust de Costentinoble. Et Gisolfe, qui avoit tout son penser en iniquité, et toutez foiz contre li Grez se pensa malice. Tant de or, tant de argent et de rame fist faire monoie de manque poiz, et celle qui estoit de poiz mancoit ; et la manda a ses ministres celeement pour lo paiage de li marcheant et pour la marcheandize ; et prennent ceste monoie et la metent l'une en la main de l'autre, mostrant que non estoit de poiz, et grioient contre ceuz qui portoient ceste monoie, quar avoient fait contre la loi del prince. Et alcun altre de cil menistre vont là dont se vent la char et lo poison ; et mistrent a ceuz qui achatoient molt de char ou molt de poison, pour ce que estoient li plus riche ; et lor trovoient celle monoie non juste qu'il prenoient cortoisement. Et quant li ministre veoient li bon home qui despendoient celle monoie, il les prenoient et trainoient et batoient a grant vergoingne, et disoient qu'il avoient falsé la monoie de lo prince, et les tenoient en prison. Et puiz estoient constraint a paier molt grant pene ; et pour ceste grant prodicion et malvaistié, alcun en vendoient lor maison et alcun lor terre pour paier la pene, et sont constraint a aler querant lor pain. Or avez la covoitise (1).

(1) Il n'est pas facile de déterminer à quelle date Gisulfe de Salerne a fait ce voyage à Constantinople dont Aimé est seul à parler ; au chapitre 3e du VIIIe livre, Aimé parle de nouveau de ce voyage et ajoute, comme nous le verrons, quelques particularités, mais sans donner davantage d'indication chronologique. Ces différents textes d'Aimé autorisent cependant les observations suivantes : lorsque le prince de Salerne est allé à Constantinople, il était en paix avec Amalfi et notamment avec une illustre famille d'Amalfi, la famille de Maur, lequel avait six fils dont l'aîné avait nom Pantaleo ; à Constantinople, Gisulfe descendit dans le palais même que Pantaleo avait dans cette ville et il y reçut une magnifique hospitalité. Ce fut alors, quand il eut vu par lui-même combien était riche cette famille de Maur, qu'il commença à réfléchir aux moyens de la dépouiller et de s'approprier ses richesses. Or, lorsque eut lieu, le 1er octobre 1071, la consécration, par le pape Alexandre II, de la nouvelle basilique du Mont-Cassin, la guerre était déclarée entre Gisulfe et Amalfi, et la famille de Maur luttait avec les Amalfitains contre le prince de Salerne, puisque Gisulfe et Maur étant venus l'un et l'autre au Mont-Cassin pour la cérémonie, le pape fit promettre à Gisulfe que si, dans la guerre, il faisait prisonnier quelque fils de Maur, il le laisserait aller sain et sauf et sans exiger de rançon. Cette promesse n'empêcha pas Gisulfe de faire, quelque temps après, mourir un fils de Maur dans d'affreux tourments. Il faut donc placer avant le 1er octobre 1071 le voyage de Gisulfe à Constantinople. Cette conclusion n'est pas celle que j'avais cru pouvoir adopter, dans une étude sur S. Grégoire VII (*S. Grégoire VII et la réforme de l'église au XIe siècle*, 3 vol. in-8o, Rétaux-Bray, Paris, 1889, t. III, p. 32), je plaçais alors durant l'automne ou l'hiver de 1073 ce voyage de Gisulfe à Constantinople ; l'histoire de la famille de Maur prouve qu'il a eu lieu en réalité quelques années auparavant. C'est donc à l'empereur d'Orient, Constantin Ducas (1059-1067) ou à son successeur,

Cap. 40. Non se pot dire quant viande est neccessaire pour emplir lo insaciable ventre de cestui, et s'il l'en remaint poi en laissera, commande que li soit garde. Et se alcune cose en fust manco, batoit o lo baton et lo poing

Romain Diogène (1068-1071), que Gisulfe est allé demander des subsides pour faire la guerre à son beau-frère Robert Guiscard, et ses ouvertures durent être d'autant plus agréables à la Cour de Constantinople, que, pendant cette période, le duc normand, poursuivant ses conquêtes dans l'Italie méridionale, y faisait disparaître les derniers vestiges de la domination grecque. Le 16 avril 1071, veille du dimanche des Rameaux, Robert Guiscard couronnait son œuvre en entrant en vainqueur à Bari, après un siège de deux ans et huit mois. Nous voyons par Aimé que Gisulfe, infidèle aux belles promesses qu'il avait faites à Constantinople, n'employa en aucune façon contre les Normands l'argent que le trop crédule empereur d'Orient lui avait donné; il s'en servit pour tromper ses sujets en faisant frapper une monnaie qui n'avait pas le poids réglementaire. Comme compagnons de route dans son voyage en Orient, Gisulfe eut deux évêques, Alfane, archevêque de Salerne (1058-1085) et un autre évêque du nom de Bernard, dont Aimé n'indique pas le siège épiscopal. Chez Alfane, ce désir d'aller en pèlerinage à Jérusalem était ancien; nous savons par Leo de' Marsi, III, 7, qu'avant d'être moine et ensuite archevêque de Salerne, Alfane cherchait une occasion et sollicitait la permission de visiter les lieux saints; il ne put que plusieurs années après réaliser ce projet. Dans les œuvres qui nous restent d'Alfane, poésies, opuscules, etc., on ne trouve aucun souvenir de ce voyage à Jérusalem et à Constantinople, encore moins une indication permettant d'en fixer la date. Cf. Migne : *Patrol. lat.* t. 147, col. 1213-1282. Aimé est tout à fait dans le vrai lorsqu'il parle de la secrète inimitié de Gisulfe contre Alfane et des persécutions que les parents de ce dernier avaient à endurer de la part du prince de Salerne; un passage de Leo de' Marsi, III, 7, montre en effet que les parents d'Alfane furent soupçonnés d'avoir pris part à l'assassinat de Guaymar, père du prince Gisulfe. Comme il a déjà été dit, nous ne savons pas d'où était évêque ce Bernard, qui mourut à Constantinople et qui y fut enterré dans le monastère des Amalfitains.

célluy a cui il avoit baillé a garder. Dont poiz-tu noter castrimargie ou gole, quar vouloit toute la pome qu'il avoit laissié. Et avec la goule noterai la triste avarice.

Cap. 41. Une fame estoit sage et studiose en son fait, laquelle se clamoit Gaza, laquelle Guaymere, lo pere de cestui inique et malvaiz prince, l'avoit amée come sa soror, quar lo servoit molt diligentement. Et cestui malvaiz prince la mist en prison, et pour ce que avoit esté parente de li chambrier de son pere lui cerchoit deniers. Ceste dame confessa ce que elle en avoit, et lui rendi, et autresi lui donna de lo sien et lui jura coment elle non avoit plus. Il la fist prendre une autre foiz et la fist tormenter molt crudelement, et tant fu martyrizée que morte fu levée del torment. Et un vaillant clerc, loquel se clamoit Pierre Germain, des la juventute soe fu maistre de medicine et puiz fu occis. Guaymarie (1) avoit fatigié moult fidelement pour ce que cestui triste prince peust recovrer son honor, et por lever lui lo sien, quar cestui medique estoit riche. Gisolfe lo mist en prison, et lo tormenta de diverses penes, et lui donna cestui Pierre tout ce qu'il avoit, et que cerchoit ce que non avoit non lui pooit donner. Et tant lui estraist la teste avec lo torceor, que o tout lo sanc lui traist l'arme del cors. Or est coment fu homicide.

Cap. 42. Et quand Guide vit la crudelité de son nepote, liquel Guide estoit oncle de lo prince Gisolfe, il s'en ala habiter en la rocce de la cité avec ses filz et sa moillier (2).

---

(1) Le sens indique qu'il faut Pierre Germain au lieu de Guaymarie.

(2) Plusieurs fois déjà il a été question de ce Guide ou Gui, oncle de Gisulfe et qui avait si grandement contribué à conserver à son

Et non tant la serva pour avarice quant pour neccessité de recovrer lo principe et li autre. Et Gisolfe son neveu s'appareilla de rendre merite a son oncle pour ce qu'il l'avoit delivré de prison et fait lo prince. Et clama li Normant, et lor dist qu'il deussent prendre son oncle. Et Guide non savant la malice de son neveu descendi a la cort coment avoit acostumé, et li prince lui demanda que lui soit donné la roche. Et Guide non lui refusa, quar en bone entention pour lo salut de lo nepote la gardoit. Guide demanda espace, mès Gisolfe non lui vouloit donner space ne terme. Et se fist Gisolfe aporter li livre de la Evangile, et jura que se en cellui jor non avoit la roche, que en cellui jor trairoit a son oncle l'oill. Et fu pris Guide et porté a la porte de la rocche devant la moillier, et la sage fame o fort anime esta sur et se combat, et conforte sa gent a combatre. Et dist a lo prince lo benefice loquel avoit receu de son marit a ce qu'il fust salve en son honor, et lui dist comment elle et ses filles estoient despoillies de lor joies pour maintenir lo en estat. Et Gisolfe, comment lo serpent fort se clot l'orelle; et quant Guide vit la duresce de lo cuer de lo prince son neveu, il proia la moillier, se elle aimoit mielz il que la roche, que elle rende la roche a Gisolfe. Dolente et plorant descendi la dame de la roche, et la rendi pour delivrer lo marit. Et puiz Gisolfe donna un petit chastel a son oncle, liquel s'efforsa puiz plus de dis foiz de lui tollir. Et pour ce paroît la soe perversité, et comment rendoit mal pour bien.

neveu la principauté de Salerne, après la mort de Guaymar, cf. *supra*, l. III, c. 29 sqq. — La « rocce de la Cité » désigne sans doute le château-fort qui dominait Salerne, puisque Gui avait coutume de descendre de ce château pour venir à la cour de son neveu.

Cap. 43. Et puiz qu'il ot faite ces chozes devant dites, il persecuta Jshu-Crist, quar il persecuta les membres de Christ, c'est ceauz qui servent a Christ, et se prove soi que cil qui persecutent li servicial de Jshu-Crist persecutent Christ. Et pour la parole que dist Jshu a saint Paul : O Saul! ô Saul! pourquoi me persequte? (1) Non dist : Paul, pourquoi persecute saint Stephane, més dist : Pourquoi perseques-tu moy? Et autresi dist en l'Evangile : Ce que vous ferez a li plus petit de li servicial mien, a moi lo ferez (2). Et encoire dist : Qui sequte vous persecute moy (3). Et pour ce que cestui persecuta li servicial de Christ adunques persecuta li membres de Christ. Et que persecutasse li sevicial sien, se moustra par saint Gayfere, loquel cercha de involare o son fauz penser, et impeechier lo sien bon corage qu'il avoit a Dieu. Et cestui pensa premerement de persecuter li soe parent de cestui abbé, et autresi donna male infamie a lo operation soe bone. Non ot paour de doner impediment a lo sancte operation de lo saint abbé, et pour ce que savoit la forte chavalerie de Dieu, car l'or non se puet purgier se non contre lo feu de l'aversité, non se curoit la tempeste, mal disoit coment disoit saint Paul : Qui se partira de la carité de Christ, tribulation, angustie ou dolor (4); autresi come s'il vousist dire que nulle non se puet partir de la carité de Christ. Et loup rapace Gisolfe, maistre de tout malice, pensa de rompre la mandre dove estoient li peccoire, pour traire ent li aiguel, c'est l'abbé Guayfere; cercha Gisolfe de vein-

(1) « Saule, Saule quid me persequeris? » *Actus Apost.*, IX, 4.
(2) « Quandiu fecistis uni ex his fratribus meis minimis, mihi fecistis. » S. Matth., XXV, 40.
(3) « Qui vos spernit me spernit. » S. Luc, X, 16.
(4) « Quis ergo nos separabit a charitate Christi? tribulatio? an angustia? an fames? » *Epist. ad Roman.*, VIII, 35.

cere o lui fort chevalier de Dieu, et lo cavalier estoit en mi lo champ et combatoient ces .ij. o argument; et dist li juste que sa poesté est plus grant que la poesté seculere secont la autorité de li apostole. Et appella a lo pape; et lo malvaiz prince, contre lo opposition de lo juste abbé, jura que il se confida de lo pape, pour ce que estoit connoissut da il. Et toutes foiz son fait non estoit bien coneu de lo pape, et que se lo abbé non vouloit jurer, coment il commanda que maintenant lui ferait taillier la langue. Et li inique ministre qui lui devoient taillier la langue furent appareillié. Et li archevesque là ploroient li pere, et li parent estoient entor qui sans dolor celle chose que sans dolor non pooient veoir. Et proierent li parent de cestui abbé a lo neveu de Gisolfe que ceste vergoingne non fust faite a lo abbé de taillier la langue. Més a lo prince non recordoit de la parenteze, et pensoit tant solement perversité et malvaistié; dont lo abbé jura contre sa volenté, et jura que jamaiz non diroit male parole de lui. Et nota que non vouloit dire male parole, més la male operation. Car autresi li infidel et herege non averoient pooir de loer la operation de cestui, tant estoient malvaiz. Et que sacrilegie enpejore la cose sainte, cestui qui constrainst lo abbé qui non estoit a lui subjecte, prist la raison del eclize et fist sacrilege (1).

(1) Pierre Diacre a plusieurs fois parlé de ce Gayfère ou Guayferius et rapporte qu'il était originaire de Salerne, d'où il vint au Mont-Cassin ; cf. *de ortu et obitu justorum cænobii Casinensis,* nº 49 dans A. MAI : *Scriptorum veterum nova collectio,* t. VI, 2ᵉ part., p. 273 ; *de viris illustribus Casinensibus,* chap. 29, *de Benedicto seu Guaiferio* dans MURATORI, R. I. SS. T. VI, p. 44, et enfin la *chronica Montis Casin.*, l. III, 62. — Pierre Diacre ne dit pas que Guaiferius ait été abbé, c'est-à-dire supérieur d'un monastère, pas plus qu'il ne parle de cette controverse entre Gisulfe et

Cap. 44. La vie que je trove de cestui saint abbé me donne occasion que je l'escrive. Et dist cestui moine qui ceste ystoire compila, que pour ce que est laudable la vouloit escrire. Quar la vie de cestui se puet a comparer a la vie de li saint peres, lesquelles vies sont escriptes en li dyologue de saint Gregoire (1), soit pour asterité de cors, ou soit pour vigilie, ou soit par autre vertu spirituale ; quar sans la noblesce de la mere estoit nés pour grant prince et de haute lignée, et tout fust choze qu'il fussent malvaiz. Toutes foiz come la rose de l'espine estoit cestui saint abbé nez de eaux. Ceaux donnoient ferue poingnante, et cestui o laude li anime recreoit, quar en la flor de sa jovenesce se parti de la losenge de li parent soe, et ala a l'escolle de autre maistre, et est fait maistre de science celestial. Et aviengne qu'il fust chanoinne et clerc, toutes voies par vie et par costumes aloit come moine (2). Et comensa cestui saint abbé, quant il estoit jovene, a jeuner et a soi deleter a lire li selme de lo sautier. Et ses parens malitiouz cerchoient de lui soustraire l'arme soe ; toutes voies il estoit devot, sempre en oration, et o ses lacrimes lavoit ses pechiez. Et ensi estoit ferme en la saint Eglize, qu'il paroit qu'il i fust enraciné. Qui seroit celui qui porroit raconter son humilité et son abstinence ? quar estoit plein plus parfaitement de li art liberal que par science literale se peust amagistrer. Et pensoit de nuit et de jor la loi de Dieu, et aloit par lo conseil de li parfait.

Gaiferius ; toutefois les particularités qu'Aimé et Pierre Diacre signalent lors de la mort de Guayferius prouvent bien qu'ils ont l'un et l'autre en vue le même personnage.

(1) S. Gregorii papæ *Dialogorum* libri IV, dans Migne : *Patr. lat.*, t. 77, col. 149-430.

(2) C'est sans doute à Salerne que Guaiferius a été clerc et chanoine avant de devenir moine au Mont-Cassin.

Il rechut par grant desirrier et volenté lo habit de saint Benedit, et fu fait un autre major, c'est qu'il fu obedient coment s'il alloit estre major a saint Benedit, liquel avoit esté disciple de saint Benedit, la croce, c'est l'angustie, pour l'amour de Christ non l'ot a fatigue; més volontairement fatiga pour l'amor de Jshu-Christ. Et a ce que feist lo exemple de Crist, li plus jovene de lui supreponoit a soi. Et il se imoit a pieor de toz, et continuelment estoit infesté de moult de fatigue. Toutez foiz jamais no failloit de la operation de Dieu, quar avoit en cuer la parole de saint Paul apostole, qui dist : Tant sui plus inferme alore sui plus potent (1). Et se aucune foiz estoit remede avoir memoire de la passion de Crist, o plor et o souspir faisoit que retornoit a la memoire de lui. Forte chose seroit de dire et de raconter toutes les bones operations soes; que se toute choze se disoit, seroit imposible chose de toute la choze raconter. Toutes voiez la gloriose bataille de cestui et quel fin il fist non se doit taire. Quant il morut, et que l'arme devoit estre portée en ciel, estoit recommandée en l'oroison de li frere, et sentirent li frere que non faisoit besoingne de proier pour lui, quar saint Michiel l'en avoit portée en la joie de paradis.

Cap. 45. Or avint une choze que .j. maistre de grant renomée et de gant fame loquel se clamoit Alberico (2); il Alberico estoit entre li frere qui ploroient pour la mort de

---

(1) « Cum enim infirmor tunc potens sum. » 2ᵉ *épit. aux Corint.*, XII, 10.

(2) Albéric, moine et diacre au Mont-Cassin, avait, d'après Pierre Diacre, composé plusieurs ouvrages; il se distingua au concile de Rome du mois de février 1079, par son argumentation contre l'hérétique Berenger; *Chronica Mon. Casinensis*, III, 35, auctore Petro Diacono.

cestui saint home, et veoit cellui grant maistre qu'il non pooit eschaper de mort li saint home. Si lui pria en prime que non se devisse corrocier de ce qu'il voloit dire. « Nous savons que la misericorde de Dieu jamaiz a li pecheor non defaut, et lo adrece a la vie eterne tant plus adjudera a cellui qui non se part de son commandement. Adunc prions la toe carité que puiz que tu seras mort et seras devant Jshu-Crist comme tu as sempre maiz desirré, que a plus grant certitudine lo doie signifier, et en quel lieu lo juste judice de Dieu te destinera, que alcun de nouz lo doies mostrer. » Et ensi fu fait, quar puiz la mort soe laquelle non se doit dire mort, més transmigration, il apparut en songe a maistro Alberico, et par troiz foiz lui dist : « En verité, en verité, en verité, saches que je sui alé en la vie pardurable. » Et lo maistre au matin dist ceste avision a li frere dont tuit orent grant joie (1).

CAP. 46. O bon Gualfere, qui maintenant gaudes et sempremaiz avec Christ, loquel donastes esperanze a celui qui vouloit savoir où la toe merite estoit, loquel tu condixiste a ceaux qui a temps te voloient faire gauder et te donnoient esperance que te vouloient faire archevesque de Bonivent, et tu non volisti celle honor, quar maintenant tu as l'estole et la benediction celestial ! Quar se note que cestui pooit estre archevesque Bonivent, et non vouloit.

CAP. 47. Cestui saint home persecutoit lo prince Gysolfe, et a loquel estoit contraire de tout son pooir. Et avieingne que Gisolfe eust fait moult de malvestié et iniquité, toutes voies est de croire que pour nulle cose, Dieu lui fust tant

(1) Dans son ouvrage : *de ortu et obitu justorum cœnobii Casinensis*, n° 49, Pierre Diacre a raconté cette même légende, qu'il avait sans doute prise dans Aimé.

a dire et corrocié vers, quant pour la molesté qu'il faisoit contre cest saint abbé. Et apres que nouz avons dit de la fin de cest saint abbé, dirons de la turbation de Gisolfe.

Cap. 48. Encoire cestui prince avoit seminé sur lo grain la zizane, c'est entre lo abbé Desidere de Mont de Cassyn et Eldeprande archedyaconé de l'eglize de Rome, liquel estoient granz amis, cestui prince mist grant discorde par ses mensoges. Veez ci la discorde (1).

Cap. 49. Cestui refusoit la compaingnie de la fame, et feignoit une fause religion de castité, et s'efforsoit de mostrer autre choze qu'il non avoit en cuer. Et celle qui lui estoit moillier et donnée de lo pere et de touz ses parens chasa, et destrut la conjunction de lo mariage (2). Et dist cestui moine qui ceste ystoire compila qu'il non vouloit dire en quel maniere il complisoit sa volenté carnal et

---

(1) Didier du Mont-Cassin et Hildebrand, le futur Grégoire VII, n'ont pas toujours été d'accord ; obligé de ménager les Normands pour qu'ils respectassent de leur côté les biens de l'abbaye, Didier ne pouvait guère faire campagne avec Hildebrand lorsque celui-ci excommuniait ou faisait excommunier les Normands, et procédait contre eux par tous les moyens à sa disposition ; ce fut là le vrai motif de leurs dissentiments, passagers du reste. Quant à Gisulfe, il avait intérêt à exciter Hildebrand contre les Normands puisque ceux-ci rendaient de plus en plus précaire sa situation de prince de Salerne et, dans plus d'une circonstance, il ne manqua pas de le faire ; par là il a pu contribuer à tendre les rapports entre Didier et Hildebrand, mais il faut bien dire que sa situation politique ne lui permettait guère d'agir autrement.

(2) Il ne m'a pas été possible de connaître le nom et la famille de la femme de Gisulfe, *l'Art de vérifier les dates*, t. III, p. 796, édition in-folio de 1787, lui donne le nom de Gemma, mais Gemma était le nom de la mère de Gisulfe, de la femme de Guaimar IV; n'a-t-on pas confondu la belle-mère avec la belle-fille ?

luxuriose, quar s'il lo deist, li aier pour tele parole seroit corupt, domp nouz porrions estre malades ; pour ceste parole je conclude que cestui Gisolfe pechasse contre nature carnalement. Avons adont la falze castité. Conclude cestui storiographe que non se veut tant deleter de dire li acte et li operation d'autre, qu'il laisse l'ystoire de li Normant.

Explicit liber quartus.

INCIPIUNT CAPITULA QUINTI LIBRI

Cap. 1. Des vertus de Robert.

Cap. 2. De la vision qui fu revelée a .j. moine de Mont-Cassyn.

Cap. 3. De la vision de lo prestre.

Cap. 4. De ceux qui vouloient contre li. Del feu et de la flame qui issoit del mont Bibio.

Cap. 5. Comen fu assegié et prise Troya. Coment li duc delivere se leva contre li Sarrazin, et atendoit lo jugement de la volenté de Dieu.

Cap. 6. Coment fu cachiée Vultimine de ammirate et fouy a lo duc.

Cap. 7. Coment comist lo royalme a Gofrede, et il ala en Puille.

Cap. 8. Coment Rogier et Goffre assallirent Sycile.

Cap. 9. Coment cil de Rege murent bataille contre li Sarrazin.

Cap. 10. Coment li duc envita li Normant pour prendre Sycille.

Cap. 11. Coment en Calabre o grant cavalerie.

Cap. 12. Coment lo duc ala veoir le port de Messine.

Cap. 13. Coment il manda son frere de l'autre part.

Cap. 14. Coment cayto de Messine fu tot taillié lui et li

sien de li Normant. Coment vindrent autre Normant que cil de prime.

Cap. 15. Coment fugirent li Sarrazin, et li Normant pristrent Messine.

Cap. 16. Coment lo duc ala en Scicille o tout ses chevaliers, et garni bien Messyne de sa gent.

Cap. 17. Coment lo duc cercha la terre, et quant de Rimete orent paiz auvec lui.

Cap. 18. Coment li christien, quant il virent lo duc, lui donnerent bataille et puiz orent paiz auvec lui.

Cap. 19. Coment li païen, pour paour, lesserent la cité et fuirent.

Cap. 20. Coment lo duc se combati a lo lieu qui se clame Castel-Johan, et retorna o victoire a Messyne, et li Sarrazin se humilierent vers lui.

Cap. 21. Coment cil de Palerme se merveillerent, et manderent messages et present a lo duc.

Cap. 22. Coment lo duc fist la rocche el val de Mene, et torna a Messine, et pois torna a Rege.

Cap. 23. Coment lo duc venchi la cité de Otrante.

Cap. 24. Coment asseia Bar, et coment il la prist par force.

Cap. 25. Coment li Pisen vindrent en aide a lo duc et mistrent siege entor Palerme, et combatirent contre li Sarrazin par mer et par terre (1).

Ci se finissent li capitule de lo quart livre (2).

(1) Le sommaire n'a que vingt-cinq chapitres tandis que le texte en a vingt-huit; aussi les divisions du sommaire ne correspondent-elles pas toujours avec celles du texte.

(2) Il faut du quint livre, au moins s'il s'agit des chapitres du sommaire.

SE COMENCE LO QUINT

Cap. 1. Or dit ensi cestui premier capitule de lo quint livre, aviengne que lo duc fust adorné de la dignité de toute vertu ; toutes voies passa la poesté de touz autres, quar tant estoit humile, que quant il estoit entre sa gent, non paroît seignor, més paroît que ce fust un de sez chevaliers. Et non fust nulle tant poure fame vidue, ou petit garson, qui ne lo peust prendre a conseil et conter lui tout son conseil et sa poureté. Justement judica toute gent qui avoient a faire devant lui, et jugeant par droit et par justice metoit-il la pardonance et la pitié. Li rector de l'eglize honora, et adresa et conserva lor-possession, et de lo sien lor dona. Et li evesque et li abbé avoit en reverence et timoit Crist en cels qui sont membres soes ; non vouloit recevoir service de ces prelas comment font alcun prince, més il s'enclina a servir a eaux. Molt observa bien ceste parole : Tant seras plus grant, tant plus te humilieras a touz (1). Més qui porroit dire lo grant cuer de cestui, quar les manaches de l'empereour non le metoient en paor, li conseill de li emole soe non lui donnoient conturbation, et li castel guarnut et apparelliez non

---

(1) Aimé fait sans doute allusion à ce texte de S. Luc, XXII, 26 : « Qui major est in vobis, fiat sicut minor et qui præcessor est sicut ministrator. »

l'emovoient. Li arme de ses anemis touz, come vous savez, non le faisoient fouir, més il faisoit paour a tout home, et de null home est perturbé la soe prosperité et bone fortune. Il Jshu-Crist qui lui concede la victoire lui a ordené, loquel soe victoire par molt revelation le manifesta, et par effette de operation lo approva de estre voir.

Cap. 2. Un moine de monastier de Saint-Lope, loquel monastier est dedens la cité de Bonivent (1), puiz matutines remest en l'eclize pour dire orations. Et subitement s'endormi, et vit en avision dui camp plein de pueple, de liquel camp l'un paroît molt grant et l'autre menor. Et molt s'emerveilla lo moine, et demanda en soi-meismes dont estoit tant de pueple. Alore vint un a lui, et lui dist : Ceste gent sont cil que la majesté de Dieu a subjette a Robert Viscart ; et cest plus grant camp est de la gent qui a lui doivent etre subjette, més encoire non lui est subjette. Et puiz se resveilla lo moine, et molt se merveilla de cesse avision, et si estoit voir ; et lo revit la seconde et la tierce foiz ceste meissmes avision.

Cap. 3. Un prestre se dormoit en son lit, vit un bel jardin en loquel estoit un arbre molt plus bel et molt plus grant de tout li autre, et en lo plus haut de l'arbre estoit une fame molt belle. Et Robert Viscart estoit au pié de cel arbre et guardoit la dame. Et subitement de une grant montaingne venoit un flume molt grant, devant loquel flume tout li pueple fuioit. Et Robert remainst tout soul, loquel par lo comandement de la dame tout lo flume but. Et puiz vint un autre flume plus grant que lo premier, liquel flume par lo commandement de la dame, autresi come l'autre, but. Puiz paroît que venist la tierce

---

(1) Le sommaire, c. 2, dit que c'était un moine du Mont-Cassin.

aigue tant grande, qu'il paroît que tout lo monde en deust mener. Et Robert Viscart sain et salve toute la se but par lo comandement de la dame. Et dist cestui moine que ceste ystoire compila, que celle dame qui estoit en cel arbre estoit la Vierge Marie, et li dui flume estoient .ij. pueple, c'est de là et de sà de la mer, liquel Robert subjuga. Et lo tiers flume estoit lo impiere romain de Costentinoble, loquel dist cestui moine qui estoit a celui tems vif et escrist ceste cose, o l'ajutoire de Dieu encoire se lo subjuguera (1). Porroit soi entendre que la dame fust la Providence devine, pour la disposition de laquelle subjuga et veinchi li Normant li habiteor de ceste part, et christien, et li Sarrazin, quar de ceste troiz manieres de gent ot victoire, dont est de veoir come eschapa de diverses insidiez, et coment aquésta et vainchi lo pueple.

Cap. 4. Dieu faisoit prospere lo estat de lo duc Robert, et esmovoit la volenté tant de li Normant quant de li autre a estre avec lui. Més lo esperit de emulation et d'envie se commovoit de estre contre lui, quar Gazoline de la Blace, a loquel lo duc avoit donné Bar-entrebut (2), et Rogier-Toute-Bove, liquel se clamoit autresi Balalarde (3), et un qui se clamoit Ami, fil de Galtier (4),

---

(1) Comme il a été dit dans l'Introduction, p. xxiv, ce futur indique à quelle époque Aimé a composé son ouvrage.

(2) C'est celui que Malaterra, l. II, 43, appelle « Gocelinus de Orencho » et qui après avoir fui en Orient, reparaît, du côté des Grecs, lors du siège de Bari par Robert Guiscard; Bar-entre-but est une traduction trop défigurée du nom latin pour qu'on puisse retrouver ce dernier.

(3) On pourrait croire d'après la tournure de la phrase que Roger et Abagélard (Balalarde) sont un seul personnage; Aimé en a cependant deux en vue puisqu'il dit un peu plus loin que Roger livra sa fille en otage à Pérénos et qu'Abagélard lui livra son frère. Aimé, II,

firent conseill contre lo duc pour eaux estre tenuz haut et victoriouz. Et le duc Perrin, Grec, liquel par lo impereor de Costentinople estoit fait sur Durace (1), et cerca deniers, pour pour les deniers il peust mener li Normant a destruction, et lo duc Robert Viscart, et submettre Puille et Calabre a lo empereor, loquel devoit considerer de acroistre lo honor de son seignor. Et li presta cent centenaire de or, et devez entendre florin ou autre monoie de or qui coroit alore; et rechut ostage de filz de Gozelin, l'un legittime et l'autre bastart, et rechut lo sacrement; rechut la fille de Rogier, lo fil de Ami, et lo frere de Belalarde (2). Dont li chevalier pristrent l'or, et aünerent turme de larrons, et non pristrent cité ou chastel de lo duc, més coment larron alloient desrobant de nuit et de jor. Et lo duc Robert, loquel senti ceste choze, estoit en

---

3o, a déjà donné ce surnom de *Toute-Bove* à Hugo qui, dans le partage de 1043, eut pour sa part la ville de Monopolis ; Leo de' Marsi, II, 66, appelle ce Hugo : Tutabovi. Ce Roger ne serait-il pas le fils et héritier de ce Hugo ? — Sur Balalarde ou Abagélard, cf. *supra*, p. 157, note 2.

(4 *de la page précédente*). — Sur la généalogie de cet Ami, fils de Gauthier, dont Aimé a déià plusieurs fois parlé, voyez G. WEINREICH : *de conditione Italiæ inferioris Gregorio septimo pontifice*, p. 47.

(1) JEAN SCYLITZES *Curopal*. écrit au sujet de ce Perenos : « προεϐλήθη δοὺξ τῆς Ἰταλίας ὁ Περηνὸς· μὴ δυνηθεὶς δὲ εἰς Λογγιϐαρδίαν περαιωθῆναι..... ἔμεινεν ἔν Δυρραχίῳ, ὀνομασθεὶς τοῦ Δυρραχίου δοὺξ. » p. 722, éd. Bonn.

(2) C'est en 1064 que ces arrangements entre Perenos et les ennemis de Robert Guiscard ont dû être conclus; on lit en effet dans l'*Ignotus Barensis*, ad an. 1064 : « Multi nobiles perrexerunt Perino in Durrachio pro tollendum honores..... et Gozolino perilavit cum suis at Perino. » MURATORI, R. I. SS., t. V, p. 152.

Calabre. Adont vint en Puille le plus tost qu'il pot, et non se curoit de li anemis soe, liquel aloient fore par lo camp, ne de la proie qu'il faisoient non se curoit, més ala a lor cité. Et a Gozelin leva tout ce qu'il avoit, et a Rogier-Toute-Bove tolli tuit li champ soe, ne lui laissa tant de terre ou se peust souterrer. Et adonc fugirent li chetif devant la face de lo duc, et que non pooient recovrer la grace soe foyrent en Costentinoble a lo empereor (1). Et prist la terre de Ami et de Balalarde, a liquel il leva tout lor bien, et les enrichi de mont de poureté et de misere. Més que la misericorde de lo duc estoit moult grande, Ami retint pour chevalier et de la terre soe alcune part l'en rendi, et l'autre reserva en sa poesté. Et Balarde, pour ce qu'il avoit esté filz de lo frere, tint avec ses filz, et consideroit dedens petit de temps de faire lo grant prince, dont lui dona plus cités et chastelz. Et quant Perin vit l'or de son seignor malement despendu, manda li ostage a li empereor pour estre descolpé des deniers qu'il avoit donnez malement (2).

(1) Guillaume de Pouille a aussi parlé de cette révolte contre Robert ; il passe sous silence Roger, mais en revanche il signale parmi les révoltés Godefroi de Conversano, fils d'une sœur de Robert Guiscard :

    « Horum Gosfridus, Gocelinus et Abagelardus
    Filius Unfredi, sibi jura paterna reposcens
    Præcipui fuerant actores consiliorum.
    Dux igitur postquam sibi conjuratio nota
    Facta fuit comitum, bellum molitur, in omnes
    Acriter exarsit, capit hos et recipit illos ;
    Afflixit variis quorumdam corpora pænis.
    Iratum metuens fugit Gocelinus ad Argos. »
              L. II, v. 451 sqq.

(2) Il semble qu'Ami, Abagélard et Godefroi de Conversano aient résisté plus longtemps que Roger et Gocelin et qu'ils aient continué

CAP. 5. En cellui temps, en lo haut mont de Bebie fu faite une grant boche de laquel issoit flame come cendre, et a tant habundance issoit de cendre de celle bouche, que toute la province d'iluec entor et quasi toute Calabre et une partie de la terre de Puille fu coverte de celle cendre. Et en lo costé de cellui mont apparurent pertus, liquel jamaiz non i avoient esté veuz avant. Et de ces pertus issoit un flume de aigue boillant par .xv. jors continuelment; et par-là ou coroit celle aigue, pour la grant chalor, seccha et arst la terre et li arbre (1).

CAP. 6. Et quant li anemi de lo duc furent mort, et il fu haucié et essaucié par prospere subcession, li victorioz duc vint sur Troye o grant multitude de chevaliers et de petons, il asseia la cité et ordena chasteaux et paveillons entor la cité. Et cil de la cité contrestent, et toutes foiz non noient lo tribut acostumé, et encor prometent ajoindre or et chevalz de Grece. Et lo duc desprisa ceste choze, quar cerchoit lo plus haut lieu de la cité, en loquel lieu

la lutte, même après le départ de ces deux derniers pour Constantinople; l'IGNOTUS BARENSIS porte en effet, *ad an.* 1068 : « Amicetta intravit Juvenacie. » La révolte prit fin lorsque, le 16 février 1068, Robert Guiscard finit par s'emparer, grâce à une trahison, de la forte position de Monte-Peloso, défendue par son neveu Godefroi de Conversano; LUPUS, *ad an.* 1068 ; MALATERRA, II, 39 ; GUILLAUME DE POUILLE, l. II, v. 459-477. Hirsch critique sans raison et avec une étrange exagération ce chapitre d'Aimé; Aimé ne dit nulle part que Pérénos ait, dès 1060, fourni de l'argent aux révoltés pour partir en guerre contre Robert Guiscard, Hirsch le lui fait dire pour pouvoir déclarer ensuite qu'une telle assertion est erronée; on n'est pas plus partial ; cf., *l. c.,* p. 300, 301. Aimé ne donne pas de date en parlant de cette révolte, mais les intéressantes données de son récit s'harmonisent avec ce que nous savons par ailleurs.

(1) Cette éruption du Vésuve a dû avoir lieu vers 1066, mais nous n'avons pas la date précise.

vouloit faire un chastel pour constrendre cil de la cité, et cellui chastel bien garni. Et li citadin respondirent o pierres et o sagettes. Més lo duc non se parti et non leissa issir cil de la cité defors, ne non laissa entrer li vilain o tout la vitalle, ou pour fare lor aide. Et sont li citadin dedens la cité, lo pain lor vient faillant, et font petit feu quar ont petit de laingne, et lo vin lor faut, ne eaue non ont; et voient que lo temps de metre estoit venut, et veoient que autre metoient là ou il avoient seminé. Et celles choses lesquelles il voloient repondre en lor granier lor estoit failli. Cil de la cité prierent et requistrent pardonnazance a lo duc Robert quar non vouloient veoir la destruction de la grant Troie; et manderent paiz, et concedirent a lo duc Robert de faire hedifice en la roche et devant les tors, et il fist faire trébuc et autres engins a sa volenté. Et Robert cercha lo lieu et lo siege de la cité, et en cellui lieu là ou il lui plot fist faire un singuler chastel, a ce se besoingne lui feist qu'il poist contraindre cil de la cité (1).

(1) Au c. 3 du l. IV, Aimé a déjà parlé d'une prise de Troja par Robert Guiscard; Hirsch croit qu'Aimé, oubliant ce qu'il avait dit antérieurement, revient ici sur le même fait, il écrit p. 300 : « Sind diese beiden Eroberungen identisch, was man freilich aus Amatus allein schwerlich ersehen wird. » Les motifs suivants me portent à croire que Hirsch est dans l'erreur et que Robert Guiscard, ainsi que le dit Aimé, a fait deux fois la conquête de Troja.

Comme le remarque Hirsch, Aimé dans ce second passage, celui du l. V, place la prise de Troja immédiatement avant les négociations des Normands avec Ibn-at-Timnah, c'est-à-dire en 1060, car ces négociations furent le prélude de l'expédition de Roger et de Ibn-at-Timnah en Sicile dans les derniers jours de février 1061.

Or, il est bien visible que dans le premier passage, au c. 3 du l. IV, Aimé n'a pas en vue cette prise de Troja effectuée en 1060.

Dans ce premier passage, il place cette conquête avant le second mariage de Robert Guiscard avec Sikelgaïta, c'est-à-dire avant 1059,

Cap. 7. Et puiz que lo duc ot Troie, il pensa en son cuer coment il porroit offendre li Sarrazin, liquel occioient li chrestien molt fortement. Més que sans la volenté de

date de ce mariage. Il le place même avant la première révolte des barons Normands contre Robert Guiscard, et nous avons vu que cette révolte précéda le mariage avec Sikelgaïta, puisque, au rapport d'Aimé, Pierre, fils d'Ami, vaincu par son rival Robert Guiscard, fut obligé de faire contre fortune bon cœur et de lui faire escorte lors de ce mariage. La chronologie indique donc qu'il s'agit de deux faits distincts ; on arrive à la même conclusion quand on compare les deux passages l'un avec l'autre. Il ne s'agit d'abord que d'une prise de possession de la ville ; plus tard, au contraire, il est question de construire un château normand sur une position dominant Troja et d'y installer certainement une garnison normande. C'est là ce qui irrite les habitants; ils veulent bien continuer à payer à Robert Guiscard le tribut accoutumé, ils offrent même d'y joindre de l'or et des chevaux de Grèce, mais ils ne veulent ni du château ni de la garnison. Cette phrase du second passage, à laquelle Hirsch n'a pas pris garde, fait voir clairement qu'il y avait eu antérieurement une première soumission de Troja à Robert Guiscard, par laquelle la ville, gardant son autonomie municipale, avait consenti à payer un tribut annuel à son vainqueur. Il s'est donc passé pour Troja à peu près ce qui s'est passé pour Capoue et pour plusieurs autres villes de l'Italie du sud ; en 1058, Richard, comte d'Aversa, conquit une première fois Capoue, la rendit tributaire et lui laissa sa vieille dynastie lombarde et ses libertés municipales ; quatre ans plus tard, ses forces ayant grandi avec son ambition, il voulut avoir Capoue à son entière discrétion, être maître des fortifications et y établir ses troupes ; les Capouans ayant refusé, il s'en suivit un nouveau siège et une nouvelle prise de Capoue par Richard, qui alors disposa de la ville à son gré.

C'est donc dans les derniers mois de 1058 ou au commencement de 1059 qu'a eu lieu la première prise de possession de Troja par les Normands, et, en 1060, ces derniers ont exigé une soumission absolue et la construction d'un château-fort pour couper court à toute velléité d'indépendance.

Dans la chronique d'Amalfi et dans Romuald de Salerne, il est question de la prise de Troja par Robert Guiscard ; voici ces deux textes : « Comes Robertus Guiscardus, anno Domini 1060, vocatus a

Dieu nulle chose se puet faire, atendoit alcun signal por loquel il coneust que fust par la volenté de Dieu, et atendist victoire, et ensi fu fait.

Cap. 8. En la grant cité de Palerme en Sycille estoit amiral un qui se clamoit Vultumine. Un Sarrazin esmut lo pueple, et lo chacerent de la cité, et se fist amiral. Et Vultimino s'en ala habiter a Cataingne, et pensoit coment il porroit vengier sa injure soe. Més que non avoit adjutoire de sa gent, recisse a lo christiennissime duc Robert, et parlerent ensemble, et firent amistié. Et a ce que en lo cuer de lo duc non remanist suspition, Vultimien donna son filz en ostage a lo duc. Et puiz que lo sot le Sarrazin,

---

Trojanis civibus, ipsorum civitatem in suam potestatem suscepit. Qui non post multos dies cum suo exercitu in Calabria Cusentiam cepit ac omnium Normannorum dub factus est. Et accepit uxorem Sichilgaydam Guaimarii principis filiam. » *Chron. Amal.*, c. 30 dans Muratori : *Antiquitates Italicæ*, t. I, col. 213. « Anno Domini 1060, indictione 13. Ipso anno comes Robbertus Guiscardus vocatus est a Troianis civibus, ipsam eorum civitatem in sua potestate ab eis accepit, qui non post multos dies cum exercitu in Calabriam profectus, Regium civitatem cepit atque omnium Normannorum dux effectus est. Hic accepit uxorem nomine Sikelgaitam Guaimarii principis filiam. » Romoaldi *Annales*, a. 1058-1067, MG. SS., t. XIX, p. 406. La chronique d'Amalfi et Romuald de Salerne ont, on le voit, puisé à la même source et reproduisent, à peu près mot à mot, les mêmes données ; la seule variante, c'est que Romuald de Salerne met Reggio là où la chronique d'Amalfi porte Cosenza et, sur ce point, d'après le texte de Guillaume de Pouille, l. II, v. 413, la chronique d'Amalfi est dans le vrai. Romuald de Salerne et la chronique d'Amalfi plaçant cette prise de Troja par Robert Guiscard avant le mariage de ce dernier avec Sikelgaïta, parlent évidemment de celle mentionnée par Aimé, c. 3, l. IV ; on voit par là même que cette date de 1060 est une erreur de leur part ; en 1060, le mariage de Robert Guiscard avec Sikelgaïta avait déjà eu lieu, à plus forte raison, la prise de Troja qu'ils placent avant ce mariage.

loquel se clamoit Belcho, l'amistié de ces .ij., chaza Vultime de toute Sicille, loquel s'en ala a Rege souz la deffension de lo duc (1).

CAP. 9. Et quant lo duc vit ceste cose avenir, loquel creoit par ordination de Dieu procedere, se appareilla de

(1) Les renseignements fournis par MALATERRA (l. II, 1-20 et par IBN-AL-ATIR (capit. XXXV, traduction italienne de AMARI dans la *Biblioteca Arabo-Sicula*, t. I, p. 444 sqq.) permettent de contrôler ce récit d'Aimé sur le début de la conquête de la Sicile par les Normands; d'après Ibn-al-Atir, trois kaïds se partageaient l'île lorsque a commencé l'invasion normande, il écrit : « le kaïd Abd-Allah-ibn-Mankut (celui que Malaterra appelle Benneclerus) régna en souverain à Mazzara, Trapani et autres lieux ; un autre kaïd Ali-ibn-Nimah, surnommé Ibn-al-Hawwas (Belcho dans Aimé, Belcamedus dans Malaterra) à Castro Giovanni, à Girgenti et Ibn-at-timnah (Vultimino, Vultimien dans Aimé, Becumen dans Malaterra) à Syracuse et à Catane. » MALATERRA, II, 3, donne aussi à Ibn-at-Timnah le titre de « admiraldus Siciliæ » et, comme d'après Ibn-al-Atir, la prière publique se faisait en son nom dans la capitale de la Sicile, il se peut très bien que Ibn-at-Timnah ait eu auparavant à Palerme, comme le dit Aimé, une grande situation (AMARI : *Storia dei Musulmani di Sicilia*, II, p. 549 et p. 552, note 1). La guerre éclata entre Ibn-at-Timnah et Ibn-al-Hawwas, Aimé n'indique pas le motif de ces hostilités, d'après Ibn-al-Atir, elles provenaient de ce que Ibn-at-Timnah avait maltraité sa femme Maïmouna, sœur de Ibn-al-Hawwas ; d'après Malaterra parce que Ibn-at-Timnah avait vaincu et tué Abd-Allah-ibn-Mankut, époux de Maïmouna que Ibn-at-Timnah avait ensuite épousée. Vaincu par Ibn-al-Hawwas, Ibn-at-Timnah invita, pour se venger, les Normands à faire la conquête de la Sicile. D'après Aimé, Ibn-at-Timnah se serait, pour cela, abouché avec Robert Guiscard ; d'après Malaterra, ce serait avec le comte Roger et à Reggio, mais on sait que Malaterra cherche toujours à mettre au premier rang son héros Roger ; d'après Ibn-al-Atir, l'entrevue aurait eu lieu à Mileto et entre Ibn-at-Timnah et le comte Roger. On voit que malgré ces quelques variantes, le récit d'Aimé est tout à fait digne de foi.

prendre Sycille. Et que savoit que Goffrede Ridelle (1)
savoit sagement governer la chose qui lui estoit commisse,
et estoit usé de ordener chevalerie et bataille, et a ce qu'il
fust sur li autre lo fist capitain, et comanda a li chevalier
de la cité et a li home de mer que plus obeissent a cestui
Gofrede capitain que a lui, et promet que plus tost par-
donnera a cellui qui non feroit son commandement, que
a cellui qui non feroit lo commandement de cestui Goffre.
Et proia lo comte Rogier son frere que, par lo conseil de
cestui Gofrede, deust faire les choses et amer lo de droit
cuer. Et proia Gofrede, que honorablement Vultime et
lui donna abondantement les coses neccessaires. Et por
ce que savoit cestui Vultime li fait de Sycille, dist a Goffrede qu'il façe secont la disposition de Vultime. Et clama
li Normant pour aler en Sycille pour chacier li Sarrazin,
liquel avoient levé celle ynsule de la main de li chrestien,
pour mener les en Puille.

CAP. 10. Et puiz lo duc s'en ala en Puille, et orent
conseill li seignor ensemble, et appareillerent lor navie,
et pristrent fortissime chevalier. Et coment les mena
Vultimine a aler en Sycille a un chastel qui se clame
Rimate (2). Et li chevalier se donnerent a terre après et
pristrent proie. Et pour ce qu'il n'estoit nul qui lor deist
noient, li chevalier aloient joiant et espassant par les

(1) Nous possédons plusieurs chartes de ce Geoffroi Ridelle qui,
en 1072-1077 était duc de Gaëte et seigneur de Ponte-Corvo ; cf.
GATTOLA : *Historia Mon. Cassin.*, t. I, p. 264 ex PETRO DIACONO,
n° 429 ; et t. I, p. 267 ex PETRO DIACONO, n° 427 et le t. I, p. 313
ex PETRO DIACONO, n° 433.

(2) Rametta, au sud-ouest de Messine; MALATERRA, II, 4, dit
qu'après leur débarquement, Ibn-at-Timnah conduisit les Normands
dans la direction de Milazzo (versus Melacium) et dans cette direction
ils devaient en effet rencontrer Rametta.

champs, et la nuit apres alerent a Messine, laquelle lui estoit apres, et subitement lui donnerent bataille ; et li Sarrazin, qui lo sentirent sanz nombre, o flacolle alumées issirent fors de la terre a ester contre la force de li Normant, et commencerent a combattre et de part en part faisoient aguat de nuit; molt en sont férut de li Sarrazin et plus en sont mort. Et ceuz qui estoient as champs se tenoient fort et se creoient coillir li chrestien en mege a ce que nul non eschapast. Et puiz fu jor, li chrestien ferirent sur li Sarrazin en li lieu dont estoit appareillié, et occistrent molt de li Sarrazin, et ensi issirent de lo lieu perillouz, et allerent par lo destroit des lieuz, et sanz voie descendirent a lo lite de la mer. Et por ce que trouverent la mer molt tempestuose, non porent torner a Rege; dont par paor et par froit estoient molt mal, et atendoient l'ajutoire de Dieu pour pooir eschaper. Més puiz troiz jors la tempeste de la mer passa, et lo mer retorna en paiz. Et adont comencerent a occire lo bestiame, et lo laisserent, quar avoient paor s'il lor portoient ou se tardoient, ne lor fust occasion de morir en mer. Et Gofre dist que ce n'estoit pas bon conseill de retorner a fatiguier sans gaaing et utilité a cellui ami qui les atendoient. Et chargerent lo navie de bestes, o celle complite de faire toute proie. Et en un jor tornerent a Rege a li compaignon lor, et puiz qu'il furent retornéz, li chrestien donnerent la proie pour restituer une ecclise a l'onor de Dieu (1), pour laquelle il avoient eu victoire. Et maintenant ceste premiere bataille et victoire laquelle avoient eue contre li Sarrazin, et ce senefierent a lo glorious duc lor Robert.

Cap. 11. Et pour ce que en la cité de Rege habitoient

(1) Une église dédiée à S. Antoine et située près de Reggio.

Sarrazin et chrestien, se volirent mostrer que estoient fidel a lo duc, et pour non faire soi suspecte tant li chretien quant li Sarrazin qui ilec habitoient armerent soi contre li pagan de Sycille, et comencerent a combatre l'une nef contre l'autre. Li sajetes volent par lo aer de toutes pars, en sont feruz molt; .xj. chrestien furent mort et une nef de li chrestien fù prise. Et ensi o damage li citadin de Rege retornerent a lor cité (1).

Cap. 12. Et quant li duc gentil senti la mort de li chretien et la victoire de li Normant, clama a soi li chevaliers, et les envita a prendre Sycille, et lor dist : « Je voudroie delivrer li chrestien et li catholici, liquel sont constreint de la servitute de li Sarrazin, et desirre molt de chacier les de la servitute lor, et faire venjance de la injure de Dieu. » Et li hardi et vaillant Normant respondirent qu'il sont appareilliez a faire ceste bataille. Et promistrent, o l'aide de Dieu, de subjugar li Sarrazin, et rechurent grace et dons de lo seignor duc.

Cap. 13. Li duc ala devant, et li Normant lo secuterent sans nombre, et vindrent de Puille en Calabre, et s'asemblerent en un lieu qui se clamoit Sainte-Marie-de-lo-

(1) L'exposé de cette première expédition par Malaterra, III, 4-7, est d'accord avec ce que dit Aimé ; seulement Malaterra, toujours soucieux d'exalter la gloire du comte Roger, ne dit rien du rôle important de Geoffroy Ridelle dans cette campagne ; il nous apprend qu'elle eut lieu dans les derniers jours de février 1061 (hebdomada proxima ante quadragesimam ; en 1061, Pâques tombait le 15 avril). La *Brevis historia liberationis Messanæ* (t. VI des *Mélanges* de Baluze, Paris, 1715, p. 174, dit que la flotte de la première expédition des Normands en Sicile était commandée par un Geoffroy, mais elle fait à tort de ce Geoffroy un frère de Robert Guiscard.

Fare (1). Et puiz que li Sarrazin sentirent que lo excellent duc venoit avec li fortissime Normant, il orent molt grant paour, et bien creoient que eaux et lor terre seroient destruct. Et s'en vont a un qui se clamoit Sausane, liquel estoit eslit amiral en Palerme (2), et cercheront grant ajutoire et secors a Messine. Et cestui aplica lor petition, et o .xxiiij. nez manda lo artifice liquel se clamoit gath (3), et lor manda autresi d'avivre, et pour delivrer la terre manda .viii. c. chavaliers.

Cap. 14. Et lo duc excellentissime laissa li chevalier en terre, et fist armer de molt sollempnels mariniers .ij. galéez subtilissime et molt velocissime; et en une entra il, et en l'autre son chier frere Rogier, et sans paour vont pour provoier lo port de Messine. Et li Sarrazin sentirent qui estoient ces galées, et les persecuterent pour les prendre ces espions, c'est qu'il aloient pour espier et pour veoir; et pour ce non laissa Robert qu'il non provoie celle terre et quasi toute Secylle, et secur retorna a sa gent.

(1) Santa-Maria-del-Faro, sur le détroit du Faro.
(2) Aimé et Malaterra, II, 8, racontent l'un et l'autre que l'amiral de Palerme envoya une flotte pour empêcher les Normands de passer le détroit; Malaterra appelle l'amiral, Belcamuer, c'est le nom qu'il donne à Ibn-al-Hawwas. Aimé, au contraire, lui donne celui de Sausane; ce dernier n'a pas en vue Ibn-al-Hawwas puisqu'il lui donne plus haut le nom de Belcho. Comme le dit Amari (t. III, p. 66, note 6), ce nom de Sausane rappelle celui de As-Simsan, ce frère de Al-Akhal, qui, après l'assassinat de son frère et le départ d'Abd-Allah et des Africains, fut quelque temps maître de la Sicile; il se peut que la tradition normande dont Aimé s'est fait l'écho l'ait confondu avec Ibn-al-Hawwas.
(3) *Gath*, *cattos* dans le passage correspondant de Malaterra, II, 8; voyez dans Du Cange, ad h. v., quelle était la structure spéciale de ces navires et dans Amari une note de la p. 66, t. III, *op. cit.*

Cap. 15. Et puiz li duc torna, tot lo exerctit de li chevalier fu fortificat, et pristrent l'arme et demanderent li nef, quar voloient aler de l'autre part de la ripe pour combatre avec li Sarrazin, et non atendoient lo comandement de lo duc; et lo duc sapientissime les restreint et non les lessa persequter la propre volenté lor. De toute celle grant multitude, .ij. cent et .lxx. en eslut, sur liquel il mist lo sien frere Rogier, et lo fist gofanonier de .xiij. nefs, et les manda de l'autre a nagier de nuit, a ce que non fuisent sentut de li Sarrazin; et alerent et se rescondirent en un lieu qui se clame Calcare (1), et pour lever toute esperanze a li Normant de retorner, Rogier remanda les nefs a lo duc.

Cap. 16. Et puiz quant il fu jor, li Normant se leverent et se adornerent de lor armes, et monterent sur lor chevaux, et sans paour vont contre Messine, quar se delictoient de veoir ceaux que erant venut a destruire; et un official de Messine, loquel se clamoit caito celle office, et estoit conoscentico de la terre, vint de Palerme o .xxx. chevaliers, et portoit monoie, et venoit pour deffendre la cité. Li home furent occis et despoilliés, et levé la monoie, et li mul, et li caval, et ce qu'il portoient, et ensi li Normant riche o victoire alloient gardant de toutes pars.

Cap. 17. Et regardant en la mer, virent de loing venir les nefs qu'il en avoient mandées, en lesquelles venoient cent et septante chevaliers, liquel mandoit lo duc a lor

---

(1) Calcare, à six milles au sud de Messine, là où s'éleva plus tard l'abbaye de Santa-Maria di Roccamadore. Malaterra ne parle pas de Calcare et dit que Roger et les siens débarquèrent « ad locum qui communiter Monasterium dicitur » et une variante porte: « trium monasterium » d'où est venu le nom de Tremestieri.

adjutoire, dont ceaux qu'il virent premerement en orent joie pour li compaingnon qu'il recevoient. Et ceux qui vindrent puiz orent grant joie de la victoire que lor compaingnons avoient ensi eue.

Cap. 18. Et ensi quant cestui furent ensi assemblé, il s'apareillerent de veoir la cité, et prover coment il estoient hardi ceuz qui estoient dedens la cité. Et puiz ceuz de li Sarrazin qui estoient en la haute mer pour veoir, et li guarde de la terre virent lo mulle de caito et de li sien chevalier, et sorent qu'il estoit occis, o grant paour cercherent de fugir, et pristrent diverses voiez pour eaux garder de l'arme de 'li Normant. Aucun foient par mer, aucun par la rippe, sans tenir voie entre val et mont, et par la silve fuoient absconsement. Et li Normant secur entrent en la cité, et partent entre eaux la moillier et li filz, li servicial, et la masserie, et ce que il troverent de ceuz qui s'en estoient fouys. Et lo firent a savoir a lo famosissime duc Robert coment avoient prise la cité, et la victoire que de Dieu avoient receue par Goffrede Ridelle (1), et lui prierent qu'il venist prendre la cité, laquelle il avoient acquesté. Et quant lo duc Robert sot que Messine estoit prise, il en rendi grace a Dieu tout-

(1) Aimé paraît oublier qu'un peu plus haut, au c. 14, il a donné le comte Roger comme chef de l'expédition contre Messine ; c'est donc à lui que revenait l'honneur de la victoire; peut-être, comme le dit Amari (t. III, p. 69, note 4), Geoffroi Ridelle commandait-il les 170 chevaliers qui vinrent rejoindre le corps du comte Roger avant la prise de Messine. Malaterra ne parle nulle part de Geoffroi Ridelle; nous avons déjà indiqué le motif de ce silence. C'est au mois de mai 1061 que Messine est tombée au pouvoir des Normands, car nous savons par Malaterra que Robert Guiscard et le comte Roger avaient passé les mois de mars et d'avril à préparer en Calabre cette seconde expédition.

puissant, de loquel procede toute victoire et triumphe; et avieingne que son cuer estoit molt joiouz et alegre, toutes voiez il avoit en memoire lo benefice celestial, et toute la vertu et lo triumphe qu'il avoit, contoit que venoit de Dieu et non de sa vertu. Et commanda a touz les Normans que il devissent aler et testifier que ceste bataille procede de Dieu, liquel de petit de chevalier que il avoit mandé avoit, Dieu donné vertut de faire virtuose voie, et avoit concedut la cité, dont porrons parturber tout li pagan.

Cap. 19. Adont comanda que diverse maniere de navie et de mariniers venissent devant la soe presence, et particulerement devissent aler les nez. Et maintenant li Normant joiant et lies entrerent as nefs. Et pour la grant volenté qu'il avoient de aler, li servicial non portoient honor a lor seignor pour lo laissier aler devant, ne li seignor non atendoit son servicial. Et entrerent li chevalier et li pedon en la mer qui estoit paisible et belle, et maintenant la passerent et alerent a lo port de Messine, et se acompaingnerent avec li chevalier devant liquel avoient prise la cité. Et apres ce, ala lo gloriosissime duc Robert, et esguarda les forteresces de la cité et de li hedifice, de li mur et des maisons, et li siege et disposition de la rippe. Et que la cité estoit vacante des homes liquel i habitoient avant, il la forni de ses chevaliers, et pour lui la fortifica de grant forteresce.

Cap. 20. Et puiz nombra li chevalier et li pedon, et trova que tant estoient li chevalier quant li pedon, c'est mille; més que se fioit plus en Dieu que en la multitude, avec celle petit de gent qu'il avoit commensa a chevaucier plenement et atendant continuelment li home de pie. Et vint a une cité qui se clame Rimete. Et li sien avenement non faisoit tant solement paour a li voisin, més autresi faisoit paour a cil qui estoient de loing ; dont lo caite de celle cité pour paour lui ala a genoilz devant et lui demanda paiz, et lui donna present pour tribut, et se obliga de estre a son comandement tout entierement (1).

Cap. 21. Et puiz s'en ala lo duc a False (2), a lo pié de lo grant mont et menachant molt de Gilbert (3), et comanda de fichier ilec lo paveillon, et demora iluec par alcuns jors ; et li pueple chrestien qui estoient là entor vindrent a lui o dons et o victaille, asquèls il concedi et donna seurté. Et puiz donna bataille a une cité qui se clamoit Conturbe, laquelle estoit apres. Et pour ce que celle cité avoit haus murs et profundissimes fossez, non la pot veincre (4).

(1) D'après Malaterra, II, 13, Roger se trouvait avec son frère Robert Guiscard devant Rametta, et ce fut aux deux frères que la forteresse fit sa soumission ; Amari est porté à croire qu'il ne s'agissait pas d'une soumission proprement dite, mais d'un accord temporaire de l'amân ; il écrit, en parlant du kaïd de Rametta : forse ei non fece che disdire l'autorita d'Ibn-Hawwasci e sottomettersi a Ibn-Thimna col quale par averse tenuto pratiche (t. III, p. 71).

(2) « Ad Fraxinos » dans Malaterra, III, 14, maintenant Frazzano ; Amari cite une charte de 1188 où Frazzano reçoit le nom de Fraynit. La position de Frazzano, assez loin et à l'est de Messine et à une faible distance du rivage nord de la Sicile, montre que, par prudence sans doute, les Normands ne voulurent pas s'enfoncer dès le début en plein cœur de la Sicile.

(3) De Frazzano les Normands, tournant vers le sud, gagnèrent les Fondaci di Maniaces, non loin et à l'ouest de Mongibello où l'Etna, que le traducteur d'Aimé appelle « Mont de Gilbert ; » Malaterra, III, 14, dit comme Aimé que les populations chrétiennes de ces pays, c'est-à-dire du Val-Demone vinrent au-devant des Normands et leur offrirent des présents.

(4) La position de Conturbe, maintenant Centorbi, montre que les

Cap. 22. Et pour la fame de cestui gloriosissime seignor, cil qui habitoient as cités fuioient devant la face soe; et fondoient coment la cyre devant lo feu, et en tant que dui grant cités, c'est Paterne et Emmellesio (1), furent trovées vacantes sanz nul home. Et Vultimine, de loquel avéme dit que estoit chacié de Sycille de Belchoal, estoit governeor de tout lo exercit et lo duc.

Cap. 23. Et puiz vindrent a une haute cité laquelle se clamoit Chastel-Johan (2), et là atendirent bataille et varie avenement par quatre jors, quar tuit ceaux qui estoient fouis de li autre cités et chastel, estoient reclus en celle cité. Et, en la fin, Balchaot (3), liquel estoit plus fort et plus sage de bataille, o autre official liquel se clamoient cayci, issirent defors, liquel estoient accompaingniez de .xv. mille chevaliers et cent mille pedons. Une Ystoire non met que li pagani fussent senon .xv. mille, més force que non fait mention de li pedon; et li chretien furent solement .vij. cent. Et puiz quant lo magnifico duc vit ceste gent, liquel n'avoit que mille chevaliers et mille pedons, et non plus, sans paour vouloit aler contre eaux, et

Normands avaient suivi la vallée du Simeto en laissant Traïna à leur droite et le Mongibello à leur gauche.

(1) Paterno, à 20 kilomètres au nord-ouest de Catane; c'est actuellement une ville de 17,000 habitants. — On ne retrouve pas la trace de Emmellesio. — Cf. Amari, t. III, p. 72; — Malaterra, II, 16, dit également que les Normands vinrent camper dans la plaine de Paterno, et il donne quelques autres détails qui ne sont pas dans Aimé.

(2) Castrogiovanni, ville qui compte actuellement 19,000 habitants; elle est située au centre de la Sicile et sur des hauteurs à peu près inexpugnables, aussi peut-on y jouir d'une vue incomparable sur les deux versants du nord et du sud de l'île; Castrogiovanni est l'antique Enna des anciens, le *Castrum Ennæ*.

(3) Ibn-al-Hawwas.

conforta li soe o ceste parole : « L'esperance nostre est fermée plus en Dieu que en grant multitude de combateors ; non aiez paor, quar nous avons Jshu-Crist avec nouz, loquel dist : « Se vous avez tant de foi coment un grain de sinappe, et vous dites a li mont qu'il se partent, il se partiront (1). » La fermeté de la foi nostre a la calor de lo Saint-Esperit, quar, en lo nom de la sainte Trinité, chacerons ceste montaingne non de pierres ne de terre, més de l'ordure de heresie et perversité ; accolta purgame adonc nos pechiés par confession et par penitance, et recevons lo cors et lo sanc de Crist, et rappareillons les armes nostres, quar Dieu est potent a nouz petite gent et fidel de donner victoire de la multitude de li non fidel. » Et ensi fu fait. Et se firent lo signe de la croiz et haucerent lo gofanon et commencerent a combatre. Més Dieu combat pour exercit de li Normant chrestien, kar les salva, et li non fidel confondi et destruist. Et furent li pagane a fuir, et donna cuer a li chrestien de persecuter li païen. Et fu une cose merveillouse et qui jamaiz non fu oïe, quar nul de li chevalier ne de li pedon non fu occis ne ferut. Més de li païen tant en furent occis que nul home non puet savoir lo nombre. Totes foiz, l'autre ystoire met que de li chrestien en furent alcun mort, més petit, et de li Sarrazin furent mort .x. mille, et .v. mille se recuperent en la terre de Chastel-Jehan, loquel est maintenant dit lo chastel Saint-Jehan. Més c'est a entendre de li chevalier solement. Et ceste ystoire parle de li chevalier et de li pedon. Et met celle ystoire que non furent soul li Sycillien, més furent autresi de Arabe et de Affrica. Et non failloient

(1) Si habueritis fidem, sicut granum sinapis et dicetis monti huic : transi hinc illuc et transibit et nihil impossibile erit vobis. S. Matth., XVII, 19.

li païen de fouir, ne li chrestien de enchaucier les jusque
qu'il vindrent a lo mur de la terre. Et a li fossé sont pris
li chevalier. Li mort sont despoillez. Li prison sont mis a
estre esclave de aspre service. De quatre part de la cité
furent fait li chastelz fermez de forteresces. Et gastoient
li arbre et li labour (1). Et puiz dui mois, li victoriouz

(1) On voit que, dans ce récit de la bataille de Castrogiovanni, le traducteur d'Aimé met en regard des chiffres donnés par Aimé, ceux qui sont fournis par Malaterra et qui étaient reproduits dans le résumé de Malaterra, traduit en français, par ce même traducteur d'Aimé, sous le titre de : *Chronique de Robert Viscart et de ses frères*. Quoique Leo de' Marsi, III, 45, ait dit après Aimé qu'à Castrogiovanni, Ibn-al-Hawwas avait, outre sa cavalerie, 100,000 fantassins, cette donnée, on le comprend, est tout à fait inadmissible. Ces deux chroniqueurs s'accordent également pour dire que Robert Guiscard avait 1,000 fantassins et 1,000 cavaliers à opposer à une armée si nombreuse. C'est le chiffre qu'Aimé avait déjà donné lorsqu'à Messine Robert avait fait le dénombrement de ses troupes, avant de s'engager dans l'intérieur de la Sicile ; mais Robert avait certainement laissé derrière lui quelques garnisons pour assurer sa retraite en cas de défaite ; toute son armée n'a pu le suivre jusqu'à Castrogiovanni. Malaterra, II, 17, est certainement plus près de la vérité lorsqu'il écrit que les Normands étaient 700 — « erant enim tantum modo septingenti » — et les Sarrazins 15,000. — « similiter Bechamet cum quindecim millia armatorum haberet. » — A ces 700 Normands, il faut ajouter le corps des auxiliaires Sarrasins commandés par Ibn-at-Timnah ; mais les chroniqueurs arabes regardent ces Sarrazins comme des traîtres et les chroniqueurs chrétiens ne voyant en eux que des infidèles, les premiers et les seconds daignent à peine en dire un mot. Malaterra, III, 17, dit comme Aimé que les Africains se trouvaient dans l'armée d'Ibn-al-Hawwas et qu'ils combattirent contre les Normands à Castrogiovanni ; Amari, t. III, p. 73, note 1, doute cependant de la véracité de cette tradition. Il est intéressant de constater que Ibn-Khaldoun, qui se contente d'ordinaire pour l'histoire de la Sicile de reproduire les données de Ibn-al-Atir, ajoute cependant que Roger n'avait que 700 hommes à la bataille de Castrogiovanni ; peut-être, dit Amari, Ibn-Kaldoun tenait-il ce détail de Ibn-

duc s'en torna a Messine, laquelle victoire turba l'arme de ceuz de la terre entor. Et adont se humilia la dure volenté lor a estre subjette a li victoriosissime duc. Et qu'est besoingne de plus dire : o les bras ploiez et la teste enclinée de toutes pars venent li cayte, et aportent domps et ferment pais avec lo duc et se soumetent a lui et lor cités (1).

Cap. 24. Et lo amirail de Palerme quant il vit que les cités de iluec entor faisoient paiz et se subjungoient, a ce que il qui estoit lo meillor non remanist derriere, manda message a lo duc Robert o divers présent, c'est paille copertez a ovre d'Espaingne, dras de lin, vaisseaux de or et d'argent, et mulle adornez de frein royal, et selles appareilliez de or, et secont la costumance de li Sarrazin, el sac en liquel estoient .lxxx. mille tarin. Et lo duc pensa une grant soutillesce, et manda regraciant a lo amiral, pour lo present qu'il avoit receu, un qui se clamoit dyacone Pierre, liquel entendoit et parloit molt bien co-

---

Sceddad, dont les ouvrages sont perdus ; ce dernier avait pu connaître à Palerme, au xiie siècle, la tradition normande sur la bataille de Castrogiovanni. Cf. Ibn-Khaldoun : *Histoire de la Sicile*, traduction française de Noel des Vergers, p. 183. — On a déjà bien de la peine à croire, malgré l'affirmation de Malaterra, que 700 Normands aient tué en une seule rencontre 10,000 Sarrazins, mais on voit qu'Aimé va encore plus loin que Malaterra. Leo de' Marsi a reproduit, III, 45, ces exagérations légendaires d'Aimé. Les chroniqueurs sarrazins n'ont parlé que sommairement et en passant de la victoire des Normands à Castrogiovanni ; cf. Ibn-al-Atir dans la *Bibliotheca Arabo-Sicula* d'Amari, traduction italienne, t. I, p. 448. Novairi, dans di Gregorio : *Rerum Arabicarum*, p. 25. — Ibn-Khaldoun, dans la traduction de Noel des Vergers, p. 183.

(1) Il ne faudrait pas trop prendre à la lettre ces soumissions des kaïds musulmans à Robert Guiscard, rapportées par Aimé, car la suite a montré qu'ils ne s'inclinèrent pas si facilement sous la loi du vainqueur.

ment li Sarrazin. Et lui comanda qu'il non parlast a la maniere de li Sarrazin, més escoutast et entendist si que il lui seust dire l'estat de li Sarrazin et de la cité. Et li amiral fu molt liez de ce que li duc lui avoit mandé message, et se creoit avoir son amistié. Et dont cellui Pierre, loquel avoit lo duc mandé en message, fu bien receu et honorablement; et lui donna li amiral molt domps. Et Pierre fait assavoir a lo duc coment la cité est asoutillié, et ceuz de la cité sont comme lo cors sans l'arme (1).

CAP. 25. Et puiz que la multitude li chrestien, liquel habitoient en un lieu qui se clamoit lo val de Manne (2), vindrent por estre aidié de lo duc, et que desirroient de non estre subjette a li païen, lui firent tribut de or et habondance de cose de vivre, et ordena foire et marchié dont fussent toutes chozes de vendre; et pour ceste ordination li chevalier prennent cuer et non se curerent molt

(1) Il n'est pas facile de dire quel est le personnage désigné par Aimé sous le nom d' « Amirail de Palerme; » au chap. 8 du livre V, il donne à l'amiral de Palerme le nom de Belcho et, comme nous l'avons vu, ce nom désigne Ibn-al-Hawwas; mais au chap. 13 de ce même livre, il l'appelle Sansane, probablement une confusion avec As-Simsan; peut-être Aimé a-t-il ici de nouveau en vue Belcho, c'est-à-dire Ibn-al-Hawwas. Voyez Amari, t. III, p. 76, note 2. — Amari, *l. c.*, croit qu'il s'agit du tarin d'or et non du *dirhem* arabe, aussi évalue-t-il à 300,000 livres d'Italie le cadeau fait à Robert Guiscard par l'amiral de Palerme. — Le Pierre Diacre dont parle Aimé n'a évidemment rien de commun avec Pierre Diacre, rédacteur d'une partie de la chronique du Mont-Cassin, car alors ce dernier n'était pas encore né.

(2) Le texte de Champollion porte à tort « Loyal de Manne » tandis qu'on lit dans le manuscrit « lo val de Manne; » il s'agit donc du Val-Demone, sur le versant nord de la Sicile; la ville actuelle de Gangi est au centre de la partie la plus fertile de l'ancien Val-Demone.

« de retorner a la cité lor; et que lo entention de lo duc estoit en saint Marc evangeliste en loquel avoit devotion pour ce que, quant ala en Calabre, hedifica la rocche de Saint-Marc pour laquelle acquesta tote Calabre (1) en cellui val de Mane, pour deffension de li chrestien, et a acquester toute la Sycille, fist un chastel qui se clamoit Saint-Marc. Et la garde de lo castel commist a Guillerme de Male et a ses chevaliers. Et puiz lo duc chrestiennissime, quant il ot victoire pour la mort de Sarrazin, si se fioï en Dieu Crist, torna o li sien chevalier a Messine. Et por moustrer a la chiere moillier soe la prosperité de la victoire que avoit eue a Messyne, lui manda que venist a lui par lo sage home Goffre Rindielle; et quant il ot appareillié la cité de chevaliers, torna en Calabre a la moillier (2).

(1) Cf. *supra*, l. III, chap. 7 ; comme il a déjà été dit, Aimé ou son traducteur s'était donc trompé en donnant le nom de Saint-Martin à ce château construit par Robert Guiscard en Calabre, au début de sa carrière. Quant au château de San-Marco, édifié en Sicile dès 1061, il s'agit sans doute de San-Marco d'Alunzio, au sud et à peu de distance du cap d'Orlando; on voit près de S. Marco les ruines d'une grande construction du moyen âge. Cent ans plus tard, Edrisi parlait de la prospérité de S. Marco; *Bibliotheca Arabo-Sicula* d'Amari, t. I, p. 66.

(2) Après avoir rapporté la première expédition des Normands en Sicile en 1061, Aimé, dans le chapitre suivant, passe brusquement et sans autre transition au récit d'événements survenus en 1068, c'est-à-dire sept ans plus tard, sans qu'il ait parlé ailleurs des événements importants qui ont eu lieu en Sicile et dans l'Italie du sud entre 1061 et 1068. Aussi plusieurs critiques se sont demandé s'il n'y avait pas une lacune du manuscrit entre le 25e et le 26e chapitre du Ve livre d'Aimé. Pour les motifs suivants, il me semble que cette lacune du manuscrit n'existe pas : 1º Le sommaire des chapitres placé en tête du livre V est, sur ce point, tout à fait en harmonie avec le texte; aussitôt après le retour de Robert Guiscard sur le continent, à la suite de la première expédition des Normands

Cap. 26. Et quant lo duc sapientissime vit la disposition et lo siege de Palerme, et que des terres voisines estoit aportée la marchandise; et se alcuns negassent la grace par terre lui seroit portée par mer, appareilla soi a prendre altre cité, a ce que assemblast autre multitude de navie pour restreindre Palerme que ne par terre ne par mer puisse avoir ajutoire. Et ensi fist, quar premerement asseia Otrente et attornia la de diverses travacles et de chevaliers. Et tant l'asseia quant par armes et par povreté jusques a tant que cil de la cité la rendirent, quar non pooient autre faire (2). Non mest ceste histoire coment ot brigue avec lo

en Sicile, en 1061, le sommaire porte : « Coment lo duc venchi la cité de Otrante. » Cf. *supra*, p. 141 ; — 2° le texte d'Aimé que Leo de' Marsi, III, 15, a eu à sa disposition n'avait rien de plus que le nôtre, puisque Leo le résume de la manière suivante, après avoir répété les données d'Aimé sur la première expédition des Normands en Sicile, en 1061 : « Ydrontum deinde tandiu obsidens afflivit, quousque illi se tradidit. Inde Barim, etc. ; 3° les réflexions que le traducteur d'Aimé fait à la fin du chapitre 26, prouvent que son manuscrit d'Aimé était semblable à notre version et n'avait rien de plus, le traducteur constate lui-même les lacunes et les comble en partie à l'aide de données qui viennent de Malaterra. — Le côté défectueux de la rédaction du texte d'Aimé en cet endroit est de présenter ces événements comme si, aussitôt après sa première expédition en Sicile, R. Guiscard s'était décidé à prendre les villes maritimes de l'Italie du sud, pour préparer par là même l'organisation d'une flotte puissante et attaquer ensuite Palerme par terre et par mer. Ce n'est que plus tard, après 1064, c'est-à-dire après avoir vainement, et d'accord avec Roger, essayé de prendre Palerme en l'attaquant du côté de la terre, qu'il a dû avoir de tels projets et de telles combinaisons pour réduire Palerme.

(2) Il s'agit de la prise d'Otrante par Robert Guiscard, mentionnée par la *Chrónicon breve Nortmannicum* : « 1068, mense octobri captum est iterum Hydruntum et fugati sunt Græci ab ea. » Entre Aimé et la *Chronicon breve*, il y a une différence chronologique ; Aimé dit que R. Guiscard s'empara d'Otrante avant de commencer le siège de Pa-

conte Rogier son frere, et coment lo ala prendre, et que non lo pot prendre en la cité, lo persequta en Sicille, dont il fu prist de li Sarrazin, et lo frere puiz lo rachata. Et ensi lo duc et lo conte orent grandissime paiz ensemble coment rayson estoit (1).

Cap. 27. Et de là se parti, et coroné de victoire la soe chevalerie, et s'en vint à Bar (2), laquel est la principale terre de toute Puille. Quar puiz que ot veinchut toutes les cités de Puille, torna l'arme soe, laquelle non pooit estre vaincue, a Bar, et avant que lui donnast bataille, demanda a cil de la cité qu'il lui fussent subjette. Et conteresterent cil de la cité, et dient que pour nulle molleste qui lo fust

lerme, et comme le siège a débuté dans les premiers jours d'août 1068, c'est donc au plus tard au mois de juillet de cette année qu'il place la conquête d'Otrante ; d'après la *Chronicon breve*, c'est plus tard, en octobre 1068, c'est-à-dire pendant le siège de Bari, qu'Otrante aurait succombé. Comme le dit F. Hirsch, *l. c.*, p. 303, la *Chronicon breve* est assez mal informée sur ces divers événements; ainsi, elle place en 1069, au lieu de 1071, la prise de Bari par les Normands ; il se peut donc très bien qu'elle se trompe également pour la date de la prise d'Otrante. Il ne serait pas non plus impossible que tout en continuant à assiéger Bari, Robert Guiscard ait organisé, en octobre 1068, une expédition contre Otrante, comme il le fit plus tard contre Brindisi, mais le texte d'Aimé ne se prête guère à cette hypothèse, car il laisse voir qu'Otrante a supporté un siège en règle et n'a pas été emportée par un coup de main. Sur les rapports d'Otrante avec les Normands durant cette période, voyez une longue note, p. 411 sqq. des *Normands en Italie*, par O. Delarc.

(1) Le traducteur d'Aimé fait allusion à divers événements racontés par Malaterra, l. II, c. 23-28 et reproduits, d'après Malaterra, par l'Anonyme du Vatican et par la traduction française de l'Anonyme, mais le traducteur d'Aimé se trompe en disant que Robert Guiscard fut fait prisonnier par les Sarrasins ; il le fut par les Grecs de Gérace dans l'Italie du sud.

(2) Plusieurs fois déjà, Aimé a parlé de cette ville de Bari, l'antique *Barium* d'Horace, sur l'Adriatique; actuellement Bari compte

faite ne se voloient partir de la fidelité de lo impereor (1).
Et quant li fortissime duc entendi ceste response, fist
chastelz et divers tribuque (2) ; et quant li chevalier de lo
duc donnoient bataille, issoient defors cil de Bar, més
plus issoient a lor mort que a la bataille. Més quant la
sapience del duc vit que par terre non ne pooit prendre,
quar Bar est les troiz pars en mer, il fist venir molt de
nefs, et enclost cil de la cité en tel maniere, que remestrent
molt poure de grain (3). Et se parti la cité en dui part,
quar Bizantie une grant part voloit deffendre la terre pour

60,000 habitants. Guillaume de Pouille vante sa puissance et sa
richesse, lorsque Robert Guiscard vint l'assiéger :

> « Hostibus edomitis et captis indique castris,
> Contra Barensem populum parat obsidionem.
> Appula nulla erat urbs quam non opulentia Bari
> Vinceret ; hanc opibus ditatam, robore plenam
> Obsidet, ut, victis tantæ primatibus urbis,
> Nondum subjectas repleat terrore minores. »

GUILIELM. APUL., II, v. 478-483.

(1) D'après Guillaume de Pouille, II, 485-487, 490-495, Robert
Guiscard aurait demandé aux habitants de Bari, non pas ouverte-
ment la reddition de ville, leur mais, ce qui revenait un peu au même,
qu'on lui livrât en toute propriété les maisons de Bari provenant de
la succession d'Argyros. MALATERRA, II, 40, parle des plaisanteries
que se permirent les habitants de Bari, vis-à-vis de Robert Guiscard,
lorsqu'ils refusèrent de se soumettre à lui.

(2) La date du début du siège de Bari est indiquée par l'IGNOTUS
BARENSIS, *ad an.* 1068 : « et die quinto astante augusti venit dux
Robberto et obsedit Bari per terra et mare. » MURATORI : R. I. S.,
t. V, p. 152. — LUPUS, commençant l'année 1069 dès le mois de
septembre de l'année précédente écrit : « 1069, in mense septembris
præfatus dux Robertus obsedit civitatem. »

(3) Voyez dans Malaterra, II, 40, la description de la flotte qui
bloquait la ville du côté de la mer et que deux ponts rattachaient au
rivage.

l'empereor, et Argence la subjection de le noble et puissant duc Robert. Més non ademora Bisantie, et s'en ala en Costentinoble, et lo significa lo fait a lo impeor, et demanda ajutoire. Et Argencie denuncia a Robert que Bisancie estoit alé a lo empereor, et lui manda lo duc Robert derriere quatre galées legeres pour prendre lo ; més li dui furent noiez et li autre dui tornerent a lo duc o damage. Et lo impeor rechut de lo empereor et empetra ce qu'il queroit. Et manda li impeor un qui se clamoit Stephane Patrie, home religiouz et adorné de toutes bones costumes, et manda auvec lui Avartutele Achate-Pain, et liquel donna molt monoie. Et por benediction manda a touz ceuz de la cité une suolle. Et lo duc sot que Besantie retornoit, més non sot que retornoit o plus de nefs, et manda troiz galées pour lo prendre, de liquel galée furent prise dui de Bisantie, et la tierce torna a lo duc. Et puiz vint Stephane et lo Achate-Pain, li citadin furent liez pour li sulle qu'il rechurent, quar reconforterent la lo fame (1).

(1) Aimé est seul à raconter cette démarche de Bizanzio (Bisantie, Bisancie) à Constantinople ; Guillaume de Pouille, II, v. 487 sqq., se contente d'écrire sans préciser davantage :

« Imperii sancti cives suffragia poscunt,
Qui conjurati fuerant cum civibus, illuc
Legatos mittunt ; simulque imperiale juvamen
Omnes deposcunt. »

L'Ignotus Barensis place en 1069 l'arrivée à Bari de Stephano Patriano (Stéphane Patrie) et fait coïncider son arrivée avec la bataille navale de Monopolis : « 1069, indict. VII, venit Stepha. Patriano cum stolo. Et perierunt naves XII in pertinentia civitatis Monopoli, onerate victo, omnique bono. Et multi homines necati sunt et alii compræhenserunt Franci et truncaverunt. Quant au catapan Avartutèle (Avartutèle Achate-Pain), il n'est fait mention de lui que dans Aimé.

Més legerement se consument petit de argent là où se vendent les coses par chierté, car achatoient lo tomble de frument quatre bysant. L'autre ystoire si raconte que un de Bar se parti et ala o un dart de nuit, et vint a lo paveillon ou estoit lo duc, et geta lo dart pour occire lo duc, et touz les dras lui pertusa, més la char non tocha. Adont lo duc se fist faire une maison de pierres pour estre la nuit a segur. Et lo jovene qui mena lo dart fu tant legier qu'il non pot estre pris (1). Et la male volenté de Bisantie et de Argentie se vint descoverant, et se distrent paroles l'un a l'autre injurioses, et prometoient l'un a l'autre mort, et li arme se appareillent. Et Bysantie, qui avoit la grace de lo impereor et l'amistié de lo Achate-Pain, se creoit en toutes chozes veinchre la protervité de Argentie; et Argerico, qui avoit lo adjutoire de lo duc Robert, et li parent et amis avoit plus que Bisantie, manda cert homes pour occire Bisancie quant il aloit a la maison de lo Achate-Pain ; et ensi fu fait, et fu remez lo impediment de lo duc (2). Et entre ceste coses li home comencerent a

---

(1) MALATERRA, II, 39, a raconté comment Stephano Patriano essaya de faire assassiner Robert Guiscard, et son récit a passé dans l'Anonyme du Vatican, MURATORI, R. I. S., t. VIII, col. 763 et dans la version française de cette chronique par le traducteur d'Aimé, I, 22, p. 293, dans Champollion-Figeac. GUILLAUME DE POUILLE termine son deuxième chant en racontant cet événement, v. 543 sqq.

 « Prœtor erat Stephanus Barensibus imperiali
  Traditus edicto, cognomen cui Pateranus
  Vir probus et largus, studio laudabilis omni,
  Præter quod tanti studuit edere mortem », etc.....

(2) LUPUS PROTOSPAT, ad an. 1071 : « Hoc etiam anno, dolo cujusdam Argirichi filii Joannaci (l'Argentie, Argerico, Argitio, Argencie d'Aimé) occisus est Bisantius, cognomento Guiderliku in Baro. » — IGNOTUS BARENSIS ad an. 1070 : « Indict. VIII, octabo decimo die mensis Julius, die dominica, interfectus est Bisantius patritius ab

entrelaisier la court de Achate-Pain et frequenter lo palaiz de Argerico. Et l'avoient esleu pour seignor, et se enclinerent la volenté de vouloir prometre fidelité a cil qu'il commanderoit. Et Argitio conforta li compaignon, et aidoit a li menor, donoit chose de vivre et a li poure, et les esmovoit a la fidelité de li duc et leur prometoit domps. Et estoit alée la nef de lo duc pour chargier vitaille de vivre, et faisoit dire lo duc que estoit de Argerico, et auvec lui partoit, et semblablement lui mandoit deniers. Et lo pueple dona une voiz lacrimabile pour fame, et distrent a lo Achate-Pain ou il deffendist la cité ou il feist licite cose de paiz avec lo duc. Et lo Accate-Pain demanda terme jusque a tant qu'il eust escrit a lo empeor la necessité de lo pueple, et manda messages especialz a lo impeor, qui lui distrent la puissance de lo duc et la neccessité de li home de la terre. Et quant lo impeor sot ceste novelle, il mut son ost au plus tost qu'il pot, et manda .ix.c. dromon de grain, dromon sont coment conestable, coment fussent .ix. banieres. Ceste fu occasion de molt estre mort de cil de Bar; car venoient o cil de lo impereor a combatre contre li Normant, et se mistrent entre eaux, quar il se fioient en la fortesce de ceuz; més non en retorna la moitié a lor maisons, et lo duc plus se confortoit, et par lo conseil de Argiritie observa la cité (1). Et cil de la cité alerent une autre foiz a lo Acate-Pain; et une grant partie de cil

---

iniquis homines et proinde zalate sunt case Meli-Pezzi et obrute. » Il est plus probable que l'assassinat de Bizanzio eut lieu en 1070, comme l'affirme l'Ignotus Barensis, et non en 1071, comme le dit Lupus.

(1) Les autres chroniqueurs ne parlent pas de cette seconde expédition des Byzantins pour venir au secours de Bari; peut-être s'agit-il de celle qui se termina par le désastre naval de Monopolis que l'Ignotus Barensis place en 1069, avant l'assassinat de Bizanzio.

de la cité manderent, disant a lo impereor coment molt en estoient de povreté de la fame, et tant par letre quant par message sinifierent a lo impereor. Molt en fu dolent lo impeor, non sot que faire, et non trova qui vousist venir au Bar pour la paor que li Grez avoient prise de li fortissime Normant. Et finalement Gozolin, liquel estoit fouy devant la face de lo duc, s'en vint devant lo impereour, et dist qu'il estoit prest et appareillié d'aler contre le duc Robert a Bar, et dist que fidelement pensoit de faire lo fait de lo impeor, et de vengier soi de son injure. Et demanda talente d'or et copie de pailles et de joiauz a ce qu'il puisse departir li Normant de la force de Robert. Li tresor de lo impereor se apetisa, quar se donoit a lo chevalier et donna li chevaliers a solde, et a cest voiage lui donna .xx. nefs. Et a grant joie entrent en mer, et sonent tympanes et organes, et grant quantité de trompes, et aloient saltant et vindrent envers Bar; et puiz quant il furent apres il estoit nuit, il font feu et haucent li facole alumées a ce que cil de la cité se donassent alegresce de lor venue, et li anemis eussent paour. Més lo duc se leva sans nulle paour, et tantost manda la soe navie. Et que coment plus dire? Gozelin fu pris et .ix. nefs, et la richesce qu'il portoient fu de lo duc, et li autre foyrent et se recuperent a la cité. Adonc toute la cité o grant dolor et o grant plor dient la male fortune lor. Gozolin fu mis en prison, et de li autre Grex alcun furent occis, et aucun furent mis en prison (1). Et Argitie, voiant que toutes les

---

(1) Au l. V, 4, Aimé avait déjà parlé de ce Gozolin ou Gozelin qu'il appelle alors « Gazoline de la Blace à loquel lo duc avoit donné Bar-entrebut » et il raconte comment, ayant été vaincu dans sa révolte contre Robert Guiscard, il avait dû s'enfuir à Constantinople. Ces renseignements d'Aimé sont confirmés par l'IGNOTUS

chozes aloient prospere a Robert secont la volenté de
Dieu, non voust plus prolongier de donner lui la cité, et
manda une fille qu'il avoit en ostage a lo duc, et lui avec

BARENSIS, ad an. 1064, et par GUILLAUME DE POUILLE, l. II, v. 451 sqq.
Quant à cette expédition du transfuge Normant pour obliger Robert
Guiscard à lever le siège de Bari, elle a été aussi rapportée par
GUILLAUME DE POUILLE, III, v. 111-119 et par MALATERRA, II, 43 ;
le récit de Malaterra a été reproduit et quelque peu amplifié par
l'ANONYME DU VATICAN, MURATORI, R. I. S., t. VIII, col. 764. Voyez
aussi dans Champollion-Figeac, p. 295, la traduction française du
passage de l'Anonyme. La seule différence notable entre la version
de Malaterra et celle d'Aimé et de Guillaume de Pouille est que Malaterra rapporte, selon son habitude, à Roger la gloire de la défaite et
de la prise de Gocelin, tandis que les deux autres historiens ne parlent
pas de Roger. Malaterra appelle Gocelin « Gocelinum de Orencho
quemdam, natione Nortmannum » et une variante porte : « Goze-
linum de Corintho quemdam natione Nortmannum. — L'Anonyme
du Vatican est parti de cette appellation de Malaterra pour faire de
Gocelin un duc de Corinthe, de même il lui fait écrire aux habitants
de Bari une lettre imaginaire. Malaterra, II, 43, dit de Gocelin
qu'avant l'expédition de Bari, il était « in palatio post imperatorem
secundus, » mais évidemment ce n'est là qu'une réminiscence biblique
du chroniqueur normand qui fait de Gocelin un nouveau Joseph à
la cour d'un nouveau Pharaon. Rien dans les auteurs bizantins ne
confirme cette donnée ; ils ne parlent pas de Gocelin, ce qu'ils n'auraient pas manqué de faire s'il avait été un aussi important personnage. Nous avons vu que d'après l'Ignotus Barensis, Gocelin alla à
Durazzo auprès de Perenos dès 1064 ; il se peut qu'il soit revenu en
Italie et qu'il ait combattu contre Robert Guiscard avec les autres
Normands jusqu'à la défaite définitive des conjurés, vers 1067. Gocelin
a donc été en Orient au minimum de 1067 à 1071 ou au maximum
de 1064 à 1067, c'est-à-dire ou quatre ou sept ans. Or comment
aurait-il pu être le second à une époque où il y a eu quatre empereurs simultanément, Romain Diogène et les trois fils de Constantin
Ducas, les empereurs Constantin, Michel, Andronic, sans compter
l'impératrice Eudoxie et le César Jean. Peut-être en definitive, Gocelin
n'a-t-il guère quitté Durazzo durant son séjour en Orient, car c'est

li sien s'en sailli en une haute tor, laquel gardoit pour
lo duc. Et de toutes pars vienent li turme meintenant de
homes et maintenant de fames comment s'il feissent la
procession. Et venent prestres, et vienent moines et toute
maniere de gent; et ploroient et prioient Argitie qu'il
delivre la Seignorie, la cité de la seignorie de li Normant.
Més Arigitie clodi l'oreille et non les vouloit oïr ne veoir,
quar pour nulle proiere entende de laissier qu'il non face
ce qu'il s'estoit mis en cuer (1). Il estoit passé, petit s'en
failloit, quatre ans que continuelment avoient esté en
ceste pestilence, et maintenant par l'operation de cestui
Arigitie furent delivré. Lo samedi devant lo dyemenche
de Palme, lo gloriouz duc entra en la cité de Bar, et lui

là où nous le voyons aller et c'est de là que nous le voyons partir
contre les Normands assiégeant Bari; il y aura attendu le moment
de se venger des Tancrède. Guillaume de Pouille commet au sujet
de Gocelin une singulière méprise; il écrit, l. III, v. 139-141,
qu'après avoir été fait prisonnier devant Bari par les Normands, en
février 1071, il passa en prison le reste de ses jours :

« Inclusus longo Joscelinus carcere degens
Vitam infelicem, vitæ cum fine laborum
Excepit finem, diversa pericula passus. »

Or, dans un autre passage de son poème, l. III, v. 73-90, Guillaume de Pouille raconte que ce même Gocelin fut envoyé en ambassade de Constantinople auprès de l'empereur romain Diogène, lorsque ce malheureux empereur, après avoir été pris par les Turcs, eut les yeux crevés, se fit moine et mourut peu après; nous savons que ces événements eurent lieu entre le mois d'août 1071 et le mois de juillet 1072, cf. JOEL (sæc. XIII). *Chronographia compendiara ab O. c.*, ad an. 1204, gr. et lat. édit. LEO ALLATIUS, Venet. 1728, p. 145. Il est donc bien inadmissible que Gocelin, retenu à cette époque en prison en Italie, ait été chargé et se soit acquitté en Orient d'une telle mission ; aussi s'explique-t-on très bien que les auteurs byzantins ne disent rien de semblable.

(1) D'après Guillaume de Pouille, Argirizzo eut moins de peine à

asouttillié pour lo geuner de lo quaresme se reconforta o la feste de la Pasque (1).

Cap. 28. En cellui temps, quant lo duc se combatoit pour prendre la cité de Bar, demanda et requist l'ajutoire de cil de Pise, a cé qui li Sarrazin non soient leissiez o lonc repos et non fornissent la terre pour lonc temps, et que lo duc non demorast trop pour les destruire. Et appareillerent li Pisen lor nefs, et diverses compaingniez de

décider les habitants de Bari à se soumettre aux Normands; il écrit, l. III, v. 144 sqq. :

..... « Tunc Argiricus urbis
Primus habebatur, quem dux ubi deditionem
Urbis inire fecit, reliquos non ardua cives
Vincere pœna fuit, majores namque minorum
Ad quam corda volunt partem, deflectere possunt. »

(1) In die 15 Aprilis cepit Robertus dux civitatem Bari. Lupus, ad an. 1071. — Il semble d'après l'Ignotus Barensis qu'il y a eu une autre expédition navale des Byzantins entre la defaite de Gocelin et la reddition de Bari, il écrit : « et in mense martii cattus qui pergebat Durrachio, ubi erat Kyri Depifani, cum aliis multis, orta tempestas periit in pelago, nec unum hominem inde exivit. Et in medio mens Aprilis fecit Bari cum ipso duca ». Ignotus Barensis, ad an. 1071. — On voit qu'Aimé indique le jour de la prise de Bari, sans indiquer l'année, mais il se trompe lorsque, dans la phrase précédente, il affirme que le siège de Bari a duré près de quatre ans; en réalité, il n'a duré que deux ans et huit mois, c'est-à-dire du 5 août 1068 au 15 avril 1071. La *Chronicon breve Norm.* place à tort la prise de Bari par les Normands en 1069; Malaterra, II, 43, n'est guère plus heureux en la plaçant en 1070; comme nous l'avons vu, l'Anonymus Vatic. se trompe également en plaçant au lendemain de la défaite de Gocelin la reddition de Bari, cf. Muratori, R. I. S., t. III, col. 764. Guillaume de Pouille, l. III, v. 144 sqq., ne donne pas de date, mais indique les conditions imposées à Bari par Robert Guiscard, ce dont Aimé ne dit rien. Quant à Malaterra, il écrit sur ce point, II, 43 : « dux voti compos effectus, fratri et cuncto exercitui gratias referens, urbe pro velle suo ordinata. »

chevaliers et de arbalestiers, et navigande par la mer, et droitement vindrent a la cité. Et coment venirent rompirent la chainne laquelle deffendoit lo intrer et lo issir des nefs de li anemis. Part de li Pisain estoient en terre et part en remanirent as nefs, a ce que par terre et par mer feissent brigue a la cité. Et puiz la victoire de lo duc en Puille, li Pisen rechurent grandissimes domps de lo duc, et s'entornerent soi en Pise (1). Et est de noter que

(1) Le siège de Bari par Robert Guiscard et les Normands a duré du mois d'août 1068 au mois d'avril 1071, aussi, en plaçant pendant le siège de Bari l'expédition des Pisans contre Palerme, Aimé se trompe d'au moins cinq ans, puisque Malaterra et les sources Pisanes s'accordent à placer cette expédition en 1063; cf. MALATERRA, II, 34; d'après ce chroniqueur, les Pisans attaquèrent Palerme peu après la bataille de Cerami entre les Sarrazins et les Normands et, d'après lui, cette bataille eut lieu en 1063. De même la *Chronica Pisana*, MURATORI, R. I. S., t. VI, col. 168, affirme que l'expédition contre Palerme eut lieu en 1063; c'est ce que dit également l'inscription gravée sur l'ancienne cathédrale de Pise :

« Anno quo Christus de Virgine natus ab illo
Transierunt mille, decies sex, tres que sub inde
Pisani cives celebri virtute potentes. . . . .
Intendere viam primam sub sorte Panormam. »

Cf. *Delle historie Pisane*, l. XVI di R. RONCIONI, ad an. 1063, dans l'*Archivio storico italiano*, t. VI, *parte prima*, p. 108 et *parte secunda*, p. 5. — Quoique Aimé ne nomme pas Palerme dans sa relation, cette circonstance également rapportée par Malaterra et par les sources Pisanes, de la chaîne du port rompu par les assaillants, le fait qu'ils attaquent des Sarrazins et non des Grecs, tout indique qu'il s'agit de Palerme et de l'expédition de 1063, la seule que Pise ait faite à cette époque contre la Sicile musulmane. Il y a en outre dans ce passage d'Aimé une indication à laquelle les historiens modernes comme Amari, de Blasiis et Hirsch n'ont peut-être pas fait assez d'attention et qu'il est intéressant de signaler; ce sont les relations entre Robert Guiscard et la république de Pise. C'est, d'après

l'autre ystoire met molt merveillose victoire que fist lo
conte Rogier, frere de lo duc, en Sycille avant que venist
a Bar; més ceste ystoire n'en met noient (1).

Ci se finist li quint livre.

Aimé, à l'instigation de Robert Guiscard que les Pisans voulaient
venger les torts que les Palermitains leur avaient causés, mais rien
n'empêche que Robert Guiscard leur ait conseillé d'agir ainsi; son
intérêt était d'affaiblir les Sarrazins de Sicile. Le fait rapporté par
Malaterra qu'au lieu de se rendre directement devant Palerme, les
Pisans vinrent d'abord dans un port du Val-Demone, qu'ils se
mirent en rapport avec Roger et qu'ils cherchèrent à le décider à
combiner avec eux une attaque contre Palerme, donne raison à Aimé;
il permet de supposer des négociations antérieures et fait voir que
les Pisans connaissaient la situation des Normands en Sicile. Pourquoi Roger n'a-t-il pas voulu s'entendre avec les Pisans? Nous
n'avons aucun renseignement sur les motifs de son refus; on ne
peut émettre que des conjectures. Peut-être Roger se sentait-il trop
faible pour une si grosse entreprise; le ton de persiflage, sensible
dans Malaterra, indiquerait aussi que Roger n'avait pas grande confiance dans ces marchands de Pise, soldats improvisés, et puis le
rusé Normand ne se souciait probablement pas de s'employer à une
conquête qu'il aurait fallu ensuite partager avec des étrangers. Il
préféra attendre et la faire avec ses compatriotes.

(1) Il s'agit de la victoire de Cerami, remportée par Roger sur les
Sarrasins; cf. MALATERRA, II, 33, ANONYMUS, texte latin dans MURATORI, R. I. S., t. VIII, col. 760 sqq., texte français dans CHAMPOLLION-FIGEAC, I, 18, p. 287 sqq.; sur les additions faites au texte de
Malaterra par l'Anonymus, voyez DELARC, *les Normands en Italie*,
p. 402, note.

SE COMENT LI CAPITULE DE LO VI LIVRE

Cap. 1. De la brigue que ot Guillerme Moscarolle contre li prince Richart, et comme firent paiz (1).

Cap. 2. Coment li villain qui habitoient en Pié-de-Mont se revelerent encontre.

Cap. 3. Coment li prince vouloit acquester Acquin a la utilité del conte Guillerme.

Cap. 4. Coment Adenulfe deffendoit Acquin et Pandulfe Pié-de-Mont.

Cap. 5. Coment parlerent ensemble et firent bone paiz Guillerme et Adenulfe.

Cap. 6. De la fame et de l'onor de Guillerme.

Cap. 7. De la discorde de li conte de Marsica.

Cap. 8. Coment lo roy Henri delibera de venir en Ytalie, et puiz quant fu Auguste s'en torna (2).

(1) Ce sommaire forme deux chapitres dans le texte; le chapitre 2 du sommaire résume par conséquent le chapitre 3 du texte et ainsi de suite.

(2) Le sens est qu'Henri IV étant venu à Augsbourg avec l'intention de passer en Italie, renonça à son projet; la phrase est incomplète et paraît vouloir dire que le roi est venu en Italie, y a été couronné empereur (Auguste) et puis est retourné dans son pays.

Cap. 19. Coment Godefrede se leva contre li Normant, et comment fu reconcilié (1).

Cap. 20. Coment Guillerme se leva contre lo prince.

Cap. 21. Coment, venant lo duc Robert, morut Guillerme.

Cap. 22. Coment lo duc Robert et lo prince Richart firent paiz et allerent ensemble en Sycille (2).

Cap. 23. Coment lo duc et lo conte vindrent a Palerme, et conte acquesta la cité de Cataingne.

Cap. 24. Coment lo conte occist lo rector de la cité d'Aquin (3).

Cap. 25. Coment partirent lo palaiz et li ort.

Cap. 25. De la fain de li pagan, et comment furent pris.

Cap. 26. Coment failli lo vin a lo duc et a tout lo ost.

Cap. 27. Coment fu prise Palerme, et coment lo duc et tout l'ost i entra. De lo miracle de l'eglize de Sainte-Marie.

Cap. 28. Coment lo duc ot la cité de Mazare, et coment il dona une grant part de Sycille a son frere. De la prosperité et de la victoire del duc Robert.

Cap. 29. Coment lo conte ala a venchre li autres cités, et coment lo duc fist la roche et rehedifica l'eglize de Sainte-Marie, et prist l'ostage et torna en Calabre.

---

(1) Une distraction du copiste lui fait écrire, chap. 19, immédiatement après le chap. 8.

(2) Ce sommaire est erroné ; le texte d'Aimé dit simplement que le prince Richard eut quelque intention d'aller en Sicile, mais nous savons qu'il n'y alla pas.

(3) C'est Roger qu'Aimé désigne par cette appellation « le conte » ; mais comment expliquer ce qui suit : « occist lo rector de la cité d'Aquin. » Il ne peut s'agir de la cité d'Aquino en Campanie, puisque à ce moment le comte Roger est en Sicile et marche sur Palerme. Ce qui ajoute à la confusion, c'est que rien dans le texte ne correspond à ce sommaire ; par une de ces distractions dont il est coutumier, le traducteur d'Aimé aura traduit par Aquin le nom d'une ville de Sicile, et en outre il n'a pas traduit ce qui, dans le texte, correspondait à ce sommaire.

Cap. 30. Coment lo prince conquesta Aquin. Coment la dona a son filz.

Cap. 31. Coment la vouloit donner a Saint-Benedit, et de lo moine liquel fu chacié.

Cap. 32. Coment il espia la volenté de ceus de la cité et qu'il vouloient. Come prist lo castel qui se clamoit Sub.

Cap. 33. De la proie que fist Jordan en Aquin, et coment il ot la roche et la cité.

Ci finissent li capitule del sexte livre.

CI COMENCE LO SEXTE LIVRE

Cap. 1. Quant la prosperité de lo duc (1) venoit croissant de degré en degré a ce que fortuneement saillist a la haute dignité, Guillerme (2) mostra par vain conseill il s'efforsa de anichiller a son pooir l'onor de lo prince Richart. Més char Dieu non lo soustient tel chose, et la divine loi lo deffent que lo seignor soit mis souz la turbation de son servicial, lui donna Richart a conforter sa vertu, et donna lui victoire de son anemi. Et Guillerme, par lo juste jugement de Dieu, chai en la fosse qu'il avoit appareillié pour autre (3). Car desprisa la fille de Richart, laquelle, comme est dit, li avoit donnée pour moillier (4), et jura de prendre por moillier celle dame qui avoit esté moillier de Adenulfe, duc de Gaiete, de laquelle autresi avoit receu lo sacrement. Dont Adenulfe, conte de Aquin, avec li frere soe Laude de Tragete, et Pierre filz de Laude, firent un sacrement avec Guillerme coment porroient contrester a la forteresce de lo prince, et lor chasteaux

---

(1) Richard, prince de Capoue, comte d'Aversa.
(2) Guillaume de Montreuil, gendre du prince Richard ; cf. *supra*, l. IV, c. 27 et la note 1, p. 123.
(3) « Incidit in foveam quam fecit ». *Psaume* VII, 16.
(4) Cf. *supra*, l. IV, c. 27.

lever de sa poesté (1). Adont Guillerme se mist a la voie
de aler en Puille pour cerchier a ses amis ajutoire pour
acquester aucuns domps. Et li amis de lo prince s'en faisoient gabe, et li amis petit li donerent de aide, et quant

(1) FEDERICI (*Antichi duchi e consoli o plati di Gaëta*, in-4°, Napoli, 1791) a publié, p. 402, une charte ainsi datée : « Temporibus
domne Marie gloriose ducisse senatrix relicta quondam Adenulfi
consul et dux bone recordationis, nec non et secundo anno, gratia
divina protegente, consul filii ejus domno Adenulfo gloriosus consul
et dux, infra etate ipsius, mense martio, indictione prima » (1063).
C'est pour épouser cette duchesse Marie, veuve d'Adenulfe I, duc de
Gaëte, et régente pendant la minorité de son fils Adenulfe II, que
Guillaume de Montreuil voulait abandonner sa femme, la fille du
prince Richard. Il faut donc placer vers 1063 ou 1064, la lettre
suivante du pape Alexandre II à Guillaume de Montreuil (de Mons-
trolio, alias de Monasteriolo) concernant ses projets d'un second
mariage : « Multorum relatione cognovimus te propriam velle abjicere
uxorem et adhærere alteri, prætendentem consanguinitatis occasio-
nem. Unde apostolica auctoritate interdicendo, mandamus tibi ut
hanc quam nunc habes uxorem, nullatenus præsumas dimittere vel
aliam ducere, donec episcoporum religiosorum consilium causam
istam examinaverit ». MIGNE, *Patr. lat.*, t. 146, p. 1387. JAFFE-
LÖWENFELD, n° 4524. — Une autre charte, également publiée par
FEDERICI, *libr. citato*, p. 396 sq., nous apprend qu'en juin 1062, les
comtes de Traëtto (sur la rive droite et non loin de l'embouchure du
Gariglione, c'est la ville qu'Aimé appelle Tragette), Marino, Daoferius,
Landon, Pandulfe, un autre Daoferius, un troisième Daoferius, fils
du précédent, Jean, comte de Maranola (petite ville, près du Monte-
Cefalo, non loin et à l'est de Gaëte), enfin, les comtes de Suio,
Renier, Léon, avaient promis à Marie, régente du duché de Gaëte,
de s'abstenir pendant un an de conclure, les uns sans les autres, un
traité ou une convention quelconque avec les Normands : « nec finem,
nec pactum cum Normannorum gens nec ponimus, nec firmamus
per nullum ingenium sed quodcumque cum eis facere venimus,
insimul vobiscum prænominatis uter que facere firmamus. » C'est
donc dans cette ligue de seigneurs lombards, dirigée contre Richard
de Capoue et ses Normands, qu'entrait Guillaume de Montreuil.

il retorna avec li chevalier o cui il avoit fait ligue, entra en Trajete et issi jusque a la rippe de la Gallinare (1). Et lo prince non assembla senon ses chevaliers, et ficcha ses paveillons delà de lo flume de la Gallinaire, et se vergoingna de faire fossez, ne drecier chastel ; quar en champ dormoient et menjoient li home et li cheval. Et li anemis estoient dedans li mur de Trajette, et come ce fust cose que avant aloient par li camp, maintenant estoient soz clef ; soul lo conte Adenolfe faisoit entrelz alcune cose de victoire, més molt petit, quar alcune foiz issoit avant auvec ses freres, et avec li autre chevalier occisoient et prenoient chevauz, et quant il veoient petit de chevaliers aler par lo camp, li conte auvec sa gent les persequtoit. Un jor vit lo conte alcun chevalier corre par lo camp, il corut o li legier cheval soe, et o la lance qu'il tenoit en sa main feri si fort a un chevalier qu'il rompi la cuisse de lo chevalier et occist lo cheval. Més de toutes ces choses bien rechut lo change de li chevalier de lo prince, quar por home que occioit lo conte l'en estoient occis quatre, et pour .j. cheval qu'il furoit l'en estoient levés par force troiz. Et se un de li caval de li prince estoit occis l'en estoient donez .x. Et pour Guillerme et sez compaingnons accressoit ennui et traval, et comencerent a fouir de lieu en leu a estre restraint par fame, et comencerent a fouir de lieu en lieu, et se partirent de Trajette et vindrent a Aquin, et de là se partirent et s'en alerent chascun en sa propre terre. Et Laude remest a Trajette, et la ducesse habita a Pont-de-Corbe (2), et Adenolfe et li frere estoient a Acquin, Peres se trova en Alpine (3), et Guillerme a lo

(1) Le Garigliano.
(2) Ponte-Corvo, non loin de Acquino et de San-Germano, dans la vallée du Garigliano.
(3) Il s'agit sans doute de Pierre, fils de Laude (Landon), qui se

chastel qui se clame Pié-de-Mont (1). Et Guillerme va par li feire et par li marchié cerchant li cort de la province d'entor certes coses por vivre, et requiert de li seignor adjutoire, et promet de combatre pour la deffension de ceauz seignor a qui il va. La plus grant part de li seignor a cui il aloit lui noient et refusent sa petition, et aucun lui donent poi de chose alegant poureté et dient que non lui poent plus donner. Et va s'en Guillerme a lo aide de lo pape. Et se faisoit servicial de saint Pierre, et promet de deffendre la Campaingne a la fidelité de la sainte Eclize et autres terres occuper (2). Et fist a lo pape sa priere, et donna alcuns deniers, més non tant que il en peust lonc-temps sa gent soustenir. Et en cellui temps

serait réfugié au château d'Arpino, dans la montagne, entre le Mont-Cassin et Sora.

(1) Pie-di-Monte-di-San-Germano où se réfugie Guillaume de Montreuil est tout près et au nord-ouest du Mont-Cassin.

(2) Deux textes d'Ordéric Vital disent aussi que Guillaume de Montreuil a mis son épée au service d'Alexandre II, qu'il a été porte-gonfanon, peut-être même général de l'armée pontificale : « inter Normannos qui Tiberim transierant, Willermus de Monasteriolo, Willermi Geroiani filius, maxime floruit et romani exercitus princeps militiæ factus, vexillum S. Petri gestans, uberem Campaniam subjugavit ». O. Vitalis *Hist. ecclesiast.*, t. II, p. 56.— « Deindé Robertus (Robert de Grentemesnil) Willermum de Mosterolo consobrinum suum ad auxilium sui requisivit, promptissimum que ad subveniendum invenit. Prædictus miles papæ signifer erat, armisque Campanam obtinuerat et Campanos qui diversis schismatibus ab unitate catholica dissidebant sancto Petro apostolo subjugaverat. Hic exulanti consanguineo (Robert de Grentemesnil) cum monachis suis medietatem antiquæ urbis quæ Aquina dicitur dedit ». O. VITALIS *Hist. eccles.* t, II, p. 87. Il y a bien probablement quelque exagération et des erreurs dans ces deux passages ; O. Vital vivait trop loin de l'Italie, trop longtemps après les événements dont il s'agit pour être parfaitement au courant de l'histoire et de la géographie

Jehan de Maranolle non se partoit de lo college de lo prince ne se accostoit avec ses anemis (1). Et a ce que li prince savist mex l'amor de la soe fidelité comist a la potesté soe lo chastel de Argente a ce qu'il peust opremere et contrester contre ses anemis. Et lo prince, quant il sot que Adenulfe et Guillerme estoient tout un, et que pour nulle promission les pooit departir, il commensa a esmovoir et a promètre a la ducesse marit de plus haute honor. C'est qu'il lui vouloit pour marit son filz Jordain, liquel avoit fait ensemble avec lui prince (2), et que la vouloit faire princesse. La dame ducesse encontinent si consenti et s'enclina a la volenté de lo prince, et parjura, non se recorda de lo pechié ; et Laude sanz foi autresi se voloit departir de la moillier, et laissant la compaingnie de li amis, et se humilia a lo commandement de lo prince, a loquel lo prince torbé de cor lui promist la fille pour moillier, laquelle ancoiz li tailleroit la teste (3). Et Guillalme, quant il se vit engané de la moillier qu'il avoit jurée, et estoit abandoné de cil qu'il avoit faite la liga contre lui, procura de raquester l'amor de lo prince.

Cap. 2. Cestui Guillerme proia li amis de lo prince et requist li grant home que par lor priere aclinassent la volenté de lo prince. Et lo prince fu liez et joiant de la

---

de l'Italie dans la seconde moitié du xie siècle. Quels sont ces rebelles de la Campanie que, d'après O. Vital, Guillaume de Montreuil aurait soumis au Saint-Siège ? Un texte d'Aimé, que nous citons plus loin, indiquerait au contraire que l'activité de Guillaume s'exerça dans la Sabine, à l'est de Rome.

(1) Sur Jean de Maranolla, cf. *supra*, p. 167, note 5.

(2) Les chartes de Richard, prince de Capoue, montrent qu'il associa de très bonne heure son fils Jourdain au pouvoir.

(3) Je ne me rends pas compte de cette étrange phrase : « laquelle encoiz li tailleroit la teste. »

prosperité soe; quar veoit que li home qui lui vouloient contrester venoient devant les piez siens; et a la soe potesté vainchue de la soe pietié, et fu rapaisiez par la priere de li fidel soe. Et lui rendi la fille soe laquelle lui estoit moillier, et lui fist molt de biens (1).

Cap. 3. En cellui temps que Guillerme estoit en ceste tempeste, non se set par quel conseil li vilain qui habitoient en lo chastel de Pié-de-Mont (2) revelerent soi et appellerent alcun de ceuz de la terre voisine, et occistrent touz les Normans liquel avoit lessié Guillerme pour garder lo chastel. Ceste malvaistié turba molt l'arme de Guillerme. Et quant estoit liez et alegre tant fu dolent de la mort de ses chevaliers.

Cap. 4. Apres ce, lo prince se deletoit de relever la angustie et dolor de Guillerme; et la soe cité vouloit acquester Aquin. Et assembla mil chevaliers siens et pedons sans nombre et s'en va sur Aquin, fist chastelz et ficcha paveillons. Et ce qu'il avoient seminé estoit metut pour mengier a li chevalier; li grenier non sont gardez jusque a lo metre de la novelle victaille, quar avant temps est consumé toute chose. Et li vingnes non sont lessiez pour faire roysins, ne li arbre pour faire frutte; més en font feu et font maisons, et non pour autre senon pour la misere de cil de la cité sont tailliez li arbre, dont se puet dire: O tu Aquin, ceste chose as-tu!

Cap. 5. Adenolfe gardoit la cité, et son frere Pandulfe

---

(1) Les admonestations d'Alexandre II, dont nous avons vu la lettre, durent sans doute contribuer à cette réconciliation de Guillaume de Montreuil avec sa femme.

(2) Pie-di-Monte-di-San-Germano, près du Mont-Cassin, comme il a déjà été dit.

gardoit Pie-de-Mont lo chastel sien ; liquel aviengne que
fust jovencel et non usé d'armes, en la premiere bataille
ot tant de gloire de triumphe, que quant il vit venir li
Normant o tout li somer, chargiez de victaille de la cité
de Saint-Germain (1), non fu lent de chevaucier; o tout
tant petit de chevaliers coment il avoit avec lui, assalli li
chevalier et aucun en occist, et alcun en feri, et li autre
fugirent, dont cestui pristrent li cheval et li somer de lui
anemis, et torna a son chastel o victoire.

Cap. 6. Et Guillerme, quant il vit que Adenolfe recer-
choit la cité, et la refermoit et garnisoit a son pooir, lo
clama a soi, sur la soe foi lo promet segurté. Et avieigne
que lui sien lui disoient qu'il non i alast, toutes voiez
Adenulfe vint a lui sanz nulle paour, et Guillerme lo
rechut o alegre face, et lui geta les bras au col, et lo basa
en bouche. Et quant il seoient ensemble, et Guillerme lui
recordoit la premiere amor, et lo nombre de la victoire
laquelle il avoient faite ensemble, dont lui improperoit li
Normant que il lui avoit occis, et lui moustre que l'amor
et la carité qui estoient rote entr'elz fust renovelée; et adont
font la covenance de lor amor, et reformerent la premere
amistié. Et puiz Guillerme manda a lo prince la volenté
de Adenolfe, et manifesta a li chevalier l'ordre de l'amistié
recovrée. Et va Adenolfe a lo prince, et tant lo prince quant
Guillerme ferma a lui et a son frere la part d'Aquin
et l'autre part ot Guillerme. Et lo prince s'en torna a
Capue, et Guillerme entra en la cité, qui molt estoit
desirré (2).

(1) San-Germano, à une faible distance de Pie-di-Monte.
(2) Nous avons vu (cf. *supra*, p. 237, note 2), que d'après O. Vital,
Guillaume de Montreuil avait eu en sa possession la moitié de la
ville d'Aquino.

Cap. 7. Et quant la fame de Guillerme sonnoit en toutes pars, cil de Marse, de Retense et Amicerne de Valin (1), et touz ceuz qui habitoient en la part de Campaingne, gardoient son comandemant, quar par la poesté de lo prince la soe hardiesce faisoit paour a ceuz qui lui estoient entor; et pour ce qu'il estoit parent de lo conte de la terre, desirroient li voces soes, et o pris atte estoient la grace soe, l'un anemi non se pooit aidier de la injure de lo sien anemi sans la grace de Guillerme. Et tout estoit pour la grace, laquelle il avoit recovré del prince Richart.

Cap. 8. En cellui temps, de li conté de Marse un liquel se clamoit Bernart, par avarice insaciabile et desir de avoir, part de lui lo amor de lo frere; cestui o jurement et o parjure et tradement tote la part de frere avoit pris, et vouloit tout soul avoir lo heritage de lo pere, et s'efforçoit de chacier l'autre de la terre, tuit li persecutoit; més a lo frere major et premier nez faisoit piz, et ce lui faisoit pour ce que lo premier nez avoit plus filz, lui tailla la vingne et lo arbre, et lui faisoit metre lo labor avant temps, puiz que en la terre soe non estoit remez aucun arbre. Apres de la cort avoit soul une noce, pour laquel que fust talié la noble moillier de Odorise frere majour lo pria, et cellui par la proiere soe la fist taillier jusque al la radice. Ordorisie cercha avoir paiz avec lui, et pria lui que ses filz fussent ses chevaliers, et veut rechevoir la terre de lui; et Bernart non vouloit faire, quar lo vouloit cachacier de la

(1) Le pays des Marses et Valva (Valin ?) sont situés sur les rivages et à l'est du lac Fucino, Amiternum est plus au nord et Reate (Retense) maintenant Rieti, confine l'Ombrie; n'est-ce pas comme représentant du Saint-Siège que Guillaume de Montreuil avait quelque autorité sur ces villes et ces pays, surtout sur Reate et Amiternum? Ces deux dernières villes en effet n'étaient guère alors en butte aux invasions normandes.

terre. Et Odorisere avoit .vij. filz, de liquel dui en estoient evesque, li tiers estoit moine et cardinal de Rome, et li autre se delictoient en la chevalerie seculere. Et ot conseill avec li sien filz de recorre a l'ajutoire de li prince. Et Acco son fill evesque (1) manda a la cor de lo prince, et lui prometoit de doner mille livre de deniers, et prometoit a lo neveu de Guillerme, qui se clamoit Mostrarole, de donner lui la soror pour moillier, laquelle se clamoit Potarfranda. Et li bon prince singuler chevaucha et s'en alla a lo conte de Marse pour veoir la terre, et ficha li paveillon. Et Berart assembla ses chevaliers, et disoit qu'il vouloit combatre contre la compaingnie de lo prince. .C. chevaliers tant solement manda lo prince, liquel manda contre innumerabile multitude de Berart. Més li chetif chétif chevalier de Berart fugirent devant li cent chevalier normant, et s'en renclostrent dedens li mur, et par force li chevalier de lo prince commencerent a prendre li chastel, et pristrent molt de proie, et pristrent li homme, et fait cest damage a Berart. Et les noces de lo neveu de Guillerme furent celebrées, es puiz lo prince rechut li argent que li evesque avoit promis et autres domps, et puiz s'en retorna a Capue. Et li jovencel lo neveu de Guillerme, o l'aide de son oncle et avec li parent de la moillier, assoutilla la richece de Berart, et pour un fill loquel prist paia Berart mille livre, quar estoit le plus grant et se clamoit Berart

---

(1) Actus, évêque des Marses et, depuis 1056 archevêque de Chieti, voyez sur lui UGHELLI : *Italia sacra*. t. VI, p. 676, sqq Sur la famille des comtes des Marses à cette époque, cf. dans GATTOLA : *Historia Cassin.*, p. 242 et *Accessiones ad hist. Cassin.*, p. 171, deux chartes de 1062 et 1070 ; voyez aussi dans DI MEO, *Annali*, etc., t. VIII, p. 162, l'analyse d'une charte de 1077. HIRSCH, *l. c.*, p. 305 a résumé ces renseignements généalogiques.

coment lui-meisme, et pour l'autre en paia troiz cent (1).

Cap. 9. En dementre que lo prince Richart estoit en cest acquester, lo pape (2) avoit mandé molt souvent par letres, et aucune foiz par messages, lo roy Henri (3) pour venir contre la crudelité de li Normant, et pour l'affliction de ceuz qui habitent auvec eaux. Et quant lo roy sot la volenté de lo pape, il dist a ses princes qu'il vouloit venir en Ytalie, pour acquester la corone en Saint-Pierre (4), et pour deffendre les coses soes. Et s'appareillerent li evesque et li duc et li marchis, et s'esmurent lor chevaliers de prendre l'arme, et determinassent en quel voie la compaingnie de la chevalerie se doient assembler. Et lo roy auvec son exercit vint a la cité de Auguste (5), et atendoit

(1) Leo de' Marsi, III, 23, a également raconté cette expédition du prince Richard contre les comtes des Marses et il ajoute quelques détails qui complètent, sans le contredire, le récit d'Aimé; il nous apprend notamment que le prince Richard assiégea la ville d'Alba, au nord du lac Fucino, qu'il était accompagné dans cette expédition par les fils de Borel et qu'il revint sans avoir obtenu autant de succès que le suppose Aimé; il ne faut pas oublier que Leo de' Marsi, faisant partie de la famille des comtes des Marses, ne devait guère être disposé à reconnaître la défaite des siens et la victoire du prince de Capoue. D'après Aimé, l'expédition contre les comtes des Marses a eu lieu avant la campagne de Gottfried, duc de Lorraine et de Toscane, contre les Normands, c'est-à-dire avant le mois de mai 1067; d'après Leo de' Marsi elle aurait eu lieu après. Je serais porté à croire que sur ce point, Aimé est dans le vrai, car précisément cette campagne du duc Gottfried eut pour résultat d'arrêter, pendant quelque temps, la marche des Normands de la Campanie vers l'Italie centrale.

(2) Le pape Alexandre II (1er octobre 1061 — 21 avril 1073).

(3) Henri IV, roi de Germanie, plus tard empereur.

(4) Leo de' Marsi, III, 23, dit dans le même sens : « ut bona sancti Petri de manibus Normannorum eriperet et imperii coronam de apostolici manibus reciperet ».

(5) « Pervenit Augustam », écrit également en parlant d'Henri IV,

lo duc Gottofrede. Et Gotofrede avoit passé li Alpe et estoit venut en Ytalie. Et puiz lo roy connut que il estoit gabé de la malice de Godefroy, et dist a touz les granz seignors de sa compaingnie coment Godefroy l'avoit gabé, et comanda que cest voiage remanist, quar est costumance que quant lo roy vient de Alemaingne en Ytalie, que lo marchis de Toscane o tout son ost doit aler devant de lo ost de lo roy. Et ensi retorna arriere quar cestui moine qui ceste ystoire compila non lo clame impereor, més clame roy. Més je croi qu'il lo face pour ce que encoire no estoit coroné, dont secont ceste sentence non est impeor jusque a tant qu'il soit coroné (1).

Cap. 10. Et Godefroy est repris de ses amis et gabé de ses anemis, quar, non garda lo commandement de son seignor, est clamé perfide (2). Més lo duc cercha de covrir

Leo de' Marsi, qui, dans cette partie de son récit, s'inspire visiblement d'Aimé.

(1) Est-ce bien la conduite du duc Gottfried qui a empêché Henri IV de venir en Italie? Les *Annales Altahenses majores* (MG. SS., XX, p. 818) disent simplement que si Henri IV n'a pas donné suite à l'expédition projetée et n'est pas descendu en Italie, c'est que sa présence était nécessaire en Germanie, et cette version parait plus vraisemblable que celle d'Aimé, quoique Leo de' Marsi, III, 23, ait répété cette dernière. Ces mêmes *Annales Altahenses majores* disent qu'Henri IV était irrité contre les Normands parce que ces Normands « ignominiosas legationes et responsa regi, regnique principibus sæpe remittebant ». Le fait peut être vrai mais ne contredit, en aucune façon, ce que dit Aimé des plaintes du pape au roi contre les Normands.

(2) D'après Bonitho (*liber ad amicum* dans Jaffe : *Monum. Gregoriana*, p. 652), en marchant contre les Normands, le duc Gottfried aurait surtout répondu à une invitation de Hildebrand, alors conseiller d'Alexandre II et archidiacre de l'église romaine ; Bonitho écrit : « Eodem tempore Normanni Campaniam invadunt. Quod cernens Deo amabilis Hildebrandus, continuo magnificum ducem Gote-

lo mal qu'il avoit fait, et satisfaire a son seignor. Et assembla sa gent et clama ses amis. Et fait venir Todesque et autre gent appareilliez contre lo prince Ricchart, liquel desirroit de destruire. Et li prince lessa Campaingne et assembla li sien chevalier Normant en Capue. Et lessa garde de Aquin Guillerme et lo conte Adenolfe. Et Godefroy ala sur la cité de Acquin, et ilec ficha li paveillon et dresa, et donna la bataille pour prendre la cité. Et Guillerme et Adenolfe issirent o tout lor chevaliers, et occistrent ensemble .xv. Todesque, et ensi la superbe de Godefroy commensa a refrener, et cellui temps la fain, et ce qu'il non avoient vin, constrainst l'ost de retorner arriere. Et la criée de touz pour la poureté turboit lo paveillon de lo duc. Et adont quant li duc non pot soustenir la lementation de cil del ost et que s'en vouloit retorner, requis qu'il vouloit parler a lo prince Richart, liquel puiz se covenirent ensemble et firent paiz, et lo duc s'en retorna en sa contrée (2).

fridum in auxilium sancti Petri evocat. » Le duc Gottfried n'a pas eu dans son expédition les succès que suppose Bonitho, mais abstraction faite de cette erreur, Bonitho est probablement dans le vrai en disant que Gottfried est venu dans l'Italie du Sud, surtout à cause de l'invitation du Saint-Siège.

(1) LEO DE' MARSI, qui dans la seconde partie du chap. 23 du l. III, ne s'inspire pas d'Aimé pour raconter la campagne du duc Gottfried, ajoute quelques détails à ceux qui nous sont fournis par l'auteur de « l'ystoire de li Normant »; il dit que le prince Richart, épouvanté par l'arrivée du duc, se réfugia avec ses troupes à Patenaria, derrière le Garigliano, tout disposé à reculer jusque dans la Pouille, si Gottfried continuait sa marche en avant. Il ajoute, que Jourdain, fils de Richard, défendit Aquino avec Adénulfe et Guillaume de Montreuil, enfin que la paix fut conclue grâce à l'entremise d'un Normand, Guillaume Testardita et après une entrevue du prince de Capoue et du duc Gottfried sur le pont de Todici ou Sancti Angeli (près du Mont-Cassin), enfin que Richard dut, pour obtenir la paix,

Cap. 11. Et pour ce que la volenté de Guillerme estoit esmeue et temptée de faire mal, cercha une autre foiz de soi reveler contre son seignor, quar la terre, laquelle avoit vaincue o grant bataille, et lui avoit donnée en benefice lo prince. Et a ce que lo pape puisse contrester contre son seignor, rechut la terre de la main de lo pape. Et puiz commensa a faire damage a lo prince Richart, quar chevauchoit la nuit et lo matin avec sa gent, et ardoit les villes de lo prince; et la flame qui se levoit en haut moustroit en quel ville estoit Guillerme de nuit, et li fume moustroit ou avoit faite l'ovre soe. Lo jor, li chevalier de lo prince les secutoient; més que avoient li amis ou se recoilloient et savoient les voies, non se curoient de ceaux qui les sequtoient. Dont lo prince, qui tant souffroit de injure de ceste gent, manda son filz Jordain contre o .ij.c. et .lx. chevalier, loquel puiz se aproxima de Aquin, et firent molt grant joie. Et Guillerme, quant il torna de Rome, proia que lui soient rendues les bestes qui lui estoient levées, non par proie, més par furte, pour ce que non i estoit present. Et respondi Jordain : « A moi non covient de exaudir la parole ne la petition de cest home, loquel non se vergoingna de rompre lo sacrement de la fidelité a moi et a mon pere ». Et quant Guillerme, quant il oï ceste reponse, il fu corrociez, et fait armer ses cheva-

---

payer à Gottfried une assez forte somme d'argent. D'après Aimé, la fin de la campagne n'aurait pas été aussi avantageuse pour Gottfried et son armée. Les *Annales Altahenses majores, l. c.,* ne disent pas non plus que Richard ait acheté la paix, les *Annales Augustani* vont plus loin ; on y lit, *ad an.* 1067 : « Rex Heinricus Augustæ ante purificationem sanctæ Mariæ moratur. Gotefridus dux contra Normannos missus, nullo effectu, paucis etiam amicis, rediit. » Il se pourrait donc que la version d'Aimé ne fut pas aussi éloignée de la vérité que le prétend Hirsch, avec son assurance et son animosité ordinaire.

liers et ses pedons, et ist defors avec .viij. chevaliers et troiz cens pedons. Et Jordan torna o tout ses chevaliers et ordena ses eschielles ; li un esmut a combatre, et li autre ensaingne, et puiz se assemblerent ensemble et comencerent la bataille campestre; de l'une part et de l'autre alcun cadirent d'une part et de l'autre en sont ferut alcun et mort. Més a la fin li chevalier Jordan lesserent la proie, contreingnant li cheval de corre, et plus pensent coment il puissent eschaper que coment ils puissent mener les bestes et la proie. Et Guillerme o ses chevaliers les persecuta, et pristrent li cheval et orent en prison .xxxvj. chevaliers armez, et ensi leverent la proie de lor anemis. Et torna Guillerme a Acquin vainceor de ses anemis (1).

(1) Aimé, qui est seul à raconter la fin de la carrière de Guillaume de Montreuil, ne donne ni la date de sa mort ni la date de sa dernière révolte contre le prince Richard. Cette révolte n'a guère pu avoir lieu avant les derniers mois de 1068 ou le commencement de 1069. Cette phrase du texte d'Aimé : « Et à ce que lo pape puisse contrester contre son seignor, rechut la terre de la main de lo pape » permet de supposer que la nouvelle équipée de Guillaume de Montreuil contre le prince Richard, eut entre autres résultats celui de mettre la désunion entre le Saint-Siège et la dynastie de Capoue; or, comme au mois d'octobre 1067, Alexandre II vint à Capoue et y fut très honorablement reçu par le prince Richard, c'est après cette date qu'il faut placer la défection de Guillaume de Montreuil. Le *Regestum* encore inédit de Pierre Diacre (archives du Mont-Cassin) renferme, n° 483, une charte de Guillaume de Montreuil ; en voici l'analyse : « Guilielmi de Mustarolum comitis de comitatu Aquinensi diploma concessum Desiderio abbati Montis-Cassini, subdatum per manus Joannis diaconi et notarii. Actum in Aquino, anno Domini 1068, mense septembris, Indict. VII. Duas ecclesias sancti Constancii et sancti Christofori in Aquinensi comitatu sitas, Cassinatibus donat. Au mois de septembre 1068, Guillaume de Montreuil était donc à Aquino, faisant des largesses aux moines du Mont-Cassin ; ce n'est guère là l'attitude

Cap. 12. Et lo prince Richart, avieinge que soit fort en adversité, toutes voiez ot dolor de ceste turbation, et requist l'aide del duc Robert et de ses autres amis contre la perversité de Guillerme. Et lo duc a ce que li chevalier soe non preissent exemple de Guillerme, une pour soi a restraindre sa superbe ; més avant que venist lo prince a Capue, lo prince manda disant a lo duc Robert coment Guillerme estoit mort son anemi, quar lui prist une fievre et un chaut, et de celle maladie fu mort a Rome (1). Més

d'un homme engagé dans un redoutable duel avec son seigneur ; aussi la date de sa révolte me paraîtrait devoir être placée après le mois de septembre 1068.

(1) Il n'est guère admissible que Robert Guiscard ait promis à Richard de Capoue de venir à son secours contre Guillaume de Montreuil, tant que dura le siège de Bari ; ce siège en effet absorba, pendant de longs mois, l'activité du duc Normand ; il ne dut faire cette promesse qu'après être entré en vainqueur à Bari, le 16 avril 1071 ; on peut donc conjecturer qu'à cette date Guillaume de Montreuil vivait encore. D'un autre côté, Aimé nous apprend qu'après la mort de Guillaume de Montreuil, Richard de Capoue, voulant témoigner sa reconnaissance à Robert Guiscard, projeta d'aller avec lui en Sicile, de faire partie de cette expédition des Normands contre les Sarrasins qui débuta par la prise de Catane et se termina par la conquête de Palerme. Cette expédition ayant commencé au mois d'août 1071, c'est donc entre le mois d'avril 1071 et le mois d'août de la même année qu'aurait eu lieu la mort de Guillaume de Montreuil. On ne s'explique pas comment ce Guillaume de Montreuil dont la vie a été si agitée, qui s'est montré si versatile vis-à-vis de son beau-père et de son bienfaiteur, le prince Richard, qui a été si impitoyable dans sa dernière guerre en Campanie, a pu être surnommé le bon Normand — bonus Normannus. — O. Vital ne lui donne-t-il pas ce surnom à la légère et uniquement parce que Guillaume avait fait bon accueil à son cousin Robert de Grentemesnil ?

Dans ses *Recherches sur l'histoire et la littérature de l'Espagne au moyen âge* (3e édition, t. II, p. 338 sqq.), Dozy a soutenu que Guillaume de Montreuil avait commandé l'armée des Normands qui,

pour ce que lo duc Robert estoit venut tant promptement a l'aide de lo prince Ricchart, vouloit aler en Sycille avec lui et faire lui similante service et honor.

en 1063, avaient traversé les Pyrénées pour aller combattre les Sarrasins d'Espagne ; ces Normands s'emparèrent l'année suivante, en 1064, de la ville de Barbastro, occupée par les Sarrasins, et y firent un riche butin. L'origine de cette hypothèse de Dozy vient de ce que Ibn-Haiyan, l'historien arabe de la prise de Barbastro par les Normands, dit que ceux-ci étaient sous les ordres « d'un général en chef, le commandant de la cavalerie de Rome » comme d'un autre côté, O. Vital dit de Guillaume de Montreuil qu'il devint : « romani exercitus princeps militiæ, vexillum S. Petri gestans », et ailleurs « miles papæ signifer », Dozy en a conclu que Ibn-Haiyan et O. Vital ont en vue le même personnage, c'est-à-dire que Guillaume de Montreuil a conquis Barbastro sur les Sarrasins. Cette hypothèse de Dozy est tout à fait insoutenable ; la charte que nous avons citée d'après FEDERICI (cf. *supra*, p. 167, note 5) montre qu'en 1062 une ligue de seigneurs lombards s'est formée contre Richard prince de Capoue ; nous savons en outre par Aimé que Guillaume de Montreuil a fait partie de cette ligue et nous voyons par une autre charte donnée par Federici (*lib. cit.*, p. 406) qu'au mois d'octobre 1064, Marie, la régente du duché de Gaëte pour son jeune fils Adénulfe était renversée, c'est-à-dire que le prince Richard avait vaincu la ligue lombarde et qu'il était maître du duché de Gaëte; Aimé a raconté comment Guillaume de Montreuil s'était alors réfugié à Rome. Ces événements ont donc eu lieu entre 1062 et 1064 et nous sommes certains que Guillaume de Montreuil y a été très mêlé, comment dès lors aurait-il pu dans ces mêmes années 1062, 1063, 1064, organiser en France une expédition contre les Sarrasins d'Espagne et conduire cette expédition à la prise de Barbastro dans la vallée de l'Ebre ? Il est inutile d'insister, la démonstration est facile. Ce titre de « commandant de la cavalerie de Rome » que Ibn-Haiyan donne au chef des Normands vainqueurs de Barbastro et que Dozy identifie avec le « romani exercitus princeps militiæ » et avec « miles papæ signifer » ne peut en aucune façon désigner Guillaume de Montreuil avant 1064, car c'est alors seulement qu'il vient se mettre au service du Saint-Siège. Mais en cette même année Barbastro tombait au pouvoir des chrétiens et Guillaume de Montreuil n'y fut certainement pour rien.

Cap. 13. Et puiz que fu fermée l'amistié entre lo duc Robert et lo prince Richart, lo duc fist fornir et garnir toutes les forteresces de ça la mer, et toutes chozes leissa en paiz. Et puiz assembla une grant compaingnie de navie, et de Puille comanda a lo navie alast avant a li chevalier qui venoient de terre de Calabre. Et lui avec li chevalier, venant par terre par plus breve voie, s'en vont en Calabre et aunerent soi. Adont li Calabrois, o diverses gent de diverses nations, liquel ont volenté de destruire li Sarrazin, passerent la mer, et applicant a la cité de Messine et la chevalerie et toute gent, descendirent en terre (1).

Cap. 14. Et ces freres partirent la fatigue de la bataille. Lo duc avoit a governer lo exercit, et li conte Rogier s'en va a la cité de Catainne, et a li quatre jor la cité se rendi. Et encontinent comanda que soit faite la rocche et comanda que soit faite l'eglize a l'onor de saint Gregoire. Et mist en la roche .xl. homes qui la guardassent et refrenassent la male volenté de cil de la cité. Et venant lo conte a la cite soe Trigane, dui de ses neveus filz de ses freres, liquel se clamoient li un Rogier et li autre Balamente, lui encontre pour l'amor qu'il avoient a lui et qu'il lui portoient, et vindrent auvec eaux lor moillier en un plein. Et lo duc Robert, et pour la calor de lo sol,

---

(1) « Dux prædictus transmeavit Adriatici maris pelagus perrexit que Siciliam cum 58 navibus. » Lupi, *Chronicon, ad an.* 1071. Guillaume de Pouille, III, v. 183-187, dit que le duc Robert s'embarqua à Reggio.

...... « paulo post inde moratus
Dux ibi Robertus Reginam tendit ad urbem. »

Malaterra, II, 43, dit que Robert Guiscard passa à Otrante les mois de juin et de juillet et qu'il y fit tailler un rocher pour faciliter l'embarquement de sa cavalerie.

avec petit de grans homes estoit salli en la galées, laquelle estoit acompaingnié de .x. gat et .xl. autres nez (1).

Cap. 15. Et lo conte avoit avant mandé ses servicialz pour appareillier de mengier; li Sarrazin survindrent, et non sollement les tallerent, més non laisserent char ne crude ne cuite. Et li conte par aventure s'entre encontrerent avec li Sarrazin, et recovrerent les coses qu'il avoient levées, et lor leva les chevauz et tout ce qu'il avoient pour lo vivre; de .ij. cent qui estoient venut nul non escampa vif (2).

Cap. 16. En lo sequent jor partirent lo palaiz et les chozes qu'il troverent fors de le cité, donnent a li prince li jardin delectoz pleins de frutte et de eaue, et pour soi chevalier avoient li choses royals et paradis terrestre (3).

(1) MALATERRA, II, 45, écrit au sujet de cette prise de Catane : « Dux igitur commeatibus et cæteris quæ expeditioni congruebant apparatis, fratrem quem præmiserat, subsecutus, apud Catanam, ubi comes erat, venit fingens se Maltam debellatum ire, quasi de Panormo diffidens. » AMARI (*Storia dei Musulmani di Sicilia*, t. III, p. 117) croit que Roger a pris Catane d'une manière peu loyale et que de là vient l'obscurité de la phrase de Malaterra ; d'après lui, Roger serait venu à Catane en ami, chez les successeurs de Ibn-Thimna, c'est-à-dire chez des Sarrasins amis des Normands et que, sur ces entrefaites, la flotte de Robert Guiscard étant entrée dans le port, la ville surprise n'aurait pu se défendre ; d'après Aimé elle aurait cependant résisté pendant quatre jours. Aimé est seul à parler du voyage du comte Roger à Traïna (Trigane) ; quant au nombre de navires que Robert Guiscard avait à sa disposition, le texte de Lupus, cité dans la note précédente, confirme à peu près la donnée d'Aimé.

(2) Aimé est seul à parler de cet incident. C'est à la suite de ce chapitre que se trouve la lacune dont il a déjà été question (cf. *supra*, p. 165, note 5); au chapitre suivant, en effet nous voyons, sans autre transition, les Normands maîtres des environs de Palerme.

(3) La suite montre qu'il s'agit des environs de Palerme.

Et quant li Sarrazin issoient virent novelle chevalerie, et li Normant les orent atornoiez, et les pristrent et vendirent pour vilz prison. Et de là lo conte s'en ala a lo chastel Jehan, més maintenant se clame lo chasté Saint-Jehan. Et clama li Sarrazin a combatre, et prist .xxx. gentil home et en occist .xv., et prist li cheval, et ensi vainceor invita lo frere qu'il lui vieingne a parler. Et autresi non lesserent a li Sarrazin deffendre la marine, quar avant lor avoient levé un gath et une galée (1).

CAP. 17. Et cellui temps meismes estoit une grant famine entre cil de la cité, quar dedens lor failloient les coses de vivre, et ne les trovoient a achater. Et autresi pour li mort non souterrez estoit grant pestilence et mortalité, dont molt en estoient ferut, et molt enfermé, et molt afloboiez pour fain; et la main de li debile plus volentiers s'estendoit a prendre l'omosne que a combatre. Et li maliciouz Normant faisoient poiz de lo pain, et lo lessoient a pié de li Sarrazin, et corroient a .xx. et .xxx. pour prendre lo pain. Et lo secont jor metoient un poi li pain plus loing de la terre, et cil corroient a prendre lo pain, et se asseguroient, et plus en venoient. Lo tiers jor lo mistrent un poi plus loing, et quant vindrent li païen tuit defore, furent

---

(1) Le château était situé au levant de Palerme, à l'embouchure de l'Oued-Abbas et non seulement défendait de ce côté les environs de la place mais empêchait les navires ennemis de remonter le cours du fleuve. Aimé ne dit pas, comme le suppose AMARI (t. III, p. 120) que le château fut pris par Roger lors de cette première attaque. La capture des deux navires appartenant aux Sarrasins prouve que Robert Guiscard arriva avec sa flotte dans le port de Palerme tandis que Roger attaquait le château Jean.

tuit pris et gardez pour serf ou estoient vendut en longes part (1).

CAP. 18. Et en cellui temps meismes falli lo vin en la cort de lo duc, et coment ce fust chose que il eussent deliciouses viandes, lui et la moillier bevoient de l'aigue. Quar falli a lo duc lo vin non est merveille; quar comme se dit que en la contrée soe non cressoit vin, mès maintenant en cestui temps i croist vin assez. Més est de merveillier de la noble moillier soe, quar en la maison de son pere, c'est de lo prince Gaymere, avoit use de boire vin peure et clare, coment pooit boire aigue (2).

CAP. 19. Et quant lo duc vit la poureté et la chierté de la terre et la debilité de lo pueple, fist faire .xiiij. scalle, de liquelle sept en manda de nuit a l'autre part de la cité ou estoit son frere, et lo duc ala parler a son frere (3). Et en l'aurore de jor, a lo lieu ou avoit ordené lo duc, commanda que soient dreciez les eschielles contre lo mur de la cité, et conforta li chevalier qui monteroient en la cité par desur li mur, prometoit a ceuz qui i salliroient et auroient vittoire, honor grant et s'acorderent ensemble, Et l'un guardoit a l'autre atendant qui commenceroit lo premier. Subitement un qui se clamoit Archifrede se fist

---

(1) Ami est seul à dire que les Palermitains manquèrent de vivres pendant le siège; Guillaume de Pouille notamment n'en dit rien.

(2) La contrée d'origine du duc Robert Guiscard était la Basse-Normandie; Aimé, ou plus vraisemblablement son traducteur, semble dire que la Normandie commençait, lorsque ces lignes étaient écrites, à produire du vin. Cette donnée provenait sans doute de quelque normand par trop vantard.

(3) MALATERRA, III, 45, confirme ce renseignement d'Aimé, il écrit: « Machinamentis itaque et scalis ad muros transcendendos artificiosissime compaginatis. »

la croiz at sailli sur li mur, apres loquel saillirent .ij. autres, et rote l'escalle nul non lo pooit secorre. Et un monton de li anemi lui vindrent encontre, ou la multitude oipaouri li chrestien, et o l'arme li tailla l'escut en main, dont non porent soustenir cil troiz Normant. Et tant multitude se jetterent de li mur, liquel, par la grace de Dieu, sain et sauf se retornerent a terre, et puiz lo duc senti toute ceste cose tuit li autre liquel sailloient par l'escalle li Sarrazin constreintrent a aler en terre. Et puiz lo duc senti toute ceste choze que autresi estoit fait de li sien frere, il fist drecier l'eschielle de l'autre part, et comanda a li sien qui sailloient qu'il ovrissent la porte, dont ceuz qui saillirent sanz nulle demorance descendirent et operirent la porte. Et entrerent li chevalier secutant cil qui portoient arme, et tout lo pueple entra et assallirent la terre, et leverent les coses de li païen, et partirent li enfant por les servir, et la multitude de li mort covroit la terre. Et lo duc, a ceuz qui sont remez, liquel habitent en la cité, a liquel avoit donné mort de li parent et fame, il fist garder les tors (1). Més pource que Palerme estoit faite

(1) MALATERRA dit également que deux assauts simultanés eurent lieu contre Palerme, l'un commandé par le comte Roger échoua, l'autre, sous la conduite de Robert Guiscard, eut un plein succès.
« Dux hortos cum trecentis militibus latenter ingressus ex altera parte, qua videlicet navalis exercitus adjacebat, urbem infestare, fratrem que a parte, qua erat, haud secus agere per docuerat. Illi, signo dato. quæ edocti erant, haud perficere segnes magno sonitu irruunt. Urbs tota in arma ruens, quæ strepitu tumultuantium accurrebat defensioni, acceleranter grassatur. A parte, qua minus cavebant, vacillatur. A Guiscardensibus scalis appositis murus transcenditur. Urbs exterior capitur, portæ ferro sociis ad ingrediendum aperiuntur. Dux et comes cum omni exercitu infra muros hospitantur, Panormitani delusi hostes a tergo infra muros cognoscentes, interiori urbe refugium petendo se recipiunt. Nox tumultum dirimit. » Voyez aussi GUILLAUME DE POUILLE, III, v. 315-320.

plus grant qu'elle non fu commencié premerement, dont de celle part estoit plus forte dont premerement avoit esté commencié, la cité se clamoit la antique Palerme. Il comencerent contre (1) celle antique Palerme contrester cil de la cité. Et puiz quant la bataille penserent qu'il devòient faire, et en celle nuit se esmurent o tout li ostage, et manderent certains messages liquel doient dire coment la terre s'est rendue. Et puiz quant il fu jor, dui Cayte alerent devant loquel avoient l'ofice laquelle avoient li antique, avec autrez gentilhome, liquel prierent lo conte que sans nulle autre condition ne covenance doie recevoir la cité a son commandement (2) ; et lo conte, bien acom-

---

(1) Amari propose de remplacer ce mot *contre* par le mot *entre* et en effet, avec cette modification, la phrase d'Aimé a un sens intelligible, elle mentionne la désunion existant dans le camp des Sarrasins.

(2) AMARI (*lib. cit.*, t. III, p. 129), entend comme il suit la dernière phrase d'Aimé : « le jour venu, deux Kaïds, c'est-à-dire deux chefs militaires, investis des pouvoirs qu'avaient auparavant les anciens, les *Sceikh* (li antique), c'est-à-dire les magistrats de la commune, vinrent avec d'autres notables ». Amari conclut que d'après Aimé, une révolution municipale remplaçant les Sceiks par les Kaïds a dû avoir lieu à Palerme, dans la partie de la ville qui n'était pas encore au pouvoir des Normands, c'est-à-dire dans El-Kassar (les Normands étaient déjà les maîtres de la Khalesa). GUILLAUME DE POUILLE, III, v. 325, dit comme Aimé que les Palermitains se rendirent sans condition, ils ne demandaient que la vie sauve :

« Cuncta duci dedunt se tantum vivere poscunt ».

MALATERRA, II, 45, semble plus dans le vrai lorsqu'il écrit que les Sarrasins posèrent ces deux conditions avant de capituler, qu'ils ne seraient pas inquiétés dans leurs croyances religieuses et ne seraient pas molestés par des lois nouvelles et injustes. « Proximo mane primores, fœdere interposito, utrisque fratribus locutum accedunt, legem suam nullatenus se violari vel relinquere velle dicentes, scilicet si certi sint quod non cogantur vel injustis et novis legibus non atte-

paignié de bons chevaliers vaillans et esprovez, entra en la cité et regarda par la cité et ordena, et l'a faite secùre, et puiz retorna a son frere. Et lo quart jor, lo duc manda avant mille chevaliers liquel chazassent et retenissent la place de lo encontre de li Sarrasin, et ensi come home cristiennissime, avec la moillier et ses frere, et avec lo frere de la moillier (1) et avec ses princes s'en ala o grant reverence plorant a l'eglize de Saint-Marie, laquel eclize avoit esté temple de li Sarrazin, et en fist chacier toute l'ordesce et ordure, et fist dire messe a lo catholique et saint archevesque.

Cap. 20. Une grant merveille apparut devant celle eglize, quar furent aucun bon chrestien qui oïrent en celle ecclize la voiz de li angele et molt douz chant, en loquel cant looient Dieu, et apparut alcune foiz enluminée celle eglize de la lumiere de Dieu, plus resplendissant que non est nulle autre lumiere mundane (2).

rantur. Quando quidem fortuna præsenti sic hortabantur urbis deditionem facere, se in famulando fideles persistere, tributa solvere et hoc juramento legis suæ firmare spopondunt. Dux comesque gaudentes quod offerebatur libenter suscipiunt ».

(2) C'est-à-dire avec Sikelgaïta sa femme, son frère Roger, avec d'autres Tancrède et avec Gui de Salerne, frère de Sikelgaïta ; c'est à Gui que le poète Alfane, archevêque de Salerne, adressait les vers suivants :

« Siciliam tellus Arabum miratur acervum
Quos tuus ipse dedit ensis et hasta necis ».

Ughelli : *Italia sacra*, t. X, p. 74.

(3) Malaterra, II, 45, dit également que Robert Guiscard fit célébrer l'office divin dans l'église de Sainte-Marie, après l'avoir faite réconcilier, parce que les Sarrasins en avaient fait une de leurs mosquées et puis il ajoute : « Archiepiscopum qui ab impiis dejectus in paupere ecclesia S. Cyriaci, quamvis timidus, natione Græcus

Cap. 21. Et li Sarrazin liquel habitoient en Mazarin, quant il sorent que Palerme s'estoit rendue, pour paor qu'il orent donnerent la cité a lo duc, et lui promistrent de doner chascun an tribut (1). Et lo comanda que vieingne tout lo excercit, et loa lo excercit qu'il lo devisse doner a lo frere. Et adont lo duc donna a son frere, lo conte Rogier, toute la Sycille, senon que pour lui reserva la meitié de Palerme et la meitié de Messine, et la moitié de Demede, et li conferma la part de Calabre laquelle avoit avant que Sycille (2).

cultum christianæ religionis pro posse exsequebatur, revocantes restituunt. » Pirro (*Sicilia sacra*, p. 53 sq.) appelle cet archevêque, Nicodème ; c'est le nom que lui donnent également une bulle de Calliste II et un diplôme de Roger.

(1) Il s'agit de Mazzara-del-Vallo, ville épiscopale de 12,000 habitants environ, sur la côte occidentale de la Sicile. Ibn-Khaldoun dit aussi que Mazzara se rendit aux Normands en 1072, mais il se trompe en affirmant que les Normands la prirent à Al-Hawwas ; celui-ci était mort depuis quelques années déjà. Cf. Amari *Biblioteca Arabo-Sicula*, t. II, p. 221 sq. de la traduction italienne.

(2) La question du premier partage de la Sicile entre les Tancrède a donné lieu à une longue controverse parmi les historiens. Sur ce point, Malaterra n'est pas d'accord avec Aimé, il écrit, II, 45 : « Deinde urbe (Panormi), pro velle suo, dux eam in suam proprietatem retinens et vallem Deminæ, cæteramque omnem Siciliam acquisitam et suo adjutorio, ut promittebat, nec falso acquirendam, fratri de se habendam concessit. » On lit aussi, II, 46 : « Medietas totius Siciliæ, ex consensu ducis et comitis suæ sorti (id est Serlonis filii Serlonis), Arisgotique de Poteolis inter se dividenda cesserat : eo quod hic consanguineus eorum erat, uterque autem consilio et armis probissimi viri erant. »

La suite de l'histoire de la Sicile montre que les données de Malaterra sont les plus exactes ; nous savons en effet par ce même Malaterra, IV, 17, qu'en 1091, le comte Roger ayant aidé son neveu le duc Roger, fils et héritier de Robert Guiscard, à prendre la ville de Cosenza en Calabre, le duc Roger consentit par reconnaissance à

Cap. 22. Et pource que se moustre a quant perfection et a quante hautesce mene Dieu tout-puissant la humilité de cestui bon duc Robert, dont droitement se puet dire de lui come dit la Sainte Escripture qui dit que Dieu donne grace a li humile et contreste a li orguellious (1), et pour ce est a veoir et a regarder se la main et la puissance de lo impeor se puet apparagier a lui. Il fu un

laisser à son oncle une moitié de la ville de Palerme, se réservant l'autre moitié. Le comte Roger, ajoute Malaterra, mit dès lors un tel ordre dans la perception des impôts de Palerme, que son neveu, le duc Roger, eut plus de revenus avec la moitié qui lui restait, que lorsqu'il avait la ville tout entière. « Comiti autem pro recompensatione servitii sibi exhibiti, mediatatem Pausemitanæ (Panormitanæ) urbis assignat. Comes autem in sua parte castrum firmat, urbemque cum jam communis esset, ita ordinat, ut plus ex medietate postmodum duci perveniret, quam primo, cum sine comparticipe totius urbis redditus possideret. »

En 1122, le duc Guillaume, fils du duc Roger et petit-fils de Robert Guiscard, céda au comte Roger, fils du comte Roger, la moitié de Palerme que son père lui avait laissée : « medietatem suam Palermitanæ civitatis et Messanæ, et totius Calabriæ dux ille eidem comiti concessit ut ei super his omnibus auxilium largiretur. » Falconis Beneventani *Chronica, ad an.* 1122. Romuald de Salerne (MG, SS., XIX, 418) écrit également : « Ei quia prædictus dux homo erat liberalis et quæcumque habere poterat militibus erogabat, necessitate coactus primo Calabriam pro sexagenta millibus bisantiorum, prephato comiti in pignore posuit, postea mediam civitatem Panormi, quæ ei jure hereditario pertinebat, illi vendidit. »

Aimé semble mieux informé lorsqu'il écrit que l'armée (c'est-à-dire les Normands de l'armée) fut consultée au sujet du partage de la Sicile ; à cette époque en effet les Normands n'avaient pas encore tout à fait perdu l'habitude d'élire leurs chefs. Aimé est aussi seul à nous apprendre que Robert se réserva la moitié de Messine, Malaterra ne parle pas de cette ville et le texte de Falco de Bénévent, cité plus haut, donne sur ce point raison à Aimé.

(1) « Deus superbis resistit humilibus autem dat gratiam ». 1re épit. de S. Pierre, V, 5.

empereor qui se clamoit Otte, et fu lo secont empereour qui avist nom Otte. Cestui empereor de Rome, o tout lo exercit de li Todesque de Ytalie et tout son pooir non pot domer ne abatre la malice de li Sarrazin ; car li païen vindrent deça de la mer contre lui, et pristrent lo empereor, et lo destruitrent lui et sa compaingnie, et tuit si chevalier, et menerent li meillor de li Sarrazin en prison et lor firent damage grant (1). Et autresi li empeor 'de Costentinoble combati lonc-temps contre li Sarrasin de Sycille, et despendi son tresor, liquel estoit acquesté de lonc-temps, et prist l'ynsulle de Sycille, més en brief temps la perdi (2). Més lo duc Robert, liquel estoit si glorioz en touz ses faiz, en .v. moiz veinchi Palerme ; quar de lo moiz de agouste passa la mer, et en la nativité de Jshu-Christ et par la grace de Dieu tint ce que il veinchi, et acquesteta continuelment (3). Et ce doit entendre que

(1) Il s'agit de l'empereur Othon II, vaincu près de Cotrone par les Sarrasins, le 13 juillet 982 ; l'empereur ne fut cependant pas fait prisonnier, ainsi que le dit Aimé ; il put comme par miracle se sauver et gagner Capoue.

(2) Michel IV, empereur de Constantinople et l'expédition des Grecs en Sicile en 1038. Cf. *supra*, AIMÉ, II, 14.

(3) Aimé se trompe, ce n'est pas à la Noël de 1071, mais le 10 janvier 1072, que Robert Guiscard est entré en vainqueur à Palerme. Ainsi on lit dans la IGNOTI BARENSIS *Chronicon :* « Mill LXXII, Indict. Xᵃ, capta est Palermo ab ipso duca, Xᵃ die intrante mense Jan ». De même dans la LUPI *Chronicon ad an.* 1072 : « mense januarii, die 10, introivit Robertus dux in Panhormum civitatem Siciliæ ». La *Chronicon breve Normannicum* donne également la date de 1072 ; c'est évidemment par une faute de copiste qu'elle porte : *mense Junio* au lieu de *mense Janua*. Cette date du 10 janvier 1072 ne contredit pas celle que donne Malaterra ; celui-ci dit, il est vrai, que Palerme fut prise en 1071, mais on sait que pour ce chroniqueur, la nouvelle année commençait au 25 mars. Au 10 janvier 1072, on était donc pour lui encore en 1071.

quant lo duc estoit vif ceste ystoire fu escripte, et puiz vescut longuement. Et lo nombre de li Sarrazin liquel furent occis et de ceux qui furent pris et qui furent vendut non en puet estre memoire.

Cap. 23. Or se dit ensi l'estoire que puiz que lo conte Rogier fu mis en possession de toute la Sycille par la main de son frere, s'efforsa par lo conmandement de lo duc de prendre autres cités. Et pensa lo duc les liez especials des cités; il eslut un lieu molt haut là ou il fist une forte roche, et la fist molt bien garder, et la forni de choses de vivre, pour lonc-temps et a grant abondance (1). Et un jour ala par tote la roche, et vit grandissime pala de li Sarrazin, entre liquel vit l'eglize de Sainte-Marie a la maniere d'un four. Et lo duc souspira, quar li palais de li Sarrazin estoient haut, et la cort de la vierge Marie o laides colors appene apparoît. Et puiz dist ceste parole : « Je voil que cest eglize soit abatue » ; et donna molt de denier pour marbre et pour pierres quarrées, et molt honestement la fist rehedifier (2). Et puiz clama cil de la cité, et lor conta et dist lo damage qu'il avoit receu, et lor dist lo nombre de li cheval qu'il avoit perdu. Et se mostra molt corrocié pour ce qu'il avoit despendu por prendre la cité. Et alors ot molt de domps et molt de monnoie, et

---

(1) Sur cette « forte roche » que fit construire Robert Guiscard pour maintenir dans l'obéissance la ville sarrasine, voyez les curieux détails donnés par Amari (*Storia dei Musulmani di Sicilia*, t. III, p. 136 sqq.)

(2) Amari, *l. c.*, p. 139, écrit au sujet de cette église : « Par sia questa la chiesa di Santa Maria della Grotta, che i ricordi ecclesiastici della Sicilia portano fondata da Roberto Guiscardo, con un monastero basiliano e con beni nel territorio di Mazara ; la stessa forse che si addimando poi di Gerusalemme, cui l'antica struttura e l'ornamento di mosaici non camparono dalla distruzione a' tempi del Fasello. »

rechut pour ostage li fill del meillor home de la terre, et o victoire gloriouse torna en Calabre. Més l'estoire dit ensi secont que dit li moine qui ceste ystoire compila que qui voudroit escrivre la bataille de lo conte Rogier contre li Sarrazin, que il covendroit faire un livre tout novell, liquel seroit un grant volume. Toutes voies a ce que sacent ceuz qui devent venir apres, dist en somme de la bataille que il ot avec li Sarrazin et avec li Barbarre; mès l'ayde de Dieu fu veinceor. Més cestui moine qui cest livre compila se escuze, et fist bien que sanz celle bataille laquelle avoit faite avant que se rendist Palerme, de laquelle non fait mention cest livre, et autresi en fist depuiz lo conte Guillerme comment se conte en autre livre (1).

CAP. 24. Lo prince Richart, puiz qu'il fu en repos et en son bon estat, et sans nulle adversité, si come fu dit desus, donna Aquin a son filz Jordan. Et se Guillerme (2) prince avoit passé lo petit feu de Guillerme son gendre, loquel estoit mort, entra en plus grant flame. Quar autresi lo fill est contre lo pere, quar lo frere de cestui prince et son fil, c'est Raynolfe et Jordan, trattoient de apeticier l'onor del prince, et pour ce qu'il avoient rechut de lui, se armerent contre lui. Mès lo prince met toute son esperance et toute sa foi en Dieu et en saint Benedit pour avoir Aquin, loquelle desirroit de avoir. Dont se parti de Capue, et s'en ala a Aquin, et amonesta cil de la cité, et o losenge donna favor a Adenolfe, observant celles coses qui sont en usance de estre de lo seignor, et ce faisoit-il que non

(1) Cette fin du chapitre est, comme on le voit, bien obscure, bien mal traduite; quel est ce comte Guillaume ? s'agit-il du petit-fils de Robert Guiscard, du fils du duc Roger ? ce comte Guillaume fut duc de Pouille de 1111 à 1127. Le traducteur n'a-t-il pas écrit « lo conte Guillerme » au lieu de « lo conte Roger » ?

(2) Il faut Richard au lieu de Guillerme.

lui fust tenut l'entrée de la cité. Cestui doa par la potesté pretoire, laquelle est de faire loiz et justice, coment juge ou ballif; ceste poesté opponent contre lui. Mes que est besoingne de plus dire? Pour la puissance del saint Benoît ambe dui orent ensemble la seignorie et dignité de estre pretor. Et puiz Adenolfe et Jordan furent desesperés de l'aide de Aquin, et cercherent de avoir la grace de lo prince. Més lo prince donna la garde de la roche de Aquin a frere Desidere, abbé de Mont de Cassyn (1).

CAP. 25. Et quant lo prince vit que la merite de saint Benedit lui aidoit en toutes ses necessités; car sanz bataille merita de optenir Aquin; et pour ce qu'il vouloit recoistre son monastier, clama a soi l'abbé et lui dist son entention, quar pour la gloriose merite de monseignor saint Benedit, et de li frere liquel estoient en lo saint monastier, et pour lor proiere s'est deffendu de ses anemis, et ot victoire de eaux. Et pour ce, il vouloit donner a lo monastier aucune cose de Aquin, pour lo enforcier par

(1) Tout cet exposé est bien confus; voici, sauf erreur, quel en est le sens : Guillaume de Montreuil et Adénulfe, celui-ci représentant la vieille dynastie lombarde des comtes d'Aquino avaient, suivant la disposition de Richard de Capoue, chacun une moitié de la ville et du comté d'Aquino (cf. *supra*, VII, 6, p. 172, note 1). Après la révolte et la mort de Guillaume de Montreuil, le prince Richard donna à son fils Jourdain la moitié de la ville et du comté d'Aquino devenue libre par cette mort. Jourdain s'étant révolté contre son père, le prince Richard accourut à Aquino, et comme Adénulfe lui était resté fidèle, il lui confia le gouvernement civil et judiciaire de la ville; mais pour que le seigneur lombard ne fut pas tenté de chercher à se rendre indépendant, il décida que le château-fort d'Aquino serait occupé par les représentants de Didier, abbé du Mont-Cassin. A l'avant-dernière phrase du chapitre, au lieu de « Adenolfe et Jordan », il faut « Raynolfe et Jordan ».

ystrument ou par tel maniere que miex puet estre. Et quant lo abbé oï et entendi la bone volenté de lo prince, il fu molt liez et joiant de ceste promission, et lo fist assavoir a cil de Aquin, et lor pria pour Dieu que de lor bone volenté lor plaise a faire ce que lo conte commande. Premerement cil de la cité lui donerent la grace a l'abbé de avoir seignorie; et puiz s'en firent gabe et truffe, et se partirent par diverses volentés, et, en la fin, distrent qu'il non vouloient estre subjecte a home qui porte cocolle, més a home qui porte arme. Un jor coment estoit acostumance autresi coment par paiz, monterent li citadin sur la roche, et un moine qui i estoit avec autres homes pour garder la roche pour lo abbé pristrent, et batirent, et chacerent defors, et il pristrent a garder la roche. Lo prince confortoit l'abbé et li moine par ses messages et disoit : « Je non cerche de vouz lo castel, ne a ceuz a cui je en avoie comise la cure, més je lo cerche a saint Benoît, liquel lo me avoit doné. »

Cap. 26. Et puiz que la venjance de Dieu delivra prince Richart de la perversité de Guillerme, vint a Aquin et cercha la cité de lo conte Raynolfe et de li citadin, et lour prometoit de les garder en paiz et en liberté acostumée. Et prometoit de doner la part a lo conte Adenolfe et a li frere. Lo conte non lo contredist, et cil de la cité lo firent volentiers, et ensi donnerent la cité a lo prince.

Cap. 27. Lo prince et lo abbé Desidere allerent a la cité et cercherent la volenté de cil de la cité, et lor demanderent pourquoi firent ceste novité; et cil qui estoient de la cité lor respondirent paroles faussez et vainnes, autresi comment parole asquelles non avoit verité ne raison. Et disoient que la roche vouloient salver a la fidelité de lo prince, et lui vouloient paier lo tribut loquel estoit acostumé chascun an (1).

Cap. 28. Lo prince torna a Capue, et appareilla de faire ost sur lo castel del frere de Raynier, evesque de Gaiete. Et puiz atornoia lo castel, quar nul fornement de chose de mengier non i avoit. Et en dui jors fu tout afamé. Et cellui chastel se clamoit Sulie (2).

Cap. 29. Jordain, lo fil de lo prince, assembla chevaliers et se feinst de aler a Capue. Et quant il vit entor de la cité de Aquin li buef qui aroient et les berbis qui paissoient, confortoit li home qui trovoit a laborer, et puiz se enclost emmi de li home et de li beste, et fist une proie, les bestes consuma et de li home alcun en vendi a lor parent, et aucun en retint en prison, et alcun furent mort en la prison. O tu, Aquin! cestui mal est venut sur toi! Et finice ceste chose, Jordain tint la roche et la cité.

Ci se finist lo .vj.

(1) Il semble donc, d'après ces deux chapitres 26 et 27, qu'à la suite de l'expulsion des moines du Mont-Cassin, les habitants d'Aquino aient obtenu du prince Richard de garder à leur tête Adénulfe et ses frères, c'est-à-dire l'ancienne dynastie lombarde sauf à « paier lo tribut loquel estoit acostumé chascun an. »

(2) Nous savons en effet qu'il y avait au mois de mai 1070, un comte de Suio du nom de Rénier et que ce comte Rénier avait un frère qui s'appelait Léon et était évêque de Gaëte; cf. Federici, *lib. cit.*, p. 416, et Ughelli, *Italia sacra*, t. I, p. 434 sqq. — Suio est actuellement un village de 400 habitants environ, près de Castelforte, dans le diocèse de Gaëte.

COMENCENT LI CAPITULE DE LO SEPTISME

CAP. 1. Coment lo prince Richart, pour la proiere de lo duc Robert, manda son fillz Jordain a Palerme, et coment lo fist torner arriere.

CAP. 2. Coment lo prince, avec li autre, firent commotion contre lo duc Robert Viscart.

CAP. 3. Coment lo duc conquesta Palerme, et coment il torna pour persecuter ses anemis.

CAP. 4. Coment Guide et Goffre Ridelle presenterent a lo duc doi prison, et lo duc les mist en prison.

CAP. 5. Coment lo prince Richart retorna a Capue, et coment lo duc conquesta Antri et La Cysterne.

CAP. 6. Coment lo duc Robert mist lo siege sur la cité de Cidonie, et prist Ricchart lo neveu del prince Richart, et lo fist son chevalier.

CAP. 7. Coment lo duc fu malade, et lo pape Alixandre fu mort, et fu fait pape Heldeprande.

CAP. 8. Coment lo pape manda messages a la moillier de lo duc.

CAP. 9. Coment lo pape manda cerchant lo duc par l'abbé de Mont de Cassyn, et coment se partirent irés et corrociez ensemble.

CAP. 10. Coment lo pape se parti de Capue, et coment lo duc commensa a persecuter Richart et li filz de Burello, et quel damage lor fist.

CAP. 11. Coment li conte de Aquin se partirent, et dui furent avec lo prince et .ij. avec lo conte Rogier.

Cap. 12. Coment lo pape et Richart et Gisolfe prince firent amistié, et contre lo duc clamerent en aide Beatrice et Mathilde.

Cap. 13. Coment Gisolfe appareilla pour avoir chevalier, et coment puiz les assembla en lo mont Cymine. Li Pisan lo cercherent de occire, et il fouïr la nuit.

Cap. 14. Coment lo duc vint a Bonivent quant lo pape lo fist clamer en un jor ordené, et lo pape non vint a Bonivent.

Cap. 15. Coment lo duc vint a la padule de Naple, et fist covenance avec lo maistre de la chevalerie, et lo prince se appareilla de faire contre lui bataille.

Cap. 16. Coment il obedirent a lo comandement de lo abbé Desidère de Mont de Cassyn, et ces .ij. tornerent a paiz, et pour la proiere del prince lo duc remez a La Cerre.

Cap. 17. Coment a jor ordené vindrent a Pice, et que firent, et coment se partirent corrociez.

Cap. 18. Coment lo duc persequta Balarde en la cité de Saint-Severe, et Guillerme estoit a lo castel Bellarie, qui ensi se clame.

Cap. 19. De la largesce de Rogier filz de lo duc Robert.

Cap. 20. Coment la ducesse estoit anemie de Balarde, que en lo infermeté de lo duc se desdaigna de soi faire chevalier de la main de Rogier fil de lo duc.

Cap. 21. Coment fu chacié Balarde et Guillerme, lo duc acquesta Saint-Severe et chastel Valaire.

Cap. 22. Coment li chevalier de lo prince pristrent Girart, et vainchi ceaux qui s'estoient parti de la fidelité soe.

Cap. 23. Quel terre tenoit li conte de Aquin ; qui estoit de la part de lo prince, et cellui qui estoit de la part de lo duc.

Cap. 25. De la bataille qu'il firent entre eaux.

Cap. 26. Coment son filz Garilione et Robert de Lauritelle manda a Balalarde pour lui chacier.

Cap. 27. Coment dona sa fille a lo filz del impereor de Costentinoble pour moillier, et rechut chascun an tribut de lui.

Cap. 28. Coment lo roy de li Todesque manda messages a lo duc Robert Viscart, et coment lor respondi lo duc.

Cap. 29. Coment li home pacifice aloient et venoient de lo duc a lo prince.

Cap. 30. Coment ces seignors font ensemble parentesce.

Cap. 31. Coment fu pris lo conte Transmonde et lo tresor de Saint-Jehan, et coment lo duc Robert aquesta une part de la Marche.

Cap. 32. Coment Robert combati contre une diverse gent, et les veinchi touz et occist.

Cap. 33. Coment li conte Transmunde et li autre prison furent delivré de prison.

Cap. 34. Coment Jordain filz de lo prince de Capue recovra la grace et l'amor dé son pere, et ala sur la terre de Marse.

Cap. 35. De la perversité de Transmunde. Coment Bernart comte de Marse afflixe et destruist son frere liquel estoit evesque, et ce qu'il lui fist.

Ci finissent li capitule de .vij. livre.

CI COMENCE LO SEPTIEME LIVRE

Cap. 1. Ceste ystoire de cestui .vij. livre si nouz dit et raconte que espessement venoient sur la cité de Parlerme li Arabi et li Barbare, et faisoient empediment a la victoriose bataille de lo duc Robert, et pource il requist et cercha l'ajutoire de lo prince Richart, secont ce qu'il lui avoit promis (1) et creoit qu'il lui deust rendre la merite de l'aide qu'il avoit fait a lui. Et lo prince manda Jordain son filz o tout .ij.c. chevaliers, et lui commanda qu'il feist lo commandement de lo duc, liquel estoit frere de la mere et son oncle (2). Més lo prince, avant que son filz passast la mer, mua conseill, et lui manda disant qu'il tornast a lo chasté de Saint-Angele.

(1) Cf. *supra*, l. VI, c. 12.
(2) Ce texte est en opposition avec ce qu'Aimé avait dit antérieurement, II, 44. Dans ce passage, Aimé avait avancé que Rodolphe Trincanocte, comte d'Aversa, avait fait épouser sa sœur à Richard, le futur comte d'Aversa et prince de Capoue; Rodolphe Trincanocte étant cousin germain de Richard, celui-ci aurait donc, dans ce cas, épousé sa cousine germaine. Ici au contraire, nous voyons que Richard de Capoue a épousé la sœur de Robert Guiscard; comme Robert Guiscard et Rodolphe Trincanocte n'étaient nullement frères, il ne s'agit donc pas de la même personne. On pourrait, il est vrai, objecter qu'en 1072, Richard de Capoue avait déjà été marié deux fois, une première fois avec sa cousine germaine, la sœur de Rodolphe Trincanocte, et une seconde fois avec une sœur de Robert Guiscard. Deux raisons s'opposent à cette supposition; d'abord la législation

269

Cap. 2. Lo prince vit et regarda que lo duc avoit a Palerme molt empediment, pensa de faire commotion contre lo duc, et fist ligue avec dui freres, c'est avec li fill de Pietre de liquel un avoit nom Pietre et l'autre Falgutce, et les manda pour faire damage a lo duc et leverent li chastel a li fidel soe (1). Et a ceste liga au-

canonique du xi° siècle, très sévère pour interdire les mariages entre consanguins, n'aurait pas toléré un mariage entre cousins germains. De plus, nous avons des chartes du prince Richard, écrites en 1059, 1065, 1066, à une époque où il était depuis longtemps marié avec la sœur de Robert Guiscard; dans ces chartes, qui confirment diverses donations faites au Mont-Cassin, le prince dit qu'il fait de telles largesses pour le salut de l'âme de ses parents défunts, et il énumère ces parents, Robert, Asclitine, Rainulphe et un autre Rainulphe son oncle, comte d'Aversa en son vivant; dans une énumération de ce genre, il aurait certainement rappelé le souvenir de sa première femme, s'il avait été veuf avant d'épouser la sœur de Robert Guiscard (Cf. Gattola, *Accessiones ad hist. Cassin.*, t. I, p. 161, 165, 166). L'assertion d'Aimé, II, 44, est donc erronée.

(1) Quels sont ces fils de Pierre dont parle Aimé et qu'il nomme Pierre et Falgutce ? Il s'agit des descendants d'Amicus et voici la généalogie de cette famille en 1072 ; elle fait voir qu'il y a une erreur dans ce que dit Aimé.

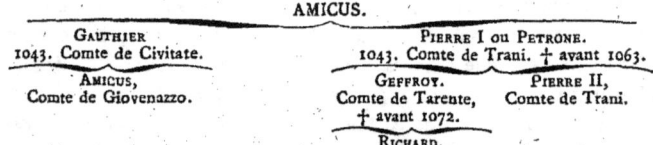

Sur les preuves de ce tableau généalogique de la famille d'Amicus, voyez Du Cange, *in Alexiad.*, l. c., p. 200, et G. Weinreich, *De conditione Italiæ inferioris Gregorio septimo pontifice*, p. 47. — Une charte des archives de l'abbaye de la Cava (Arm. II, Q, n° 28) montre l'exactitude de cette généalogie, en voici le résumé :

« Petronii comitis Tarenti quondam Petronii magni comitis filii diploma, subdatum per manus Petri prothonotarii Tarenti, anno 1072, quinto anno imperii, Domino Romano Diogeni sanctissimo imperatore

tresi autre anemis de lo duc corrurent, c'est Balalarde et Robert Arenga (1), et dui vont en Calabre pour offendre a li cose de lo duc; et toutes foiz li duc avoit enrichi ces .ij. en Calabre de villes et de cités. Et li prince Richart observa Canini (2); li fil de Pierre et Her-

nostro, mense magio, indictione decima. De donatione ecclesiæ S. Georgis (sic) de Tarento loci Gualda cum foveis et aquariis, cum que aquatico, glandatico, herbatico et terratico ac omnibus juribus et bonis suis, finibus designatis, licentia et assensu Riccardi comitis nepotis ac senioris ». Cette phrase du document : « Quinto anno imperii Domino Romano Diogeni sanctissimo imperatore nostro » par laquelle Petrone ou Pierre reconnaît la suzeraineté de l'empereur d'Orient sur Tarente s'explique parce que, en 1072, Petrone était en guerre ouverte avec Robert Guiscard. Nous savons donc qu'en 1072, Geffroy, fils de Pierre I, était mort et que son fils Richard, alors mineur, était sous la tutelle de son oncle Pierre II, comte de Trani, et régent du comté de Tarente. De la famille d'Amicus, il restait encore à cette époque, sans compter Pierre II et son neveu Richard, Amicus, comte de Giovenazzo et fils de Gauthier, en son vivant comte de Civitate; c'est évidemment celui qu'Aimé désigne sous le nom étrange de Falgutce, mais ce Falgutce n'était pas, comme le dit Aimé, fils de Pierre I, il était fils de Gauthier; il n'était pas non plus frère de Pierre II, il était son cousin germain.

(1) Balalarde ou Abagélard, fils du comte Umfroy, cf. *supra*, l. V, 4. — Robert Arenga, ami de Robert Guiscard avant qu'il ne fut comte de Pouille; GUILLAUME DE POUILLE écrit, en parlant de Robert Guiscard, l. II, v. 359 sqq.

................« Comes hac regione vocatus
Est, et ab his habitus, præsertim quos comitati
Sunt equites aliquot; Torstenius dicitur unus
Alter Arenga. »

(2) Malgré l'opinion opposée émise par BAIST (*Forschungen zur d. Geschichte*, t. XXIV, p. 329), je serais porté à croire que ce Canini ou Canne, car plus tard le traducteur d'Aimé emploie cette seconde forme, désigne Canosa-di-Puglia, c'est-à-dire la ville voisine du célèbre champ de bataille de Canne qui vit, en 216 av. J.-C., la défaite des armées romaines et le triomphe d'Annibal. Canosa-di-

mande (1), avec li sien prince et chavalier habitant a Trane (2) et o espesse proie, donnent afliction a li camp de li duc. Et toutes voiez, li corage ne la bone volenté de lo duc non se mua pour ceste subite adversité, ne se parti de prendre Palerme, esta soi sans paor et atent de Dieu que doit entrevenir a ce qu'il puisse la cité prendre, et a li anemis rendre change de ce qu'il lui ont fait; quar puiz, par la grace de Dieu, qu'il ot prise Palerme, il s'en vint en Calabre et non se cura des choses petites, més cerca de metre main as cités de li plus grant. Et premerement mist siege sur Trane, ou estoient li fill de Pierre et Hermane, liquel en poi de jors o grant fame et diverses afflictions la destraintrent, et furent li seignor constraint de fouir. Et cil de la cité lui rendirent la cité (3). Et depuiz

---

Puglia est à l'ouest et à une faible distance de Trani et, comme nous allons le voir, c'est surtout Trani et une partie de la Pouille qui était le quartier-général des révoltés; il semble donc superflu de chercher dans les environs de Capoue un Canini tout à fait hypothétique.

(1) Hermande était le frère utérin d'Abagélard; GUILLAUME DE POUILLE écrit à son sujet, IV, v. 530 sqq. :

« Rex (pour rector) erat his genitus genitrice Hermanus eadem,
Unfredi fuerat qua filius Abagelardus.
Non tamen unus eis pater extitit. Illa duobus
Est sociata viris; miles præclarus in armis
Frater uterque fuit. »

(2) Trane ou Trani, sur l'Adriatique, entre Siponto et Bari, l'antique Turenum ; Trani compte encore aujourd'hui 26,000 habitants.

(3) On voit que d'après Aimé, Trani ne résista que peu de jours aux armes de Robert Guiscard ; Guillaume de Pouille qui a également parlé de ce siège de Trani, l. III, v. 354 sqq., dit au contraire qu'il dura cinquante jours. Mais l'Anonyme de Bari montre que sur ce point Aimé a raison contre Guillaume de Pouille ; on lit en effet dans l'Anonyme, *ad an.* 1073 : « ibit ipse dux et obsedit Trane per terra et mare in mense Jan. Et secundo die intrante Febr, fecit cum ipso

vint sopre Quarate (1), et secont la costumance la ferma de chastel et de fossez, et asseia la cité de toutes pars. Et commanda que li tribuque et li autre estrument liquel avoit lessiez a Trane por prendre la cité, doient venir.

CAP. 3. Et Guide frere carnal de la moillier de lo duc, liquel il avoit avec lui pour l'amor de sa soror, requist licence et chevaliers de lo duc qu'il lo laisse aler a Trane. Et lo duc lo fist acompaingnier de Goffroy Rindielle, et de Raul frere de Robert da Ravitelle (2), o tout ses chevaliers. Et quant il vindrent a Trane, il regarderent a li mur de la cité, et oïrent une grant crée envers la cité. Quar Pierre et Hermande o tout lor chevaliers estoient venut, et avoient pris li chevalier et liquel estoient venut pour porter li tribuc a lo duc. Més Guide avec sa gent

---

duce. » Si le siège de Trani commencé en janvier était terminé dès le 2 février, il est bien évident qu'il n'a pu durer cinquante jours. Remarquons aussi que dans l'exposé qu'il fait de cette guerre, Guillaume de Pouille est très incomplet, il ne parle que de la révolte de Pierre, comte de Trani et d'Amicus, comte de Giovenazzo contre Robert Guiscard. Le poète suppose que Robert Guiscard a vu de très mauvais œil que Pierre de Trani ne soit pas venu en Sicile prendre part à l'expédition qui s'est terminée par la prise de Palerme, aussi, après son retour sur le continent, le duc demande à Pierre de lui livrer la ville de Tarente, le comte refuse et ce refus est la cause des hostilités. Guillaume de Pouille ne dit donc rien de Richard de Capoue, d'Abagélard, d'Hermann, ce qui s'explique comme le dit Hirsch, *l. c.*, p. 311, parce qu'il n'a eu à sa disposition que des documents concernant la Pouille. Pour le récit de ces divers événements, Aimé est un guide plus sûr et plus au courant.

(1) Probablement Corato, à 17 kilomètres au sud-est de Trani; c'est près de Corato que l'empereur Frédéric II fit construire plus tard son célèbre « Castel-del-Monte. »

(2) Sur Guide ou Gui, beau-frère de Robert Guiscard, cf. *supra*, la dernière note du c. 19, l. VI. — Sur Geoffroi Ridelle, cf. *supra*, l. V, c. 9, note.

secorut celle gent liquel estoient pris, et les delivra de prison et li trebuc, et prist Pierre et Hermande, et les manda prisons a lo duc, et cestui duc, pour ceste victoire, fu molt alegre pour la turbation de ses anemis. Et conoissant que de Dieu tout-puissant venoit ceste victoire, il loa Dieu et magnifica pour ce qu'il avoit victoire de ses anemis, et puiz manda en prison Hermande a Ramppolle (1), et Pierre ala en prison a Trane. Et quant cil qui habitoient a la cité de Quarate virent lo peril de lor seignorie et la prosperité del duc Robert, ovrirent la porte et rechurent lo duc en la cité de lor bone volenté, et li duc leva a li chevalier de Pierre li cheval et arme qu'il trova dedens la terre.

Cap. 4. Et quant lo prince Richart vit la puissance de Dieu contre lui, il laissa Canne et retorna a la securissime cité de Capue. Et li duc atorniant tuit et regardant as cités de ses anemis, se combati pour eaux destruire et manchier lor honor. Il mist lo siege soe sur Andre, laquelle il prist en petit de temps; et quant il ot prise Andre, il s'en vint à La Cysterne (2). Més iluec non lui fist besoingne de fichier paveillon ne de drecier trebuc, més firent une grate de bastons ou de junchi, et la metoient Pietre loiés, lo seignor de celle terre, a ce que cil a qui jetoient li chevalier de pierre, venissent sur lo seignor lor, dont cil de la cité non pooient deffendre la cité sans la mort de lor seignor.

(1) Rapolla, à 6 kilomètres au sud de Melfi; c'est maintenant une petite ville de 3 à 4,000 habitants ; sa situation et ses environs sont des plus pittoresques.
(2) Andria, entre Canosa-di-Puglia et Trani ; la ville compte actuellement près de 40,000 habitants. — Faut-il voir dans « La Cysterne » d'Aimé, la Torre della Cisterna au nord et à quelques kilomètres de Melfi ?

18

Et Pierre proia a cil de la cité que soit rendue la cité au duc en tel maniere que a lui soit salvée la vite ; et ensi furent en concorde li chevalier et ceux de la cité. Et lo fu donnée la cité de Cysterne, laquelle un grant temps tint lo duc, quar molt l'avoit desirrée.

Cap. 5. Et puiz que ceste choze fu faite, si comme nouz avons devant dit, lo duc Robert vouloit tochier lo chief de ceste malice (1), et aler contre les cités de lo prince, liquel avoit esté commencement de la malice laquelle avoit esté faite a lo duc Robert. Li duc Robert acressoit chascun jor sa chevalerie. Et ala et mist siege devant la cité de Cydonie (2), ou estoit Jordain lo fill del prince Ricchars avec li sien cheval ; bien rendi en la bataille la merite soe a lo duc, et deffendoit sollicitement la cité. Et lo duc molt sagement de toutes pars metoit gardes et deffendoit lo entrer et lo issir de la cité, et ensi qu'il non porent avoir aide de nulle part cil qui estoient dedens la cité. Et un qui se clamoit Richart filz de lo frere de lo prince Richart, de loquel estoit celle cité, et molt de autres venoit pour parler a Jordain son cosin, et creoit venir secur pour ce qu'il savoit la voie. Més encontra li anemiz, et fu pris et fu mené a lo duc, et fu examiné de lo duc et mis en prison. Més lui, por ce qu'il non vouloit venir a tant de misere, la terre laquelle lui avoit donnée lo prince rechut de la main de lo duc, et lui donna son frere carnal pour ostage, et fu fait son chevalier de lo duc, et son home, et tint sa terre de lui (3).

(1) C'est-à-dire Richard, prince de Capoue, qui avait fomenté la rébellion.

(2) « La cité de Cydonie » désigne sans doute la ville de Lacedonia située au nord-ouest de Melfi, au sud de Candela et dans le voisinage de Torre della Cisterna.

(3) Nous ne connaissons que par Aimé ce Richard, seigneur de

Cap. 6. Et puiz que cestui Richart fu conjoint avec li chevalier de li duc, ala li duc envers Canne, laquelle aviein que soit de grant nomée, toutes voiez est molt necessitouse de aigue. Més puiz que fu assegié, més pour ce que il non plut et non pooient avoir aigue, en brief temps fu prise pour defaute de aigue, quar non avoit en li cysterne, et pour ce fu rendue a lo duc, et pour ce li compaingnie de cil de la cité vindrent a lo duc. Et dedens de la cité avoit molt de chevaliers de Hermande, a liquel furent levé li chaval et li arme, et lor fu donné licence d'aler en quel part qu'il voudroient (1).

Cap. 7. Et puiz lo duc, quant il estoit en Trane, après ce qu'il avoit faites molt de victoires et de triumphe, fu visité de infermeté de Dieu, et vint en tant de debilité que partout se disoit qu'il estoit mort. Et por ce que il creoit qu'il lui alegeroit de sa maladie, s'en ala a Bar, et la fu plus agrevé de la maladie. Més puiz apres petit de jors, cellui Dieu qui l'avoit visité lo delivra. Il estoit encommencié un poi a amender, et lui paroît esperance de avoir santé, et la false fame, laquelle estoit alée jusque a Rome de la mort de lo duc, retorna voire et annoncia la mort de lo pape Alixandre, et coment estoit fait papé Heldeprande archedyacone (2).

Lacedonia et fils d'un frère du prince Richard de Capoue ; Aimé est également seul à parler d'un frère de ce seigneur de Lacedonia.

(1) Les événements mentionnés par Aimé aussitôt après la conquête de Canosa-di-Puglia, c'est-à-dire la maladie de Robert, la mort d'Alexandre II et l'avènement de Grégoire VII, semblent indiquer que Canosa a succombé à la fin de 1072 ou au commencement de 1073.

(2) Le pape Alexandre II est mort le 20 avril 1072, et deux jours après, le 22, Hildebrand (Heldeprande) lui a succédé sous le nom de Grégoire VII.

276

Cap. 8. Puis que fu ensi alée la fama de la mort del duc Robert jusque a Rome, vint un message loquel non venoit a lo duc pource que estoit reputé pour mort, més venoit a la moillier. Et portoit cest message : « Une grant dolor sans remede est venue a la sainte eclize de Rome, laquel dolor a leissié la mort de lo karissime fil de la sainte eglize, lo duc Robert, dont li cuer de li cardinal et de tout lo college et tout lo senat de Rome sont molt dolent de la soe mort, voiant la soe ruine et testificant de avoir perdu lo accressement de lor paiz. Més a ce que sache la toe noblité la benivolence de misire lo pape, de quant amor et perfection estoit vers lo marit vostre, portes lo sien filz a ce que o la ordination de la sainte eclize receve o la main de l'eglize les coses que tenoit lo pere de lui ancesor pape ». Lo duc, avieingne qu'il non estoit encoire bien gari, toutes voiez pour lo gratiouz mandement rendi graces a lo pape et li promist de lo servir fidelement (1).

Cap. 9. Et puiz que lo pape sot la verité de la santé del duc, commanda a lo legat qu'il tornast ariere et die a lo duc qu'il vieingne parler a lui a la cité de Saint-Germain (2), et lui die coment liez et joiant de sa santé. Et lo duc non lent ne pigre, més manda de toutez pars et assembla ses chevaliers, et garni de grant excercit, et s'en ala Rapulle (3) et atendi lo message de lo pape. Et lo pape mua sentence, et manda frere Desidere abbé (4) qu'il

---

(1) La dernière phrase de la lettre de Grégoire VII est bien en harmonie avec les principes de ce pape : aussi, quoique l'original de la missive pontificale soit perdu, peut-on présumer qu'Aimé nous en a fidèlement conservé le sens.
(2) San-Germano-Cassino, au pied du Mont-Cassin.
(3) Rapolla au sud et à une faible distance de Melfi.
(4) Didier, abbé du Mont-Cassin, cardinal de l'église romaine.

devist venir a Bonivent ou il pape estoit venut (1). Et lo duc s'acompaingna avec l'abbé, et vindrent ensemble a Bonivent, et defors de li murs sont estendut li paveillon et li ostel furent appareilliez la ou li duc et li sien devoient hergier et fu rechut pacifiquement; et li pape infre li mur de la cité fu miz en lo plus grant palaiz, et reservant soi et la apostolique dignité, il saint pere pape manda messages a lo duc que il doie venir a lui; et lo duc, pour garder soi de la malice de cil de la cité, proia lo pape que non venist a lui come a Robert, més a sa fidelité; et contresterent en ceste maniere; non vouloit prime de honor li autre non vouloit doner occasion de injure ou de contumelie, et encontinent discorde fu entre eaux et male volenté et grant ire (2).

CAP. 10. Ceste ystoire dit ensi que quant cestes paroles orent ensi esté entre lo pape et lo duc Robert Viscart, lo

---

(1) Grégoire VII entra à Bénévent le 2 août 1073 ; *Chron. S. Benedicti*, MG. SS., t. III, p. 203; il venait du Mont-Cassin, PETRI DIACONI *Chron. Casin.*, III, 36.

(2) Est-ce vraiment une question d'étiquette qui a amené entre Grégoire VII et Robert Guiscard cette rupture qui a duré plusieurs années, entraînant pour l'un plusieurs sentences d'excommunication et pour l'autre de graves embarras et les complications les plus inattendues. Le dissentiment entre le pape et le duc avait évidemment des racines plus profondes ; en réalité, Robert Guiscard ne voulait en aucune façon être l'homme-lige de Grégoire VII, un instrument dans sa main. Il savait le pape très lié avec Gisulfe de Salerne. Ainsi, après son avènement à la papauté, il avait écrit à Gisulfe une lettre très amicale, et comme Robert Guiscard méditait de s'emparer de Salerne et de dépouiller complètement Gisulfe, il voulait avoir la main libre de ce côté. En devenant le vassal soumis du Saint-Siège, Robert aurait dû aussi arrêter ses continuels empiètements vers l'Italie centrale, et cette perspective lui déplaisait également.

pape irez et corrociez se parti de Bonivent, et s'en ala à Capue pour donner favor a lo prince Richart, loquel estoit anemi del duc Robert (1). Et lo duc, coment qu'il fust de haut cuer, pour reverence de lo pape, c'est-à-dire pour despit, fist appareillier lo exercit soe pour segoingnier lo prince. Coment premerement vint a Benafre, li fil de Burelle (2), liquel se estoient partut de la fidelité de li prince, lui vindrent pour nuire, et firent covenance ensemble avec lo duc, et lo duc fu molt alegre de ceste amistié, quar en sa chevalerie non avoit grace de coses de vivre et accressement de chevalerie. Et cestui fillz de Burell furent fait governeour de l'ost de lo duc, et devisent la voïe lor, et li chastel liquel non estoient bien garnit ne bien fort, liquel ensi coment estoient pris estoient ars, et de là s'en vont a Capue. Et en la confin de la conté de Talloiz, et en lieu qui se clame Plomeresco (3), mistrent li paveillon, et o feu et o proie ardirent toutes les villes de iluec entor, et puiz vindrent a la Padulle apres de Canoville (4), plene de villes et de bestes, et garnie de aiguez profondissimes, et ardent les maisons et metent tout a

(1) Le premier document que Grégoire VII date de Capoue est du 1er septembre 1073 et le dernier du 15 novembre de la même année ; cf. Jaffe-Loewenfeld, *Regesta Pontif. roman.*, nos 4790-4802.

(2) Venafro (Benafre), au sud-est et à peu de distance du Mont-Cassin, sur la rive droite du haut Vulturne. Quant aux fils de Borel (li fil de Burelle), c'étaient des seigneurs très actifs, très entreprenants, dont les possessions étaient situées dans la vallée du haut Sangro ; plusieurs fois déjà il a été question d'eux.

(3) Il s'agit sans doute du comté de Tagliacozzo ; la petite ville de Tagliacozzo est au nord du lac Fucino, en plein centre de l'Italie et à l'est de Rome.

(4) Il ne s'agit pas évidemment de Padula au sud de Potenza en Calabre, aussi ne sait-on où retrouver « la Padulle après de Canoville. »

proie, et toutes coses qui estoient apres Capue consumerent o crudele destruction. Et puiz vindrent de sa de lo ripande rippe de Garigiane (1), et illec estendirent lor paveillons, et la terribile poesté de lo duc metoit paour a tout home, et constreingnoit cil de entor de obedir a son comandement. Et cil de la cité de Trajette et de Sule (2) donerent la cité a lo duc avant qu'il i venist a eaux, et rechurent pour seignor lo frere del duc Rogier. Et puiz passa par la terre de Saint-Bénedit (3) laquelle il serva sans nulle lesion coment temple de Dieu. Et puiz atornia Aquin, et s'effozsa de la prendre, et cercha de passer par lo cors de l'aigue. Més quant il vit que non se pooit prendre, lui fist damage quant come il pot, et puiz s'en parti (4).

CAP. 11. Adont estoit doute a lui de dui avenement de ces dui qu'il devissent vainchre, li conte de Aquin furent divisé, quar Adenolfe et Landolfe remanent en lo service de lo prince; més Pandulfe et Lande s'acosterent a Rogier, a liquel, puiz qu'il lui orent fait sacrement, li presterent li castel qui se clame Vicablanche. Et habitarent ensemble en un autre chastel liquel se clame Insule. Et lo conte Rogier lessa de ses chevaliers avec eaux pour garder

---

(1) Le Garigliano ou l'antique Liris, qui déverse ses eaux dans le golfe de Gaëte.

(2) Les petites villes de Traetto et de Suio, sur la rive droite et près de l'embouchure de Garigliano. Aimé dit que ces deux villes reçurent pour seigneur Roger, frère de Robert Guiscard; il s'agit de Roger, le grand comte de Sicile, dont nous avons raconté les exploits contre les Sarrasins.

(3) Les terres du monastère de S. Benoît sur le Mont-Cassin.

(4) La Chronique du Mont-Cassin, par Pierre Diacre fait allusion à l'attaque d'Aquino par Robert Guiscard; on y lit : « Quando venit (Robertus dux), super Aquinum misit huc (au Mont-Cassin) 500 bizanteos. » *Chronicon Casin. auctore* PETRO, l. III, c. 58.

Ysole et pour faire damage a Aquin. Et un abbé de Sainte-Eufame, qui se clamoit Robert, garda o tout li chevalier soe Vicablanche, loquel s'efforza continuelment en divers lieuz de faire damage a lo prince. Et puiz furent ordenées celles cosez et li chastel furent apareilliez et forniz, et puiz lo duc Robert, avec son frere et avec son exercit, s'en torna en Puille (1).

Cap. 12. Et en cellui temps, lo pape avec lo prince Richart firent ferme et grant amisté et ligue, et autresi avoit fait lo prince de Salerne, et cerchoient tout coment il porroient chacier lo duc et son honor et de la terre (2). Et lo pape ala a Rome et comensa a emplir a son pooir ce qu'il avoit comencié et ordené. Més que non trova home en son aide, cercha adjutoire de fame, et manda adonc mes-

(1) Gattola (*ad historiam abbatiæ Cassinensis Accessiones*, t. I, p. 188, in-folio, Venise, 1734) a inséré une charte du mois de février 1082 par laquelle ces mêmes quatre comtes d'Aquino, Adénulfe, Landulfe, Pandulfe et Lando, fils de Jean Lando, comte d'Aquino et de Sicelgarda, son épouse, font une donation au Mont-Cassin ; Aimé connaissait donc exactement la composition de la famille des comtes d'Aquino. Le « Rogier » dont il est question dans ce chapitre doit toujours s'entendre de Roger le grand comte de Sicile. Le nom de « Vicablanche » est peut-être une traduction française défectueuse de Vicalvi, non loin et à l'est d'Arpino ; quant à Ysole, que le traducteur d'Aimé appelle aussi Insule, il s'agit sans doute de la petite ville désignée aujourd'hui sous le nom d'Isola del Liri, au sud de Sora et à l'ouest d'Arpino, dans une île formée par deux bras de Liris. Enfin, ce Robert, abbé de Sainte-Eufame est Robert de Grentemesnil, abbé de Santa Eufemia, sur le rivage occidental de la Calabre : au chap. 22 du VIIIe livre, Aimé parle de lui assez longuement, il sera temps alors de l'étudier de plus près.

(2) Voyez dans le Gregorii VII *Regist.* I, 21, *Mon. Gregor.*, p. 36 sq., éd. Jaffe, le serment de fidélité prêté par Richard de Capoue entre les mains de Grégoire VII, le 14 septembre 1073.

sage a Beatrix et sa fille Mathilde (1), et li fait assavoir l'occasion pour quoi voloit lo pape qu'elle venist parler a lui (2). Et ceste, pour la foi parfaite de saint Pierre, et pour l'amour de carité qu'elle avoit en lo vicaire de Dieu, puiz qu'il orent oï cest mandement de lo pape, non targerent de venir a lui, et s'appareillerent de faire la volenté de lo pape. Et promistrent lo don de amener .xxx. mille chevaliers. Et pour faire lo plus ferme de la victoire lui en prametoit entre li .xxx. mille .v.c. Todeschi. Et lo pape respondi : « Li petit villissime Normant o .xx. mille homes les poons assaillier et vaincre se Dieu plaist, quar aurons aide de lo prince Richart et de ceus qui habitent en celle part, et si serons deffendu de l'ajutoire de Dieu et de li apostole (3). » Et li noble fames respondirent : « Et se nostre gent que nouz vouz avons promis foyent devant li anemis, non seroit sans grant vergoingne, quar diroient la gent : Li fame cerchent les cosez qui non apartienent a elles, digne choze est qu'il aient vitupere, quar vouloient faire coment li principe faisoient par diverses pars de lo monde ; adont a ce que aions victoire come home a confondre li Normant, la vostre santité lais-

---

(1) Béatrix, veuve de Boniface, margrave de Toscane et plus tard veuve de Gottfried, duc de Lorraine ; elle avait dans l'Italie du nord une situation et une puissance hors de pair. Mathilde, fille de Beatrix et du margrave Boniface, devait hériter de la puissance de sa mère ; on sait combien elle est restée célèbre sous le nom de comtesse Mathilde.

(2) Cette donnée d'Aimé s'harmonise très bien avec les deux lettres que Grégoire VII écrivit sur ces entrefaites à la comtesse Mathilde, cf. GREGORII VII *Regist.*, I, 40, 43 ; *Monum. Gregor.* de JAFFE, p. 58 et p. 61.

(3) Ces chiffres de 30,000, de 20,000 soldats ne doivent pas être pris à la lettre ; ce sont sans doute des estimations assez fantaisistes d'Aimé.

sera a nous mener tant homes que aions honor de victoire, et que nouz puissons delivrer de la main de li anemis les coses de lo prince de li apostole ». Et quant li pape vit la sapience de li .ij. dames, youloit estre a lor providence et a lor conseil, et comist ceste choze a lor arbitre et a lor volenté.

CAP. 13. Et depuiz a si grant deliberation clamerent lo prince de Salerne, liquel autresi fu amonesté de paier li soldoier, et aporta deniers pour paier li chevalier. Et Gisolfe non fu pigre, més vint alegrement et liement, quar il desideroit de destruire lo duc Robert, liquel estoit marit de la soror, et aporta li denier liquel li estoient demandez. Més quelz deniers ? Correges de Indie, et las, et villissime paille, come voulust ciendre fames et vestir servicials, et aorner li mur o li paille. Et quant li Romain virent ce, il lo reputerent pour un fol, quar o villissime domps vouloit mener a combatre sapientissime chevaliers. Et un lieu qui se clame mont Cymino (1) fu assemblé lo pape, et Gisolfe prince de Salerne, lo domp, et une bone part de la chevalerie, et tratant de la voie coment il devroient aler et de la maniere del traitement de la traïson. Li Pisain, quant il virent Gisolfe, home de loquel il avoient receu damage, prison et traïson (2), adont comencerent a crier : « More Gisolfe ! loquel est sans pitié, loquel nous, ceauz de nostre cité, a condempnez a estre

(1) La correspondance de Grégoire VII confirme d'une manière très précise cette donnée d'Aimé ; nous voyons en effet qu'une lettre de Grégoire VII à Hermann, évêque de Bamberg, écrite le 12 juin 1074, est ainsi datée : « data in expeditione ad montem Cimini. » *Mon. Gregor.*, p. 105 sq. *Regist.*, I, 84. Le mont Cimino se trouve entre Sutri et Viturve.

(2) Nous verrons bientôt l'origine et les motifs de l'animosité des Pisans contre Gisulfe de Salerne.

noiez en mer, et li autre estre mis en prison, et nouz a privez de nostre bone marcheandise; et autre morent tuit cil qui deffendre lo voudront, et nul non remaingne de ceuz qui favour lui feront ne a la part soe ». Més quant entendi cest fait et ceste criée, il fu esbahi et ot grant paour, et grant merveille et prist conseill en quel maniere il porroit delivrer Gisolfe, et en celle meisme nuit absconsement lo manda a Rome, et en ceste maniere lor conseill fu tout deffait (1). Et quant qu'il avoit fait torné a lor destruction et tout ce que vouloit faire lo pape, et tout lo mal loquel fist Gisolfe prince de Salerne a cil de Pise, cil moine qui ceste ystoire compila en lieu et en temps lo vouz dira (2).

Cap. 14. Or retornerons a la grant hardiece et lo grant cuer de lo duc Robert. Adonc quant se tratoit ceste cose contre lo duc Robert, li legat de Rome lo contrestrent de venir a la cité de Bonivent a oïr ce que vouloit ordener lo pape, et a respondre a lo pape de ce dont il se vouloit lamenter. Et lo duc, ensi coment il estoit humile, respondi humilement : « Que il n'avoit en lui nulle conscience que onques eust esté coulpable ne contre lo prince de li apostole, ne contre lo commandement de lo seignor mien

---

(1) D'après Bonitho, les sujets de la duchesse Beatrix auraient par leur révolte empêché l'expédition contre les Normands : « Interea venerabilis Gregorius expeditionem contra Normannos preparabat. Veniens que obviam duci Beatrici usque ad castrum sancti Fabiani eam simul cum filia ad expeditionem invitabat. Quas volentes pura mente papæ obedire precepto, Longobardicus varvassorum tumultus impedivit; nam sedicione subita exorti, expeditionem dissipavere. Sic que infecto negocio, papa Romam remeavit ; Beatrix vero cum filia ad propria rediere. » Bonitho *ad amicum*, l. VII, dans Jaffe : *Monum. Gregor.*, p. 661.

(2) Cf. *infra*, l. VIII, c. 4.

pape; ne non targerai de venir la ou il me commande, ne mais que je sache lo jor et lo terme que je doie venir a lui, a ce que la moie innocence soit manifeste a touz par lo commadement apostolica et par la soe sentence »; et ensi fu fait. Et en cellui temps, por l'offense de lo prince de Salerne, li chevalier pysen furent partit de lo commandement et volenté de lo pape, et no pot venir a complement. Et lo duc, quar savoit la chose qui estoit pensée contre lui, vint a Bonivent au jor ordiné, acompaignié de fortissimes chevaliers, et non laissa moillier, ne filz ne fille, més touz les mena avec soi, car molt de foiz en joant avoit acostumé de dire : « Qui me levera ma moillier et mi fill, ce que je ai soit sien. » Il atendi que venist lo pape troiz jors, et puiz que sot qu'il tardoit a venir, Robert qui molt humble lui ala encontre (1).

CAP. 15. En la terre de Naples et en la duchié a un grant plain de palude laquelle porte molt de frutte, et est plane pour aler, et en molt de liez cort eaue, laquelle vient de desouz terre; et en cellé plene fist lo duc fichier ses paveillons et la se mist avec son exercit, et puiz proia lo maistre de la chevalerie loquel estoit a Naple (2), que il deust venir a lui, et avec lui fist ligue et acordance o sacrement, et par commandement de li maistre de li chevalier fu la ordené lo marchié et la foire la ou se vendissent les coses necessaires a li home et a li beste, et la potence

(1) Nous savons qu'aussitôt après l'expédition de Monte-Cimino, Grégoire VII tomba gravement malade, peut-être est-ce la raison qui l'a empêché de venir à Bénévent. Sur les dispositions du pape à l'égard des Normands, voyez la curieuse lettre qu'il écrivit, le 16 octobre 1074, à Béatrix et à Mathilde.

(2) Probablement Sergius V, duc de Naples, cf. B. CAPASSO : *Monumenta ad Neapolitani ducatus historiam pertinentia*, t. I, p. 133 sqq.

de lo prince Richart li estoit encontre, liquel aviengne que non eust tant de chevaliers quant avoit lo duc, toutes voies il estoient prouz et vaillant, et metoient en cuer a lo prince que il issist contre li chevalier de lo duc pour combatre.

Cap. 16. La estoit lo abbé Desidere de Mont de Cassyn, qui pourchasoit de faire paiz entre eaux et amor, et ces .ij. seignors avoient eslut cestui abbé Desidere pour pere espirituel. Et estoient subjette a son conseill, quar il estoit ami de l'un et de l'autre, c'est-a-dire de ces .ij. princes liquel estoient anemis, laquelle choze poi de foiz avient que un puisse estre ami de dui anemis. Et, par la grace de Dieu, sans nulle suspitio, chascun de eaux avoit mis en cestui abbé son entention, et par l'ordination de lo abbé vindrent a parler ensemble ces dui seignor, et embracherent et baiserent en boche l'un l'autre, et esterent et parlerent ensemble jusque a vespre. Et au soir lo prince se parti et vint a Averse (1); et l'autre jor lo prince au matin retorna a voier lo sien ami, et parlerent molt ensemble. Lo prince pria molt lo duc qu'il non fust plus en champ, més qu'il preist un de ses chasteaux; et lo fist la petition de lo prince, et manda arriere molt de ses chevaliers, et lui et sa moillier et ses filz, avec aucun grant home qu'il retint auvec soi, s'en ala a la Cerre (2), dont tant de jors come il demora la ot de lo prince larges despens. Et a ce que nulle doutance fust en lo cuer de lo duc, lo prince commist a lo ministre de lo duc la tor et li haut palaiz, et fist toute la gent de lo duc ester dedens la terre. Et puiz ordenerent lo lieu ou puissent estre ensemble et

(1) La ville normande d'Aversa, non loin de Naples.
(2) Il s'agit sans doute d'Acerra, à l'est et à une faible distance d'Aversa.

ordener ce qui lor plaroit ; et a ce qu'il non peussent estre corrociez ensemble par dit de autre ne levés de lor bone entention, furent entre eaux richissime pleges et fidejussors. Et quant ceste covenance ensi fermée de l'une part et de l'autre, li dui seignor se partirent de bone volenté.

Cap. 17. Et apres ce, quant les chozes que nouz avons devant dites furent faites, vint lo jor determiné que li dui seignor furent ensemble acompaingniez de grans seignors, et fu lo abbé Desidere conviés d'une part et d'autre. Et s'en alerent a Apice (1), et quant il vindrent la lo duc vouloit recompenser a lo prince, il lui fist honor en Apice come lo prince lui avoit fait a la Cerre; et autresi come lo prince avoit donné la forteresce a lo duc a la Cerre, ensi lui donna lo duc la forteresce de Apice, et la demorerent .xxx. jors ensemble continuelment pour examiner et faire la paiz, et rendirent l'un a l'autre ce que l'un avoit levé a l'autre. Quar ce que requiert lo prince faisoit et consentoit li duc, et lo prince Richart non failli de faire ce que vouloit lo duc. Et coment ce fust chose que tuit lor home et lor fidel faisoient ce voloient ces dui, et tout lor commandement faisoient fors tant seulement Balalarde et Rogier Arenga (2), liquel estoient encontre, et non vouloient faire lo commandement de lo duc ne faire sa volenté. Et avoient en despit, lor seignor, et pensoient coment il avoient esté occasion de la brigue laquelle avoit esté entre lo duc et lo prince. Et ces dui seignors, quant il orent disponut lor coses coveniblement, et pardonnerent l'un a l'autre toute male volenté et injure. Et la terre que

---

(1) Probablement Apice, à l'est de Bénévent, sur la rive gauche du Calore.

(2) Il faut Robert Arenga; cf. *supra*, l. VII, 2, le traducteur d'Aimé modifie trop souvent les noms propres.

lo duc avoit levée a lo prince lui rendi, et si lui donna de la soe; et il croiant que l'amistié de la carité de lor cuer pour nulle male volenté se peust deffaire, quar non se pooient departir de ensemble a parler pour nulle disposition de chevaliers, et tant estoient liés ensemble d'amor coment s'il n'eussent jamais esté anemis entr'elz. Et puizque fu determinée toute chose, il vouloient que les covenances de la paiz fussent escriptes, et ceste escripture fu occasion de la destruction de la paiz, car en la memoire et en l'escripture de lo prince estoit escrit que il vouloit salver amistié avec lo duc salve la fidelité de lo pape; et lo duc non vouloit ceste condition, quar non estoit bien avec lo pape, coment est dit. Et adont se partirent corrociez, et commencerent la grant brigue qu'il avoient devant entr'els. Et lo prince s'en ala a Capue, et lo duc en Calabre (1).

Cap. 18. Balalarde, par lo conseill malvaiz de son maistre, contre lo duc son oncle appareilla anemistié, et entra, o li chevalier siens, en la forte roche de Saint-Severin (2). Et la terre de lo duc, laquelle estoit apres, sovent gastoit. Et de l'autre part estoit Guillerme Arengue (3), liquel avoit fait une liga avec lui et faisoit come Balalarde. Et lo duc, quant il sot ceste novelle, assembla une grant multitude de chevaliers et de pedon, et asseia la cité de Saint-Severe, et secont que est acostu-

(1) Le but de Robert Guiscard était évidemment de détacher le prince de Capoue de Grégoire VII et de Gisulfe de Salerne et par là de dissoudre la ligue qui le tenait en échec.
(2) Santa-Severina dans la Calabre, sur la rive droite du Neto; la petite ville est bâtie sur les hauteurs du Monte-Clibano et présente une vue magnifique sur les golfes de Tarente et de Squillace.
(3) Robert Areng.

mance, fist chasteaux liquel enforza de fossez et de palis, et la ficha ses paveillons. Et Balalarde gardoit la cité dedens laquelle non se deffendoit pour li Normant pour la forteresce de lo lieu. Et lo duc continuelment sont portées les chozes de vivre, et quant lo duc mandoit sa gent a chacier, Balalarde mandoit sa gent a faire proie ; loquel Balalart, coment ce soit choze qu'il fust assoutillié de vin et de grain, il se saturoient de char qu'il furoient, senon qu'il lor failloit lo sel. Et Rogier fil de lo duc, jovene et de bone exposition, et sage jovencel (1), asseia lo chastel de Vallarie (2) et destruizoit Guillerme Arenga par fame. Et a ce furent menez que prioient l'un et l'autre, c'est assavoir Balalart et Guillerme Arenga, de demander pardonnance a lo duc et de avoir sa grace, et de faire son comandement. Et lo duc non lo vouloit faire, quar sa fatigue eut esté en vain s'il non eust la cité por laquelle il avoit combatu lonc-temps ; et cil gardoient la cité et confortoient li citadin, et partoient avec eaux ce que il pooient furer, et lor prometoient de lor doner part de ce qu'il porroient acquester. Et lo duc non se muet, ains deffent a ses anemis la voie et contresta a li desrobeor et prendoit de li chavalier ; et li damage qu'il avoient reçeu en la proie, recovra en la, as chevaliers qu'il prist. Et faisant entrellaisse a lo dire, si conterons de la liberalité de lo filz de lo duc et la pitié de lo duc son pere.

CAP. 19. Or dit ensi ceste ystoire come ce soit cose que li vestement de Balalarde pour viellesce se commencerent a rompre, il pria Rogier lo fill de lo duc que a lo jor de

(1) Roger, fils de Robert Guiscard et de Sikelgaïta ; il succéda à son père en 1085, mais sans avoir son génie militaire et politique.
(2) Je n'ai pu trouver où était ce « chastel de Vallarie. »

Pasche (1) le doie subvenir a la soe necessité, et en si grant feste lo doie sovenir de dras noves; et lo jovencel va a la volenté de lo pere, et li dist la neccessité de son parent, et coment lui avoit demandé une robe. Et lo duc commanda que fussent aportés dras bons et covenables de diverses manieres, et les bailla a son chier fill, et lui commanda qu'il les devist mander a Balalarde, et ensi fu fait.

Cap. 20. A la ducesse recordoit encoire de la grant arrogance de Balalarde, quar quant lo duc fu malade et jugié par mort, come nouz avons devant dit (2), tuit li chevalier normant se assemblerent et eslurent por lor seignor Rogier lo filz de lo duc, et lui jurerent, et furent fait ses chevaliers, fors tant solement Balalarde qui lo contredist, lequel refusa de estre son chevalier, quar il vouloit estre haucié en celle honor : dont la ducesse garda ceste dolor en son cuer ensi come un coultel. Ceste esmut lo cuer de lo marit a faire damage a Balalarde ; et clama ses amis quant come il pooit pour faire mal a Balalarde.

Cap. 21. Et lo duc se commut contre Balalarde pour lo dit de la moillier et pour l'offense qu'il avoit faite contre lo duc, laquelle offense la dame lui tornoit a memoire ; et chascun jor se iroit plus contre Balalarde pour le destruire, et cressoit li castel, o grandissime fossez et paliz clooit la cité, et gardoit toutes les voiez, et ensi deffendoit li chevalier qu'il non feissent proie et li vilain qu'il non alassent pour leingne. Et cil de la cité, pour ce qu'il amoient molt Baialarde et avoient paour de lo duc, pour la deffence de la rebellion, destruizoient lo maisons, et tref, et toutes les autres choses utiles consumoient. Et puiz

---

(1) Bien probablement le jour de Pâques 1075.
(2) Cf. *supra*, l. VII, 7 et 8.

quant il orent faite ceste choze, vindrent a Baialarde et lui distrent la misère de lor poureté, et lui prierent qu'il alast a lo duc son oncle por eaux delivrer. Et quant Baialarde vit que cil de la cité lui gardoient fidelité a lor pooir, més non pooient plus pour ce que toutes choses lor estoient failliez, Baialarde a lor petition demanda segurance de aler impetrer pardonnance pour cil de cité a lo duc. Et lo duc savoit que Baialarde devoit susciter escandale a son pooir partout la ou il aloit; toutes voiez lo duc desprisant le, dona licence a Baialarde qu'il s'en poist aler secur, et a ceuz de la cité pardonna. Et puiz s'en parti Baialarde, et lo duc entra en la cité, et appareilla la forteresce et i mist gardes (1). Et puiz ala en aide de son filz

(1) Ce récit du siège de Santa-Severina par Aimé présente une difficulté chronologique ; Aimé place avant le siège de Salerne, c'est-à-dire, comme nous le verrons bientôt, en 1075 et au commencement de 1076, ce siège de Santa-Severina par Robert Guiscard, la prise de cette ville réduite par la famine et la fuite d'Abagélard qui se réfugie dans la forteresse de Santa-Agatha en Pouille. Mais Malaterra (*Historia Sicula*, III, 5, 6), parle aussi d'un siège de Santa-Severina soutenu par Abagélard contre Robert Guiscard, de la prise de cette ville par ce dernier et alors, comme dans le récit d'Aimé, Abagélard trouve un refuge en Pouille à Santa-Agatha. Seulement Malaterra place ces événements après la prise de Salerne par Robert Guiscard, c'est-à-dire en 1077. Les deux chroniqueurs parlent-ils des mêmes faits et alors l'un des deux commet-il une erreur de chronologie ou bien ont-ils en vue des faits différents. Les raisons suivantes me porteraient à croire que cette dernière hypothèse est la vraie, qu'il y a eu deux sièges de Santa-Severina par Robert Guiscard contre Abagélard et qu'à l'issue du premier comme du second siège, Abagélard s'est réfugié à Santa-Agatha en Pouille :

1º Dans le récit d'Aimé, nous voyons que le prince Richard de Capoue soutient Abagélard contre Robert Guiscard (cf. Aimé, VII, 22); or, cette alliance n'a pu avoir lieu qu'avant le siège de Salerne, puisqu'à partir de ce siège, le prince et le duc, devenus amis, ne se

pour veincre Guillerme Arenga, et ordina chastelz plus pres de la cité et plus espés, et restrainst li anemis en la

firent plus la guerre et que cette union persista jusqu'à la mort de Richard, en 1078 ;

2º De même dans la narration d'Aimé sur ces événements, les comtes d'Aquino prennent parti les uns pour Richard de Capoue, les autres pour Robert Guiscard ; or, de pareilles divisions n'ont pu avoir lieu qu'avant et non après le siège de Salerne. Hirsch l'a remarqué avec raison. *l. c.*, p. 312, toute cette partie du récit d'Aimé se tient très bien et la critique n'y peut constater de contradiction; il est donc plausible que le siège de Santa-Severina dont il parle, ait eu lieu avant le siège de Salerne.

D'un autre côté, il y a dans le récit de Malaterra sur le siège de Santa-Severina des détails précis, nullement contradictoires et qui montrent que ce siège a eu lieu après celui de Salerne et qu'il diffère sensiblement du siège de Santa-Severina dont parle Aimé. Ainsi, dans Malaterra, ce n'est plus la famine qui oblige Santa-Severina à ouvrir ses portes à Robert Guiscard, c'est Abagélard qui consent à rendre la ville pour délivrer son frère Hermann. Trompé par le duc qui s'empare ainsi de Santa-Severina et qui, malgré ses promesses, ne rend pas la liberté à Hermann, Abagélard finit par abandonner également Santa-Agatha à Robert Guiscard pour obtenir enfin cette libération. Dans Aimé, il n'est pas dit que le duc s'empare de Santa-Agatha. L'erreur de Malaterra dans ce récit est de supposer qu'Abagélard et son frère Hermann soient partis aussitôt après pour Constantinople, abandonnant définitivement l'Italie ; nous savons que la lutte d'Abagélard contre son oncle Robert Guiscard ne se termina pas de cette manière. Concluons donc qu'il y a eu deux sièges de Santa-Severina, un avant et un après le siége de Salerne et que Malaterra a raconté le second et Aimé le premier.

Ces deux sièges de Santa-Severina l'un en 1075, l'autre en 1077, expliquent peut-être l'erreur commise par Romuald de Salerne, ce chroniqueur écrit : « Anno 1075, dux Robertus sanctam Severinam Calabriæ civitatem loco munitissimam, tertio anno postquam illam obsederat, cepit. Hinc quoque cepit civitatem Consanam, obsesso castello sanctæ Agathæ quod incessabili oppugnatione cepit. His etiam diebus cum exercitu proficiscens, obsedit Salernum. » *Chronicon* dans Muratori, R. I. S. T., t. VII, col. 171 sq. Il est certain

. cité, et lor fist fame. Et Guillerme, puiz qu'il senti que Baialarde s'en estoit fouy, et que lo duc lui estoit venut sur, demanda licence qu'il s'en poist aler o tout sa fame et sa gent, et s'en ala a l'aide de prince Richart.

Cap. 22. Avant que lo duc avist prise ceste cité, lo prince Richart mandoit chevaliers en aide de Baialarde et de Guillerme. Et Girart-de-Bone-Herberge (1), quant il senti que ces chevaliers devoient passer, se mist en un lieu abscons, et creoit les avoir en sa main por faire plaisir a son seignor lo duc ; et quant il lor ala devant, cil de l'autre part l'orent atornié, et ensi coment il creoit prendre autre il fu pris auvec molt la gent soe, et de l'arme et de de li cheval furent riche li chevalier de lo prince. Et laisserent lor voie et retornerent arriere a lo prince avec Girart et li autre prison ; et lo prince en ot grant joie de ceste victoire, que li chevalier sien avoient fait tel victoire

---

que Robert Guiscard n'a pas assiégé Santa-Severina de 1072 à 1075, comme le suppose Romuald, ce que nous savons de la vie de Robert Guiscard durant ces trois ans le prouve surabondamment, mais dans l'espace de trois ans, 1075, 1076, 1077, Santa-Severina ayant été assiégée et prise deux fois, Romuald a confondu et cru qu'il n'y avait eu qu'un siège et le fait durer trois ans. La même erreur se retrouve dans la chronique d'Amalfi, dont l'auteur a puisé aux mêmes sources que Romuald, on y lit, c. 34 sqq. : « Dux autem Robertus cepit A. D. 1075 Sanctam Severinam civitatem Calabriæ loco munitissimam. Tertio vero anno postquam obsederat eam, cepit quoque civitatem Cusentiæ, obsessaque sancta Agatha, quam incessabili oppugnatione cinxerat, cepit eamdem. His etiam diebus cum suo exercitu dux Robertus proficiscens obsedit Salernum. » Muratori, *Antiquitates Italicæ medii Ævi*, t. I, col. 214.

(1) Ce Girard di Buonalbergo était neveu d'Albérada, première femme de Robert Guiscard ; c'est lui qui le premier donna à Robert le surnom de Guiscard ; cf. *supra*, l. VIII, 11. Le château de Buonalbergo était situé au nord et près de Bénévent.

contre lo duc, et en rendi graces a saint Benedit et a li frere liquel habitoient en son monastier; et l'un et l'autre seignor se creoient avoir victoire pour la merite de saint Benoît, et pour l'oration de li moines. Et puiz apres lo prince recercha li chevalier liquel s'estoient partit de sa fidelité, et estoient alez a lo duc, dont les chasa et tint lor chasteaux pour soi.

CAP. 23. Et secont que est dit, li frere contes de Aquin estoient divisé et gardoient li castel a la fidelité de lor seignor Adenolfe et Landulfe (1). Et o tot la chevalerie de lo prince guardoient Aquin; et Goffre Ridelle Pont de Corbe (2); et Pandulfe et Landulfe avec la chevalerie de lo conte Rogier frere de lo duc, et avec Guillerme et

---

(1) Cf. *supra*, l. VII, 11.

(2) Il s'agit de Geoffroy Ridelle dont il a déjà été question, cf. *supra*, l. V, 9, et qui inaugura, avec le comte Roger, frère de Robert Guiscard, la conquête de la Sicile contre les Sarrasins. Nous savons par divers documents que Geoffroy Ridelle était devenu duc et consul de Gaëte ainsi que seigneur de Ponte-Corvo, qu'Aimé appelle Pont-de-Corbe. Ponte-Corvo, sur la rive gauche du Garigliano, est à une faible distance d'Acquino, près de la ligne du chemin de fer de Rome à Naples.

GATTOLA (*Abbatiæ Cassinensis historia*, t. I, p. 264, ex PETRI DIACONI *registro* nº 429) a publié une charte par laquelle Geoffroy Ridel « gracia Dei consul et dux civitatis Caiete et dominator Ponticurbensis » confirme une donation faite au monastère du Mont-Cassin; la charte est du mois de septembre 1072. — Une autre charte du mois de février 1075, également insérée par GATTOLA (*lib. cit.*, t. I, p. 267, ex PETRI DIACONI *Regesto*, nº 427), nous montre Geoffroy Ridelle « normannus et dux Cajetæ nec non comes Ponticurbo » faisant au monastère du Mont-Cassin donation de deux monastères. — Voyez également le numéro 351 du *Regestum* encore inédit de PIERRE DIACRE.

Goffre guardoient La Ynsule (1), dont li pueple qui la habitoit chascun jor estoient desrobez, et non pooient aler a veoir lor labor, liquel lor estoient espessement talliez; et autresi l'un aguaitoit l'autre, et se aucun en estoit pris lui estoit levé lo cheval et l'arme et estoit mandé a sa gent, quar autresi estoient autres chevaliers de lo conte Rogier, liquel gardoient Trajette (2).

Cap. 24. En une nuit tuit ceus qui alloient sequitant lo duc se assemblerent en l'Ynsule absconsement, et lo matin o grant multitude de vilain se departirent par les chams de Aquin; mès ceus qui gardoient lo pas, lor recollirent la proie, et en vain lor faisoient aler cerchant la proie. Et li chevalier de lo prince s'asemblerent ensemble, et vont contre Guillerme Rindelle et lo persecuterent; et li chevalier de lo duc, liquel estoient persecutez, atendirent ceux de lo prince qui les persecutoient. Mès lo flume de Melfe departi l'un de l'autre (3); et quant furent passé li chevalier del duc, il distrent a ceuz de lo conte qu'il passent avant. Et cil de lo prince o aspre reprehension lor prometent de chacier les fors de lor terre. Et en disant ces paroles lo jor s'en ala et se fist nuit, et Pan-

---

(1) Il faut Lande au lieu de Landulfe dans ce passage, cf. *supra*, l. VII, 11; Goffre est sans doute Geoffroy Ridelle, mais quel est ce Guillerme ? Probablement celui qu'Aimé appelle un plus loin « Guillerme Pontarcefrède »; il est vrai qu'Aimé donne aussi un peu plus loin le nom de Guillerme à Geoffroy Ridelle, et qui sait si Pontarcefrède n'est pas une altération de Pontecorvo ? Nous avons déjà dit que « la Ynsule » désigne sans doute Isola del Liri.

(2) Traetto, sur la rive droite et près de l'embouchure du Garigliano.

(3) La Melfa, petite rivière qui descend d'Atina, passe à Roccasecca, et se jette dans le Garigliano, un peu au dessus de Ponte-Corvo.

dulfe s'entorne a la Ysule, et Adenolfe et Guillerme puiz qu'il sentirent qu'il s'en estoit alez passerent lo flume. Et Pandulfe avec ses compaingnons tornerent une foiz a eaux, et alore ordenerent la bataille et comencerent a combatre, et ferent li cheval des esperons et drecerent li haste pour ferir. Et que fait besoingne de plus dire? Pandulfe fu pris de son frere, et de li sien molt en furent mort et molt en furent mis en prison, et alcun en sont nafré. Et de l'autre part, vint Guillerme Pontarcefrede (1) o li pedon en aide, et se mist en mege a recovrer la bataille perdue, et delivra li prison, constreint cil qui avoient vainchu a combatre. Adont li chevalier pristrent cuer, et ceuz qui estoient prison pristrent ceux qui les menoient en prison. Et Pandulfe fu delivré, et coment dient alcun, se il avoit volut avoit pris Adenulfe son frere. Et pour ce qu'il estoit ja nuit, tant li veinceor quant cil qui estoient vainchut tornerent chascun en son lieu. Et lo matin Pandulfe et Guillerme cercherent lo champ et leverent les chozes de li anemis; de li prison .xxx. en sont prison, o .xxx. escut et lxx. chevaux : ceste damage avoit receu lo prince en ceste bataille (2).

CAP. 25. Et puiz que lo duc avoit chaciéz touz ses anemis de Calabre et la tenoit en paiz, s'en ala en Puille a persecuter Baiarlade, et Garilgione marit de la soror (3).

(1) Cf. *supra*, l. VII, c. 23, la seconde note concernant ce chapitre.
(2) La conclusion de ce récit assez confus, est donc que l'avantage resta aux partisans de Robert Guiscard.
(3) Guillaume de Pouille ne parle qu'après la chute de Salerne de cette révolte des barons normands contre Robert Guiscard, et il est bien certain que si elle a commencé, comme le dit Aimé dans ce chapitre, avant le siège et la prise de Salerne par Robert Guiscard, elle n'a pris fin que quelque temps après la conquête de cette ville

Car en tant coment lo duc avoit esté occupé en Calabre, cestui Baialarde avec Garilgione et Guillerme (1) avoient afflit les cités de lo duc, o molt de proies et de desrobations, et Baialarde estoit entré en la roche de Sainte-Agathe en Puille, laquel roche non se puet combatre, et aloit proiant tout lo païz entor, et Glaile estoit et governoit li chastel d'entor. Et li duc qui par lonc temps non avoit veues ses cités molt les aloit cerchant, et, en la fin, s'en ala a Bar (2), et de la manda son neveu Robert, qu'il

par les Normands. Ce même Guillaume de Pouille écrit, l. III, v. 517 sqq., au sujet de Garilgione qu'il appelle Gradilone :

« Amissæ que nepos terræ memor Abagelardus
Filius Unfredi, toto conamine temptat
Infestare ducem, socio Gradilone sororem
Cui dedit uxorem. »

Le poète raconte un peu plus loin, l. III, v. 613 sqq., que Gradilon tomba entre les mains de Robert Guiscard lorsque celui-ci s'empara de Trivico, et que le duc lui fit crever les yeux :

..... « Castellum nomine Vicum
Vi capit; hic Gradilo privatur lumine captus
Testibus exitur. »

D'après Romuald de Salerne, c'est en 1079, bien après par conséquent le siège et la prise de Salerne, que Gradilone aurait été fait prisonnier, il écrit *ad an.* 1079 : « Ipso anno dux Robertus obsidens Vicum cepit ipsam civitatem, ibi que Gradelonem nepotem suum capiens (neveu par alliance, puisqu'il avait épousé la sœur d'Abagélard, fils d'un frère de Robert Guiscard) utroque statim privari lumine fecit, eo quod ipse et alii pleri que baronum rebelles ei extiterant. Cæteri vero metu perculsi ei se subdiderunt. » MURATORI, R. I. S. T. VII, col. 172.

(1) Il s'agit sans doute de Guillaume Areng, qu'Aimé appelle tantôt Guillerme, tantôt Robert.

(2) Bar est pour Bari, cf. *supra*, l. V, 27; le Glaile, dont Aimé parle un peu plus haut, est sans doute Garilgione.

molt amoit (1), o tout sa chevalerie pour prendre Baialarde, et manda a Rogier son filz qu'il doie aler contre Garilgione. Et il clama li sien fidel pour prendre Salerne, et appareilla divers trebuc toutes ceste ordination non fu persequtée, quar li autor non lo met, et de pedons et de chevaliers assembla sanz nombre et de navie (2).

Cap. 26. Pour marier ses filles en cellui temps molt mandoient a lui, et molt de grans homes desirroient de eaux conjondre avec lui ; quar coment se dira de puiz, aucuns avoient grant paour pour la soe grande victoire, et aucuns qui esperoient qu'il deust molt plus acquester, et alcun creoient par lui estre fait riche, dont cerchoient l'onor de ses fillez, et voloient estre conjont a son amistié. Et coment se fust cose que lo impiere de Costentinoble fust privé del honor de toute Puille et de toute Calabre par la vertu de cestui duc Robert et de li frere, lo impereor (3), par lo conseill de ceaux de sa cité, a ce qu'il non fust chacié de l'onor del empire, requist la fille del duc pour moillier a son fillz ; et dui foiz lo duc lo contredist. Et respondi que lo cuer non lui soufferroit que sa fille fust tant loing de lui, et toutes voies se alegroit de la requeste que lui faisoit li emperes. — Més gaboit li messagiers par maliciosez allegations, et li message de l'empereor lui prometoient de doter la pucelle, et li prome-

(1) Robert, comte de Laurotello ou Lauritello, fils de Geffroi, frère de Robert Guiscard et comte de la Capitanate. Cf. *Chronica Montis-Cassini*, III, 25.

(2) Le siège de Salerne a commencé vers le mois de mai ou de juin 1076, c'est donc avant cette date qu'Aimé place les événements qui viennent d'être racontés.

(3) Il s'agit de l'empereur d'Orient, Michel VII ; sans parler des sources originales, voyez sur son règne, E. de Muralt : *Essai de Chronographie bysantine* (1057-1453), p. 21, sqq.

toient que li empeour li feroit tribut chascun an. Et li duc sagement cela la soe volenté à ce que venist a plus grant domp' et promission ; et li message se partirent corrociez. Més plus corrocié fu li empereor, quar creoit li empeor que pour ce ne volist faire parentece auvec lui lo duc, car pensóit de lever lui l'empiere et estre il impeor. Et toutes lui manda autre legat o granz presens et molt de coses lui prometoit; et en la fin lo duc serene se enclina a la proiere de lo empereor, et doña sa fille a lo fill de l'empeor, et fu exaltée de dote roial et de grant honor. Et ensi li empeor, liquel devoit recevoir tribut de tout lo monde, rendi tribut a cestui duc. Car li impeor lui mandoit par ses messages mille et dui cent de livre de or avec preciosissime pailles de or et autres domps (1).

CAP. 27. Et puiz quant Henri, roy de li Thodeschi (2), puis oï tant de prosperité et triumphe qui maiz non

(1) Plusieurs historiens, notamment Jean Scylitzès, Zonare, Anne Comnène, Guillaume de Pouille, G. Malaterra, ont parlé de ce mariage, ainsi : Ἀποστείλας δέ πρός τόν τὴν Δογγιχαρδίαν κατέχουτα Θράγγον Ῥουμπέρτον καλούμενον, τὴν αὐτοῦ θυγατέρα τῷ υἱῷ Κωνσταντίνῳ γυναῖκα ἠγάγετο, Ἑλένην μετονομάσας αὐτήν. J. SCYLITZÆ *Historia*, p. 720 dans le second volume des œuvres de CEDRENUS, éd. de Bonn, 1839. A la page 724, Scylitzès parle de nouveau de ce mariage, et dit que l'empereur Michel VII voulait s'assurer par cette union le concours des Normands contre les Turcs. J. Zonare rapporte le fait et ajoute que Constantin, le mari de la fille de Robert Guiscard, avait pour mère Maria Alana. I. ZONARÆ, *Annales*, lib. XVIII, 17, t. II. p. 268, éd. de Paris, 1687, infolio. Ἐκεῖνος γάρ ὁ εἰρημένος αὐτοκράτωρ ὁ Δούκας Μιχαήλ τὴν τοῦ βαρβάρου τούτου (Robert Guiscard) θυγατέρα εἰς τοῦ ἑαυτοῦ υἱὸν κατηγγυήσατο Κωνσταντῖνον, κἀντεῦθεν ἀνερράγη τὰ τῶν πολεμῶν. A. COMMENÆ *Alexiadis* lib. I, 10, t. I, p. 49, éd. de Bonn, 1839. Enfin GUILLAUME DE POUILLE, l. III, v. 501 sqq., et MALATERRA, l. III, 13.

(2) Henri IV, roi de Germanie, plus tard empereur.

furent oï, de lo duc desideroit d'estre son ami. Et lui
manda .ij. de li maistre conseilliers siens; c'est lo evesque
de Verseill, loquel se clamoit Gregoire (1), et son cancellier royal et conte, loquel se clamoit Herenarde (2), liquel
lui deissent la syncere volenté que avoit envers de lui.
Et la terre laquelle par sa vertu et par la grace de Dieu
avoit vainchut, lui prioit qu'il deust recevoir par don
royal. Et ensi vouloit li empeor que l'onor royal accres-
sisse a lui, et fust plus secur de la corone soe. Et lo duc
rechut li messagier honorablement et les fist servir diligentement; et que non vouloit la poesté terrienne metre
sur la poesté de Dieu et de li apostole, lo duc par grant
sapience respondi ensi : « Je ai traite ceste terre de la
puissance de li Grex o grant effusion de sanc et grant
neccessité et poureté de fame et misere; la moleste de li
Normant molt de foiz m'a cerchié de persecuter; et comprendre la superbe de li Sarrazin, fame et molt tribulation sousteni dela de la mer; et a ce que je avisse l'aide
de Dieu, et que proissent Dieu pour moy mon sire saint
Pierre et misire saint Paul, à qui tuit li regne del monde
sont subjecte, je me voloie soumetre a lor vicare lo pape
avec toute la terre que je avoie conquize, et autresi la

(1) Grégoire, évêque de Vercelli, partisan décidé d'Henri IV contre
Grégoire VII dans la question des investitures.

(2) Eberhard, comte de Nellembourg et chancelier du roi Henri IV
pour le royaume d'Italie. Sur cette mission d'Eberhard en Italie,
laquelle eut lieu en 1075, voyez BONITHO *ad amicum*, l. VII, dans
JAFFE : *Mon. Gregor.*, p. 664. Arnulf de Milan a en vue les négociations entamées entre Henri IV et Robert Guiscard, lorsqu'il écrit :
« Præterea Cæsar Heinricus... studet hujus ac romani præsidis
obstare conatibus. Dominabatur tunc temporis Apuliæ princeps
magnus Robertus ille Normannus. Inter hunc et regem dum super
hac re discurrerent nuncii, præfatus papa ... » ARNULFI *Gesta
archiep. Mediol.*, l. V, MG. SS., t. VIII, 27.

vouloie recevoir par lo main de lo pape, à ce que par la puissance de Dieu me peusse garder de la malice de li Sarrazin et vainchre la superbe de li estrange. Car nouz savons que par rayson de antiquité jusque a lo nostre temps, la superbe de li Grex seignorioit Puille et Calabre, et toute Sycile estoit orde et brute de l'error de li Sarrazin : et maintenant Dieu tout puissant m'a glorifié en ceste victoire et a subjecté la terre, laquelle estoit premute par crudele puissance, et m'ont fait maior que nul de ma gent ; et pour ce me covient estre subject a Dieu pour la grace que je l'ai vainchue, et de lui recognoiz-je la terre laquelle vouz dites que vouz me voulez donner. Més pour ce que la main de monseignor lo roy est droite et large, donne moy de lo sien sur cellui peu que je ai et possede, et je lui serai subject, toutes voiez sempre salvant la fidelité de l'Eglize ». Et li message de l'empereor se merveillerent de tant de sapience, et virent la richesce et la grant puissance, et cercherent les chasteaux et les cités et lo mobile. Et puiz distrent : « Cestui est li plus grant seignor del monde ». Et lo duc les enrichi de ses domps sans profit de lo message de lor seignor, et tornerent en lor contrée alegrement (1).

CAP. 28. En cellui temps meismez li message qui venoient de lo prince pour avoir paiz avec lo duc, encontrerent li message de lo duc, liquel venoient pour celle meisme occasion. Ceaux del duc cerchoient de adolcir la

(1) La réponse de Robert Guiscard est assez narquoise ; en réalité, il se moquait à la fois et du roi et du pape. Ce qu'il voulait par dessus tout, c'était d'empêcher l'intervention d'Henri IV et de Grégoire VII dans les questions politiques de l'Italie méridionale, où il entendait être maître et garder sa liberté d'action ; c'était là le fond de sa pensée, et le ton mystiquement railleur de sa réponse ne saurait donner le change.

perversité de lo prince requeroient que lo duc et lo prince eussent bone volenté ensemble. Et en ceste maniere la petition de l'une part et de l'autre estoit juste. Quar ce que cerchoient, l'un et l'autre desirroient de avoir. Li messagier escriverent les covenances de l'un et de l'autre, et furent presentées a li seignor ; et furent loées et affermées et fortifiées par sacrement de lor fidelité (1).

Cap. 29. Puiz que ceste contention del duc et del prince fu passée par la grace de Dieu, orent victoire ambedui de lor anemis, et quant il furent ensi covenut en amistié, il menerent derriere euz, et la fu present abbé Desidere, liquel sempre estoit principe de paiz de ces dui, lesserent a aler par les liez sans rayson et par les choses de loy, et lessèrent la compaignie de li amis non potens, et jurerent de l'un traitier la utilité de l'autre, et estre en damage de touz lor anemis. Et lo prince dist de soi meismes, se offri de soi meisme estre en aide a lo duc de prendre Salerne. Et li duc dist qu'il lui vouloit donner aide a lo prince de chevalier et de navie pour prendre Naples. Et rendirent l'un a l'autre la terre, laquelle avoient tolue l'un a l'autre. Et li legat en ceste amistié cercherent a chascun li acressement de lor honor et de lor compaingnie, et proposent ensemble de estre contre tout home. Més il me pert que li message de lo roy d'Alemaingne fu occasion en part que lo duc fist paiz a lo prince Richart (2).

(1) MALATERRA, III, 2, parle aussi de la réconciliation entre Richard de Capoue et Robert Guiscard, il écrit : « Sed quia inter se (Robertum Guiscardum) et Ricardum principem Aversæ inimicitiæ efferbuerant, veritus ne ab ipso Gisulfo adversum se succurreretur, pacem cum ipso fecit. »

(2) Il se peut que la crainte d'une intervention d'Henri IV dans l'Italie ait influé sur R. Guiscard et sur Richard pour les amener à

CAP. 30. Et en cellui temps, ces .ij. peres et seignors sagement esteinstrent la flame entre il et Robert Lanticille (1), neveu de lo grant duc Robert, ot grandissime fatiga pour desidere de acquester terre, laquelle par la grace de Dieu come secutoit ot victoire, et assailli la marche de Thethin laquelle se clame maintenant la marche d'Ancône (2), et de ceste marche estoit seignor le conte Transmunde (3). Et par molt lonc temps en avoient esté seignor ses ancessors. Il fu assailli de cestui Robert, et en petit de temps en fu aquestée une part, laquelle

se réconcilier, mais c'est évidemment le désir de conquérir l'un Salerne, l'autre Naples qui a opéré le rapprochement.

(1) Robert de Lauritello ou Lauretello; il était fils de Geffroy, frère de Robert Guiscard et comte de la Capitanate; le comte Geffroy mourut en 1063, *Chronicon breve Norm., ad, an.* 1063 : « mense Aprili mortuus est Gauffredus comes. » Un texte de la chronique de l'abbaye de S. Clemente di Casauria montre que, peu après la mort de son père, Robert de Lauritello commença à inquiéter et à piller ses voisins : « Ab hoc siquidem tempore (1064) cœperunt fratres oblivisci imperatoris curiæ et Normannis depopulantibus totas terras non valentes resistere; primitus fuerunt subditi Roberto primo comiti de Rotello et post mortem ejus Ugoni Malmazetto. » *Chron. Casauriense* dans MURATORI, R. I. S., t. II, p. 11, col. 863.

(2) Théthin, c'est-à-dire Teate maintenant Chieti; Chieti sur la rive droite de la Pescara est à une faible distance de l'Adriatique, la ville compte actuellement plus de 22,000 habitants.

(3) Nous possédons sur ce Transmunde d'assez nombreux renseignements, Aimé lui même donne sur lui, un peu plus loin, c. 34, des détails circonstanciés; en résumé, ce fut l'un des pires tyranneaux de l'Italie du XIe siècle qui en comptait cependant un si grand nombre de détestables. GATTOLA (*Accessiones ad historiam Montis-Cassini*, p. 154, 155, 191) nous a conservé de lui trois chartes par lesquelles il fait au Mont-Cassin, en 1056 et en 1085, diverses donations, dans celle du mois d'octobre 1085, il avoue avoir « de jour et de nuit » commis de nombreux crimes, et il n'exagérait pas. Sans

distribui, et donna a son frere Tascone (1) et a ses chevaliers, et l'autre part commanda que fust conquestée. Et lo conte Transmonde se efforsa de recovrer la terre qu'il avoit perdue et de tenir celle qui lui estoit remese. Et o tout li sien chevalier alerent cerchant les chasteaux, et s'en vint encontrant avec molt petit de chevaliers de Robert; loquel chaï de lo cheval, et fu pris et mené à Robert. Et li triste chevalier de Transmunde, quant il le virent a terre, non lui corurent a aidier, més tornerent li cheval a fouir. Et quant Robert lo tint em prison, il pensa de combien d'argent se porroit rachater de prison, si lui demanda .x. mille besant. Et lui, pour recovrer sa richece et la richesce de li saint, se fist poure, et a la fin paia. Et encoire fist piz, quar faussement prist lo tresor de saint Jehan-Baptiste; et li vaissel de lo autel et li ornement de l'eglize sont donnez pour sa deliberation. Més por ceste malice qu'il fist soi poure plus se fist de mal, quar Robert lui demanda puiz la terre qui lui estoit remese. Et Transmunde allega que non lui pooit donner, quar elle estoit de la moillier, et li parent de la moillier la tiennent en lo poesté. Et pour ceste chose rechut Transmunde divers tormens sur la personne soe, et tot pour la dececion qu'il fist a l'eglize de misire saint Jehan-Baptiste.

compter les assassinats dont parle Aimé, nous savons qu'en 1054, en vrai bandit, il arrêta les ambassadeurs du Saint-Siège revenant de Constantinople, et qu'il les dépouilla des présents que l'empereur Constantin Monomaque envoyait au pape. Il fallut les excommunications réitérées du pape Victor II pour décider le comte à restituer ce qu'il avait volé, cf. Leo de' Marsi, *Chron. Cassin.*, II, 85.

(1) N'est-ce pas une forme défectueuse de Drogone, Drogo? Nous ne connaissons pas par ailleurs ce frère de Robert de Lauritello.

Cap. 31. Et quant Robert vit que Transmunde non vouloit donner la terre por sa delivrance, cercha de acquester par vertut, et ordena sur la roche lo siege sur la forte tor de Ortonne, et la fist castel et ficcha li paveillon (1). Et la mojllier de Transmunde et li autre parent, c'est un autre Transmunde qui lui estoit consobrin fil de lo frere carnal de lo pere, et un autre autresi qui se clamoit Transmunde avec Berarde fil de Adain et avec Bernart, et esperoient de vainchre en champ cil qui estoient dedens les chasteaux, et toute la contree vont cercant jusque a Ravane (2). Et non lessent chevalier, ne evesque, ne abbé, et promete lor les chozes de li Normant, et li legier cheval, et li optime arme afferment que seront tost lor. Et cest vain et fol desirrier fist venir la gent tost a la vaine proie et gloire qu'il se creoient avoir

(1) Ortona, sur le rivage de l'Adriatique, entre Chieti et Lanciano.

(2) Ravane désigne sans doute la grande ville de Ravenne au nord; quant aux alliés de Transmundus dans cette guerre avec Robert de Lauritello, Aimé, dans ce chapitre et dans les chapitres suivants, ne les désigne que d'une manière défectueuse ou incomplète, du moins la traduction jusqu'à la fin du septième livre laisse beaucoup à désirer. L'ensemble du récit fait voir que les comtes des Marses, ceux de Balva, c'est-à-dire les seigneurs des pays riverains ou voisins du lac Fucino, combattirent contre les Normands; ils se liguèrent avec d'autant plus d'empressement qu'ils se sentaient tous menacés par l'ennemi commun. Or, nous ne connaissons guère ces comtes de Balva et ceux des Marses que par les chartes des donations qu'ils ont faites au Mont-Cassin; nous savons, grâce à ces moyens d'information, qu'il y avait à cette époque trois comtes des Marses, Oderisius, Rainaldus et Berardus, fils, tous les trois, de Berardus II, comte des Marses; ces trois comtes des Marses n'ont pas été toujours d'accord entre eux; cf. Leo de' Marsi, *Chron. Casin.*, II, 87.

Voyez notamment sur Bérardus, fils de Bérardus II, la *Chronicon Casin.*, III, 17, 23 et 24, ainsi que Gattola, *Accessiones ad abbatiæ Cassin. historiam*, t. I, p. 171; Gattola a reproduit la charte

de li Normant. Et puis que furent assemblez se troverent .x. mille. Et Robert (1), quant il sot lo avenement de ceste gent, se feinst de fouir, et recolli li paveillon et ardi lo chastel. Et li mol chavalier sequtoient ceste gent, et se confidoient qu'il fugissent, coroient alegrement par lo pré, et finalement vindrent a un pas ou estoient abscons .ij. cent chavaliers de Robert, et lui o troiz cens atendoit emi lo champ la bataille. Et adont avoit Robert .v.c. chevaliers, comment se fust chose que premerement non avoit de li sien popre que .lxxx., quar li plus en rechut de son oncle quant il le manda contre Baialarde, secont qu'est dit (2). Et puiz a lo issir de la silve, avoient passée la poste si s'aprocerent toute la multitude, et Robert vint vers eaux. Et les chevaliers qui estoient repost les secuterent derriere. Et li chevalier qui non estoient hardit, non

d'une donation faite en 1070 par ce Bérard au Mont-Cassin ; nous savons que ce même Bérard avait un fils du nom de Todinus, qui entra dans la cléricature. Quant aux comtes de Balva (comitatus in Pelignis), une charte donnée par GATTOLA (*Accessiones*, t. I, p. 179) montre qu'il y avait deux comtes de Balva, Oderisius et Todinus, fils l'un et l'autre du comte Randisius, ils font en 1067 une donation au Mont-Cassin, voyez aussi la *Chron. Casin.*, III, 17 et 39. Dans cette même charte figure un comte Bérard, fils de Bérard ; c'est sans doute le comte Bérard comte des Marses dont nous avons parlé plus haut, et qui avait également des possessions dans le comté de Balva. Il y a eu donc, d'après ce que nous venons de dire, un Oderisius comte des Marses et un Oderisius comte de Balva, mais on ne peut les identifier, puisque le premier est dit fils de Bérard, et le second fils de Randisius. Dans cette dernière phrase d'Aimé, l'un des deux Bérarde ou Bernart dont il parle, est certainement le comte des Mars, mais quel est cet autre Bérarde « fil de Adaim », rien dans les chartes déjà indiquées ne fournit une réponse.

(1) Robert de Lauritello.
(2) Cf. *supra*, ch. 25, l. VII.

savoient ou se peussent torner pour fouyr, quar non avoient lieu ou peussent eschaper; et li Normant vainceor reteinrent lor main pour non traire sanc, ne encoire non prenoient li foible armes més li meillor. Li fill de Bernarde, avec lo neveu de Transmunde, furent pris. Lo evesque de Camerin, avec molt d'autres, fu retenut. Jehan evesque de Pene, més que estoit saint et reverende personne estoit prison, més fu laissié aler. De li autre covient que disons, senon céux qui escamperent por la pitié de Robert et qu'il leissa aler; et gaingnerent quatre mille chevaux; et de autre bestes et de autre masserie non est besoingne de dire. Et Robert, o .ij. prospere victoire, s'en torna en sa terre o honor de lui et de li sien chevaliers (1).

Cap. 32. Et lo conte Transmunde, quand il vit que la volenté de Dieu li estoit contraire, paia a Robert tant de deniers comment il pot asembler, delivra lui la terre, et en rechut alcune part de la main de Robert, et fu fait son chevalier, et ensi fu delivré de prison. Et li autre Transmunde, fill de Bernarde et lo neveu partirent li chastel

---

(1) Par « li fill de Bernarde » il faut donc entendre les trois comtes des Marses, Oderisius, Rainaldus et Bérard, tous les trois fils de Bérard. — De 1059 à 1094, c'est un certain Hugo qui fut évêque de Camerino; c'est donc lui que Robert de Lauritello fit prisonnier le 11 février 1079; Hugo fut excommunié par Grégoire VII (*Monum. Gregor.*, Grego VII *Regist*. VI, 17 A), il obtint sa grâce en 1080; voyez sur lui Turchi : *Camerinum Sacrum*, p. 148 sq. — Pène ou plutôt Penne, est au nord-ouest de Chieti, sur les contreforts du Grand-Scasso d'Italia au levant. C'est à tort que dans les listes épiscopales de Penne, on fait dès 1057 abdiquer l'évêque Jean, puisque d'après Aimé, il était longtemps après cette date en possession du siège, et qu'on ne signale pour cette période aucun autre évêque de ce nom; cf. Gams : *Series episcoporum*, ad. v. Penne.

et furent ses chevaliers de Robert, més Robert ot sa part de li chastel (1).

Cap. 33. Et Jordain, lo filz de lo prince Richart (2), qui non faisoit son commandement, fu maledit de son pere. Més il fu repris de la gent soe, et pource requist d'estre benedit; et li prince lui octroia sa benediction, toutes s'il faisoit sa volenté, et toutes foiz soit a lo jugement de lo duc Robert, et examinast la brigue laquelle estoit entr' eaux. Et desirroit lo duc de lo fill retorner a la grace de lo pere, et conseilla que lo fil rende a pere Nocere de li chrestien (3), laquelle lo prince desirroit d'avoir, et que lo pere doie conceder a lo fill la conté de Marse, Amiterne derriere soi, et Balvenise (4), et ensi fu fait. Et Jordain o .lxxx. chevaliers sien et o Berarde, et troiz filz de lo conte Odorize, entra en la terre de Marse, et destruist lo conte Berarde en prenant proie. Et Berarde estoit grandement en celan o sa gent et disoit qu'il non vouloit combatre contre nul chevalier de lo prince. Et puiz pour .lxxx. home de Jordain estoient abscons. Et par la fame de cest fait, li conte qui lui estoient voisin manderent tribut pour avoir la grace de Jordain. Et Berart, fil del conte Berart, a cui petition Jordain estoit alez a la terre de Marsi, laissa la compaingnie de Jordain,

(1) La phrase, mal construite, ferait croire à tort que les Transmunde étaient fils de Bernarde ou Bérard.

(2) Jordain ou Jourdain, fils du prince Richard et de sa première femme, lui succéda comme prince de Capoue, le 5 avril 1078; il avait déjà, du vivant de son père, été associé au gouvernement, car dans les chartes son nom paraît à côté de celui de son père.

(3) Nocera-dei-christiani, par opposition à Nocera-dei-pagani, entre Naples et Salerne, à 37 kilomètres de cette première ville.

(4) Le comté des Marses, celui de Balva et Amiternum, l'antique Amiternum, maintenant San-Vittorino, se trouve entre Aquila et Teramo, au nord du comté des Marses.

absconsement fouy par la monition de lo pere, et toutes voiez jura par sacrement et fu fait chevalier de Jordain, non se curoit de son fouir, et estoit ferme, et aloient li Normant solacent par la planor. Et Jordain avec lo fil estoient souz clef (1). Et vezci coment li pape Lyon (2) voloit combatre contre li Normant, et les voloit chacier, quar diz mille de ceus homes devant diz furent vaincus de .v. cent Normant, et lo pueple de quatre conté sont constraint de donner tribut a li chevalier Normant (3).

Cap. 34. Or veut li pere nostre, cestui moine qui ceste ystoire compila, dire alcune chose de ceuz qui non sont Normant, ne de rien ne toche a li Normant. Un grand home, qui se clamoit Attone, avoit .ij. filz, de liquel .ij. mist lo major en prison, le menor de lui loquel devoit

---

(1) On voit combien est obscur ce passage; il permet cependant de conjecturer que Jourdain et ses Normands avaient été attirés dans le comté des Marses par le comte des Marses. Bérard, fils de Bérard, probablement brouillé avec ses deux frères, Oderisius et Rainaldus.

(2) Il faut « li pape Grégoire »; le pape Léon IX était, à cette époque, mort depuis longtemps.

(3) L'auteur résume ce qu'il a dit plus haut, c. 31, sur les 500 chevaliers de Robert de Lauritello qui ont eu raison de leurs 10,000 adversaires; les quatre comtés sont sans doute ceux des Marses, de Balva, de Chieti ou Teate, et peut-être d'Amiternum. Il est certain, comme le dit Aimé dans ce passage, que le pape, justement préoccupé de l'invasion progressive des Normands vers l'Italie centrale, et craignant pour l'indépendance temporelle de Rome et du Saint-Siège, fit à cette époque une très vive opposition aux Normands; sans compter les nombreuses excommunications qu'il prononça contre Robert Guiscard, nous voyons que, dans le synode romain du mois de février 1075, il excommunia également Robert de Lauritello, Gregorii VII *Regist.* II, 52 a, dans les *Monum. Greg.* de Jaffe, p. 170; voyez aussi p. 477 de ces *Monumenta*.

governer coment son fill, et lo mist en prison a ce qu'il non demandast la part de son pere. Et lo major se clamoit Attone come son pere et lo menor se clamoit-il Transmunde; et tant lo tint en prison jusque que par le comandement de lo impeor lo delivra. Et li menor estoit plus sage que lo major; et estoit plus large et gracious a donner, et plus vaillant en fait d'armes. Et en cest maniere passa lo frere par sa sapience et apetichoit la puissance de son frere pour sa largeté; et puiz petit de temps apres fu mort par la malice de lo frere carnel, ensi coment se dit. Et quant fu mort Attone, lo sien frere la de Attone dona pour moillier a un vilain vittuperousement, et la dame fu tost delivré de cellui marit quar tost fu mort. Et a lo ultime fist occirre ceste dame et ses enfans petiz, ensi come il avoit fait morir lo marit. Et prist les chevaliers liquel gardoient la dame et les fist morir de diverses penes. Et pour ce que li frere non lui donnerent lo chastel, les fist noier en mer une pierre a lo col. Et en la fin cestui Transmunde vint a grant poureté et morut malvaisement (1).

(1) Voyez sur ce Transmunde la 3e note du c. 30, l. VII; nous ne connaissons que par Aimé les accusations si graves qu'il porte contre lui, mais nous avons vu combien ce que nous savons par ailleurs sur ce personnage les rendent plausibles. Les chartes de Transmunde, insérées par Gattola, disent également que le père du comte s'appelait Attone ou Othone. La dernière phrase de ce chapitre d'Aimé pourrait bien être une conclusion morale du traducteur; nous savons en effet qu'en 1085, c'est-à-dire bien après les événements qui viennent d'être racontés, Transmundus faisait des donations au Mont-Cassin, il n'était donc pas si pauvre; en outre, il n'a dû mourir au plus tôt qu'en 1085, ce n'est donc pas Aimé qui a pu signaler sa mauvaise mort. Cf. *supra, Introduction*, p. xxiv sq. Les raisons alléguées par BAIST (*Forschungen zur d. Geschichte*, t. XXIV, p. 333) pour montrer que la conclusion de ce chapitre est aussi d'Aimé, ne sont pas probantes.

CAP. 35. Et pour sequter la malvaistie de alcun autre, si dirons de lo conte de Marse, lequel se clamoit Berarde, leva a ses frere la part lor de lo heritage de lor pere, et leva les chasteauz a ceaux qui les avoient en sa conté, et les chasa de lor terre et de lor nation. Et li autre frere charnel, liquel se clamoit lo evesque Pandulfe (1), afflize en ceste maniere. Premerement lo commensa a avier apertement et faisoit ses chozes secont que lo evesque vouloit. Il menjoient a une table et dormoient; la moillier lui seoit as piez continuelment, et li fil lui estoit comment escuier. Et il non disoit qu'il frere de lo evesques mes son servicial. Et lo evesque o pur et simple cuer un des filz fist clerc, et lui aprenoit com fill des chozes de l'yglize. Et a l'autre filz donnoit armes et chevaux et toutes les chozes qui lui estoient necessaires. Et en la fin lo dit Berart vomi et geta lo venin, par la boche, qu'il avoit en lo cors. Et quant lo frere estoit en un chastel qui se clamoit Auritine (2), liquel avoit laissié lo pere a lui a governer, li conte ala audit chastel, avec ses chevaliers vint, et non lui fu tenut ne contredit d'entrer, quar lui mostroit amor. Et puiz quant il fut dedens il prist lo evesque son frere, et prist lo chastel, et chaça li servicial de son frere, et i mist ses gardes, et tant tint en prison l'evesque jusque a tant qu'il renoncia a lo heritage de son pere, et tout lo

(1) Pandulfe, évêque des Marses, était donc frère des trois comtes des Marses, Bérard, Oderisius et Rainaldus ; GAMS (*Series episcoporum*) place son élévation à l'épiscopat en 1057; nous avons encore une pièce de vers en l'honneur de Sainte-Sabine qui lui a été dédiée par son auteur, Alfane, devenu plus tard archevêque de Salerne; dans l'épître dédicatoire en vers, Alfane fait les plus grands éloges de l'évêque des Marses.

(2) Où était ce « Chastel Auritine » ? Le nom trop défiguré sans doute ne permet pas de le retrouver.

donna a Bernart. Et apres lo persécuta en les chozes eglize; et puiz fist sa fille nonnain; et la fist abbaesse, et leva par force a lo evesque la decime et la rayson que devoit estre del evesque secont rayson. Et encoire fist piz. Quar par force mist main en ...... et maltraita ..... le qu'il avoit....... la clef de lar..... ce absconse...... lui tr.. ...... et ala pour........ aucuns ge......... ce que cea....... (1) contredisoient, ardi lo chastel et les homes, liquel estoient .ij.c.xl. Et .ij. parent de ces gentilz homes, liquel estoient de Campagne, estoient venut en lor aide, liquel quar pooient fouir lo feu, Bernart lor donna ségurance et lor fida qu'il venissent a lui; liquel quant vindrent parler a lui amicablement, et subitement lor fist taillier la teste devant lui; dont maintenant rechoivent li sien fill, le mal qu'il faisoit a ses prochains et en ses fils. Et pource que cest home non gardoit foi a il parent siens, ne ne timoit Dieu, fu donné la victoire a li Normant.

Ci se finist li septisme livre.

(1) Il y a ici une coupure dans le manuscrit, cf. *supra, Introduction*, p. xxviij.

COMENT LI CAPITULE DE LI ULTIESME LIVRE.

Cap. 1. De la présignation de Gimoalde archevesque, et de Joconde, et de un vilain.

Cap. 2. Coment Gisolfe persequtoit cil de Amalfe, et quel pene lor donnoit.

Cap. 3. Coment occist .ij. fil de Maure. Coment destruist cil de Pise et cil de Janue (1).

Cap. 4. Coment persecuta li Neapolitain, li Sorrentin et li Gaytein (2).

Cap. 5. Coment Gisolfe prist li castel de li Amalfétain, et coment li patricie fu mort.

Cap. 6. Coment li Amalfétain voloient la cité sousmetre a lo pape Grégoire.

Cap. 7. Coment li Amalfétain donerent a lu duc la terre, dont Gisolfe plus l'afflixe.

Cap. 8. Coment Leo moine pronuncia choze false.

Cap. 9. Coment lo duc demanda paiz de Gysolfe.

(1) Gènes. Dans le texte, les habitants de Gènes sont appelés « Génevoiz ».

(2) Gaëte. Ces quatre premiers sommaires coïncident avec les chapitres correspondants dans le texte, mais l'accord s'arrête là, et le cinquième sommaire correspond au chapitre VI° du texte ; ce désaccord continue ensuite jusqu'à la fin.

Cap. 10. Coment ceaux qui estoient dampnés a prison pristrent la roche et puiz la donnerent a lo prince Gisolfe.

Cap. 11. Quant furent et qui le fillz de Gaymere et frere Gysolfe.

Cap. 12. Coment lo pape et la moillier de lo duc lo amonesterent de faire la paiz.

Cap. 13. Coment lo duc mist lo siège sur Salerne.

Cap. 14. Coment Richart prist li chastel de Gisolfe et fist un autre chastel, et lo duc encoire lui cercha pais. Coment Gisolfe leva a cil de Salerne la tierce part de la vitalle. Coment li archevesque souvint a li poure de la cité.

Cap. 15. Coment Gisolfe desrompoit toutes maisons, et non solement des chozes de vivre més la leingne en emportoit.

Cap. 16. Coment cil de Salerne menjoien la char non munde, et Gisolfe vendoit les chozes de vivre.

Cap. 17. Coment li chien portoient le pain a son seignor.

Cap. 18. Coment il occist Gratien.

Cap. 19. Coment lo duc et Richart furent proiez de lo pape pour aler en Champaingne (1).

Cap. 20. Coment lo abbé Robert despoilla son mostier, et coment lo duc et lo prince retornerent a Salerne.

Cap. 21. Coment la cité fu prinse, et Gysolfe fouy a la roche.

Cap. 22. Coment lo prince Richart o l'ajutoire de lo duc assegerent la cité de Naples, et qu'en fu fait.

Cap. 23. Coment a Gisolfe et a sa gent failli la vitualle, et cercha a la moillier del duc sa suer.

Cap. 24. Coment Gisolfe vouloit parler a duc Robert.

Cap. 25. Coment Gisolfe donna soi et li sien et la roche a lo duc.

---

(1) C'est une erreur du traducteur; cf. *infra*, ch. 21 et 22. Cette expédition de Robert Guiscard et de Richard de Capoue en Campanie, était dirigée contre les possessions de l'Église romaine; elle se fit donc malgré Grégoire VII, et non d'après ses conseils.

Cap. 26. Coment lo duc demanda a Gisolfe la dent de saint Mathie et cil lui donna.

Cap. 27. Coment lo duc delivra (1) de mander Gisolfe a Palerme et rechut lo sacrement, et lo laissa, et ses freres leisserent la terre et alerent au prince Richart.

Cap. 28. Coment Gisolfe vint a lo pape.

Cap. 29. Coment lo duc et lo prince parlerent ensemble, et lo duc lui donna ajutoire, et mist lo siege sur la cité de Bonivent.

Cap. 30. Coment Jordain et Raynolfe (2) furent fait chevaliers de lo pape.

Cap. 31. Coment Baialarde ot la grace de lo duc Robert, et Azo marchio prist pour moillier la fille Baialarde (3).

Cap. 32. Coment fu mort Ricchart. Coment lo duc et lo prince firent grant benefice à lo monastier de saint Benedit.

Ci fenissent li Capitule del .vij. Livre (4).

(1) Le sens est « délibéra ».

(2) Au lieu de Raynolfe, le texte porte « lo conte Rogier, oncle de Jordain. » Nous ne savons donc pas s'il s'agit en réalité de Raynolfe ou de Roger, car l'un et l'autre étaient oncles de Jourdain. Raynolfe était un frère de son père, le prince Richard (cf. *Chronica Montis Casin.*, l. III, 29) et Roger, frère de Robert Guiscard, et surnommé le grand comte, était frère de la mère de Jourdain, c'est-à-dire de la première femme de Richard de Capoue. Je serais porté à croire qu'il s'agit plutôt de Raynolfe, oncle paternel de Jourdain.

(3) C'est une erreur; ce n'est pas la fille d'Abagélard, mais la fille de Robert Guiscard que le marquis Azzo a épousée, cf. *infra*, c. 33.

(4) Il faut du VIIIe livre. Il n'y a que 32 sommaires tandis qu'il y a 36 chapitres.

COMMENCE UITIESME LIVRE.

Cap. 1. Puiz par ordene de lo ystoire devons dire la prise de la cité de Salerne, dont fu cestui moine (1), et de la destruction de la seignorie de li Longobart. Veut cestui moine raconter alcune avision et prophetie qui en avindrent avant. Car li reverentissime archevesque de Salerne, qui se clamoit Grimalde (2), estant en parlement avec li clerc, molt de foiz, puiz molt de paroles disoit souspirant a haute voiz : Guay a Salerne! gay a Salerne! Et lui fu demandé pourquoi il disoit ceste parole ensi espesse et subitement. Et il responoit que non par sa volenté més par la volenté de Dieu lo disoit, et non pooit faire autre que aucune foiz non lui venist ceste parole en boche. Et un religiouz moine, loquel se clamoit Jocunde, loquel pour estre en contemplation se mist en carcere, et adont puis comensa a avoir lo esperit de prophecie, et cil de la cité par molt experience de que puiz avenoit. Adont lui fu demandé de cil de la cité que devoit entrevenir. Et cellui respondi : En la seignorie de lo filz de Guaymare, prince de Salerne, sera finie la seignorie de li Longobart, et sera concedue à un optime home de autre gent pour

---

(1) Au sujet de ce passage, cf. *supra*, Introduction, p. lx.
(2) Grimalde, ou plutôt Grimoald, a été archevêque de Salerne de 985 à 1006; *Memorie per servire alla storia della Chiesa Salernitana da* G. Paesano, p. prima, p. 85; Napoli, in-8o, 1846. Si Grimalde a tenu le langage qu'Aimé lui fait tenir, il ne pouvait s'appliquer à la prise de Salerne par Robert Guiscard.

loquel la cité sera exaltée. Et .i. autre bon seculer estant en son lit et pensant de la malvaistié de Gisolfe ; et lui apparut Guaymere, pere de Gisolfe, en sompne, et lui dist : La crudelité qui maiz non fu oïe de lo malvaisissime mon fill Gisolfe, quar a levé le lor a cil de la cité, et lor leva lo membre, turbé le corage de cil de la cité ; atendez un poi, quar sa puissance non s'estendra jusque a li .xl. ans ; et ensi fu fait (1).

Cap. 2. Et a lo ferocissime prince de Salerne Gisolfe, et a l'iniquité soe continuelment cressoit et faisoit piz. Et la rage insaciable de loquel paroit que passast la crudelité de Neron et de Maximien. Et met en la misere gent de sa cité, la ire soe sans remede s'estoit estendue, liquel alcun en avoit exasperé tailia li membre, alcun desroboit, et commensa a estendre la soe malvaistié a ses voizins, a cil de Malfe. Et toutes voiez avoit juré de donner lor ajutoire de troiz cent homes a cil de Amalfe contre lor anemis (2). Et puiz par diverses manieres le cerchoit de destruire, quar les faisoit agaitier par larrons de mer, et ne les leissoit naviguier par mer, et ensi leur tolloit lor gaaing.

(1) Gisulfe a succédé à son père Guaimar au mois d'août 1052 et, à la date du 13 décembre 1076, il avait définitivement perdu sa capitale et sa principauté ; son règne a donc été de vingt-quatre ans. Il est vrai que dès le mois d'avril 1042, Gisulfe avait été associé par son père au souverain pouvoir ; à partir de cette époque, son nom figure dans les chartes à côté du nom de Guaimar ; par conséquent, on peut dire, si l'on compte les dix années qui vont du mois d'avril 1042 à la mort de Guaimar, que Gisulfe a régné trente-quatre ans. *Codex diplomaticus Cavensis*, t. VI, p. 187 sqq, et t. VII, p. 185 sqq.

(2) Le traducteur d'Aimé écrit tantôt Malfe tantôt Amalfe, mais le contexte prouve que les deux appellations désignaient Amalfi. Nous ne savons ni dans quelles circonstances ni à quelle date Gisulfe avait pris cet engagement vis-à-vis d'Amalfi.

Et par terre ordena pedons intre liquel, aucune foiz, aloit li prince, et non les lessoit issir fors a lor vingnez ne a lor jardins, et restreingnoit li infortuné citadin en la cité, et li vilain a li village. Et aviengne, que soient ensi atornoiez cil de la cité de lor anemis, toutes voiez se soustenoient de lor marcheandise solement. Et alcune foiz se metoient en aventure et aloient par mer a ce que par lor marcheandize peussent eschaper lor vies; et alcune foiz estoient pris et lor gaaing perdoient, et miex lor fust qu'il fussent noiez en lo mer. Qu'il estoient prison souffroient diverses penes; quant il estoient en prison estoient batut et avoient fain et soif. Et puiz recevoient une crudelité qui maiz non fu oïe. Et nulle crudelité non fu pareill a ceste, quar chascun jor lor erent taillié un membre jusque a tant que ou il moroient ensi crudelement, ou il se rachatoient de molt grant pris. Puiz lui estoient levez alcun membre, alcune foiz lo mege, c'est un oill, ou une main, ou un pié; et se aucun non se pooit rachater, lui chasoient les .ij. oillz, et lui tailloient les mains et les piez. Et alcun moroient en prisom por la puor et autre tribulation, quar en un estroit lieu aucune foiz en tenoit .xl. ensemble; et ceus qui moroient, pour ce que non se savist, les faisoit sosterrer la nuit, de li servicial sien. Et ceus qui se moroient par lo torment, disoient qu'il estoient mort de lor propre mort. Et en quaresme tant tailla de mains et de piez, et tailla tant de genital et trahi de oillz, car sans nulle autre viande lui fu donné a lui, et a quatre de ses, char a mangier habundante, més pour sa gole non se pooit saouler. Et pource qu'il estoit contraire a toute la vertut de Dieu, celui jor que saint Pierre par l'angele fu delivré de la prison (1),

(1) Il s'agit de la fête de S. Pierre-ès-Liens qui se célèbre le 1er août.

quant il estoit à cene fist taillier les piez a .xij. homes de Amalfe en la presence soe. Et non est merveille s'il non pot honorer saint Pierre apostolo de Crist, car lo joedi saint, quant Crist cenoit auvec ses apostoles, en loquel li home se confessent, il non failloit, secont sa costumence, de affligir et destruire li misere (1).

CAP. 3. Or dit ensi l'ystoire que entre li torment que faisoit Gysolfe a cil de Malfe, et il Gisolfe non soi recordant de l'humanité, ne de la misericorde de Dieu, fit une grant malvaistié et pechié; quar un noble home de Malfe, loquel se clamoit Maurus, habitoit ad Amalfe; liquel Dieu tout puissant lo avoit fait ricche et lui avoit donné .vi. filz, de liquel lo plus grant se clamoit Panthelo (2). Et non se melloit en la perversité de sa gent,

(1) Un document du xi⁰ siècle, la vie de S. Léon, abbé de la Cava, au nord de Salerne, écrite par un anonyme, raconte de Gisulfe des atrocités analogues à celles dont parle Aimé; on y lit notamment que le pieux abbé s'efforçait d'arracher les malheureux prisonniers amalfitains à la cruauté du prince de Salerne : « Quis vero, écrit l'auteur anonyme, explicare sufficit, pater venerabilis Leo, quanta tunc captis auctoritate, quanta liberalitate succurrerit; quam largiter carceratos paverit, spoliatos induerit, vinctos absolverit, tortos eruerit et a vicina amputatione liberaverit »? On voit dans un autre passage de la biographie, l'abbé de la Cava se rendre en toute hâte à Salerne pour empêcher qu'on ne crevât les yeux à trois prisonniers, condamnés par Gisulfe à subir cette torture. Dans bien des circonstances, l'abbé ne put avoir raison de la cruauté du prince de Salerne, aussi lui prédit-il sa ruine prochaine : « pro crudelitate tua, lui dit-il un jour, post parum temporis hujus terræ dominus non eris. » Voyez cette biographie dans MURATORI, R. ITAL., SS., t. VI, col. 213 sqq. *de sancto Leone abbate.*

(2) Cette illustre famille des Maurus et Pantaleo d'Amalfi a donné les portes de bronze de la cathédrale d'Amalfi, de l'église de S. Michel au Monte-Gargano, de S. Paul-hors-les-Murs à Rome, et de l'église de l'abbaye du Mont-Cassin. On lit encore l'inscription

més toute jor estoit devant Dieu, et estant en Salerne fist molt de consolation, et donnoit solde a ceuz qui alloient au saint sepulcre en Jherusalem, ou lo verace Jshu-Crist avoit esté; ceauz recevoit en sa maison et lor donoit lor toutes les coses necesssaires, et lor aidoit a complir lor veage liquel avoient accommencié a faire; et avoit fait cert hospital en Anthioce et en Hierusalem, o la helemosine de sa ricchesce les soustenoit (1). Dont la renomée

suivante sur les portes de l'église actuelle du Mont-Cassin (après la destruction par un tremblement de terre de la vieille église de Didier, les portes ont été, au XIVe siècle, adaptées à l'église nouvelle) : « *Hoc fecit* (dans le sens de *donavit*) *Mauro filius Pantaleonis de comite Maurone ad laudem Dei et Salbatoris sui Jesu-Christi ab cujus incarnatione anno millesimo sexagesimo sexto.* » L'inscription des portes de S. Paul-hors-les-Murs, brûlées en partie lors de l'incendie de 1823, portait : *Pantaleo stratus veniam mihi posco reatus*; et en grec : † Εκαμωθη χειρι εμου Σταυρακιου του χυτου οι αναγινωσκωντες (sic) εύχεσθε ύπ εμον. — D'après Benzo, évêque d'Albe, Pantaleo, patrice d'Amalfi, le père de ce Maurus, se serait, vers 1062, activement employé pour la cause de l'antipape Cadalus, contre Alexandre II et Hildebrand; l'autorité de Benzo est si contestable, qu'on ne peut, il est vrai, regarder son témoignage comme concluant. Cf. *ad Henricum IV imper*, MG. SS., t. XI, p. 615, 622 sq., 626 sq. Quoi qu'il en soit, la présence de Maurus au Mont-Cassin auprès d'Alexandre II, lors de la consécration de la basilique, ses bons rapports avec le pape, ses dons aux églises, prouvent que le fils de ce Pantaleo n'avait pas suivi les traditions de son père, et qu'il était partisan dévoué du pape légitime.

(1) Le passage suivant, tiré de la vie de Jean, archevêque d'Amalfi (1070-1082 ?), paraît se rapporter aux fondations de la famille de Maurus et de Pantaleo en Orient : « Hic profectus est in Palœstinam loca sancta visitandi gratia, ubi summo cum honore receptus fuit ab Amalphitanis; qui Hierosolymis, paucis ante annis, duo extruxerant hospitalia ad homines et mulieres recipiendos, in quibus et alebantur et infirmi curabantur, defendentes eos a Saracenis et ut facilius id exequerentur, vitam religiosam fere instituerant. Joannes vero

de cest home corroit quasi par tout, le monde en estoit plein, si que non solement ceaus qui lo connoissoient, més cil qui non lo cognoissoient parloient de sa bonté. Et come est dit desus, quant Gisolfe ala a lo empeor de Costentinoble, il et toute sa gent a les despens de Pantaleon estoient en sa maison, et estoit son conseillier. Et quant il estoient en sa maison il pensoit comment il porroit avoir la richesce de cestui Pantheleon (1). Et puiz torna a Salerne, et se feingnoit de avoir l'amistié de Maure lo pere et de Pantaleon et de sez freres, et pour lo service que avoit receut lui prometoit de rendre lui la merite, et en recevoient present, et lor remandoit paroles de amistié, et lor prometoit service. En cest temps, endementre que Gisolfe persequtoit cil de Amalfe, tant li amis quant li anemis de Amalfe en la feste de la consecration de saint Benedit, entre diverses compaingniez de divers pueples qui la vindrent, quar il i vint lo prince, et i vint Maure, et devant lo pape vindrent a dire lo occasion de lo odie entre lo prince et cil de Malfe, et qu'il pape deust chacier l'odie et metre la paiz. Et par conmandement de lo pape, Gisolfe promist a Maure que se en céste brigue aucun de ses filz chaïst, que sain et salve lo lessast aler sanz nulle reanchon de monoie (2). Et puiz apres ceste consecration, Maure fu fait moine, et lo prince torna a Salerne. Et en petit de temps apres, en une bataille en mer, l'un de li

---

archiepisc., sicut Domino placuit, migravit ex hoc mundo in Damiata et ibidem sepultus est. » UGHELLI, *Ital. Sacra*, t. VII, col. 198.

(1) Cf. *supra*, l. IV, c. 37.

(2) Il s'agit de la grande fête qui eut lieu au Mont-Cassin le 1er octobre 1071, lors de la consécration de l'église de l'abbaye par le pape Alexandre II; les grands seigneurs lombards ou normands rivalisèrent de zèle pour y assister.

fill de Maure fu occis, lequel se clamoit Jehan. Et depuiz li autre filz, loquel se clamoit Maure come lo pere, fu pris. Et en prime, Gisolfe lo traita honorablement, et lui prometoit securité, et lo faisoit mengier avec lui, et souvent l'envitoit a jouer as tables auvec lui. Et puiz comensa a penser comment il lui porroit lever lo sien. Et par grant convoitize lo fist lever de table et lo fist metre en prison en sa chambre; et puiz lo fist metre en obscur lieu, souz la roche de la terre, et lo fist constraindre de divers fers et lo fist tormenter de une merciere. Més pensant la ricchesce de Pantaleon et de lo frere, et vouloit que de celle richesce fust delivré, et lor demandoit .xxx. mille besant; et li frere en vouloient paier .x. mille, quar non avoient plus. Et finalment Agnès imperatrix se mist en mege, quar estoit fame cristianissime et devotissime, et metoit sa cure en les prisons, et en conforter li poure et appareillier l'eglize. Dont vint a Salerne et se geta a li piez de lo prince, et prometoit de paier cent livrés de or et faire soi taillier le doit, et solement delivrast cestui Maure (1). Et autresi pour lui delivrer estoit venut tout lo college de Saint-Benedit pour proier pour lui. L'emperatrix fu desprizié de lo prince, et sa proiere fu vacante devant la face de lo tyrant. Més cestui, loquel non timoit lo jugement de Dieu ne la vergoingne humane, premerement lui fist chacier l'oill droit, et puiz chascun jor lui faisoit taillier .i. doit de la main et de li pié, et lo faisoit mengier poi, et o tormént faisoit debile lo home juste. Et en lo temps de yver cellui cors faisoit baingnier en aigue

---

(1) Après avoir quitté le pouvoir en 1062, l'impératrice Agnès prit l'habitude de faire en Italie des séjours de plus en plus prolongés; Leo de' Marsi, l. III, 31, dit qu'elle passait près du Mont-Cassin six mois de l'année, elle mourut à Rome le 24 décembre 1078.

mesleslée avec glace, et apres tot cest martyre fist noier Maure, noier en mer et s'en ala a Jshu-Crist.

Cap. 4. Et en cellui meismes temps avoit commencié Gisolfe de faire empediment a ceuz qui estoient entor Salerne. Et a toute gent qui alloient par mer faisoit comme a cil de Amalfe. Et subitement li Pisain, liquel navigoient par mer, pour tempeste de mer clamerent saint Mathie de Salerne a lor aide. Et pour la merite de li saint Mathie lo parut qu'il furent delivré : quar subitement puiz la priere fu abbaissié la tempeste. Et li Pisain avoient paor de la malice de lo prince Gisolfe; il manderent avant message, loquel dixist a lo prince de Salerne coment avoient eu tempeste, et comment il avoient esté delivré par la merite de saint Mathie de Salerne. Et li prioient qu'il lor donast securité de venir au port de Salerne pour visiter lo cors de saint Mathie qui estoit a Salerne. Et lo prince concedi lor petition, et por la malice qu'il avoit en cuer lor promist liberalité et adjutoire. Et li Pisain pour ceste securté vindrent au port de Salerne, et issirent de la nef et o piez deschauz allerent a l'eglize Saint-Mathie, et a l'autel la ou estoit lo santissime cors sien donnerent un paille et firent belle lumiere, et toute l'eglize aornerent, puiz retornerent a lo port. Més non troverent la nef, laquelle avoient leissié; car Gisolfe avoit fait lever la nef et toute la ricchesce. Et encoire fist piz, car ceste gent afflixe par prison et par molt autres tormens. Et petit de li poure en laissa aler, liquel dixissent a lor parent de cil qui estoient en prison qu'il venissent rachater li prison. Et null de li autre non laissa aler, s'il non paiast grandissime poiz de argent. Et vit Gisolfe que son tresor estoit plein de richesce de malvaiz aquest, fu molt alegre secont lo monde. Et a ce qu'il peust passer la richece de lo empeor, commanda que li sien larron de mer que a nul home non pardonnassent. Et ces larrons cercherent la mer et troverent une nef de Genevoiz, laquelle pristrent et menerent a lo prince, et lui donnerent celle cose qu'il desideroit, tant de monoie comment il vouloit, char lor marchandise non estoit encoire vendue. Més non pourtant il retint tout et les mist en prison, et covint qu'il vendissent lor terres et lor maisons et touz lor biens pour eaux rachater de prison, dont lor fist similance et piz qu'il n'avoit fait a cil de Pyse (1).

Cap. 5. Et pour ceste diverse asperité que continuelment acressoit, et pour ce qu'il avoit de monoie que avoit assemblé, lo corage de Gisolfe estoit monté en tant orgueill qu'il ne lui paroit de estre entre li home mortel més entre li dieu, et la soe vaine gloire il creoit qu'il fust plus grant que la puissance de lo empeor. Et desprisoit li sien proxime et parent, et li autre gentil home se efforchoient de eaux humilier souz ses piez. Et en chascune part faisoit hedifier et faire forteresces qui non se pooit prendre, et turboit li seignor de entor, et deffendoit la terre soe. Et a lo maistre de la chevalerie de la cité de Naple (2), aucune foiz o navie, aucune par congregation de larron, donnoit conturbation a lo duc de Sorrente; et

(1) Nous avons déjà vu plus haut (Aimé, l. VII, c. 13) comment les Pisains se souvinrent à Monte-Cimino des procédés de Gisulfe à leur égard.

(2) Il s'agit de Sergius V, duc de Naples, qui assista, le 1er octobre 1071, à la consécration de l'église de l'abbaye du Mont-Cassin ; cf. *Chron. Mont. Cass.*, l. III, c. 30, auctore Petro Diacono. Parlant de ce Sergius V, l'abbé Didier l'appelle « *Magister militum* » (Desiderii abbatis *dialogi*, l. I, c. 1), c'est ce titre évidemment que le traducteur d'Aimé a rendu par « lo maistre de la chevalerie ». Cf. B. Capasso : *Monumenta ad Neapolitani ducatus historiam pertinentia*, t. I, p. 135 sq., in-4°, Napoli, 1881.

a lo ultime prist lo frere, et lo tint jusque a tant que fu prise Salerne et lui et lo subjuga en prison (1). Et a ceaux de Gayte non pardonna, car ceuz qui estoient pris li nef soe afflisoit par prison et autre pene. Toutes voiez cil de Gayete, par priere de ceuz qui estoient chaciez defors, sanz deniers li leisseient, et les faisoit jurer de fidelité.

Cap. 6. Et puiz apres ces choses mist son estude pour prendre li chastel de li Amalfitain, quar il aüna chevaliers et pedons et veinchi troiz chasteaux, liquel estoient da longe de la mer. Et pour ceste dolor, lo patricie de Amalfe morut. Et puiz quant il i fu mort, la moillier et lo filz retorna a son pere, pour non sousteniꝛ la dolor de Gisolfe lo prince.

Cap. 7. Et puiz que cil de Amalfe furent privé de lor seignorie qui avoient esté molestez par lonc temps de Gisolfe penserent de trover seignor a qui il se devissent donner, et de qui il fussent deffendu. Et adont donnerent la cité a lo pape Gregoire, pource qu'il lor delivrast lo col de lo jouc de Gysolfe. Et lo pape qui amoit Gisolfe sur touz les autres seignors, pour ce que Gisolfe amoit tant lo pape et lui estoit tant obedient que avec nulle seignorie voloit faire liga ne avoir nulle amistié sans la volenté de lo pape, dont lo pape non voust recéper Amalfe. Més cerchoit la cité, laquelle lui estoit offerte, de sousmetre a Gisolfe, et ensi dist a li messagiers.

Cap. 8. Et il non pooit oïr ceste parole. Et quant il entendirent la volenté de lo pape cil de Amalfe, il se retornerent a la adjutoire de lo vallentissime duc Robert

---

(1) Le duc de Sorrente s'appelait également Sergius. *Chron. Mont. Cass.*, l. III, 29.

a loquel donnerent puissance de venir a la cité de faire une roche. Et quant lo prince lo sot, fu molt corrocié, dont ces prisons qu'il avoit de Amalfe a maniere de beste lor fist taillier la char; et lo duc, come est dist, se fatigoit pour chacier Baialarde et Guillerme Arenga, non pot sovenir a li Malfitain. Et toutes voies lor manda il naves en ajutoire et soldoiers, de liquel part en furent pris de lo prince et les fist tormenter. Et assembla puiz lo prince tant de gent come il pot et prist lo castel plus a pres de Malfe et il en fist de lo sien propre (1).

(1) Ces données d'Aimé sur la fin de la république d'Amalfi et sa soumission à Robert Guiscard ont soulevé quelques discussions, aussi est-il bon de les confronter avec les renseignements fournis par d'autres auteurs. En 1724, PANSA a publié, en 2 vol. petit in-4°, Napoli, *la Istoria dell' antica republica d'Amalfi*, dans laquelle il donne, t. I, p. 64, le fragment suivant de la chronique d'Amalfi : « Sergius anno D. MLXX electus est, vixit que annos V, successit Joannes filius qui antequam dominium exerceret, modico interjecto intervallo, ducatu proscriptus, anno MLXXV. Robertus Guiscardus ducatum obtinuit. » Il y a quelques variantes dans le texte de cette même chronique éditée par MURATORI (*Antiquitates Italicæ*, t. I, col. 211) : « Huic (Joanni Amalfiæ patricio) successit anno Domini 1069 dominus Sergius ejus filius et regnavit annis V in pace. Jam vero post ejus obitum, successit ei dominus Joannes ejus filius. Qui antequam incæperat regnare, vix ad modicum temporis intervallum, de mense novembris, XIIa indictione, perdidit terram et dominium anno domini 1074, quod ei abstulit illustris dux Robertus Guiscardus de gente Normannorum nobiliter oriundus ».

Les dates, on le voit, ne sont pas tout à fait les mêmes dans les deux textes; ainsi, comme la XIIe indiction va du 1er septembre 1073 au 1er septembre 1074, ce serait, d'après la version de Muratori, au mois de novembre 1073 que Jean, ayant perdu son père Sergius, aurait dû abandonner à Robert Guiscard la principauté d'Amalfi. Diverses chartes de Robert Guiscard confirment l'exactitude de cette date, elles prouvent qu'à partir de 1073, le duc normand prit le titre de duc d'Amalfi; cf. UGHELLI, *Italia Sacra*, t. VII, p. 395, une charte de R. Guiscard du 25 juillet,

Cap. 8. En cellui temps, se leva un moine qui se clamoit Leo, fauz prophete, quar par les chozes qui avin-

indiction IIe, c'est-à-dire 1079, datée « anno sexto ducatus (Roberti Guiscardi) Amalfiæ » ; une autre charte du 20 du même mois et de la même indiction (Ughelhi, VII, 397) porte également : « Anno sexto ducatus ejus Amalfiæ »; citons encore une troisième charte du 15 juillet, indiction XVe, c'est-à-dire 1077, et qui porte « anno quarto ducatus Roberti Guiscardi Amalfiæ ». Il est donc bien établi qu'il faut placer en 1073 le commencement de la domination normande sur Amalfi, et que cet événea coïncidé avec la chute de la dynastie qui gouvernait la République. Cette domination, au début, du moins, n'impliquait pas la prise de possession de la ville et du territoire par le duc Normand, mais simplement la reconnaissance de sa suzeraineté et le paiement d'un tribut annuel; en retour, Robert Guiscard s'engageait à défendre Amalfi contre ses ennemis et à la préserver de toute atteinte. Que tels aient été les rapports entre Amalfi et Robert Guiscard dans les premières années qui ont suivi le traité de 1073, c'est ce que prouvent les vers suivants de Guillaume de de Pouille :

« Interea ducis egregii populosa frequenter
Poscit Amalfis opem, cui vectigalia dudum
Annua detulerat, nimis impugnante Gisulfo,
Semper turbatam terraque marique reclamans.
Robertus quæstu populi stimulante, Gisulfo
Mandat, Amalficolas cesset vexare, tributum
Ferre sibi solitos; veteris corrumpere nolit
Fœdus amicitiæ; cessare sororius tillum
Cogat amor; meritas que vices se reddere spondet.
Hæc sibi legatis mandata ferentibus, ille
Dicta superba refert; negat esse sua fruiturum
Pace ducem, nisi digna sibi famulamina solvat
Non perferre valens tant iresponsa tumoris
Fervidus innumera comitatus gente Salernum
Dux adit, et terræ parrat et maris obsidionem. »

Guillel. Apul. l. III, v. 412-427.

Comme on le voit, ces vers du poète définissent très bien la

drent puiz se moustra estre fauz prophete et que sa prophecie estoit fausse. Et disoit que molt sovent lui

situation d'Amalfi à l'égard de Robert Guiscard, de 1073 au siège et à la prise de Salerne par les Normands en 1076. Quant à Malaterra, il se borne à parler du traité conclu entre Amalfi et Robert Guiscard, lorsque commencèrent les opérations militaires du duc contre Salerne; voici son texte, III, 3 : « Malfetani vero, Gisulfum exosum habentes, timebant quippe ab ipso puniri, eo quod interfectores patris ipsius, dum eos ad subjugandum sibi impugnaret, exstiterant. A duce invitati ut sibi ad obsidendum urbem navigio servitum veniant, potentiores duci locutum ex consensu aliquorum accelerant. Dux itaque callidis pactionibus, si assentiant, si autem dissentiant, minis terrendo attentans, tandem ad confæderationem compulit, ut si contra Gisulfum tuerentur, tota Malfa illi subjugata hæreditaliter fœderaretur. Duce vero omnia, ut expetebant, promittente, parte exercitus ad obsidendum urbem relicta, reliquam secum ducens, cum ipsis qui inde venerant, apud Malfam vadit, urbem sibi a civibus deliberatam suscipit, quatuor castella in ea fecit, militibus suis munit; inde cum multis Malfatanorum copiis Salernum redit. Sic deterrebat Malfatanos, si manus Guiscardi quoquo modo evaderet timor Gisulfi. »

Les renseignements qui nous sont ainsi fournis par divers auteurs sur la fin d'Amalfi, en tant qu'état indépendant, complètent, sans les contredire, ceux qui nous sont donnés par Aimé; ainsi, c'est évidemment la crainte de Gisulfe qui a décidé les Amalfitains à payer, tous les ans, un tribut à Robert Guiscard et, comme ils ne pouvaient compter, pour les défendre contre le prince de Salerne, sur le fils mineur de Sergius, leur souverain décédé, ils n'ont pas gardé ce dernier rejeton de leur dynastie; les assertions d'Aimé sur ce point sont donc très plausibles. De même, on s'explique que les Amalfitains n'étant pas secourus autant qu'ils l'auraient espéré, par Robert Guiscard, alors absorbé par la révolte de plusieurs barons normands contre son autorité, aient cherché auprès du pape Grégoire VII une protection plus efficace; la réponse que Grégoire VII fit à ses avances, témoigne de son attachement pour Gisulfe, et nous savons en effet par ailleurs qu'entre le pape et le prince de Salerne existait une grande entente politique. Quant à la soumission complète et définitive d'Amalfi à Robert Guiscard, soumission qui

apparoit la virge Marie et saint Jehan de la part sinestre, et saint Pierre, et saint Paul, et sainte Lucie, et sainte Cecile, et lui disoient que lo prince devoit avoir victoire ; et pource que molt parole lui disoient, se estachoit cest moine. Et comanda sainte Marie, a sainte Cecille que elle devist aporter un siege sur quoi cestui moine se deust soier ; et lui comandoit la virge Marie a cestui moine que il deust porter lo message a lo prince que o furor deust molester li Amalfitain, et o damage les deust perseqùter continuelment, accrassant lor pestilence, car estoit sententié et ordené de Dieu ; quar par cest torment et par la potence soe deust prendre Amalfe. Et puiz devoit refrener la hardiesce de li Normant et la malice de ceuz qui la habitoient. Et lo prince, parce qu'il creoit ceste falze prophetie, se efforchoit quan qu'il pooit en sa malvaistié (1).

Cap. 9. Et lo duc, quant il fust plus puissant et plus

précéda de fort peu de temps le siège et la prise de Salerne, elle est très exactement rapportée dans cette phrase d'Aimé : « Cil de Amalfe se retornèrent à la adjutoire de lo vallentissime duc Robert a loquel donnèrent puissance de venir à la cité et de faire une roche. » Tout en étant depuis 1073 tributaire de Robert Guiscard, Amalfi avait gardé son autonomie municipale, les Normands ne tenaient pas garnison dans ses murs, mais le danger devenant plus pressant et Gisulfe plus entreprenant que jamais, les Amalfitains firent le sacrifice de cette autonomie ; Malaterra confirme sur ce point les assertions d'Aimé. Ce n'est donc pas d'un seul coup, mais comme par gradation, qu'Amalfi s'est rangée sous la domination normande ; il en a été de même pour plusieurs villes de l'Italie du Sud, pour Capoue par exemple. Cf. *supra* L. IV, 11, p. 162 sq, et L. IV, 28, p. 174 sq.

(1) Leo de' Marsi parle d'un moine Léon d'Amalfi, qui, au Mont-Cassin, avait des visions assez extraordinaires, cf. l. II, 97, peut-être Aimé a t-il ici en vue le même visionnaire.

richesce que Gisolfe, pour ce qu'il lui estoit caingnat (1), lui requist paiz por non estre diffamé de la destruction qui lui devoit venir a Gisolfe. Et lui prioit qu'il non devist faire ceste persecution, et lui promettoit que il vouloit faire, tant qu'il auroit, subjecte toute la princée de Salerne. Et comme ce fust chose que lo duc avoit renuncié la seignorie, se humilia et vouloit estre son chevalier. Et lo prince plus se levoit en superbe, et creoit que non fust par amor més par paor dixist celle parole, més manecha, et porta injure a lo seignor, quar non porta honor a li message soe (2).

Cap. 10. Et un jor li gardien de la roche de Salerne ou estoient en prison cil de Amalfe et gentil home de Naple, non estoient a la roche més i laisserent quatre garson. Et quant ces quatre garson porterent a mengier a li prison, et la prison estoit aperte, distrent li prison a li jovencel « quantes guardes sont defors ? » et il respondirent que non i estoit remez home se non il quatre. Adont li un regarda l'autre et pristrent li jovene et les mistrent en prison. Et rompent lor liens et serrerent bien la porte, et se garnissent bien de pierres pour deffendre la roche, et mettent toute la force lor a combatre. Et puiz tornerent li gardien de la roche; et quant il virent que cil que il avoient leissiez en la roche bien ferrés, deffendoient la roche, il commencerent a fouir, et prierent Dieu qu'il les deffendist de l'ire de lo prince ; més ne li martyr, ne li confessor ne les pot delivrer de

(1) On sait que Robert Guiscard avait épousé la sœur de Gisulfe.

(2) Malaterra, III, 2, et Guillaume de Pouille parlent aussi des réponses insolentes que Gisulfe fit à Robert Guiscard, mais on peut se demander si ce dernier a tenu un langage aussi humble que le suppose Aimé.

l'ire de lo prince, qu'il ne lor mostrast sa crudalité. Puiz clama cil de la cité a combatre, et appareilla divers ystrumens pour prendre la roche, et manechoit li prison de faire pendre qui orent tant de presumption. Entre ceuz de la roche qui s'estoient rebellé estoit un de Amalfe, lequel se clamoit Pantaleo, a liquel Gisolfe avoit levé un oill, et un genital, et aucune dent, et li avoit taillié un doit del pié (1). Cestui par paour que li autre membre non lui fussent tailliez qui lui estoient remesez, prioit a ses compaignons qu'il rendre la roche, voustrent estre a simplice grace de lo prince, et paierent la monoie a lo prince ce que il devoient paier, et ensi furent delivré de prison.

CAP. 11. Ceste ystoire si dit que quant Gaymere fu mort il laissa .v. fillz : li premier fu Gisolfe prince, Landulfe, et Guide molt bel et molt vaillant en fait d'armes; Jehan Seurre semblable a cestui, et li menor se clamoit Guimere detrattor et devorator, quar non se sacioit. Cestui moine qui cest livre compila leisse ore la autre ystoire, et parle de vertu de Guide, et aviegne que fust seculer, toutes voiez estoit devot a l'eglize et a lo servicial de Dieu (2). Et continuelment sovenoit a li poure et lor

(1) Il s'agit sans doute de Pantaleo, fils de Maurus; nous avons vu — cf. *supra*, l. VIII, 3, — que deux fils de Maurus, Jean et un autre Maurus, étaient déjà morts.

(2) Deux fois déjà, Aimé a parlé de Guide ou Gui, fils de Guaimar, l. VI, 19. il dit qu'il prit part, sous les ordres de Robert Guiscard, au siège et à la prise de Palerme, aussi dans la pièce de vers qu'il lui dédia, Alfane, archevêque de Salerne, lui écrivit-il :

« Siciliæ tellus Arabum miratur acervum
Quos tuus ipse dedit ensis et hasta neci. »

Cf. ALPHANI SALERN. ARCHIEP. *Carmina;* XXXV *ad Guidonem fratrem principis Salernitani,* dans MIGNE, *Patr. lat.,* t. 147,

donoit helemosines, et coses necessaires a l'eglize, honeste chevalier, et plus vaillant que null de li Longobart. Quar quant li Normant looient aucun de li Longobart disoient sage et fort et sage chevalier est cellui, més de cestui Guide disoient : nul ne se trove intre li Loingobart plus preciouz ; dont lo prince pour ceste loenge que avoit lo frere ot envie et non l'amoit come frere, et lui estoit contre a ce qu'il pooit, et estoit ami a li anemis de Guide. Et en celui temps fu haingne et brigue entre Guide et Guimunde, quar avoient ensemble la valée de Saint-Severin (1). Et Guimunde voloit estre a lo jugement de lo prince Gisolfe. Més Guide, qui savoit bien que lo frere lui vouloit mal, voloit estre a lo jugement de lo prince Ricchart. Et lo jor determiné, ces .ij. par diverses voiez vindrent a Capue. Et li Normant anemis de Guide, quant il sorent qu'il devoit venir, lo sequterent et cerchoient en quel maniere il lo peussent occire. Més Guide corut a l'arme et ala contre ses anemis, et se combati fortement, et alcun en abati de lo cheval. Més un lui vint de costé et lo feri de la lance en lo costé et l'ocist. Et ensi de un colp fu mort et estufa la lumiere de tuit li Longobart.

Cap. 12. Et lo pape Gregoire, qui molt estoit sage, quar veoit que la prosperité de Gisolfe pooit estre destruite de lo duc Robert, non cessoit de amonester lo, quant par lettres quant par messages, que il deust requerre la paiz

---

col. 1256 sqq. Aimé, VII, 3, nous apprend également qu'après la conquête de Palerme, Guide, revenu sur le continent, aida Robert Guiscard à soumettre les barons normands révoltés contre son autorité.

(1) San-Severino, maintenant Mercato-San-Severino, ville de 9,840 habitants, dans la province de Salerne.

avec lo duc Robert et la unité, et faire liga avec lui. Et quant lo pape vit que lo prince non lo voulait faire, proia que lo abbé Desidere i deust aler et dire lui que contre lo duc Robert non lui feroit adjutoire, se ceste choze non faisoit. Et lui meist a veoir la mort et la destruction soe, se o lo duc non estoit bien. Et il non lo volie consentir, més manechoit par lo sien grant orgoill de destruire lo duc de terre. Et la suer (1) avieingne que avoit molt receu de injure de lui, toutes voiez non failloit de lo amonester lo qu'il meist ins la crudelité soe et l'arogance, et pourveist la choze qui pooit entrevenir, et eust paor de lo judice de Dieu. Més Gisolfe s'en corrosa et dist li vergoingne, et la manecha que par la mort de lo marit la feroit ester o li vestement noir. Et elle plorant mua l'yre de lo marit et enclina a misericorde, et lui proia qu'il non guardast a la chetiveté de son frere. Et lo duc escolta la moillier et lui demanda sa volenté, et vouloit savoir qu'elle vouloit faire de ceste choze. Et la dame dist : « Se Dieu laissast venir a complement, je voudroie que mon filz avist Amalfe, et mon frere non perdist Salerne. » Et lo duc loda que Salerne remanist a lo prince Gisolfe, et Amalfe soit de lo fill, loquel autresi estoit neveu de lo prince. Et lo pria la moillier que il deust fatiguer de metre entr'elz la paiz ; més ensi come lo duc cerchoit la paiz li prince s'efforchoit d'avoir brigue et anémistié.

Cap. 13. Et quant li duc vit la duresce de lo cuer de lo prince, qui non regardoit a l'amonition de lo pape, ne a la volenté de li amis qui lui conseilloient son bien, ne a la proiere de sa soror, ne non regardoit a lo damage qui lui pooit entrevenir, il asembla troiz turmez de troiz manieres de gent ; c'est de Latin, de Grex et de Sarrazin,

(1) Sikelgaïta, sœur de Gisulfe et femme de Robert Guiscard.

et comanda que venissent molt de gent et de navie a garder lo port. Et lui o chevaliers et arbalestiers, en lo moiz de jung (1), et comanda que fussent fichiez les tentes et tabernacles apres de li mur de Salerne. Puiz comanda que fussent fait entorne de Salerne cité et chastel, et foire et marchié pour vendre et pour achater toutes chosez neccessaires; dont cil de la cité rappareillerent les chozes lesquelles Gisolfe avoit fait abscondre. Salerne paroit nove pour les chozes ascouses lesquelles issoient fors, et lo ost de Robert, liquel estoit en camp, paroit nove et la belle contrée de Salerne. Et usoient de les coses absconses en la cité habondantement. Et lo duc recevoit benignement ceuz qui estoient chaciez de lo prince, et a ses despens les governoit; et venoient a la cort de lo duc naves sanz sefin, liquelle non leissoient estre fame en l'ost de lo duc ne de pain, ne de vin, ne de char. Maiz veraiement nul Salernitain ne pooient avoir de ceste choze, ne buef, ne porc, ne castron, quar tant avoient esté afflicté de Gisolfe, que nulle beste ne lor estoit remese. Et Gisolfe defors de Salerne fist chasteaux, et disant la verité, tant fist que non i laissa nulle choze ou mont petit fort, que non feïst la forteresce. Et lo duc

(1) Les *Annales Beneventani ad an.* 1075, disent au contraire que Robert Guiscard a commencé le siège de Salerne dès le mois de mai : « Robertus dux perrexit super Salernum, quod tenebat Gisolfus princeps cognatus suus; et sedit super eum a mense magio usque in festum S. Luciæ, et in ipsa nocte cepit eamdem civitatem. » De même *l'Anonyme du Mont-Cassin ad an.* 1075 : « Hoc anno venit Robertus dux super Salernum pridie nonas Maii et obsedit eam terra marique et cepit eam die idib. decembris. » Cf. G. WEINREICH, *De conditione Italiæ inferioris Gregorio septimo pontifice*, p. 36, note 3. Quant à l'année du siège et de la prise de Salerne, voyez plus loin la première note du c. 23.

prova de avoir la et manda sa gent la a combatre. Més parce que estoit fort a monter et i avoit trop boiz, ceux qui tenoient la roche non les lessoient aler.

Cap. 14. Et Richart, prince de Capue, vint de l'autre part en l'aide del duc Robert, et leva les voies et les fossez et li arbre qui estoient fait pour non aler a lo prince Gisolfe, et celle forteresce qu'il non vouloit salver pour soi destruist, et l'autre reserva pour soi. Et puiz lo duc sot la victoire de lo prince, et coment gardoit lo chastel loquel avoit gardé pour lo duc, et lo duc proia lo prince Richart que en un mont apres feist un autre chastel, pour laquel cose soit deffendue toutes les voiez de Salerne, que nul ne puisse aler ne venir (1). Et ensi Salerne de la part de la mer fu atorniée de nefs, et de l'autre part estoit cloze de paliz et de fossez grandissimes; et de l'autre part estoit li ost de pedons et de chevaliers. Et la grâce de la pieté lassa lo cuer de lo duc, et pour la priere de la moillier, demanda encoire paiz. Et ala li abbé Desidere a lo prince Gisolfe, quar maintenant que estoit destraint en tant de misere enclinast son corage; més Gisolfe ot en despit lor conseil et jura que en nulle maniere voloit paiz avec lo duc.

Cap. 15. Et avant que lo duc eust assigié Salerne, lo prince avoit fait un commandement que tout home deust procurer choze de vivre pour .ij. ans, qui ce non peust

(1) MALATERRA, III, 2, dit que Robert Guiscard avait eu soin de se réconcilier avec Richard, prince de Capoue, avant de commencer le siège de Salerne, pour n'avoir pas à combattre en même temps contre deux puissants adversaires : « Sed quia inter se (Robertum Guiscardum) et Ricardum principem Aversæ inimicitiæ efferbuerant, veritus ne ab ipso Gisulfo adversum se succurreretur, pacem cum ipso fecit; quo in sui adjutorium quibusdam pactionibus conducto, Salernum multis copiis obsessum vadit. »

faire issist de la cité; et ensi firent cil de la cité. Et puiz li duc mist lo siege, puis .ij. moiz Gisolfe comanda a li sien servicial qu'il devissent cerchier les cosez de li citadin de Salerne, lor fist lever la tierce part de toutes lor coses de vivre qu'il troverent, et pour ceste cose fu grant fame en la cité de Salerne. Quar ceuz a cui failloient les coses non les trovoient a achater, et a la porte de la cité non se donnoit helemosine, quar la poureté estoit grant.

Cap. 16. Solement li archevesque, liquel se clamoit Alfane, soustinoit lo poiz utile pour l'arme soe de vivre, et ce qu'il avoit donnoit a li poure. Més cestui fouy de Salerne, et fu receu de lo duc come pere, et honoré de lo prince Richart, et cercha la terre soe et de l'Eglize. Et assembla la grant habundance de vin et de grain, et restraint avec lui ses clers, liquel governa come filz, et les chasa de la misere et de la poureté par sa misericorde, et tuit li autre mascle et fames subjette a lui, comme bon pastor clama a soi, et lor donoit toutes lor choses necessaires de vivre (1).

Cap. 17. Et une autre foiz lo prince meismes en persone ala cerchier les maisons de cil de la cité, et tout ce qu'il trova de vivre tout lor leva pour soi, et non une part sole coment avoit fait avant. Car voloit deffendre comme pooit la soe malvaise volenté et avarice. Et donnoit

---

(1) Plusieurs fois déjà, il a été question d'Alfane ou de ses poésies; il fut archevêque de Salerne de 1058 à 1085; voyez sur lui Ughelli : *Italia Sacra*, t. VII, col. 380-392, Migne : *Patr. lat.*, t. 147, col. 1214-1282, et surtout G. Paesano : *Memorie per servire alla storia della Chiesa Salernitana*, t. I, p. 112-155. Alfane a laissé une pièce de vers en l'honneur de Gisulfe, mais celui-ci, on le voit, ne lui en fut guère reconnaissant.

comment s'il l'achatast .iij. besans del moy de grain (1); et de ceus qui fouioient destruisoit lor mesons et faisoit porter la laingne a lo chastel pour ardre. Et puiz quant il ot destructe toute la cité commensa contre Dieu et contre li saint. Les croiz de l'eglise de or et d'argent prist et romppi, lo voût de saint Mathie evangeliste romppi, et destruist li vaissel liquel estoient appareilliez pour servir Dieu.

Cap. 18. Et apres ce failli a touz les chozes de vivre, et comence cil de la cité a mengier la char laquelle non est usée de mengier, c'est la char de cheval, de chien, de chat, et non lor remanoit beste en lor maisons; lo foie de un chien valoit .x. tarins (2), et la galine .xx. tarins, et l'of que faisoit la galine valoit .ij. deniers (3). Et quant

(1) Il s'agit sans doute de besants (*byzantium*, monnaie de Byzance ou Constantinople) d'or, car, avant les croisades, on ne mentionne guère de besants d'argent; sa valeur n'a pas toujours été la même, elle a varié à peu près de 1 fr. 45 c. à 4 fr. 50. Voyez l'article *besant* dans le dictionnaire de *Du Cange*.

(2) Tarin, en latin *Tarenus*, quelquefois *Tarentus* était une pièce d'or frappée pour la première fois à Tarente, et particulière à l'Italie du sud, il n'est guère possible d'indiquer sa valeur en monnaie française de notre époque, non plus que celle du denier.

(3) Guillaume de Pouille, III, v. 427-430, confirme ce que dit Aimé sur la famine qui désola Salerne pendant le siège.

« Quartus erat mensis completus ab obsidione;
Tanta fames miseræ cives invaserat urbis
Ut canibus vel equis vel muribus aut asinorum
Turba cadaveribus vix vivere posset edendo. »

Malaterra, III, 4, écrit également : « in tantum attrivit (Salernum) ut nullo aditu ad victum introducendum, se suisque negantibus, patente, tantam famem inesse coegerit ut etiam vel mures, sicut relatione eorum qui præsentes adfuerunt didicimus, a quibusdam introrsum reclusis, comessi sint. » Dans la chronique du Mont-

lo prince souvent aloit par la cité et veoit les cors de li mort gesir par la voie, non se enclinoit de torner lo oill soe pour les veoir; més autresi come s'il non coulpe de ceste cose, et passoit alegrement. Et a la fin ovri lo grenier ou estoit lo grain soe et vouloit vendre celle victaille qu'il avoit achatée de li home soe. Et vendoit lo moy de grain qu'il avoit achathé .iij. besant, .xliiij. besant a ceuz qui lo pooient achater. Més li autre qui estoient poure, lo pere non pooit porter lo filz a la sepoulture ne lo filz lo pere. Et aucune foiz pour la grant debilité de la fain, li viell moroient coment bestes sans benediction de prestre; li jovene de subite mort moroient, et li petit qui non se pooient baptizer moroient pagan. Et quant venoient les fames a fillier, non avoient aide de fame.

CAP. 19. Quant li Šalernitain estoient ensi constraint de ceste poureté et misere, laquelle puet estre apparagié a la fame de Jherusalem quant fu prise de li Romain, quar li Judée qui estoient en Jherusalem pour grant poureté se laisserent vendre .xxx. pour un denier (1); et quant estoient li Salernitain ensi opprimés, .ij. filz de un prestre aloient fors de la cité et un chien les sequta, et vindrent la ou estoit lo duc et demanderent del pain pour Dieu. Et lor fu donné del pain, et de cel qui lor fu donné li garson en donnerent la tierce part a lo chien; et lo chien prist lo pain et lo resconst que ne lui fust levé. Et au soir, puiz que la gent estoient recoillis en lor maisons, torna lo chien a la cité o tout son pain, et lo mist as piez de lo prestre la piece de lo pain, et puiz retorna dont

Cassin, III, 45, Pierre Diacre reproduit en les abrégeant les renseignements d'Aimé.

(1) Cf. FL. JOSEPHI *De bello Judaico*, I. V, 10, édition DINDORF, chez *Didot*, Paris, 1865, t. II, p. 259.

estoit venut. Et le sequent jor li garson orent pain assez, et donerent a lo chien un pain sain, et toutez voiez li garson non savoient que le chien faisoit de son pain. Et lo chien au soir, come il avoit fait lo premier jor, porta lo pain a mengier a lo prestre. Et lo tiers jor fist autresi ; et creoit lo prestre que aucun chrestien lui mandast cest pain pour l'amor de Dieu, et mist lo prestre une carte a lo col de lo chien ou avoit escrit : « Je rent graces a Dieu pour cui amor ceste elemosine m'est faite, quar continuellement m'as souvenu a la moie neccessité, je non faille de proier Dieu por toi. » Et puiz lo chien torna, et quant li fill del prestre virent celle lettre que li chien avoit pendue au col, lui desloierent et lo menerent a la duchesse ensemble o tout la carte, et li dient lo fait come avoit esté. Més la dame non lo creoit, et fist apparaillier un sachelet plein de pain, et mistrent sur lo chien ; et lo chien avoit paour pour lo pueple qui estoit de cescune quasi come se il dubitast d'estre accusé a lo prince, atendi l'ore qu'il avoit acostumée, et puiz qu'il fu soir ala prestre, et lui porta lo pain que la ducesse lui mandoit. Et lo prestre escrit une altre carte : « Plus grant grace te rent de plus grant elemosine que tu m'as mandé ». Et quant la duchesse vit la sapience de lo chien, donna la sentence que null ne fust contre lui, ne feisse mal, et substenta pour l'amor de lo chien li filz de lo prestre, et lor donnoit assez de bien pour mander a lor pere. Et puiz lo sot lo prince, et commanda que lo chien fust occis ; et lo prestre seignor de lo chien fu mis en prison, et fu cuit o fer chaut et afflit par autres diverses penes jusque a tant qu'il fu mort (1). Et nul autre home estoit hardi de aler devant

(1) Voyez l'anecdote du chien dans GUILLAUME DE POUILLE, III, v. 431 sqq., comme il a déjà été dit dans l'Introduction, d'après

lo prince pour dire la misere soe, et la poverté, et se aucun home aloit pour ceste cose, il lo faisoit crever l'oill ou lui faisoit taillier la main ou pié, ou altre afflixion soustenoit.

CAP. 20. Entre li autre qu'il afflist par divers tormens un honorable clerc, loquel se clamoit Gratien, liquel avoit esté capellain a son ave et a son pere (1). Quar li frere et neveu de cestui Gracien non pooient soustenir la crudelité de cestui Gisolfe, alerent liquel les enrichi et honora. Et Gisolfe, por la invidie qu'il en ot, se voloit vengier sur lo clerc innocent. Premerement lui leva toutes les chozes propres soes, puiz lui leva touz les benefices ecclesiastiques, et lo constrainst a jurer en la main de l'archevesque que mais non recevroit aucune cose de li frere; et a l'ultime lo mist en prison dont tant fu afflicté de fain, et de verme qui tout lo menjoient, et de autres angoises, qu'il fu martyre de Dieu.

CAP. 21. Et lo duc, amonité de lo prince Richart, forni lo castel de bons gardiens, appareilla lo siege en la cité, et ordena novelles eschielles de chevaliers et de pedons, quar lo prince s'en vouloit aler en Champaingne (2) pour acquester la terre de Saint-Pierre. Et puiz, auvec lo duc, furent a la cité de Saint-Germain; non solement a li seignor et a li servicial, més autresi a lor bestes, furent fait present de l'abbé de Mont de Cassyn, et de toutez

Guillaume de Pouille, le propriétaire du chien n'était pas un prêtre mais un laïque, et le poète ne dit pas que le prince de Salerne le fit périr. Cf. *supra, Introduction,* p. lxij sq.

(1) L' « ave » ou le grand-père de Gisulfe était Guaimar III, prince de Salerne, mort en 1031, et son père Guaimar IV, mort assassiné le 2 juin 1052.

(2) La province de Campanie.

chozes neccessaires. Lo prince rechut lo domp, lo duc non lo voust recevoir, et dist qu'il non estoit venut pour lever les coses de lo monastier, més pour accrestre. Et li abbé ala a lui et lui proia qu'il non refusast les choses de li frere, liquel volent proier Dieu pour lui. Et lo duc que il non parust qu'il desprizast lo domp, en rechut aucune chose. Et le matin appareilla l'abbé la procession pour recevoir lo duc a grant honor. Et subitement virent ceaux a qui vouloient faire honor, ester o humille cappe agenoilliez devant l'autel, et veoit l'eclize aornée de pallez et de ses dons; et alore donna autre pailles o liquel furent covert li altel. Et puiz entra en capitule a parler a li frere, et humilement et pacifiquement lor donna molt or, pource que li frere prient Dieu qu'il lor pardonast lor pechiez. Et comment pere de li frere aloit par lo monastier et visitoit li inferme; et lor aministroit habundantement tout ce qui lor faisoit besoingne. Et requiert a chascun qu'il prient Dieu pour lui. Et quant il estoit a table pour mengier, devotement demanda de lo sel, dont a lo frere qui lui aporta donna .c. besans. Puiz se partirent li seignor et alerent lor voie, et quant il cheminoient, il troverent tant de fame et de poureté, que non solement en sentoient li beste et li servicial de li seignor, més autresi li seignor, quar lor faillerent les choses lesquelles avoient portées pour vivre, et non en trovoient a achater. Et si avoient molt mal temps de pluie, et de tronnorre, et de folgure, dont il estoient fatiguié et travaillié; et estoit si grant vent que le paveillon chaoien terre. Et lo prince en cellui temps aquesta alcun chastel; més de ceus qui la habitoient rechut molt de richesce; més se prince voulist faire rayson de ce qu'il acquesta et de ce qu'il fist perdre a saint

Pierre, la perte est de cinquante part plus que lo gaaing (1).

(1) D'après Aimé, à l'instigation de Richard, prince de Capoue, Robert Guiscard aurait donc, sans lever le siège de Salerne, fait avec Richard une expédition en Campanie, contre les possessions du Saint-Siège. C'est évidemment dans l'automne de 1076 que cette campagne a eu lieu; ce n'est pas sans surprise qu'on voit l'abbé Didier recevoir aussi honorablement, que le raconte Aimé, les deux excommuniés Robert Guiscard et Richard, partant en guerre contre le pape. Grégoire VII fait, bien probablement, allusion à cette expédition de Robert Guiscard et de Richard dans la Campanie, lorsqu'il écrit, le 31 octobre 1076, aux Patares milanais Henri, Arderic et Wifred : « bona ecclesiæ Normanni multoties conantur auferre. » *Monumenta Gregoriana*, p. 251, *Registri* l. IV, 7. La date de cette lettre fixe donc celle de l'expédition. Pierre Diacre parle aussi de cette expédition, mais la place à tort après la prise de Salerne. « Civitate (Salerni) potita... dux cum exercitu, sociato sibi principe, ad hoc monasterium venit, atque Desiderio et fratribus honorifice susceptus, illorumque se orationibus commendans, attentius Campaniam expugnaturus ingreditur. Talia papæ Gregorii dum pervenissent ad aures, ducem et principem a liminibus separavit, collecto que exercitu, super eos ire disposuit. Quod ubi duci nuntiatum est, concite una cum principe, Capuam remeans, dux super Beneventum, princeps vero supra Neapolim obsidionem firmavit. » *Chron. Casin.*, III, 45. Il y a plusieurs erreurs dans ce passage : puisque Pierre Diacre s'inspire d'Aimé dans ce qu'il dit des Normands, il aurait dû, comme son modèle, placer l'expédition de Campanie pendant et non après le siège de Salerne. Cette ville a succombé le 13 décembre 1076, et la lettre du pape que nous venons de citer montre les Normands envahissant, dès le 31 octobre de la même année, les biens de l'Église; ils n'avaient donc pas attendu pour le faire la chute de Salerne. Est-ce bien la peur de Grégoire VII marchant contre lui avec une armée qui a fait reculer Robert Guiscard ? Aimé n'en dit rien et attribue l'insuccès de l'expédition uniquement aux pluies continuelles de l'automne dans l'Italie du sud. Tout indique qu'il est dans le vrai ; Grégoire VII n'avait pas d'armée, et dans les derniers mois de 1076, plus absorbé que jamais par la lutte avec Henri IV, il songeait à partir pour la Germanie. Comment

CAP. 22. Et un abbé qui se clamoit Robert molt pecha, quar lo duc avoit fondé denovel un monastier et l'avoit molt enrichi de terre et de moble molt habundantement. Et cestui abbé Robert en leva le meillor qui la i ens fust, et enleva deniers qui la estoient recommandez de li Normant, et s'en ala a lo pape, et se feinst de dire qu'il voloit aller a lo duc Robert. Et que non aloit droitement fu desprizié de lo pape. Et s'en alla a lo roy de France et a lo roy d'Engleterre, et s'esforzoit de habiter avec eaux; et finelment lui failli la monoie, et retorna a lo duc de loquel misericordiosement fu rechut et fu restitué en son honor (1). Et en l'autre semaine, tant fain oppresse cest seignor, qu'il furent constrainst, et pour la troppe macreze tant aloient et curroient li chaval, quant li seignor

aurait-il pu marcher avec des troupes contre le duc normand? De même le siège de Bénévent n'a pas eu lieu aussitôt après celui de Salerne, ainsi que le prétend Pierre Diacre.

(1) On est tout surpris de voir qu'Aimé interrompt brusquement le récit de l'expédition de Robert Guiscard et du prince Richard dans la Campanie pour parler de cet abbé Robert, et on peut se demander s'il n'y a pas là une interversion du copiste, et si, dans le texte original, ce morceau ne se trouvait pas ailleurs. Quoi qu'il en soit, nous sommes en mesure de contrôler le jugement assez sévère qu'Aimé porte contre cet abbé, Robert de Grantmesnil, sur lequel Orderic Vital et une lettre de Grégoire VII fournissent de précieux renseignements. Issu d'une grande famille de Normandie, et parent des Tancrède ainsi que des principaux Normands émigrés en Italie, Robert fut d'abord moine et ensuite abbé de Saint-Evrould-sur-Ouche, en Normandie. A la suite de graves difficultés avec Guillaume-le-Conquérant, duc de Normandie, Robert passa en Italie (ORDERIC VITAL, t. II, p. 83 sq. et p. 87 sqq.) où, grâce à son cousin Guillaume de Montreuil, et grâce à Robert Guiscard, il eut une assez grande situation; Guillaume de Montreuil lui donna une partie de la ville d'Aquino (O. VITAL, t. II, p. 87) et Robert Guiscard, ayant restauré et doté le monastère de Sainte-Eufémie dans

et l'autre gent a pié. Et lo benigne duc avoit en sa memoire lo benefice qu'il entendoit a faire a saint Benedit, il salli a lo monastier de Mont de Cassyn, et dota l'eglize et li freres de pailles et d'autres domps. Et puiz s'en

les Calabres, le mit à la tête de l'abbaye et lui donna encore le monastère de la Sainte-Trinité à Venosa, et de Saint-Michel à Melito; en outre, sa sœur Judith épousa Roger, le grand comte de Sicile et frère de Robert Guiscard (O. VITAL, t. II, p. 91; G. MALATERRA, II, 19; voyez O. DELARC : *Les Normands en Italie*, p. 378, note 1). Il semble que, malgré ces avantages, Robert de Grantmesnil ait eu le mal du pays; O. Vital rapporte (t. II, p. 431) qu'en 1077 il revint en France, où il se réconcilia avec Guillaume-le-Conquérant et Philippe Ier, roi de France, s'employa à le faire nommer évêque de Chartres. Nous avons en effet une lettre de Grégoire VII au sujet de cette nomination; en 1077, le pape écrit à Hugo, évêque de Die, son légat en France, et lui dit que Philippe, roi de France, lui a, à plusieurs reprises, fait demander d'approuver la nomination de Robert, abbé de Sainte-Eufémie dans la Calabre, à l'évêché de Chartres; il ajoute que cet abbé est venu le trouver en se rendant en France et lorsque lui-même était en Lombardie (janvier-août 1077), et qu'il a renouvelé sa visite à son retour en Italie pour déclarer au pape que, malgré les sollicitations du roi de France, il n'accepterait l'évêché de Chartres qu'avec l'assentiment du Saint-Siège. Aussi le pape prescrit à son légat d'examiner si Robert a été élu à l'évêché de Chartres suivant les règles canoniques, et de lui faire connaître le résultat de son enquête (*Gregorii Regist.*, V, 11, dans JAFFE, *Mon. Gregor.*, p. 301 sq.). Nous savons qu'en dernier lieu, Robert ne fut pas promu à cet évêché, et qu'on lui préféra Godefroy, oncle d'Eustache, comte de Boulogne.

C'est évidemment à ce voyage en France de Robert de Grantmesnil qu'Aimé fait allusion, et son blâme vient sans doute de ce que, pour subvenir aux dépenses de ce long voyage, l'abbé Robert dut mettre à contribution les revenus de l'abbaye de Sainte-Eufémie. Quant au pape, on voit par sa lettre qu'il se tient sur la réserve et que sans « desprizier » Robert, comme le dit Aimé, il demanda à être renseigné; l'échec définitif de Robert au sujet de l'évêché de Chartres montre, du reste, que les reproches d'Aimé sont en partie fondés.

vindrent ensemble a Salerne, et garderérent lo chastel et lor ost chascun en droit soi (1).

Cap. 23. Donnerent bataille a la terre et jettent sajettes et menent pierres, més nul non apert en la cité, quar cil de la cité estoient abscons coment la soris en la caverne. Et se aucun veut mener la pierre o la fronde, plus tost fiert li sien que li anemis; et cil qui veilloient la nuit as tors tant estoient fieble, que a pene poïent oïr lor voiz. Et vit lo duc que pooit prendre la cité par force, quar nul de cil de la cité combatoit contre li sien. Més timant la mort de ceuz qui i habitoient et que la poure gent non perdissent lor masserie, non vouloit. Més ja estoit venut que lo duc pooit avoir son desirrier, et fust mis terme et fin de la pestilence de cil de la cité. Et avint une choze, que fu une grant obscurité, tant que l'un home non veoit cil qui lui estoit a lo costé. Et un Salernitain ala a lo duc, et lui dist tout ce qu'il savoit de la cité, prisi compaingnie et alerent a une petite porte, laquelle estoit murée novellement, et rompent et vont entor par la cité. Et saillent sur li mur, et entrent as tors, et nul ne trovèrent qui a eaux parlast. Et puiz tornerent a lo duc et lui distrent ceste chose. Et li duc come sage manda auvec eaux chevaliers et autres homes armés, et ceuz qui gardoient la terre furent pris et liés. Et sont donés a li servicial en garde, et sans mot dire se leisserent lier, quar il estoient tant debile de fame qu'il non pooient issir a la bataille. Et puiz que as tors furent mis li gardien de li duc, li fort chevalier normant commencherent a crier et

(1) Sans autre transition avec ce qu'il vient de dire de l'abbé Robert, Aimé reprend et termine le récit de l'expédition des deux princes Normands en Campanie, à partir de cette phrase : « Et en l'autre semaine, etc. »

a annoncier la victoire a lo duc. Et Gisolfe, quant il oï ce, comensa a fouyr, et se leva de lo lit et foy a la roche, et se appareilla pour soi vengier. Lo sequent jor, liquel estoit yde de decembre, c'est lo .xvi. jor, lo duc vainceor manda sa gent a la cité (1). Et puix i ala il et dona paiz

(1) Il ne saurait y avoir de doute sur le mois et le jour de la prise de Salerne par Robert Guiscard; Aimé dit que la ville succomba le jour des ides de décembre, c'est-à-dire le 13 décembre, c'est donc par une faute du copiste qu'on lit dans Aimé le 16 décembre. Les *Annales Beneventani* portent : MG. SS., III, 181, « in festum sanctæ Luciæ, in ipsa nocte cepit civitatem. » — *Anonymus Casin.*, dans MURATORI, R. I. SS., t. V, p. 139 : « cepit eam die id. decembris. » — *Annales Cavenses*, MG. SS., t. III, p. 190 : « cepit eam die idibus decembris. » Enfin, ROMUALD DE SALERNE et la *Chronique d'Amalfi*, constatent également que Salerne succomba au mois de décembre. Mais, si le jour et le mois de la reddition de la ville sont indiscutables, les historiens ne s'accordent pas pour dire en quelle année Salerne a passé sous la domination normande, les uns proposant 1075, d'autres 1076, quelques-uns, enfin, 1077 ; voyez sur cette question G. WEINREICH : *De conditione Italiæ inferioris Gregorio septimo pontifice*, p. 89. Les preuves suivantes établissent que l'année 1076 est bien celle de la chute de Salerne : 1º Les *Annales Cavenses*, qui ont, quand il s'agit de Salerne, une autorité spéciale portent : « 1076, Robbertus dux venit super Salernum pridie nonas Magias et obsedit eam terra marique et cepit eam die idibus decembris. » MG. SS., t. IV, p. 190 ; 2º L'*Anonymus Casin.*, dans MURATORI, R. I. SS., t. V, p. 139, place en 1075 la prise de Salerne, mais on sait que, par suite d'une faute de copiste, presque tous les événements rapportés par l'anonyme sont avancés d'un an. cf. MURATORI, *l. c.*, note 19 ; c'est donc en 1076 qu'il faut, d'après lui, placer cet événement ; 3º LUPUS (MG. SS., t. V, p. 60) donne 1077 comme date de la reddition de Salerne, mais plusieurs passages des *Annales* de Lupus font voir que ces *Annales* commencent l'année suivante dès le mois de septembre de l'année précédente (cf., an. 1029, 1043, 1069, 1088, 1098, 1099, 1117). La prise de Salerne ayant eu lieu en décembre, et Lupus lui assignant la date de 1077, c'est donc 1076 qu'il faut lire ; 4º *Annales Seligenstadenses*

a la cité, car comme Dieu lui avoit concedut victoire avant de lo chasté de Salerne et de Amalfe, ensi maintenant en une nuit lui concedi la cité. Quar Dieu avoit proveu a lo malvaiz proposement de Gysolfe, liquel se estoit mis en cuer de ardre la cité s'il non la poqit deffendre. Et quant lo bon duc vit la poureté de cil de Salerne, commanda que en la cité se feist lo marchié, et de Calabre et d'autre part fist venir victaille et a bon marchié. Et en lieuz competens fist merveillouz palaiz sur li mur de la cité, si que il estoient dedens et defors de la terre. Et apres ce fu atornoié la tor de grandissimes paliz et y mist gardiens, et lo chastel liquel avoit fait Gisolfe pour garder la roche, fist habiter; et Gisolfe devisa li ystrument soe et menoit pierres. Un jor lo dyable, liquel aidoit a Gisolfe en sa perversité, la pierre laquelle estoit mandée en la tor se romppi, et une part de la pierre donna a lo costé de lo duc et parut qu'il en deust morir. Més par la vertu de Dieu, en poi de temps en fu garut (1).

(MG. SS., t. XVII, 32), ad. an., 1076 : « Dux Robertus venit Salernum et cepit »; 5° Aimé, comme nous le verrons bientôt, dit que, quelque temps après la chute de Salerne, Gisulfe étant venu à Rome pour rendre visite au pape, dut attendre son retour. Cette absence du pape s'explique très bien, si l'on suppose que Salerne ait succombé en 1076. En effet Salerne ayant capitulé en décembre, et Gisulfe ayant été quelque temps à Capoue avant de venir à Rome, c'est au printemps ou durant l'été de 1077 qu'il y sera venu; or en 1075, en 1076, en 1078, Grégoire VII a passé à Rome le printemps et une grande partie de l'été; c'est seulement en 1077 qu'il a été absent de Rome pendant la fin de l'hiver, le printemps et à peu près tout l'été; l'assertion d'Aimé permet donc de conclure que Salerne a été en 1076 soumise par les Normands.

(1) Guillaume de Pouille dit également que, la ville étant prise, Gisulfe se réfugia dans la citadelle, et, dans les vers suivants, l. III,

Cap. 24. Et quant lo duc Richart vit que la brigue de son anemi estoit venue a fin, cercha adjutoire a lo duc pour venir sur Naple. Et adont lo duc comanda a cil de Amalfe et a li Calabrez que li aillent o tout lor nefs et obeissent a lo prince plus que a lui. Et li prince comanda que soient fait chasteaux fors de li mur de la cité, et les fist enforcier, et fist porter laingue, et de li labor de ceuz de la cité raempli ses greigniers. Li navie estoit en mer et cerchoit de faire offense a la cité. Et cil de la cité de Naple garnissent la cité et veillant gardent les torres. Et a ce que Dieu lor deust aydier, quant a home tant a fame, vont par les eglizes et sont en orations et jejunoient. Et aucune foiz li bon chevalier issoient fors et clamoient li Normant a combatre, et aucune foiz tornoient o victoire. Et aucune foiz aloient contre ceaux qui estoient a lo navie et prenoient li marinier en dormant; une foiz pristrent .ij. c., et .ij. galées entrerent en lo port, dont n'avoient paor en la cité quar issoient defors a combatre, et assaillirent cil de Naple lo castel de lo prince, et en pristrent ce qu'il porent et puiz ardirent lo remanant. Et lo prince cerchoit de faire un autre chastel en un lieu plus estroit, a ce que constrainsist li citadin de issir de la cité, a reprimer lor ferocité. Et une multitude de che-

v. 450 sqq., il parle de la blessure reçue par Robert Guiscard, tandis qu'il assiégeait cette citadelle :

« Expugnat validis Robertus viribus arcem
At valido cum forte ducis petraria saxi
Ictu dimissi perculsa fuisset ab alto,
Avulsum lignum Roberti nobile pectus
Sauciat incauti, sed non post tempore multo
Auxiliante Deo recipit caro læsa salutem.
Redditus incolumis magis expugnare Gisulphum
Nititur. »

valiers et de pedons se leverent, et constreinstrent li gardien a fuir et destruxirent lo castel. Et lo prince pour vergoingne avoit grant dolor, dont clama ses chevaliers pour faire venjance, et pour ce que li chevalier non timoient furent plusor mort, et promist lo prince a li chevalier que se lor chevauz moroient de rendre meillor; et pour ceste promesse pristrent cuer li Normant, et secuterent li citadin et les occistrent (1).

Cap. 25. En cellui temps, a Gisoffe commencerent a faillir les despens, car donnoit troiz unces de pain por chascun home, et une unce de formage. Et il sol bevoit vin, et li frere en bevoient petit. Et ja se moustroit la magrece en lor faces, et la vertut failloit en lor membres et non menoient pierres a cil de la cité, ne non crioient, ne

(1) La *Chronicon Anon. Casin.* dit que le prince Richard commença à assiéger Naples dans les premiers jours de mai 1077 : « Hoc anno 1076 (nous avons déjà dit que les événements rapportés par cette chronique sont toujours datés de l'année précédente) Richardus princeps cepit obsidere Neapolim, principio mensis Maii. » La *Chronicon Cavense* et Romuald de Salerne sont d'accord sur ce point avec l'Anonyme du Mont-Cassin. Il faut conclure de là que Gisulfe résista assez longtemps dans la forteresse de Salerne, car, lorsqu'il se rendit, il alla rejoindre Richard, occupé au siège de Naples. Mais il se peut très bien, et c'est ce que le texte d'Aimé indique, qu'aussitôt après la prise de la ville de Salerne et tandis que la forteresse tenait encore, Robert et Richard aient fait, avant le mois de mai 1077, les préparatifs du siège de Naples. Au point de vue de la chronologie, toute cette partie de l'ouvrage d'Aimé s'harmonise très bien avec les données des autres chroniqueurs. Il faut cependant excepter Pierre Diacre qui, dans la chronique du Mont-Cassin, a, nous l'avons déjà dit, interverti l'ordre de ces événements. Il parle (*Chron. Casin.*, III, 45) du siège de Naples par Richard, mais se borne à dire que S. Janvier défendit visiblement la ville contre l'attaque des Normands.

non disoient vergoigne a ceuz de la cité, ne au duc comment avoient fait avant. Et la soror de Gilsolfe manda a la ducesse sa soror et lui requist cose de vivre. Et lui manda a dire qu'elle deust reconcilier son marit a la bone volenté de son mescheant frere. Et la ducesse ot une de ceste .ij. graces, c'est que fussent mandées chozes deliciouses a mengier a sez freres, c'est poisson, oiseaux et bon vin, et toutes autres chozes deliciouses; més sa bone volonté lui voust concedir.

Cap. 26. Et quant Gisolfe vit la largesce et la misericorde del duc, pria qu'il lui peust parler, et lo duc non lo vouloit oïr. Et vindrent li premier message, et li secont, et li tiers, qui requeroient ceste chose. Et a l'ultime, lo duc aempli la volenté de lo prince, et la nuit descendi de la roche, et lo duc se leva contre lui, més non lo vouloit recevoir a paiz. Et lo duc, quant il ot oï lo prince, il dist : « Je cuidoie, pour la parentesce que je fiz avec toi, que l'onor moie en deust acroistre, et que tu me deussez estre en aide non solement de garder ma terre, més autresi me deussez aidier a conquester autre terre. » Et lo prince respondi : « Tu m'as maintenant fait en vitupere de tout lo monde, et sui mis a destruction et moi et ma gent, et non devoiez considerer la parentesce de li Normant, et devoiez considérer ma parentesce, qui estions conjoint ensemble; et maintenant me veuz chacier de l'eritage de mon pere, tu qui me devroiez acquester autre terre. » Et lo duc o baisse voiz respondi : « Tu pooiez estre surhaucié pour lo mariage de ta suer comment tu dis, et estre enrichi, se la impatience et toe arrogance non fust, et se non avisses desaconcié mon service, et sur touz les autres princes eussez esté surhaucié; quar moi soul pooiez avoir .x. mille combateors et bon home d'armes, et tu, pour moi destruire, alas a lo impeor de Constentinoble et cerchas l'ajutoire de lo pape (1); et pour moi destruire en tout requeris l'ayde de li fame (2). Et en tout moi avoiez en odie, et por ton chevalier non me voliste recevoir; et je te demandai la paiz pour ceuz de Amalfe et ne la vouliz faire pour proiere moie, ne pour amonition de message non la voulis faire. Et maintenant, par la grace de Dieu, ai-je donné pais a cil de Amalfe et a cil de Salerne. » Et quant il orent complit cestes paroles, sanz plus dire se partirent; et la ducesse sovent aloit a la roche, et reprenoit son frere de ce que non vouloit croire a son conseill. Et une autre foiz, Gisolfe retorna a lo duc et ot celle response qu'il avoit eue avant de lo duc.

Cap. 27. Et puiz que par la petition soe non trova fruct, proia lo duc, quar il vouloit traïr la gent de lo duc, qu'il deust saillir sur en lo chastel où estoit lo duc, et que poist venir a parler avec lui; et lo fist lo duc, et promettoit Gisolfe de rendre la roche. Més solement fust il delivré et sa gent qui estoient dedens, mès nulle parole non en fist. Et lo duc dist que non vouloit la roche sanz lo prince. Et lo prince quant il vit ce, il se donna il meisme avec la roche, et lo conte commanda qu'il fust gardé. Et il fist sa gent monter a la roche et garder la roche et li mur et la tor. Et quant Johan, frere de Gisolfe, donna la roche, auvec loquel Jehan avoit eu conseill Gisolfe, li

(1) Sur ce voyage de Gisulfe à Constantinople pour décider l'empereur d'Orient à faire la guerre à Robert Guiscard, cf. *supra*, l. IV, c. 36-40. — Nous avons vu également que Gisulfe avait gardé avec Grégoire VII de grandes relations d'amitié alors que le pape avait excommunié Robert Guiscard et était en guerre avec lui.

(2) Allusion à la duchesse Béatrix et à la comtesse Mathilde lors de l'expédition de Monte-Cimino; cf. *supra*, l. VII, c. 12 sq.

gardien avoient paour de la sentence de lo duc. Més lo duc, par la soe presence, mistiga la paour lor, et fist venir a soi li caval dont fist chevaucier li plus grant, et avéc veillante garde les fist garder, et li autre fist aler a la cort. Et lo matin rendi la maison soe a chascun gardien, et la proie qui se trova de cestui gardien, et lor pardona lor coulpe, et puiz li vaillant duc Robert o honor grande et confortable et promission de ami.

Cap. 28. Et quant ces chozes devant dites furent faites, lo duc proia lo prince qu'il lui donnast le dent de saint Mathie, laquel avoit levée de l'eglize, et lo duc lo savoit. Et ce faisoit lo duc qu'il non vouloit que la cité perdist celle relique, et lo prince confessa qu'il l'ovoit et qu'il lui vouloit doner. Et absconsement comanda a son chambrier qu'il lui deust porter la dent de un Judée qui alore avoit esté mort. Et puiz que lo duc ot celle dent, il la mist en un bel drap de soie et la manda a lo duc. Et lo duc qui sages estoit pensa la malice de Gisolfe, se fist clamer lo prestre liquel savoit coment estoit longue, et comment elle estoit faite; quar maintenant fu corrocié lo duc quant il vit que la dent non estoit faite ensi coment li prestre disoit. Lo duc manda disant a lo prince que s'il non avoit la dent de saint Mathie propre a lo jor sequent, qui trairoit a Gisolfe li dent soe. Et o grant festinance vint un message et aporta a lo duc la propre dent de saint Mathie, laquelle tenoit Gaymere lo malvaiz frere del prince, et la donna a lo devot duc. Gestui Guaymere estoit tant malvaiz et pessime, que quant il estoit en cest pericule de turbation, non ot en horror de prendre la virgine a laquelle avoit juré de garder la virginité soe, non ot paor de la corrompre.

Cap. 29. Et lo duc, a ce qu'il monde lo principat de

toute escandalizement, et liberalment lo puisse salver, demanda de li frere de Gisolfe le chastel loquel tenoit de Gisolfe. Et Gisolfe lo contredist et o ses fauz argumens queroit de gaber lo duc. Et lo duc fist venir li nave a lo port et fers pour loier lo prince, quar lo vouloit mander a Palerme pour estre en perpetuel prison. Et alore fu un petit de plaint, car ses sorors soulement en ploroient, més toute autre persone en estoient liez et joians. Et li frere de Gisolfe vindrent, et comment lor fu comandé, Landulfe rendi lo val de Saint-Severin et Pollicastre (1), et Guaymere rendi Cylliente (2). Et ensi fu finie toute brigue ; et jura Gisolfe que, par soi ne par autre, mais non cercera lo principée de Salerne. Més cest sacrement tost getta par la bouche comment lo sacrement qu'il avoit fait a ceuz de Amalfe. Et la ducesse, par lo commandement de lo duc, lui donna molt de chozes, et li duc lui donna mil besans et chevaux et mulz. Et puiz que Gysolfe fu privé de son principée et de li ancessor soe, s'en ala a lo principe Ricchart et fu receu gratiousement, et fu gardé honorablement. Et a ce que vesquit plus quietement, mentre qu'il estoit sur Naple lo manda a Capue. Més en petit de temps se partirent corrociez lui et lo prince,

Cap. 30. Et que lo pape non estoit present, Gisolfe atendoit son avenement, quar en lo benefice de lo pape

(1) San-Severino et Policastro, au sud de Salerne et près du rivage du golfe de Policastro.

(2) Le Cilento (*cis Alentum*), c'est-à-dire le pays au-delà du fleuve Alento au sud de Salerne ; voyez sur le Cilento une brillante étude de François Lenormant « *A travers l'Apulie et la Lucanie* », t. II, p. 225 sqq., à la p. 271 de cette étude, M. Lenormant dit que les Normands s'installèrent de bonne heure dans le Cilento, longtemps avant la prise de Salerne. On voit que s'il s'agit du Cilento proprement dit, une telle affirmation est contredite par Aimé.

non failloit de relever l'angoisse soe et misere. Et puiz retorna lo pape, et Gisolfe ala a lui, quar toute l'esperance et toute la cure de Gisolfe estoit en lo pape. Et que lo pape lui vouloit bien et lo amoit come fill, lo rechut come amor de pere et moustra a li Romain et a toute maniere de gent coment lui vouloit bien ; et lo fist prince de toutes les chozes del l'Eglize, et lui comist tout son secret et tot son conseill, et disponist les toutes de l'Eglize les choses a soe liberalité et volenté (1).

Cap. 31. Et en cellui temps vindrent a parler ensemble li dui seignor, c'est lo prince et lo duc. Et lo prince reprent lo duc et lui dist vergoingne, et lo duc la substint, et puiz refirent paiz, quar la humilité vaint la superbe. Et lo duc manda plus de nefs por restraindre lo port de Naple, et o li exercit de li chevalier ferma lo chastel et lo fist garder, liquel avoient rout li Neapolitain. Et puiz .xxx. jors, avec lo conseill et avec la licence de lo prince, laissant les nefs a lo port et li chevalier en garde de lo chastel, lo duc ala assegier Bonivent, et fist forteresce entor et afflist li citadin de les choses lor.

(1) Grégoire VII rentra à Rome dans les premiers jours de septembre 1077, après un long séjour dans le nord de l'Italie ; cf. Jaffe-Loewenfeld : *Regesta Pontif. roman.*, nos 5044, 5045, 5046. C'est donc à cette époque qu'il a reçu Gisulfe. Guillaume de Pouille parle également, l. III, v. 463 sqq., des faveurs accordées à Gisulfe par Grégoire VII :

« Gregorium papam spoliatus (Gisulfus) honore Salerni
Appetiit primum. Venientem papa benigne
Suscipit et regio Campanica traditur illi. »

Voyez sur cette réception du pape à Gisulfe : *S. Grégoire VII et la réforme de l'Église au XIe siècle*, par O. Delarc, t. III, p. 328 sq.

Cap. 32. Et lo pape pour ceste chose et pour autre assembla lo consistoire et excommunica lo duc, et touz ceuz qui lo sequtoient (1). Et Jordain fill de lo duc, avec lo conte Rogier son oncle, volant avoir la grace de l'Eglize, alerent a Rome et furent absolut de la excommunication, et firent ligue de fidelité avec lo pape (2).

Cap. 33. Et Baialarde retornant a lo cuer soe manda sa mere avant pour avoir misericorde de lo duc, et il vint apres et rendi lo castel de Sainte-Agathe, et ot la grace de

(1) Les Annales de Bénévent parlent de ce siège et en indiquent la date avec précision : « 1077, anno 5 domni Gregorii septimi papæ, obiit Landolfus princeps (Beneventi) et Richardus princeps (c'est une erreur, le prince Richard de Capoue ne mourut que le 5 avril 1078) et Robertus dux obsedit Beneventum a mense Januario usque 6 idus Aprilis ». *Annales Beneventani ad an.* 1077. Ainsi que Weinreich l'a démontré, les Annales de Bénévent ne commencent l'année qu'avec les calendes de mars ; WEINREICH, *De conditione Italiæ inferioris, Gregorio septimo pontifice*, p. 80 : « *Auctorem annalium Beneventanorum annum calendis martiis incipere demonstratur* »; le mois de janvier 1077 des Annales de Bénévent est donc en réalité de 1078. ROMUALD DE SALERNE écrit également ; « Anno primo postquam cepit Salernum, Robertus dux Beneventum obsedit, acriter eam expugnans ». *Chronicon, ad an.*, 1075 (date erronée) dans MURATORI, R. I. SS., t. VII, col. 171. Enfin, PIERRE DIACRE, *Chron. Cassin.*, III, 45, parle des fortifications élevées par Robert Guiscard, autour de Bénévent, pour s'emparer de la ville.

Ce fut dans le synode romain, du 25 février au 3 mars 1068, que Grégoire VII excommunia les Normands qui assiégeaient Bénévent : « Nous excommunions, dit le procès-verbal du concile, tous les Normands qui envahissent le domaine de S. Pierre, c'est-à-dire la marche de Fermo, le duché de Spolète, ceux qui assiègent Bénévent (et eos qui Beneventum obsident) et s'efforcent d'envahir et de piller la Campanie, la province Maritime et la Sabine, également ceux qui cherchent à jeter la confusion dans la ville de Rome ». GREGORII VII *Regist.*, V, 14, p. 307 sq. des *Mon. Gregor.* de JAFFE.

(2) Cf. *supra*, p. 227, note 1.

son oncle (1). Et lo marchis, et lo noble Azo, quant il oïrent la victoire de lo duc, il non manda epistole ne non manda message, més vint-il en persone a proier lo duc qu'il donnast sa fille a son fill pour moillier; et lo duc lui concedi, et dota la fille de molt grant dote (2).

Cap. 34. Et mentre que ces chozes sont, lo prince Ricchart chaï malade, et quant il vint a la mort rendi a saint Pierre la Campaingne, et absolut de lo evesque de Averse fu mort, et enterré en cellui jor que Jshu-Crist cena avec ses disciples (3).

(1) Cf. *supra*, l. VII, c. 25.

(2) Guillaume de Pouille, l. III, v. 488-508, parle avec détail de ce mariage entre le fils du marquis Azo de Lombardie et une fille de Robert Guiscard :

« Dumque moraretur (dux) Troianæ mœnibus urbis,
Nobilis advenit Lambardus marchio quidam,
Nobilibus patriæ multis comitantibus illum.
Azo vocatus erat; secum deduxit Hugonem
Illustrem natum ; ducis huic ut filia detur,
Exigit in sponsam. Comites proceres que vocari
Quaque facit super his dux consulturus ab urbe.
Horum consiliis Roberti filia nato
Traditur Azonis ; taedas ex more jugales
Et convivando celebrant et multa ferendo.
Cunctis, conjugii quæ postulat ordo, peractis,
Sollicitat comites dux et quoscunque potentes
Dona petens, laeti quibus et vir et uxor abire
Donati valeant. Nec enim prius, imperiales
Altera cum proles thalamos Michælis adisset
Quodlibet auxilium dederant. Communiter illi
Omnes tristantur, quasi vectigalia posci
A duce mirantes; sed non obstare valentes,
Et mulos et equos diversaque munera præbent.
His genero donans, addens sua, classe parata
Ad sua cum magno patremque remisit honore. »

(3) Le jour de la mort du prince Richard de Capoue est également

Cap. 35. Or est licite chose meintenant, comme je ai dit au commencement de ceste ovre, de dire brevement lo bien qu'il firent a nostre monastier ces .ij. seignors (1) quar puiz que Richart fu prince de Capue, cercha de faire alegre l'Eglize nostre, laquelle li predecessor siens turboient; et oppresse ceuz qui la persecutoient et menjoient, o la forte main de deffenze, et destruist ceux qui destruisoient la possessions de lo monastier. Li chastel de lo monastier traist de la main de lo tyrant qui lo tenoient, et molt autres chasteaux siens laissa a lo monastier devotement, a ce que li frere priassent Dieu pour lui contineument; quant il jejunoient les consoloit de poisson. Et lo duc tant amoit l'abbé Desidere, qu'il l'avoit en reverence coment saint Benoît, et non voloit estre sanz la presence de lo abbé; et lo abbé non estoit meins amé de

indiqué par les *Annales Casinenses ad an.* 1077 (On sait que les dates des *Annales Casinenses* sont régulièrement en retard d'un an) « Richardus princeps obiit Capuæ, quinta feria, cœna Domini et Neapolis obsidione soluta est et Jordanis fit princeps ». L'année de la mort du prince est du reste établie d'une manière certaine par les nombreuses chartes de Jourdain, devenu seul prince de Capoue. Voyez en outre *Necrol. Casin.* dans Muratori, R. I. SS., t. VII, p. 942, et *Necrologium S. Benedicti Capuani*, dans Peregrinus, *Hist. principum Langob.*, t. V, p. 67. Nous voyons par les *Annales Casinenses* que le siège de Naples par Richard de Capoue se continua jusqu'à sa mort, par conséquent pendant près d'un an ; une note de B. Capasso (*Monumenta ad Neapolitani ducatus historiam pertinentia*, t. I, Napoli, in-4° 1881, p. 135, note 1) permet de supposer que Naples consentit à payer un tribut aux Normands pour que le siège fut levé; Capasso écrit : « In quibusdam posterioris ævi monumentis tributum *Lormagnaticum* seu fidantia invenio, quod verisimiliter ab hoc tempore (le siège de Naples par les Normands) certe a Northmannis originem habere suspicor.

(1) Robert Guiscard et Richard de Capoue ; Aimé revient sur ce qu'il a dit au début de son travail, cf. *supra*, p. 1, note 2.

la ducesse, laquelle avieingne que lui fust parente, toutes lui paroît come fille. Cestui avoient eslit pour lor pere et pour garde et salut de lor animes, et s'il estoit aucun jor que lo abbé non fust alé a la cort, lo mandoient querant par letre ou par message. Et quant il venoit lui donnoient diverses coses, et a l'onor de l'Eglize li donnoient divers pailles, et li mandoient diverses pieces de or et de argent, et pour lo vestement de li frere et pour lo mengier, mandoit chascun jor besant molt et tarin, et en la sollempnel feste honoroit lo refector de vaissel d'or et d'argent. Et li mul et o li Sarrazin serve sien tout li monastier enricchisoit, et a dire la verité, pour lo benefice de cestui tout lo monastier estoit enluminé. A ces .ij. seignors Dieu, loquel est pere et remunerator de tout bien, pour la merite de saint Benedit, lor en rende merite en vie eterne. *Amen.*

TABLE DES NOMS

A

Abagélard (fils de Humfroy, comte de Pouille), 157 [2]; Baialarde, Baiarlade, Balalarde, Balalart, Balarde, Belabarde, 197, 198, 199, 266, 286, 287, 288, 289, 290, 292, 295, 296, 297, 305, 315, 326, 355.

Acate-Pain, v. *Avartutèle (catapan)*.

Accate-Pain, v. *Avartutèle (catapan)*.

Acchiles, v. Achilles.

Acco, v. *Actus*.

ACERRA, 285 [2]; La Cerre, 85, 266, 285, 286.

Achate-Pain, v. *Avartutèle (catapan)*.

Achilles, Acchilles, 93.

Acquin, v. AQUINO (*ville d'*).

Actus, évêque des Marses, 242 [1], Acco, 242.

Adalbert (archevêque), liij.

Adam de Brême, liij.

Adeguarde, v. *Edouard le Confesseur*.

Adelperga, duch. de Bénévent, xxxij.

Adémar de Chabanais, lxxj.

Adenolfe, 262.

Adenolfe, v. Adénulfe, comte d'Aquino.

Adenulfe, conte de Aquin [comte d'Aquino]; Adenolfe, 231, 234, 236, 238, 239, 240, 245, 261, 263, 279, 293, 295.

Adénulfe de Bénévent, Adinulfe, Athenulfe, Athenulfo, lxviij, 52, 74, 80.

Adénulfe, arch. de Capoue, 46 [1]; Adenulfe, Adinulfe, Anulphe, lxvij, 7, 46, 51.

Adénulfe, duc de Gaëte, comte d'Aquino, 164 [3]; Adenulfe, Adinolfe, Aynolfe, 96, 153, 165, 234.

Adenulfe, duc de Gaiete (moillier de), 234, v. *Marie, duchesse de Gaëte*.

Adinolfe, v. *Adénulfe, duc de Gaëte*.

Adénulphe, abbé du Mont-Cassin, xlvij; Atenulfe, Athenulfe, Enulphe, 7, 31, 34.

Adinulfe, 74, v. *Adénulfe de Bénévent.*

Adinulfe, 46, v. *Adénulfe, arch. de Capoue.*

Adoalde, v. *Harold, roi d'Angleterre.*

Adverarde, v. *Alverada.*

Adverse, v. AVERSA.

AFFIDE, p. 75.

Affrica, 214, v. AFRIQUE.

AFRIQUE, Affrica, 214.

Agnès (*impératrice*), 322 [1]; Agnès, imperatrix, 322.

Agyre, v. *Argira.*

Aimé (*saint*), *évêque de Nusco,* xiv, xv, xvj, xvij, xviij, xix.

Aimé évêque et moine au Mont-Cassin; Amatus, Amat, vij, viij, ix, x, xj, xij, xiij, xiv, xvj, xviij, xxiij, xxiv, xxv, xxvj, xxvij, xxxv, xxxvj, xxxix, xl, xlij, xlv, xlvj, xlvij, xlviij, l, lj, lij, liij, liv, lv, lvj, lvij, lviij, lix, lx, lxj, lxij, lxiij, lxiv, lxv, lxvj, lxvij, lxviij, lxix, lxx, lxxj.

Aimé, du Mont-Cassin (*traducteur d'*), ix, x, xxx, xxxj, xxxij, xxxiij, xxxiv, xxxv, xxxvj, xxxix, xlj, xlij, xliij, xliv, xlv, xlvj, xlvij, xlviij, xlix, l, liv.

Aimé, év. d'Oleron, arch. de Bordeaux, xj, xij, xiv.

Alberade, v. *Alverada.*

Albéric, moine, 189 [2]; Alberico, Alberique, 155, 189, 190.

Aldoalde, v. *Harold, roi d'Angleterre.*

Aldoyne, v. *Ardouin.*

Alemaingne, v. ALLEMAGNE.

Alemaingne (roy d'), 301, v. *Henri IV.*

Alexandre II (*pape*), xxiv; Alixandre, 265, 275.

ALEXANDRIE, Alixandre, 149.

Alexis Comnène (*empereur*), xxiv, lij.

Alfane (*archevêque de Salerne,* 336 [1]; Alfane, 336.

Ali-ibn-Nimah, 204 [1]; Balchaot, Belcho, Belchoah, 204, 213.

Alixandre, 149, v. ALEXANDRIE.

Alixandre (pape), v. *Alexandre II.*

ALLEMAGNE, Alemaingne, 57, 91, 176, 244.

Allemands (*les*), Thodeschi, Thodesque, Todeschi, Todesque, Toudeschi, 131, 134, 151, 245, 259, 281.

ALPES (les), li Alpe, 33, 244.

Alpine, v. ARPINO.

Alverada, lxix, 168 [1]; Adverarde, Alberade, Alverada, Alverarde, 111, 154, 168.

Alverarde, v. *Alverada.*

Amafe, v. AMALFI.

Amalfe, v. AMALFI.

Amalfetain (li), v. *Amalfitains.*

AMALFI, xlvj [1]; Amafe, Amalfe, Amelfe, Malfe, Umalfe, xlvj, lxij, lxvij, 49, 51, 58, 88, 89, 126, 153, 162, 313, 317, 319, 321, 323, 325, 326, 329, 330, 331, 333, 347, 348, 351, 353.

Amalfigiane (monastier de li), v. *Amalfitains.*

Amalfitains (*les*), lxij, lxix,

Amalfetain, Amalfitain, Amalfiten, Malfitain, 89, 127, 162, 313, 325, 326, 329.

Amalfitains (*monastère des*), 182 [1]; monastier de li Amalfigiane, 181.

Amalfiten (li), v. *Amalfitains.*

Amat, v. *Aimé du Mont-Cassin.*

Amatus episcopus et Casinensis monachus, v. *Aimé du Mont-Cassin.*

Ambroise (saint), archevêque de Melan [Milan], 63.

Amelfe, v. AMALFI.

Ami, fils de Gauthier, 197 [4]; Ami, fil de Galtier, Ami, 197, 198, 199.

AMITERNUM, 241 [1]; Amicerne, Amiterne, 241, 307.

ANCÔNE (marche d'), 302.

ANDRIA 160 [3]; Andre, Antri, 160, 265, 273.

Angelus de Nuce, abbé du Mont-Cassin, xxvj.

Anglais (*les*), li Englez, 10.

ANGLETERRE, xlj, lj; Engleterre, 5, 10.

Anglo-Saxons, xlj.

ANTIOCHE, Anthioce, 320.

Antri, v. ANDRIA,

Anulphe, arch., 7, v. *Adénulfe, arch. de Capoue.*

APICE, 286 [1]; Apice, Pice, 266, 286.

Aquin, v. AQUINO (*ville d'*).

Aquin (la conté d'), 173.

Aquin, contes de, 96, v. *Adénulfe, duc de Gaète et Landon, comte d'Aquino.*

Aquin (li conte de), 265, 266, 279, 293; v. *Adénulfe, comte d'Aquino.*

AQUINO (*ville d'*), Acquin, Aquin, 153, 164, 165, 231, 232, 233, 236, 239, 240, 245, 246, 247, 261, 262, 263, 264, 279, 280, 293, 294.

Arabe, v. *Arabie.*

Arabes (*les*), Arabi (li), 268.

Arabie, Arabe, 214.

Arbeo, v. *Hervé.*

Archifrède, 253.

Ardouin, xlvj, lviij, lxviij; Aldoyne, Arduine, Arduyn, Arduyne, Erduyne, xlvij, 52, 63, 64, 65, 66, 68, 69, 83, 85.

Argence, v. *Argiriɀɀo.*

Argencie, v. *Argiriɀɀo.*

Argente (chastel de), 238.

Argentie, v. *Argiriɀɀo.*

Argerico, v. *Argiriɀɀo.*

Argira, 81 [3] [fils de Mélès]; Agyre, Argira, Argire, Argiro, xlviij, 52, 80, 81, 95.

Argiritie, v. *Argiriɀɀo.*

Argiriɀɀo, 227 [1]; Argence, Argencie, Argentie, Argerico, Argiritie, Argitie, Argitio, Arigitie, 222, 223, 224, 225, 227.

Argiro, v. *Argira.*

Argitie, Argitio, v. *Argiriɀɀo.*

ARGYNESE, prob. Frigento, 84.

Arigitie, v. *Argiriɀɀo.*

ARMÉNIE, Herménie, 16.

Arnolin, 85 [1]; Arnoline, 84.

Arpe, v. ARPINO.

ARPINO (pays d'), 139 [3]; Alpine, Arpe, 139, 236.

Ascoli, 85 [1]; Ascle, 70, 84.
Ascletine, v. *Asclitine d'Acerenza*.
Asclicien, v. *Asclitine d'Aversa*.
Asclitine, comte d'Acerenza, 98 [3]; Ascletine, Asclitine, 84, 98.
Asclitine, comte d'Aversa, 87 [1]; Asclicien, Asclitine, Asclitune, Asclitunie, 52, 87, 88, 99.
Asclitune, Asclitunie, v. *Asclitine d'Aversa*.
Aseligime [frère de Gilbert Buatère], 23.
Atenulfe, 7, v. *Adénulfe, abbé du Mont-Cassin*.
Athenulfe [jeune homme de Capoue], 174.
Athenulfe, 52, v. *Adénulfe de Bénévent*.
Athenulfe, 31, v. *Adénulfe, abbé du Mont-Cassin*.
Athenulfo, 80, v. *Adénulfe de Bénévent*.
Attone, 309 [1], Attone, 308, 309.
Auguste (cité de), 243.
Auritine (chastel), 310.
Auxencie [jeune homme de Capoue], 174.
Avares (les), li Avare, xxxiv.
Avartutèle (catapan), 222 [1]; Acate-Pain, Accate-Pain, Achate-Pain, Avartutèle Achate-Pain, 222, 223, 224.
Aversa, lxvij, lxviij; Adverse, Averse, 7, 48, 52, 57, 61, 65, 85, 87, 91, 92, 95, 285.
Averse (conte de), 83, v. *Rainulfe, comte d'Aversa*.
Averse (conte de), 100, v. *Rainulfe Trincanocte*.
Averse (evesque de), 356.
Aynolfe (duc), v. *Adénulfe, duc de Gaëte*.
Azo, évêque de Caserte, xliij, xliv.
Azo (marchio), v. *Azza*.
Azza (marquis), 315 [3]; Azo, 315, 356.

B

Babipga (église de), v. Bamberg.
Baialarde, v. *Abagélard*.
Baialarde (la fille), 315.
Baiarlade, v. *Abagélard*.
Baist, lv.
Balalarde, Balalart, v. *Abagélard*.
Balamente, 250.
Balarde, v. *Abagélard*.
Balchaot, v. *Ali-ibn-Nimah*.
Baluze, xj, xij, xiv.
Balva, 307 [4]; Balvenise, Valbine, 124, 307.
Balvenise, v. Balva.
Bamberg (cathédrale de), 32 [1]; église de Babipga, 32.
Barbastaire, Barbastie, v. Barbastro.
Barbastro 13 [1]; Barbastaire, Barbastie, 5, 12.
Barbotte, v. *Guillaume Barbote*.
Bar, v. Bari.
Bar-entrebut, 197.
Bari, lj, lxix, lxx; Bar, 145, 194,

220, 221, 223, 224, 225, 227, 228, 230, 275, 296.
Basile, abbé du Mont-Cassin, 45 [1]; Basile, Basllie, 7, 43, 45, 55.
Basilie, v. *Basile.*
BAVIÈRE *(abbaye de),* lxv.
Béatrix, veuve de Boniface, margrave de Toscane, 281 [1];
Beatrice, Beatrix, 266, 281.
Bebie (mont de), v. VÉSUVE (mont).
Belabarde, v. *Abagélard.*
Belabarde (frère de), 198.
Belcho, v. *Ali-ibn-Nimah.*
Belchoal, v. *Ali-ibn-Nimah.*
Belgrime, v. *Piligrim, arch. de Cologne.*
Bellarie (castel), Valaire, Vallarie, 266, 288.
Belvedere (castel de), 95.
Benafre, v. VENAFRO.
BENEDICTBEUREN (abbaye), lxiv.
Benedit (pape), v. *Benoît IX.*
BÉNÉVENT, lij; Bonivenc, Bonivent, xxxj, 33, 47, 52, 80, 104, 117, 118, 120, 123, 135, 190, 196, 266, 277, 278, 283, 284, 315, 354.
Benoît (saint), xxxiv, lxvij; Saint Benoît, Saint Benedit, 37, 98, 142, 164, 172, 189, 262, 263, 293, 344, 357, 358.
Benoît (ordre de Saint), xxj, xxij, *Benoît IX (pape)*; Benedit (pape), 33.
Bérard II, comte des Marses, 304 [2]; Bernarde (li fill de), 306, Berart (conte), 307.

Bérard, comte des Marses, fils de Bérard II, 304 [2], 306 [1]; Berart, Berarde, Bernart, 241, 242, 267, 304, 307, 310, 311.
Berarde, fil de Adain, 304.
Berarde, v. *Bérard, comte des Marses, fils de Bérard II.*
Berart (conte), 307, v. *Bérard II, comte des Marses.*
Berart, v. *Bérard, comte des Marses, fils de Bérard II.*
Bernard, évêque, 182 [1]; Bernart, Bernat, 181.
Bernard, v. *Bérard, comte des Marses, fils de Bérard II.*
Bernarde, 306, v. *Bérard II, comte des Marses.*
Bernarde (li fill de), 306, v. *Oderisius, Rainaldus et Bérard.*
Bernart (evesque), v. *Bernard.*
Bernat (evesque), v. *Bernard.*
Besantie, v. *Biʒanʒio (patrice).*
Bethmann. xxxiv.
Bibio (mont), v. VÉSUVE (mont).
Bisancie, Bisantie, v. *Biʒanʒio (patrice)*
BISIGNANO, Visimane (cité), 109.
Bizantie, v. *Biʒanʒio (patrice).*
Biʒanʒio (patrice), 222 [1]; Besantie, Bisancie, Bisantie, Bizantie, Bysantie, 221, 222, 223.
Bysantie, v. *Biʒanʒio (patrice).*
BODFELD, 139 [3]; Ponte-Feltro, 139.
Bollandistes (les), xiv, xv, xvj, xviij.
Boniface (marquis), 91 [3]; Boniface (marchiz), 91.

Bonivenc, v. BÉNÉVENT.
Bonivent, v. BÉNÉVENT.
Bonivent (arch. de), v. *Udalrich.*
Bonivent (conte de), 146.
BOOGARIE (cité), 135.
Borel (les fils de), 91 [2]; Burell, Burelle, Burello, Burielle (li fil de), 91, 154, 174, 265, 278.
Borguegnons, v. *Bourguignons.*
Bourguignons, Borguegnons. 12.
Bresce, v. BRIXEN.
BRIXEN (évêque de), v. *Damase II.*
Burel, Burelle, Burello, Burielle, v. *Borel.*

C

CAIAZZO, xliv; Calatine xliij.
Calabrais (les), Calabrez, Calabrois, Calabroiz, 58, 78, 250, 348.
CALABRE, lviij, 103, 104, 108, 110, 111, 153, 154, 158, 167, 170, 171, 178, 193, 198, 199, 200, 207, 218, 232, 250, 257, 261, 270, 271, 287, 295, 296, 297, 300, 347.
CALABRE *ultérieure,* xliv.
Calabrez, Calabrois, Calabroiz, v. *Calabrais.*
Calatine, v. CAIAZZO.
CALCARE, 209 [1], Calcare, 209.
CAMPANIE, li, lxiij, lxx; Campagne, Campaingne, Champaingne, 172, 173, 237, 241, 245, 311, 314, 340, 356.
Canini, v. CANOSA DI PUGLIA.

Canne, 84, v. CANNES.
Canne, 273, 275, v. CANOSA DI PUGLIO.
CANNES, 85 [1]; Canne, 84.
CANOSA DI PUGLIA, 270 [2]; Canini, Canne, 270, 273, 275.
Gappille (conte), [*surnom donné à Guaimar IV*], 92.
CAPOUE, lij, lxvij, lxix; Capua, Capue, 6, 24, 29, 33, 41, 45, 57, 90, 92, 95, 103, 105, 106, 153, 154, 161, 163, 165, 172, 174, 175, 176, 240, 245, 248, 261, 264, 273, 278, 279, 287, 332, 353.
Capoue (archevêque de), xxj.
Capua, Capue, v. CAPOUE.
Capusita [mon. de Saint Benoît à Capoue], 42.
Caruso, xxxvij.
CASERTE, xliij, Caserte, 90.
Castel-Johan, v. CASTROGIOVANNI.
CASTEL-VECCHIO, 138 [1]; Castel-Viel, 138.
Castel-Viel, v. CASTEL-VECCHIO.
CASTROGIOVANNI, 213 [2]; Castel-Johan, Chastel-Jehan, Chastel-Johan, Chastel Saint-Jehan, 194, 213, 214.
CATATE, 204 [1]; Cataingne, Catainne, 203, 232, 250.
CATANE (évêque de), lvij, lviij.
Cava (archives de la), xvj.
Cecile, Cecille (Sainte), 329.
CENTORBI, 212 [4]; Conturbe, 212.
CEPERANO, xxv.
César (Jean), xlvij; Cesaire, Cesare, xlvij, 6, 15, 16.

Champaingne, v. CAMPANIE.
Champollion-Figeac, vij, xiv, xix, xxxij, xxxix, xl, xlij, xliv, xlv, xlix, liv, lv, lvj, lvij, lix.
Charlemagne, xxxv.
Charles II, roi de Naples, xlv.
Chastel-Jehan, Chastel-Johan, Chastel Saint-Jehan, v. CASTROGIOVANNI.
CHIETI, 302 2; Thetin (marche de), 302.
Chretiens, Chrestien, 5, 14.
CIDONIE, V. LACEDONIA.
CILENTO, 353 2; Cylliente, 353.
CIMINO (mont), 282 1; Cymine, Cymino, 266, 282.
CIVITATE, lx, lxix; la Cité, 84, 132, 133, 134.
Clément II (pape), lxviij, 114, 115.
Coloingne (archevesque de), 33, v. *Piligrim*.
COMINO (*pays de*), 39 1; Comune (la terre laquelle se clame lo), 38.
Conrad (empereur), lxvij, Corrade, Corrat, 51, 55, 57.
CORATO, 272 1; Quarate, 272, 273.
Corrade, v. *Conrad*.
Corrat, 105.
Corrat, v. *Conrad*.
Costentin, fill de Tuisco, 88, 89.
CONSTANTINOPLE, xlvij, lxvij; Costentinnoble, Costentinoble Costentinople, xlviij, 5, 7, 13, 13, 16, 24, 34, 35, 51, 60, 61, 64, 95, 149, 179, 181, 197, 198, 199, 222, 351.

Conturbe, v. CENTORBI.
Costentinoble (empeor de), 34; [*prob. Romain Argyre*].
Costentinoble (empereour), 51, 259 [*Michel IV*].
Costentinoble (impeor de), 351 [*Constantin Ducas ou Romain Diogène.*]
Costentinoble (impereor de), 266 [*Michel VII*].
Costentinoble (impiere de), 197, 297.
Costentinoble (emperatrix de), 60 [*Zoé*].
Costentinople (impereor de), 198 [*prob. Constantin Ducas*].
Cydonie, v. Lacedonia.
Cylliente, v. CILENTO.
Cymine, Cymino, v. CIMINO.
Cyrus, roi de Perse, Cyre, roy de Persie, 1, 2.
Cysterne, v. TORRE DELLA CISTERNA.

D

Damase II, pape [*aup. év. de Brixen*], 115 1; Damasco, Damase, Damasse, 104, 114.
Datto, 34 1 [beau-frère de Mélès]; Dato, 34.
David (prophète), 124.
DEMEDE, 257.
Didier, abbé du Mont-Cassin, viij, ix, x, xj, xxiij, xxiv, xxxvj, xxxix, lxx; Desidere (abbé, frère, missire), xxxv, 1, 143, 144, 145, 146, 151, 172, 177, 191, 262, 263, 266, 276, 285,

286, 301, 333, 335, 357.
Di Meo, xvj, lxviij.
Dokeianos (Michel), 63 [2]; Dueliane, Ducliane, Dulcanie, Dycclicien, Dyoclicien, 52, 64, 70, 75, 76.
Drogo, comte de Pouille, lviij, lxviij, 52 [1], 90 [2]; Drago, Drogo, Drugone, 52, 53, 59, 84, 90, 91, 92, 95, 98, 101, 103, 104, 105, 111, 112, 113, 117, 118, 119, 120, 121, 122, 123, 131.
Drogo (frère de), 122, v. Humfroy.
Drugone, v. Drogo, comte de Pouille.
Duchesne, xxviij, xxix.
Ducliane, Dueliane, Dulcanie, v. Dokeianos.
Durazzo, Durace, 198.
Dycclicien, Dyoclicien, v. Dokeianos.

E

Eberhard, comte de Nellembourg, 299 [2]; Herenarde, 299.
Edouard le Confesseur, roi d'Angleterre, 104; Adeguarde, 10.
Eichstatt (évêque d'), 139 [2]; Estitanse (év. de), 139, v. Victor II.
Eldeprande, 7, 45, v. Hildebrand, arch. de Capoue.
Eldeprande, 191, v. Hildebrand, plus tard Grégoire VII.
Emmellesio, 213.

Engelscalc, abbé de Benedictbeuren, lxiv.
Engleterre, v. Angleterre.
Engleterre (roy d'), 5, 10 [Harold].
Engleterre (roy d'), 343 [Guillaume le Conquérant].
Englez (li), v. Anglais.
Enulfe, v. Adénulfe, abbé du Mont-Cassin.
Erduyne, v. Ardouin.
Esclavonnie, 14.
Espagne, xj, lj; Espaingne, 5, 12, 13, 216.
Estitanse, v. Eichstatt.
Etienne [neveu de Mélès]; Stephane, 39; 40.
Etienne IX. (pape), xxxv.
Etna, 212 [3], Mont de Gilbert, 212.
Eutrope, Eutroppe, xxxj, xxxiij, xxxvj, xlv, xlvj, xlix.

F

Facose-le-Nove, v. Paccosa-Nuova.
Falgutce, 269.
False, v. Frazzano.
Federic (cancelier), v. Frédéric de Lorraine.
Federic (empereor), 123.
Firmo (Marche de), 124 [2]; la Marche, lix, 124.
Français (les), Françoiz, Francois, 11, 34.
France, xj, 9, 123.
France (roy de), 123; [Henri Ier].

France (roy de), 343 [Philippe Ier].
Francois, v. Francais.
Francois de Ponte, prêtre de Nusco, xv, xvj.
Françoiz, v. *Francais.*
FRAZZANO, 212 [2]; False, 212.
Frédéric de Lorraine [ensuite pape sous le nom d'Etienne IX, lxj, lxiv, 121 [1]; Federic (cancelier), 120, 124.

G

GAETE, Gaiete, Gaite, Gayete, Gayte, lix, 48, 86, 124, 325.
Gaëtains, Gaytein (li), 313.
GAIETE, V. GAETE.
Gaiëte (duc de), 173. v. *Guillaume de Montreuil.*
Gaimare, 86, v. *Guaimar IV, pr. de Salerne.*
Gaite, v. GAETE.
Gallinare, v. GARIGLIANO.
GALLINARE (château de), lxvj, 39.
Gallinaire, v. GARIGLIANO.
Gamerie, 54, v. *Guaimar IV, pr. de Salerne.*
Garigiane, v. GARIGLIANO.
GARIGLIANO, 236 [1]; Gallinaire, Gallinare, Garigiane, 236, 279.
GARIGLIONE (tour de), 34 [1]; Garilgiane (tor de), 34.
Garilgione, 295 [3]; Garilgione, Garilione, Glaile, 266, 295, 296, 297.
Gattola, x.
Gauthier [fils d'Amicus, comte de Civitate], lxviij, 269 [1]; Gautier, Pierre de Gautier, 81, 84.
Gayete, v. GAETE.
Gayfere, 187 [1]; Gayfere, Gualfere, Guayfere, Guayfrerie, 155, 186, 190.
Gaymare, 103, v. *Guaimar IV, pr. de Salerne.*
Gaymarie, 41, v. *Guaimar III, pr. de Salerne.*
Gaymere, 352, v. *Guaimar, frère de Gisulfe.*
Gaymere, 59, 61, 103, 106, 117, 253, 331, v. *Guaimar IV, pr. de Salerne.*
Gaystein, v. *Gaëtains.*
Gayte, v. GAETE.
Gaza, 184.
Gazoline de la Blace, v. *Goçelin.*
Gebhart ev. d'Eichstatt [pape sous le nom de Victor II], 139 [2]; Geobarde, 139.
Geffroy [frère de Humfroy, comte de Pouille], Gofrede, 136.
GÊNES, 313 [1]; Janue, 313.
Génois (les), Genevoiz, 324.
GENZANO DE POUILLE, 99 [1]; Jézane, 99.
Geobarde, v. *Gebhart, év. d'Eichstatt.*
Geoffroi Ridelle [duc de Gaëte, seigneur de Ponte Corvo], 205 [1]; Goffre, Goffre Ridelle ou Rindielle, Goffrede Ridelle, Goffroy Rindielle, Gofre, 193, 205, 206, 210, 218, 265, 272, 293, 294.

Geraldus (monachus), x.
GERMANIE, lxvij.
Giesebrecht, liv.
Gilbert Buatère, 23 [1]; Gisilbere, Gisilberte, Gisiberte... clamé Buatere, 6, 21, 23.
Gimoalde, v. *Grimoalde, arch. de Salerne.*
Girard di Buonalbergo, 111 [1]; Girart-de-Bone-Herberge, Gyrart, 103, 111, 266, 292.
Gisilbere, Gisilberte, v. *Gilbert Buatère.*
Gisolfe, v. *Gisulfe, prince de Salerne.*
Gisolfe (la soror de), 154 [*Sikelgaita*].
Gisulfe, prince de Salerne, x, liiij, lxj, lxij, lxiij, lxix; Gisolfe, Gysolfe, 129, 130, 136, 137, 138, 153, 154, 155, 157, 166, 167, 168, 170, 171, 178, 179, 180, 181, 184, 185, 187, 190, 192, 266, 282, 283, 313, 314, 315, 317, 319, 321, 322, 323, 324, 325, 330, 331, 332, 333, 334, 335, 336, 340, 346, 347, 349, 350, 351, 352, 353, 354.
Glaile, v. *Garilgione.*
Gocelin, 199 [2]; Gazoline de la Blace, Gozelin, Gozolin, 197, 198, 199, 225.
Godefrede, 232; Godefroy, 244, 245, v. *Gottfried, duc de Lorraine.*
Goffre, Goffre, Goffrede, Goffroy, Gofre Ridelle ou Rindielle, v. *Geoffroi Ridelle.*
Gofrede, 136, v.*Geffroy (frère de Humfroy, comte de Pouille).*
Gotherico, 141, v. *Gottfried, duc de Lorraine et de Toscane.*
Goths (les), Goth (li), xxxiij.
Gottfried, duc de Lorraine et de Toscane, lxx, 243 [1]; Godefrede, Godefroy, Gotherico, Gotofrede, Gottofrede, 141, 232, 244, 245.
Gozelin, v. *Gocelin.*
Gratien, Gracien, Gratien, 314, 340.
Grec (li), v. *Grecs.*
Grèce, 200.
Grecs (les), liij, lxvj, lxviij; Grec, Grex, Grez, Grézois (li), xlvj, 6, 16, 17, 18, 25, 27, 29, 30, 33, 34, 41, 51, 52, 58, 59, 62, 63, 65, 71, 74, 75, 76, 77, 78, 181, 225, 299, 300, 333.
Grégoire (Saint), 188, 250.
Grégoire VII (pape), ix, xj, xij, xxij, xxiv, xxv, lij, liiij, lxiij; pape Gregoire, 313, 325, 332.
Grégoire, évêque de Vercelli, 299 [1]; Gregoire..., evesque de Verseill, 299.
Grex, Grez, Grezois (li), v. *Grees.*
Grimoald, arch. de Salerne, 316 [1]; Gimoalde, Grimalde, 313, 316.
Guaimaire, 58, v. *Guaimar IV.*
Guaimar [frère de Gisulfe, prince de Salerne], Gaymere, Guaymere, Guimere, 331, 352, 353.
Guaimar III, prince de Salerne

19 ¹; Gaymarie, Guaimarie, Guaymarie, Guaymario, 19, 33, 41, 51, 54.

Guaimar IV, prince de Salerne, 54 ², xliij, lx, lxvij, lxix; Gaimare, Gamerie, Gaymare, Gaymere, Guaimaire, Guaimere, Guamarie, Guamerie, Guaymaire, Guaymarie, Guayme, Guaymere, Guaymerie, Guayamere, Guymarie, Guymere, Gyamario, 51, 52, 53, 54, 55, 57, 58, 59, 61, 62, 82, 83, 85, 86, 87, 88, 90, 91, 92, 94, 95, 96, 103, 104, 105, 106, 107, 113, 116, 117, 119, 123, 125, 126, 127, 128, 130, 131, 138, 168, 184, 253, 317, 331.

Guaimarie, 19, v. Guaimar III.

Guaimere, 55, 57, 59, 96, v. Guaimar IV.

Gualfere, v. Gayfere.

Guamarie, 55; Guamerie, 54, v. Guaimar IV.

Guanerius suevus, lxix.

Guarain, 77.

Guarani, 78.

Guayfere, v. Gayfere.

Guayfrerie, v. Gayfere.

Guaymaire, 51, 52, 54, 61, 62, 82, 85, 86, 87, 90, 95, 116, 138, v. Guaimar IV.

Guaymarie, 33, 41, 54, v. Guaimar III.

Guaymarie, 184.

Guaymario, 51, v. Guaimar III.

Guayme, 94; Guaymere, 55, 57, 90, 91, 92, 95, 96, 103, 104, 105, 106, 113, 117, 119, 123, 125, 126, 127, 128, 130, 131, 184, v. Guaimar IV.

Guaymere, 352, 353, v. Guaimar, frère de Gisulfe.

Guaymerie, 58, v. Guaimar IV.

Gui ou Guido [oncle de Gisulfe, pr. de Salerne], lxvij, lxix, 184 ², Guide, 58, 83, 127, 128, 129, 130, 136, 137, 154, 157, 170, 184, 185.

Gui de Salerne [frère de Gisulfe, pr. de Salerne], 256 ¹; Guide, 265, 272, 331, 332.

Guide, 58, 83, 127, 128, 129, 130, 136, 137, 154, 157, 170, 184, 185, v. Gui (oncle de Gisulfe).

Guide, 265, 272, 331, 332, v. Gui de Salerne (frère de Gisulfe).

Guiliame (conte), 5 [Guillaume le Conquérant].

Guillalme, 238, v. Guillaume de Montreuil.

Guillame, 159, v. Guillaume de Hauteville.

Guillaume (comte), 261 ¹; Guillerme (conte), 261.

Guillaume Barbote, Guillerme Barbote, Barbotte, 95.

Guillaume Bellabocca, comte d'Aversa, lxviij.

Guillaume Bras-de-Fer, comte de Pouille, lviij, lxviij; Guillerme, 51, 52, 59, 82, 83, 84, 90.

Guillaume le Conquérant, xlj; Guiliame (conte), Guillerme, 5, 10.

Guillaume de Hauteville, 166 [2];
Guillame, Guillerme, 136,
137, 138, 154, 159, 162, 166,
168, 170, 171.
Guillaume de Jumièges, lxxj.
Guillaume de Male, Guillerme
de Male, 218.
Guillaume de Montreuil, 173 [2];
Guillalme, Guillerme, Guillerme Moscarolle, Guillerme
Mostrarole, 173, 231, 232,
234, 235, 236, 237, 238, 239,
240, 241, 242, 245, 246, 247,
248, 261, 263.
Guillaume, (év. de Nusco), xvj.
Guillaume de Pouille, lvj, lix,
lx, lxj, lxij, lxiij, lxxj.
Guillaume Répostelle, 23 [1]; Guillerme, 6, 21, 22, 23.
Guillerme, 293, 295.
Guillerme, Guillerme, filz de
Tancrède, 51, 52, 59, 82, 83,
84, 90, v. *Guillaume-Bras-de-Fer*.
Guillerme (conte), 10, v. *Guillaume le Conquérant*.
Guillerme, 136, 137, 138, 154,
162, 166, 168, 170, 171, v.
Guillaume de Hauteville.
Guillerme, 173, 232, 234, 235,
236, 237, 238, 239, 240, 241,
245, 246, 247, 248, 261, 263,
v. *Guillaume de Montreuil*.
Guillerme, 6, 21, 22, 23, v.
Guillaume Répostelle.
Guillerme Arenga et Arengue,
266, 287, 288, 291, 292, 296,
326, v. *Robert Arenga*.
Guillerme Barbote, v. *Guillaume Barbote*.

Guillerme de Male, v. *Guillaume de Male*.
Guillerme Moscarolle ou Mostrarole, v. *Guillaume de Montreuil*.
Guillerme Pontarcefrede, 295.
Guillerme Rindelle, 294 [prob. *Geoffroi Ridelle*].
Guimere, 331, v. *Guaimar, frère de Gisulfe*.
Guimunde, 332.
Guyamere, 91 ; Guymarie, 107 ;
Guymere, 168 ; Gyamario, 53.
v. *Guaimar IV*.
Gyrart, v. *Girard di Buonalbergo*.
Gysolfe, v. *Gisulfe, prince de Salerne*.

H

Harold, roi d'Angleterre, xlj,
103 ; Adoalde, Aldoalde, 10.
HASTINGS, xlj.
Henri Ier, roi de France, 123 [3].
Henri II de Germanie, xlviij,
lxvj, 32 [2] ; Henri, l'empereor
Henri, 55, 114, 158.
Henri IV de Germanie, lxx ;
Henry..., roy de li Thodeschi,
231, 243, 298.
Heldeprande, 46, v. *Hildebrand, arch. de Capoue*.
Heldeprande, 265, 275, v. *Hildebrand, plus tard, Grégoire VII*.
Héraclius, empereur, xxxj.
Herenarde, v. *Eberhard, comte de Nellembourg*.

*Hermande [frère adultérin d'A-
bagélard]*, 271 1 ; Hermande,
271, 272, 273, 275.
Herménie, v. ARMÉNIE.
Hervé, 85 1 ; Arbeo, 84.
Hierusalem, v. JÉRUSALEM.
Hildebrand [plus tard pape,
sous le nom de Grégoire VII],
191 1 ; Eldeprande, Heldeprande, 191, 265, 275.
Hildebrand, arch. de Capoue,
461 ; Eldeprande, Heldeprande,
7, 45, 46.
Hirsch (Ferdinand), ix, x, lv, lix,
lx, lxvj.
Hugo Fallacia, 88 3 ; Hugo,
Hugo... Fallacia, 52, 88, 89.
Hugo Toutebove, 85 1 ; Hugo
toute Bove, 84.
Humfroy, comte de Pouille,
Umfre, Umfrede, Umfroi, Umfroy, Unfroi, Unfroi, lxix, 59,
98, 99, 101, 123, 130, 134,
137, 138, 157, 158.

I, J

Janue, v. *Gênes*.
Ibn-al-Hawwâs, 204 1, surnom
de *Ali-ibn-Nimah*.
Ibn-at-timnah (caïd), 204 1 ;
Vultime, Vultimien, Vulti-
mine, Vultimino, Vulfumine,
193, 203, 204, 205, 213.
Jean (saint), Jehan (saint), 329.
Jean (archevêque de Salerne),
136 1 ; Jehan, 132.
Jean (château), 252 1 ; chastel
Jehan, chasté Saint-Jehan,
252.

Jean [fils de Maurus d'Amalfi],
Jehan, fils de Maure, 322.
Jean de Maranolla, 238 1 ; Jehan
de Maranolle, 238.
*Jehan Seurre [frère de Gisulfe
de Salerne]*, Johan, Jehan, 331,
351.
Jehan, 89, v. *Pantaleon (Johan)*.
Jehan (evesque de Salerne), v.
Jean.
Jehan, Saint-Jehan (chastel), v.
Jean (château).
Jehan (fils de Maure), 322, v.
Jean, fils de Maurus d'Amalfi.
JÉRUSALEM, xxvj ; Hierusalem,
Jerusalem, Jerusalin, Jheru-
salem, 18, 125, 175, 179, 180,
181, 320, 338.
Jézane, v. GENZANO DE POUILLE.
Insule (chastel liquel se clame),
279, v. ISOLA DEL LIRI.
Joconde, Jocunde (moine), 313,
316.
*Jourdain [fils de Richard de
Capoue]*, 238 2 ; Jordain, Jor-
dan, 233, 238, 246, 247, 261,
262, 264, 265, 267, 268, 274,
307, 308, 315, 355.
Isembert, év. de Poitiers, xij.
Isidore de Séville, xxviij, xxxvj,
xlv, xlvj.
Isidore de Séville (chronique de),
xxvij, xxx, xxxj ; Ysidoire, Ysidorre (chronique de), xxx, xxxj.
ISOLA DEL LIRI, 280 1 ; Insule,
Ynsule, Ysole, Ysule, 279, 280,
294, 295.
ITALIE, xxxij, xlj, liv, lvj, lxvj,
lxvij, lxxj ; Ytalie, xliij, xlviij,

2, 5, 6, 13, 18, 23, 24, 32, 34, 35, 55, 90, 91, 125, 149, 231, 243, 244, 259.
ITALIE du Sud, xiv, xxv, xliv, xlviij, l, lj, lv, lvj, lviij, lxj, lxvj.
Italiens (les), lix.
Juifs (les), Judée (li), 93, 338.

L

Labelle, la Belle, v. LAVELLO.
LABOUR (TERRE DE), Labor (terre de), 48.
LACEDONIA, 274 [2]; Cidonie, Cydonie, 265, 274.
La Cerre, v. ACERRA.
La Cité, v. CIVITATE.
La Cysterne, v. TORRE DELLA CISTERNA.
Lambert de Hersfeld, liij.
Lande, 279, v. Lando, comte d'Aquino.
Lando, comte d'Aquino, 280 [1]; Lande, 279.
Landolfe, 279, v. Landulfe, comte d'Aquino.
Laddon [comte d'Aquino, gendre de Pandulfe IV], 95 [2]; Laude, 96.
Landon, comte de Traëtto, 235 [1]; Laude, Laude de Tragete, 234, 236, 238.
Landulfe, 127, 130.
Landulfe, comte d'Aquino, 280 [1]; Landolfe, Landulfe, 279, 293.
Landulfe [frère de Gisulfe de Salerne], 331, 353.
Landulfe [fils de Pandulphe VI de Capoue], 162.

Landulfus (monachus), x.
Latin (li), 333.
Laude, 96, v. Landon (comte d'Aquino).
Laude, 238; Laude de Tragete, 234, 236, v. Landon, comte de Traëtto.
Laurent (Saint), Laurens (saint), 121.
LAVELLO, 85 [1]; Labelle, la Belle, 70, 84.
Léon (moine), Leo, 313, 327.
Leo de' Marsi, viij, xxiv, xlv, lxiv, lxv, lxvj, lxvij, lxviij, lxix, lxx.
Léon, év. de Gaëte [frère de Renier, comte d. Suio], 264 [2].
Léon IX [d'abord évêque de Toul ensuite pape], lviij, lix, lx, lxj, lxix; Leo, Lion, Lyon, 104, 115, 121, 123, 139.
Liberator (cenobie), 7, v. Saint-Liberator (monastier).
Lion, v. Léon IX.
Liutprand (roi), xxxiv.
Lofulde [frère de Gilbert Buatère], 23.
Lombards, xxxiij, lij, lxij, lxviij; Loingobart, Longobart (li), xxxiij, xxxiv, 2, 18, 41, 164, 316, 332.
Lucie (sainte), 51, 60.
Lucie (sainte), 329.
Lupus, lxxj.
Lyon, v. Léon IX.
Lyon (pape), 308.
Lyon [sujet de Gisulfe de Salerne], 136, 166.

M

Mabillon, xj.
MADDALONI [château de], 90 [1];
   Madalone, Magdalone, Matelone, Mathelone, Metadelione, xliij, 90.
Mainfroi [fils naturel de Frédéric II], xliij.
Major-Torre (château de la), xliij, 88.
Malarbine, v. MINERVINO.
Malaterra, lvj, lvij, lviij, lxxj.
Malfe, v. AMALFI.
Malfitain, v. Amalfitains.
Malgère, v. Mauger.
Manachia, v. Maniacès.
MANFREDONIA, xliij; Manfredone, xliij, 83.
Maniacès, lviij, lxviij, 61 [1]; Manachia, Maniachin, Manialie, Monacho, Moniaco, 51, 52, 60, 64.
Mansion-Mansone [sujet de Gisulfe de Salerne], 136, 166.
Marc (saint), évangéliste, 218.
Marca, xij.
Marcelle (duc de), 123, v. MARSEILLE.
Marche (la), v. FIRMO (marche de).
Marie (duchesse de Gaëte), 235 [1].
Marse (lo conte de), 242, v. Bérard, comte des Marses, fils de Bérard II.
MARSEILLE (duc de), 123 [4].
MARSES (PAYS DES), Marse, Marsi, Marsica, Marsico, lix, 91, 124, 173, 231, 241, 267, 307.
Marsica-marsico (conte de), 91, 231, 241 [v. Bérard et Oderisius, comtes des Marses].
Martin [gardien de la prison de Salerne], 89, 90.
Marus (J.-B.), xxvj.
Matelone, Mathelone, v. MADDALONI.
Mathieu (saint), Mathie (saint... apostole), 132, 315, 337, 352, 353.
Mathilde (comtesse), 281 [1]; Mathilde, 266, 281.
Mauger [frère de Humfroy, comte de Pouille], Malgere, 136.
Maur (saint), Mauor (saint), 150.
Maurus d'Amalfi, 319 [2]; Maure, Maurus, 313, 319, 321.
Maurus [fils de Maurus d'Amalfi], Maure, 322, 323.
Maximien, 317.
Mazara, Mazare, Mazarin, v. MAZZARA.
Mazarin (cardinal), xxvij.
MAZZARA, 204 [1]; Mazara, Mazare, Mazarin, lxix, 232, 257.
Melan, v. MILAN.
Mélès, lxvj; Melo, Melus, 6, 7, 24, 25, 28, 29, 31, 32, 34, 38, 39, 80.
MELFA (LA), 294 [3]; Melfe (flume de), 294.
Melfe, v. MELFI.
Melfe (flume de), 294, v. (LA) MELFA.
MELFI, 67 [1], lxviij; Melfe, Melfef,

xlvj, 29, 52, 58, 67, 70, 77, 80, 83, 85, 104, 116, 153, 159, 160.

Mélie, xlv.

Melo, 7 [cap. 29], 34, 25, 28, 29, 31, 32, 34, 38, 39, 80, v. *Mélès*.

Melo [*Mélès*], 7 (cap. 30), 39 [*neveu de Mélès*].

Melo (frere carnel de la moillier de), 34, v. *Datto*.

Melo (li neveu de), 39 [Etienne, Pierre et Melo].

Melus, 6, v. *Mélès*.

MESSINE et Messyne, 193, 194, 206, 208, 209, 210, 216, 218, 250, 257.

METADELIONE, v. MADDALONI.

Michel (saint), Michiel (saint), 189.

Michel IV, empereur, 611.

Michel VII, empereur, 151.

MILAN, Melan, 63.

Militrée (comte de), xxvj, xxix, xxx, xxxiij, xxxvj, xxxviij, xliv, xlviij.

MINERVINO, 85 1; Malarbine, Monnerbin, 85.

Monacho, Moniaco, v. *Maniacès*.

Monnerbin, v. MINERVINO.

MONOPOLIS, 85 1; Monopoli, 84.

Mont-Alegre, v. MONTE ILARO.

MONT-CASSIN (*monastère du*), viij, xi, xiij, xiv, xix, xxiv, xxv, xxxv, xxxvj, lj, lxiv, lxv, lxvij, lxix, lxx; Mont de Cassin, Mont de Cassym, Mont de Cassyn...(monastier...covent... roche... de) (Saint Benedit de)

Mont de Cassin... 36, 43, 44, 55, 96, 143, 144, 145, 148, 153, 154, 164, 165, 172, 175, 177, 344.

Mont de Cassin (moine de), 1, v. *Aimé, év. et moine*.

Mont-Cassin [situation hiérarchique d'un abbé], xix, xx, xxj.

Mont de Cassyn (abbé de), 265, 340, v. *Didier, abbé du Mont-Cassin*.

Mont-de-Cassyn (moine de), 193.

MONT GARGANO, 84 1; Mont de Gargane, 52, 83.

Mont de Gargane, v. MONT GARGANO.

Mont de Gilbert, v. ETNA.

Mont Pelouz, v. MONTE PELOSO.

Mont Sarchio, Mont Soricoy, v. MONTE SIRICOLO.

MONTE ILARO, 122 3; Mont-Alegre, 121, 122.

MONTE PELOSO, 77 2; Mont Pelouz, 77, 84.

MONTE-SCARNO, 92 4; Sarne (lo mont...), 92.

MONTE SIRICOLO, 78 !, Mont Sarchio, Mont Soricoy, 78.

MONTE-VIRGINE (abbaye de), xv, xvj, xvij.

MUNICH (*Bibl. royale de*), lxiv.

Muratori, xj, xxxvij, liv.

N

NAPLE (maistre de la chevalerie de), 49 [*Sergius IV*].

NAPLE (maistre de la chevalerie de), 284, 324 [*Sergius V*].

Naples, Naple, Naples, xlvj, 47, 58, 124, 284, 301, 314, 324, 330, 348, 353, 354.
Naples (*anc. roy. de*), xv, xliv, xlvij, l.
*Napoléon I*er xxvij.
Napolitains, Neapolitain (li), 313, 354.
Néron, 317.
Nocera-dei-christiani, 307 [3]; Nocere de li chrestien, 307.
Noemi, 122.
Nora (Ysulle), home de Nore, 9.
Normandie, lxvj; Normandie, Normendie, xxxvj. 6, 14, 18, 19, 20, 29, 31, 74, 100, 124, 136.
Normands (les), xxxiij, xl, xlj, xlvj, lj, lij, lvj, lviij, lix, lx, lxj, lxij, lxvj, lxvij, lxviij, lxix, lxx, lxxj; Normand, Normans, Normant (li), xliij, xlvj, lx, 3, 5, 6, 7, 9, 11, 12, 18, 19, 20, 27, 28, 29, 30, 31, 38, 39, 40, 41, 48, 51, 52, 55, 57, 59, 60, 65, 68, 69, 70, 71, 72, 74, 75, 76, 77, 78, 79, 80, 81, 82, 83, 84, 87, 88, 89, 90, 91, 95, 96, 97, 98, 104, 105, 106, 107, 110, 113, 116, 117, 122, 123, 124, 126, 128, 129, 130, 131, 132, 133, 134, 135, 139, 141, 149, 153, 156, 161, 163, 169, 174, 178, 180, 185, 192, 193, 194, 197, 198, 205, 206, 207, 208, 209, 210, 211, 214, 224, 225, 227, 240, 243, 245, 252, 254, 281, 288, 299, 304, 305, 306, 308, 311, 329, 332, 348, 350.
Normendie (li principe de), 19.
Nusco [*évêché suffragant de l'archevêché de Salerne*], xiv, xvj, xvij, xix.

O

Oderisius, comte des Marses, 310 [1]; Odorise, Odorisere, Odorisie, Odorize, 241, 242, 307.
Olivier (Jean-Pierre) [*conseiller du roi au parl. de Provence*], xxvij.
Orderic Vital, lxxj.
Orient (empire d'), xxiv.
Orient, lj, lij.
Orselle, v.. *Oursel de Bailleul.*
Ortona, 304 [1]; Ortonne (tor de), 304.
Osmude [*frère de Gilbert Buatère*], 23.
Othon II, empereur, 259 [1]; empereor... Otte, 259.
Otrante, Otrente, 194, 219.
Otte... empereor, 259, v. *Othon II.*
Oursel de Bailleul, 14 [2,3], 17 [2]; Orselle, Uerselle, Ursel, Urselle, Ursselle, xlvij, 5, 6, 14, 16, 17, 18.

P

Paccosa-Nuova, 138 [1]; Facose-le-Nove, 138.
Padulle aprez de Canoville, 278.
Palde, 8, v. *Pandulfe IV.*
Palerme, lj, lxix, lxx, 194, 203, 208, 209, 219, 232, 254, 255,

257, 259, 261, 265, 269, 271, 315.
Palerme (amirail de), 216.
Pandelphe [*Pandulfe IV*] (filz de), 46, v. *Hildebrand, arch. de Capoue.*
Pandufe, 7, (cap. 7), v. *Pandulfe, comte de Téano.*
Pandufe, 45, v. *Pandulfe IV.*
Pandulfe, 58.
Pandulfe, 92.
Pandulfe, 127.
Pandulfe, 163.
Pandulfe, *comte d'Aquino,* 280 [1], 231, 239, 279, 293, 294.
Pandulfe IV, prince de Capoue, liij, lxvij; Palde, Pandufe, Pandulfe, 7, 8, 33, 34, 41, 42, 44, 45, 47, 48, 49, 51, 54, 55, 56, 61, 62, 90, 92, 95, 96, 103, 104, 106, 107, 108, 113.
Pandulfe [*évêque des Marses*], 310 [1]; evesque Pandulfe, 310.
Pandulfe, comte de Téano, xlviij, 161 [1]; Pandufe, 7, cap. 7.
Pandulfe [*l'un des chefs de la conspiration contre Guaimar IV de Salerne*], 128.
Pandulfe [IV] (fillez de), 96.
Pandulfe [VI] [*fils de Pandulphe IV*], 161 [1], 113, 161, 162.
Pandulfe [IV] (frère de), Pandolfe, 7, Pandulfe (frère charnel de), 41.
Pandulfe [IV] (la nepote de), 8 [*fille du patrice d'Amalfi*].
Pandulfe (soror de), 41 [*femme de Guaimar III*].

Pantaleon (Johan), 88, Jehan, 89.
Pantaléon, 319 [2]; Pantaleo, Pantaleon, Pantheleon, Panthelo, 319, 321, 322, 331.
Paris (Bibl. Nat. de), xxvij.
Paris (*diocèse de*), xxi.
Paterno, 213 [1]; Paterne, 213.
Patriano, v. *Stephano Patriano.*
Paul (saint), xxv, 37, 116, 186, 189, 299.
Paul Diacre, xxxij, xxxiij, xxxiv, xxxv, xxxvj, xliij, xlv, xlvj; Paul dyacone, Paul dyacono, xxxj, 2.
Perenos, 197 [3], 198 [1 2]; Perin, le duc Perrin, 198, 199.
Peres, v. Pierre (*fils de Landon, comte de Traëtto*).
Perin, v. *Perenos.*
Perre, 109, v. *Pierre de Bisignano.*
Perrin (le duc), v. *Perenos.*
Peiresc [*conseiller du roi au parl. de Provence*], xxvij.
Philippe Ier, roi de France, 343 [1].
Pice, v. Apice.
Pie-di-Monte di San Germano, 237 [1]; Pie-de-Mont, 231, 237, 239, 240.
Pierre, 109, v. *Pierre de Bisignano.*
Pierre (Saint), xxv, 37, 115, 116, 281, 299, 318, 319.
Pierre (Saint) [*signifiant la papauté, le Saint-Siège*], 237, 243, 340, 342, 356.

Pierre [*neveu de Mélès*], 7, 39.
Pierre (religions, moine), 140.
Pierre [*fils de Landon, comte de Traëtto*], 236 ³; Peres, 236, Pierre, filz de Laude, 234.
Pierre I ou Petrone [*fils d'Amicus*]*, comte de Trani,* lxviij, 269 ¹; Pierre, Pierre, fil de Ami ou Amico, Pietre, 84, 153, 159, 160, 169, 269, 270.
Pierre II, comte de Trani, fils de Pierre I], 269 ¹ ; Pierre, Pietre, 269, 272, 273, 274.
Pierre (filz de Laude), v. Pierre (*fils de Landon, comte de Traëtto*).
Pierre (filz de Reynier), 39, 40.
Pierre (fil de Tyre), 109, v. *Pierre de Bisignano.*
Pierre (neveu de), 159, v. *Pierre Ii, comte de Trani.*
Pierre de Bisignano, lxix, 167¹ ; Perre, Piere, Pierre, fils de Tyre, 103, 109, 110, 167.
Pierre Diacre, viij, ix, xj, xviij, xix, xxiij, xxxix, lxvj, lxx.
Pierre diacre, 217 ¹ ; Pierre, dyacone Pierre, 216, 217.
Pierre Germain, 184.
Pietre, 269, 272, 273, v. *Pierre II, comte de Trani.*
Pietre (li fill de), 269, 270, 271, v. *Pierre II, comte de Trani et Falgutce.*
Piligrim, arch. de Cologne, 33¹; Belgrime, 6.
Pisans (les), Pisain, Pisan, Pisen, 194, 228, 229, 266, 282, 323.

Pise, Pyse, 228, 229, 283, 313, 324.
Plomeresco, 278 [*peut-être* Tagliacozzo].
Policastro, 353 ¹ ; Pollicastre, 353.
Ponte-Corvo, 236²; Pont-de-Corbe, 236, 293.
Ponte-Feltro, v. Bodfeld.
Potarfranda, 242.
Pouille, xlvj, lviij, lxviij ; Puille, xlvj, 6, 24, 25, 26, 29, 58, 64, 67, 70, 79, 111, 136, 154, 158, 167, 178, 193, 198, 200, 205, 207, 220, 229, 234, 250, 280, 295, 296, 297, 300.
Préneste, 115 ¹ ; Penestrine, 115.
Puille, v. Pouille.
Puille (conte de), 52, v. *Guillaume Bras-de-Fer, comte de Pouille.*
Puille (conte de), 136, v. *Humfroy, comte de Pouille.*
Puilloiz (li), 58, 78 [*hab. de la Pouille*].
Pyse, v. Pise.

Q

Quarate, v. Corato.

R

Rainald, *abbé du Mont-Cassin,* lxx.
Rainaldus, comte des Marses, 310 ¹.
Rainfroy [*chef normand*], 85 ¹ ; Ramfrede, 85.
Rainulfe (comte d'Aversa), lxvij ;

Ranolfe, Raydolfe, Raynolfe, Raynorlfe, Raynulfe, xlviij, 7, 8, 23, 47, 48, 49, 51, 52, 57, 65, 83, 86, 87, 92.
Rainulfe Trincanocte ou Trinclinocte, comte d'Aversa, lxviij, 88 1 2 ; Randulfe, Rainulfe, Raynolfe, Raynolfe... Tridinocte, Raydulfe, Raynulfe, Rodulfe... Trincanocte, 52, 53, 88, 89, 92, 94, 95, 98, 103, 105, 113.
RAMETTA, 212 1 ; Rimate, Rimete, 194, 205, 211.
Ramfrede, v. *Rainfroy*.
Ramppolle, v. RAPOLLA.
Randulfe, 89, 92, 94, v. *Rainulfe Trincanocte*.
Ranolfe, 47, v. *Rainulfe (comte d'Aversa)*.
Ranolfe (la moillier de), 48 [femme de Rainulfe, comte d'Aversa, sœur de Serge de Naples].
Ranulfe, 105, v. *Rainulfe Trincanocte*.
Raoul [frère de Robert de Laurotello], Raul, 272
Raoul, comte d'Aversa, 88 1 ; Raul, Raulfe, 52, 53, 88.
Raoul Glaber, lxxj.
RAPOLLA, 273 1 ; Ramppolle, Rapulle, 273, 276.
Raul, 53, 88, v. *Raoul, comte d'Aversa*.
Raul, 272, v. *Raoul (frère de Robert de Laurotello)*.
Raulfe, 52, v. *Raoul, comte d'Aversa*.

RAVENNE, 304 2 ; Ravane, 304.
Raydolfe, 49, v. *Rainulfe (comte d'Aversa)*.
Raydulfe, 98, v. *Rainulfe Trincanocte*.
Raynier [*l'un des chefs de l'armée pontificale à la bataille de Civitate*], lxix, 134.
Raynier, 264, *Rénier, comte de Suio*.
Raynier (frère de.... evesque de Gaiete), v. *Léon, év. de Gaëte*.
Raynolfe [*l'un des chefs de l'armée pontificale à la bataille de Civitate*], lxix, 134.
Raynolfe, conte de Averse, 126.
Raynolfe [*frère de Richard de Capoue*, 315 2, 261, 263, 315.
Raynolfe, 7, 8, 48, 51, 52, 57, 83, 86, 87, 92, v. *Rainulfe (comte d'Aversa)*.
Raynolfe... Tridinocte, 88, 89, 92, 95, 103, 113, v. *Rainulfe Trincanocte*.
Raynorlfe, 52 ; Raynulfe, 8, 52, 57, 65, 86, v. *Rainulfe (comte d'Aversa)*.
Raynulfe, 53, 113, v. *Rainulfe Trincanocte*.
REATE, actuellement RIETI, 241 1 ; Retense, 241.
Rege, v. REGGIO.
Rege (duc de), 153, v. *Robert Guiscard*.
REGGIO, 158 1 ; Rege, 158, 193, 194, 204, 206, 207.
Reiner (marchise), 7, v. *Reynier (marquis et duc de Toscane)*.
Rémi (Saint), Saint-Romie, 120.

Renda (*Félix*), *moine et prieur à Monte Virgine*, xv, xvj.
Rénier, *comte de Suio*, 264 [2]; Raynier (frère de), 264.
Renier (marchiz), 41, v. *Reynier (marquis et duc de Toscane).*
Retense, v. REATE.
Reynier (*marquis et duc de Toscane*), 39 [3]; Reiner, Renier, Reynier, 7, 39, 41.
Richard, *comte d'Aversa, prince de Capoue*, xxiv, l, lj, lij, lxviij, lxix, lxx, lxxj, 1 [2]; Ricchars, Ricchart, Richard, Richarde, Richars, Richart, 1, 98, 99, 100, 104, 110, 111. 112, 113, 131, 134, 137, 138, 153, 154, 161, 162, 163, 164, 165, 166, 167, 169, 171, 173, 174, 175, 176, 177, 231, 232, 234, 241, 243, 245, 246 248, 249, 250, 261, 263, 265, 266, 268, 270, 273, 274, 280, 281, 285, 286, 292, 301, 307, 314, 315, 332, 335, 336, 340, 348, 353, 356, 357.
Richard (*seigneur de Lacedonia, neveu de Richard de Capoue*), 274 [3]; Ricchart, Richart, 265, 274, 275.
Richart (la fille de), 234 [*Richard de Capoue*].
Richer, *abbé du Mont-Cassin*, 140 [2]; Riccherie, Richerie, Richier, Richier de Bergarie, 51, 56, 96, 140.
Rimate, Rimete, v. RAMETTA.
Riso, 121, 122.
Robert, 22.

Robert (evesque), 120.
Robert [*frère de Richard d'Aversa*], 131, 137.
Robert Arenga, 270 [1] [*appelé aussi Guillerme et Rogier*]; Robert Arenga, 270.
Robert Crespin, 12 [1]; Robert Crespin et Crispin, 5, 12, 13.
Robert de Grentemesnil, *abbé de Santa Eufemia*, 280 [1]; Robert, Robert, abbé de Sainte-Eufame, 280, 314, 343.
Robert Guiscard, *duc de Pouille, de Calabre et de Sicile*, xxiv, xxv, xxxvj, xxxvij, xxxviij, xxxix, xl, lj, lij, liij, lviij, lxj, lxij, lxiij, lxix, lxx, 1 [2]; Robert, Robert, liquel est dit Biscart.:. Viscart, duc Robert, 1, 100, 101, 103, 104, 107, 108, 109, 110, 111, 131, 134, 153, 154, 156, 157, 158, 159, 160 161, 167, 168, 169, 170, 171, 178, 179, 189, 181, 193, 196, 197, 198, 201, 203, 206, 208, 210, 211, 216, 222, 223, 225, 226, 232, 248, 249, 250, 258, 259, 265, 267, 268, 273, 274, 276, 277, 278, 280, 282, 283, 284, 297, 302, 303, 307, 314, 315, 326, 332, 333, 334, 335, 343, 352.
Robert, *comte de Laurotello*, 297 [1]; Robert, Robert Lantieille, Robert de Lauritelle, Robert da Ravitelle, 266, 267, 272, 296, 302, 303, 304, 305, 306, 307.
Robert... de Octomarset, 132.

Robert da Ravitelle, v. *Robert, comte de Laurotello.*
Rodolfe, 135.
Rodolphe, 85 [1]; Rodulfe, 84.
Rodolfe, fils de Bébéna, 85 [1]; Rodolfe, fill de Bebena, 84.
Rodulfe, 52, 53, v. *Rainulfe Trincanocte.*
Rodulfus, lxix.
Roger (év. de Nusco, xvj.
Roger (comte), xxxvij, lviij, lxix, lxxj ; Rogier (comte), 136, 205, 208, 209, 220, 230, 250, 257, 260, 265, 279, 293, 294, 355.
*Roger I*er*, roi de Sicile,* xxxvij.
Roger [fils de Robert Guiscard], lxxj, 288 [1]; Rogier (filz de lo duc Robert), 250, 266, 288, 289, 297.
Roger Toute-Bove, 197 [3]; Rogier Toute-Bove, 197, 198, 199.
Rogier Arenga, 286, v. *Robert Arenga.*
Rogier Toute-Bove, v. *Roger Toute-Bove.*
Romain Diogène, empereur, xlvij..., 14 [3].
Romains (les), Romain (li), 282, 338, 354.
ROME, lij, lxx, 24, 52, 65, 103, 105, 115, 132, 135, 140, 143, 145, 148, 150, 151, 172, 242, 246, 248, 275, 276, 280, 283, 355.
ROME (évêque de), 180, v. *Bernard, évêque.*
ROME (empereor de), 259, v. *Othon II.*

Romie (Saint), v. *Rémi (saint).*

S

Saint Angele (chasté de), v. SANT' ANGELO.
Saint Archangele, v. SANT' ARCHANGELO.
Saint-Benedit (celle de), 42, v. *Saint-Benoit (monastère de., à Capoue).*
Saint Benedit,.. (monastier... chastel, terre..., etc.), 45, 61, 96, 125, 143, 233, 279, 321, 322, 344 [*Monastère du Mont-Cassin*].
Saint-Benoit [*monastère de... à Capoue*], 42 [1]; la celle de Saint Benedit, laquelle se clamoit Capusita, 42.
Saint-Denis (abbaye de), xxj.
Saint Germain, v. SAN GERMANO.
Saint Jean-Baptiste (église) Saint Jehan (trésor de), Saint Jehan-Baptiste (eglize...), 267, 363.
Saint-Liberator (monastier de), 44.
Saint-Lope (monastier de), 196.
Saint-Marc (chastel qui se clamoit), 218, v. SAN MARCO D'ALUNZIO.
Saint-Marc (rocché de), 218, v. SAN-MARCO.
Sainte Marie (églize de... à Palerme), 232, 256, 260.
SAINT MARTIN (LA ROCHE DE), 103, 104, 108, 110.

Saint-Martin de Tours (*abbaye de*), xxj.
Saint-Mathieu [*église... à Salerne*], Saint Mathie de Salerne, églize Saint Mathie, 333.
Saint-Michiel (eglize de), 83.
Saint Nicharde (castel de), v. SAN-NICANDRO.
Saint-Pierre de Rome (eglize de), 139, 144.
Saint-Rémi (*église*). 121 [1]; Saint-Romi, 120.
Sainte Marie de lo Fare, v. *Santa Maria del Faro*.
Saint-Severe (cité de), Saint Severin (roche de), v. SANTA-SEVERINA.
Saint-Severin, 353, v. SAN-SEVERINO.
Saint-Thomas (*monastère de*), lxviij.
Sainte-Agatha, Sainte-Agathe (rocche-castel), v. SANT' AGATHA.
Sainte Sophie de Bonivent [Benevent] (eglise), 148.
Salerna, Salerne (prince de), 7, 23, 29, 31, 33, v. *Guaimar III*.
SALERNE, ix, x, xxv, xlvj, lj, lij, liij, liv, lxij, lxx, lxxj; Salerne, Salerno, 6, 18, 19, 29, 33, 53, 58, 85, 92, 113, 116, 117, 125, 127, 129, 138, 153, 165, 171, 297, 301, 314, 316, 320, 321, 322, 323, 325, 330, 333, 334, 336, 345, 547, 351, 353.
Salerne (archevesque de), 135, v. *Jean, arch. de Salerne*.

Salerne (archevesque de), 180, v. *Alfane, arch. de Salerne*.
Salerne (prince de), 83, 86, 88, 124, 125, v. *Guaimar IV*.
Salerne (prince de), 159, 162, 166, 169, 171, 280, 284, 316, v. *Gisulfe, prince de Salerne*.
SALERNE (*synode de*), 116 [1]; congrégation de Salerne.
Salernitains, lxix; Salernitain (li), 19, 126, 138, 238.
Salerno, 53, v. SALERNE.
SAN-GERMANO, 97 [2]; Saint-Germain, 97, 240, 276, 340.
SAN-MARCO, lxix, rocche de Saint Marc, 218.
SAN MARCO D'ALUNZIO, 218 [1]; chastel qui se clamoit Saint Marc, 218.
SAN-NICANDRO, 138 [1]; Saint Nicharde (castel de), 138.
SAN-SEVERINO, 353 [1]; Saint-Severin, 353.
SANT' AGATHA [*Château-fort sur le mont*], Sainte-Agatha, Sainte-Agathe (rocche, castel), 51, 56, 296, 355.
SANT' ANGELO (*château de*), lo chasté de Saint Angele, 268.
SANT' ARCHANGELO, 85 [1]; Saint Archangele, 84.
SAETA-EUFEMIA (*abbé de*), v. *Robert de Grentemesnil*.
SANTA MARIA DEL FARO, 208 [1]; Sainte Marie de lo Fare, 207.
SANTA-SEVERINA, 287 [2]; Saint-Severe (cité de), Saint-Severin (roche de), 266, 287.

SARNE (lō mont...), v. MONTE-SCARNO.
Sarule [seigneur normand], 99.
Sarragosse, 60.
Sarrazins (les), lj, lij ; Sarrasin, Sarrazin (li), Sarrazine (la gent), Sarraziz (li), xxxviij, 6, 11, 12, 13, 18, 19, 39, 51, 58, 59, 61, 63, 181, 193, 194, 197, 202, 205, 206, 207, 208, 209, 210, 214, 216, 217, 220, 228, 250, 251, 252, 254, 256, 257, 259, 260, 261, 299, 300, 333, 358.
Sausane, 208.
SAXE, liij.
Scolastique (sainte), Scolastice (sainte), 142.
Secylle, v. SICILE.
Sergius IV, duc de Naples, Sierge, maistre de la chevalerie, 7, 47.
Sergius V, duc de Naples, 284 [2], 324 [2].
Sergius, duc de Sorrente, 325 [1].
SICILE, xxxviij, lj, lviiij, lxviij, lxix, lxx ; Sécylle, Sicile, Sicille, Sycile, Sycille, 52, 58, 60, 63, 64, 193, 203, 204, 205, 207, 208, 213, 218, 220, 230, 232, 249, 257, 259, 260, 300.
SICILE (rois normands de), xxxviij.
Siciliens (les), Sycillien (li), 214.
Sierge (maistre de la chevalerie), v. Sergius IV, duc de Naples.
Sikelgaita [sœur de Gisulfe, pr. de Salerne], lxix, 168 [4].

Simon le Magicien, Symon, 115.
SIPONTO, xliij ; Sipont, Syponte, xliij, 52, 83.
SORRENTE, lxvij, 51, 57.
SORRENTE (duc de), 55.
SORRENTE (duc de), 324, v. Sergius, duc de Sorrente.
SORRENTE (moillier del dux de), 55.
SORRENTE (suer del duc de), 130.
Sorrentins (les), Sorrentin (li), 313.
SPIRE, 139 [3] ; Spiram, 139.
Stephane, 39, 40, v. Etienne (neveu de Mélès).
Stephane (pape), 141, v. Etienne IX.
Stephano Patriano, 222 [1] ; Stephane Patrie, Stephane, 222.
SUIO, 264 [2] ; Sub... (castel), Sule, Sulie, 233, 264, 279.
Swen, roi de Danemark, 11 [1], roy de li Danoiz, 5, 10.
Symon, v. Simon le Magicien.
Syponte, v. SIPONTO.

T

TAGLIACOZZO (comté de), 278 [3] ; conté de Talloiz, 278.
Tancrède de Hauteville, Tancrede, lxxj, 59, 82.
Tascone, 303.
TÉANO, lxix, Tyen (cité de), 154. 176, 177.
TEANO (comtes de), 107 [2] ; li conte de Tien, 107.
Théobald, abbé du Mont-Cassin,

Teobalde, Theobalde, 7, 37, 42.

Theodine, v. Todinus.

Thetin, v. Chieti.

Thodès, Thodeschi, Thodesque [les Allemands].

Thodès (prince de li), 31 [Henri II].

Tholose (evesque de), v. Toul (évêque de).

Thurchie, Thurquie (roy de), 5, 16.

Tien (li conte de), v. Téano (comtes de).

Todeschi, Todesque [les Allemands].

Todesque (roy de li), 267 [Henri IV].

Todinus, lxvij, Theodine, 51, 62.

Tosti (dom), liv.

Torre della Cisterna, 160 [2]; Cysterne, la Cysterne, 160, 265, 273, 274.

Toudeschi [les Allemands].

Toul (évêque de), v. Léon IX.

Traetto, x, 235 [1]; Tragete, Trajete, Trajette, 234, 236, 279, 294.

Traïna, 251 [1]; Trigane (cité), 250.

Trani, 271 [2]; Trane (cité de), 81, 84, 271, 272, 273, 275.

Transmunde (comte), 302 [3]; Transmonde, Transmunde (conte), 267, 302, 303, 304, 306, 309.

Transmunde (un autre), 304.

Transmunde (un autre autresi qui se clamoit), 304.

Transmunde (li autre), 306.

Trigane (cité), v. Traïna.

Tristan ou Toustain le Bègue, Tristan, Trostayne, 38, 84.

Troja, 32 [3]; Troie; Troya, Troye, xlvj, 6, 18, 32, 35, 153, 158, 193, 200, 202.

Troiens, 35.

Trostayne, v. Tristan ou Toustain le Bègue.

Turcs (les), Turc, Turche, Turchi... (li), 6, 14, 16, 17.

Turquie, xlvij, 15.

Tusculum (comtes de), lxx.

Tyen (cité de), v. Téano.

U

Udalrich, arch. de Bénévent, 160 [1].

Umalfe, v. Amalfi.

Umfre, Umfrede, Umfroi, Umfroy, Unfroi, v. Humfroy, comte de Pouille.

Uerselle, v. Oursel de Bailleul.

Urbain II (pape), xj.

Ursel, Urselle, Ursselle, v. Oursel de Bailleul.

Urselle (la moillier), 16 [la femme d'Oursel de Bailleul].

V

Vaccaire (home qui se clament), xlvj, 30.

Vaccaricia, xlvj [2]; Vacarice, Vaccarice, xlvj, 29.

Valaire (chastel), v. Bellarie.

Valbine, lix, 124, v. Balva.

Val-Demone, 217 [2]; val-de-Mane,

val de Manne, val de Mene, 194, 217, 218.
Valetane (duc), 164, v. *Adénulfe, duc de Gaète*.
Valin, v. VALVA.
Vallarie (chastel), v. *Bellarie*.
VALVA, 241 [1]; Valin, 241.
VENAFRO, 278 [2]; Benafre, 278.
VENOSA, 70 [1]; Venoze, 70, 84.
Verseill (evesque de), v. *Grégoire, év. de Vercelli*.
VÉSUVE (*Mont*), 200 [1]; Bebie (mont de), Bibio (mont), 193, 200.
VICALVI, 280 [1]; Vicablanche (castel qui se clame), 279, 280.
Victor II, pape, 139 [2]; Victor, Victore, 139, 140, 141.
Victor III (pape), xxij, xxiv.
Visimane (cité), v. BISIGNANO.

Vultime, Vultimien, Vultimine, Vultimino, Vultumine, v. *Ibn-at-Timnah (Caid)*.

W

Waitz, xxxiv.
Wattenbach, lxiv.
Wilmans, lv, lix, lxiij.

Y

Ylaire (abbé de Saint-Vincent), 7, 45.
YNSULE, V. ISOLA DEL LIRI.
Ysaie (prophète), 2.
Ysidoire, Ysidorre, v. *Isidore de Séville*.
YSOLE, YSULE, V. ISOLA DEL LIRI.
YTALIE, V. ITALIE.

Z

Zoé, (*impératrice*), 61 [1].

TABLE DES MATIÈRES

	PAGES
Introduction	VII-LXXI
Ystoire de li Normant	1
1er Livre	5
2e Livre	51
3e Livre	103
4e Livre	153
5e Livre	193
6e Livre	231
7e Livre	265
8e Livre	313
Table des noms propres	359

www.ingramcontent.com/pod-product-compliance
Lightning Source LLC
Chambersburg PA
CBHW060927230426
43665CB00015B/1866